MURTY CLASSICAL
LIBRARY OF INDIA

Sheldon Pollock, General Editor

ABU'L-FAZL

THE HISTORY OF AKBAR

VOLUME 8

MCLI 30

ABU'L-FAZL

ابو الفضل

THE HISTORY
OF AKBAR

VOLUME 8

Edited and translated by
WHEELER M. THACKSTON

MURTY CLASSICAL LIBRARY OF INDIA
HARVARD UNIVERSITY PRESS
Cambridge, Massachusetts
London, England
2022

Printed in the United States of America

SERIES DESIGN BY M9DESIGN
TYPESETTING BY TITUS NEMETH

Library of Congress Cataloging-in-Publication Data

Abu al-Fazl ibn Mubarak, 1551–1602, author.
[Akbarnamah. English]
The History of Akbar / Abu'l-Fazl ; edited and translated
by Wheeler M. Thackston.
volumes cm. — (Murty Classical Library of India ; 30)
Includes bibliographical references and index.
ISBN 978-0-674-42775-4 (cloth: alk. paper) (vol. 1)
ISBN 978-0-674-50494-3 (cloth: alk. paper) (vol. 2)
ISBN 978-0-674-65982-7 (cloth: alk. paper) (vol. 3)
ISBN 978-0-674-97503-3 (cloth: alk. paper) (vol. 4)
ISBN 978-0-674-98395-3 (cloth: alk. paper) (vol. 5)
ISBN 978-0-674-98613-8 (cloth: alk. paper) (vol. 6)
ISBN 978-0-674-24416-0 (cloth: alk. paper) (vol. 7)
ISBN 978-0-674-24417-7 (cloth: alk. paper) (vol. 8)
1. Akbar, Emperor of Hindustan, 1542–1605.
2. Mogul Empire—History. 3. India—Kings and rulers—Biography.
4. India—History—1000–1765—Early works to 1800.
I. Thackston, W. M. (Wheeler McIntosh), 1944– editor, translator.
II. Title.
DS461.3.A2313 2014
954.02'54092—dc23 2014016317

CONTENTS

INTRODUCTION

In 1588 Abu'l-Fazl was commanded by the Mughal emperor Akbar to write a history of the reigns of the Timurid sovereigns of India, and the following year another edict was issued to the same purpose. The result was *The History of Akbar* (*Akbarnāma*), the first tome (*daftar*) of which begins with Akbar's birth and his horoscopes and then traces Akbar's ancestors back to Adam, with detailed coverage of the careers of his grandfather Babur, founder of the dynasty in India, and of his father, Humayun. Part 1 of Tome 2 (volumes 3 and 4 of this series), completed in 1596, begins with Akbar's accession to the throne in 1556 and continues chronologically through half of the seventeenth regnal year (November 1571), which was the completion of Akbar's thirtieth lunar year, a *qarn*, or "generation," by the conventional reckoning of the time. Part 2 of Tome 2 (volumes 5–8 of this series) was planned to cover Akbar's second *qarn* of thirty years, through his sixtieth lunar birthday in the forty-fifth regnal year (1601), but because Abu'l-Fazl was murdered in 1602, and Akbar died in 1605, the second tome was continued by another writer, who extended it to include the remainder of Akbar's lifetime. Originally the *Ā'īn-i Akbarī*, a detailed account of the organization and administration of the empire, was Tome 3 of the *Akbarnāma*, but it is now treated as a separate work.

The Life

Abu'l-Fazl (1551–1602) was the second son of Shaikh Mubarak of Nagaur (Rajasthan), who ran a school of philosophy in the capital city, Agra. Highly educated under his father's supervision, Abu'l-Fazl was introduced to the Mughal court in 1574 by his elder brother, the poet laureate Abu'l-Faiz "Faizi." He was first employed at court as a stylist of official and diplomatic correspondence, and he is said to have exerted much liberal influence on Akbar's religious views; in addition, he served as a military commander in the Deccan. Later in his narrative Abu'l-Fazl reports that in 1582 he was put in charge of the purchase of woolens for the court. In 1586 he was made cogovernor of Delhi. In 1592 he was promoted to the rank of 2,000 *zāt;* in 1600 he was appointed governor of Khandesh and promoted to the rank of 4,000 *zāt.* Abu'l-Fazl was killed in 1602 in retaliation for his opposition to the succession of Prince Salim, the future Emperor Jahangir, who was in open rebellion against his father at the time. The prince contrived to have a Bundela chieftain, Bir Singh Deo, assassinate Abu'l-Fazl as he was returning to the capital from the Deccan.[1]

In addition to *The History of Akbar,* Abu'l-Fazl wrote *'Iyār-i dānish* (Assay of knowledge), a recasting of Kamaluddin Husayn Va'iz Kashifi's *Anwār-i Suhailī,* an early sixteenth-century version of the Bidpai fables. A collection of his private letters was compiled by one of his nephews, Nuruddin Muhammad, and a collection of the official letters he composed was made by his sister's son, Abdul-Samad. His *Ā'īn-i Akbarī* was an encyclopedic compendium of rules and regulations, as well as a gazetteer of the empire, and was the result of meticulous research and fact gathering. As he was in charge of Akbar's translation department, Abu'l-Fazl wrote the preface to the Persian version of the Sanskrit *Mahābhārata*, entitled *Razmnāma*. He also authored a somewhat less well known *munājāt* (conversations with God).[2]

The Work

The History of Akbar is far from a simple recording of history. It represents an attempt on Abu'l-Fazl's part to apotheosize Akbar. Not merely the third monarch of the Mughal Empire in India, Akbar became, in Abu'l-Fazl's hands, the latest and most perfect manifestation of the divine light that had infused Alanqoa, the remote ancestress of both Genghis Khan and Tamerlane, and that continued, hidden, in the lineage for many generations until it attained perfection and was revealed in the person of Akbar.[3] Abu'l-Fazl portrays Akbar as the ideal monarch, drawing from the models of both ancient Iranian kingship and the perfect man in Sufism. He describes Akbar's birth as associated with supernatural occurrences and miracles, as is usually done in recounting the birth of a prophet or deity.

Akbar's achievements as the Muslim ruler of a polity of non-Muslim-majority people were prodigious and left a legacy that endured into the colonial and postindependence periods. He incorporated the northern part of the subcontinent, from Kabul to Bengal, into the Mughal Empire, and effected changes in the assessment and collection of taxes, the organization and control of the nobility, and the reform of the state's religious policies. He made marriage alliances with Rajput clans, thus paving the way for the integration of Timurid culture in India. Akbar was supported by Abu'l-Fazl in challenging the influential court clergy (*'ulamā*) and fighting bigotry among all religious communities. There were two notable episodes in the furthering of Akbar's policy of universal concord (*sulh-i kull*) that had both political and religious considerations behind them. One was the establishment of the house of worship (*'ibādatkhāna*) for weekly discussions among Sufis, Hindus, Jains, Jesuits, and Zoroastrians, out of which Akbar's short-lived syncretistic religious doctrine of the "divine religion" (*dīn-i ilāhī*) emerged. The other was the "translation bureau" (*maktabkhāna*), which chiefly sponsored translations of works of Hindu learning into Persian. In terms of cultural artifacts and material wealth, the Mughals at this time far outshone the Ottoman and Safavid empires. Many scholars and poets from Iran and Central Asia settled in India, drawn by the lavish patronage offered by Akbar and other Mughal nobles, and contributed to the cosmopolitan nature of the literary culture. It was in this environment that *The History of Akbar* was written. Several copies of the work were illustrated by renowned artists in the royal atelier.

Abu'l-Fazl rarely acknowledges his sources, but for information about the common ancestors of Genghis Khan and the Timurids, he must have had at his disposal Rashiduddin Fazlullah's *Jāmi'u't-tawārīkh* (completed ca. 1310), a monumental history of the Genghisids written for the Ilkhans, the ruling house of Iran. For Tamerlane's ancestors and career, Abu'l-Fazl used Sharafuddin Ali Yazdi's *Zafarnāma*, a much-admired history completed in 1425 that he cites by name several times. The style of the *Zafarnāma,* with illustrative poetry dispersed throughout the ornate prose narrative, a stylistic device that was probably inspired by Sa'di's *Gulistān,* was considered to be the quintessence of elegant writing. For centuries it served as a model for history writing, and it certainly influenced some formal aspects of Abu'l-Fazl's work. Rajput chronicles and oral traditions were also used for the first time, to present a complete picture of the history of Akbar's reign.[4] Akbar's battles against Rajputs, Afghans, and rebellious Mughal officers are described in epic language. Although he is never critical of Akbar's actions, Abu'l-Fazl bases his historiography on rational and secular views of events. With respect to his political thought, he would have been influenced by ethical and philosophical ideas of the great political philosophers of the earlier Islamic period, such as al-Ghazali, Nasir al-Din Tusi, and Dawwani, as well as by Firdausi, the author of the Persian epic the *Shāhnāma*. These writers were all part of the curriculum of learning in Persophone societies, whether in Turkish Central Asia or India.

History Writing at Akbar's Court

Akbar's grandfather Babur, the Timurid prince from Transoxiana and Kabul who defeated the Delhi sultanate and established what is now known as the Mughal dynasty in India, wrote his own memoirs, the *Bāburnāma,* in his native Chaghatay Turkish.[5] By the fourth decade of Akbar's reign, knowledge of Turkish had waned and the memoirs had to be translated into Persian, the common language of the empire. This task was entrusted to the statesman and poet Abdul-Rahim Khankhanan, and the translation was presented to Akbar in December 1589. Abu'l-Fazl must have used the translation for Babur's history, since it is highly unlikely that he knew Turkish. He also used the *Tārīkh-i Rashīdī*, a history of Moghulistan by Babur's cousin Mirza Haidar Dughlat, who played a prominent role as ruler of Kashmir during Humayun's early reign. Babur's son Humayun, so far as we are aware, never wrote anything, and his era was too troubled and interrupted to allow for the writing of court history. For Humayun's reign and to supplement Babur's personal accounts, Abu'l-Fazl requested still-living contemporaries of Babur and Humayun to write or dictate their recollections and forward them to court, and these were incorporated into the narrative.[6]

Abu'l-Fazl's was not the only history of Akbar's reign, although it is the only history devoted exclusively to him. The Akbar period is also treated in works of general Indian history, such as Nizamuddin Ahmad's *Tabaqāt-i Akbarī*, Abdul-Qadir Bada'uni's *Muntakhabu't-tawārīkh*, and Nurul-Haqq Dihlawi's *Zubdatu't-tawārīkh*.[7] Akbar's son Jahangir, like his great-grandfather, wrote his own personal memoirs, the *Jahāngīrnāma*. Jahangir's son and successor, Shahjahan, had professional history writers who chronicled his reign in ever more elaborate prose, as well as in verse, and although Shahjahan's son and successor, the zealously pious Aurangzeb, dismissed poets and historians from the court, there are various general and local histories that cover his reign.

The writing style adopted by Abu'l-Fazl is no less grandiose than his aim, and it requires explanation. Except when he is dealing with straightforward historical narrative, Abu'l-Fazl writes in a parabolic style that is far from immediately comprehensible; not only is the style difficult but he also coins new words and uses old ones in novel ways. Over the course of reading the many pages of the history, one develops a sense of the meaning of the author's vocabulary, but reading passages at random can leave one wondering what Abu'l-Fazl could possibly have meant by some of his digressions and soliloquies. Any reader would probably agree with the well-meaning friend who asked him,

> Why do you go to such trouble? Why do you write in this fashion? Not one in a thousand will be able to read this marvelous book or understand its novel style correctly. Of whom have you hopes that he will delve to the depths of its truth? Who will be capable of soaring high enough to discover its purpose? It would be better to give up this new style and compose in the language of the age, thereby setting a table of delights that all can enjoy.[8]

Undaunted, Abu'l-Fazl stuck to his purpose, and because he did so, the reader may require some explanation.

Language and Style of the Akbarnāma

In his writing Abu'l-Fazl borrowed from the vocabulary of Sufism, the tradition of "mystical" interpretation in Islam that had suffused Persian poetry and become part and parcel of the lexicon of a normal Persian literary education, and adapted it to his purposes. When Abu'l-Fazl uses terms like "pursuit of the truth" (*ḥaqqjō'ī*), the "search for the ultimate" (*ḥaqqpizhōhī*), and "the quest" (*jōyā'ī*), all terms that would have had Sufistic overtones and normally meant the search for the ultimate reality (*ḥaqq*), or the divine, within oneself, he refers to the quest for self-enlightenment and the enlightenment of others. Primarily this refers to Akbar's own quest, but to know that Akbar is a manifestation of divine wisdom is, for Abu'l-Fazl, the supreme realization.[9] Those who attain that level of enlightenment will have conquered their lower, base natures and risen to a higher level of awareness. Such persons have been "stripped" of their base nature and reached the level of "abstraction" (*tajarrud*): they have divested themselves of the "entanglement with the world" (*ta'alluq*) and "worldliness," or "convention" (*rasm, 'ādat*), and know that one has to look beyond superficial, external form (*ṣūrat, ẓāhir, bērūn*) to see inner, intrinsic, and spiritual meaning (*ma'nā, bāṭin, durūn*). Conversely, "nature worshippers" (*ṭabī'atparastān*) are those who let their base natures get the better of them and are not restrained by reason, which would dictate that they pledge their allegiance to the emperor and throw in their lot with him. Those people exhibit what Abu'l-Fazl terms "ignorance" (*nāshināsī*), by which he means lack of discipline and control, very much like the old Arabic concept of *jāhiliyya,* which literally means ignorance but connotes the pre-Islamic heathenism of Arabia and is probably the source for his coinage of *nāshināsī*, which is literally "unknowingness." The opposite of *nāshināsī* is *shināsā'ī,* Abu'l-Fazl's coined term for the

Arabic *ma'rifat,* "knowingness," which connotes mystical awareness and gnostic cognition. Not wanting to use the old terms *jāhiliyya* and *ma'rifat,* which were tainted, respectively, with unmistakable historical and Sufistic overtones, Abu'l-Fazl created *shināsā'ī* and *nāshināsī* for his programmatic apotheosis of Akbar.

Disinterested, unbiased reporting is not for Abu'l-Fazl. Those in opposition to or rebellion against the empire are primarily termed "ingrates" (*nāsipās*) in the face of the emperor's graciousness; they are also "scatter-brained" (*shōrīda-maghz*), "light-headed" (*sabuksar*), "wrong-minded" (*tabahrāy, tabāhbasīch*), "malicious" (*badgumān*), "vainly vengeful" (*bāṭilsitēz*), and "wayward" (*kajgirā*). They suffer from "upside-down luck" (*vāzhgōnbakht*), they "peddle arrogance" (*nakhvatfurōsh*), they are "constitutionally evil" (*badnihād*), and everything they have to say is prattle and "blathering nonsense" (*harzalā'ī*). For Abu'l-Fazl, the terms "misfortunate," "unfortunate," "ill-starred," and the like (*badbakht, bēṭāli'*) all refer to an individual's fate. Those whose destinies are slated to be auspicious— that is, those loyal to the emperor—possess good fortune; those who rebel, resist, or are disloyal do so because they are so destined, and they can meet only a fitting doom at the hands of the emperor's supporters, who are described variously as "deep-looking" (*zharfnigāh*), "sober-strutting" (*hushyārkhirām*), "harboring auspiciousness" (*sa'ādat-andōz*), "felicity-choosing" (*sa'ādat-guzīn*), "of good opinion" (*nēkūrāy*), "insightful" (*dīdavar*), having "aware minds" (*āgāhdil*), and "possessed of awake luck" (*bīdārbakht*), meaning they are fortunate.

The epithets "simple" (*sāda*) and "simpleminded" (*sāda-lauḥ*) are often used in historical works in Persian, and they normally have negative connotations, as they do in English. When they come from Abu'l-Fazl's pen, however, they are often far from negative. For him, the words refer to persons who are without guile, that is, those who are not "colored" (*rangīn*) or complicated by duplicity and falseness. Therefore, for Abu'l-Fazl, "colorlessness" (*bērangī*) and "simplicity" (*sādagī*) are positive virtues that mean guilelessness.

These days, when "imperialism" and "expansionism" have become dirty words in the international lexicon, Abu'l-Fazl would be sadly out of step. For him, any expansion of territory that brings the order bestowed by the "wisdom-adorning one who graces the throne" (*aurangnishīn-i farhang-ārā*) to the benighted world of chaos outside the cradle of empire is not merely praiseworthy but a true "act of divine worship" (*'ibādat*).

NOTES

1 For Jahangir's frank account of this episode, see Jahāngīr 1999: 32–33.

2 For published editions of these works, see the Bibliography.

3 Tamerlane (1336–1405), the progenitor of the Timurid House, to which Akbar and the Mughals of India belonged, was not descended from Genghis Khan, but they had remote legendary ancestors, such as Alanqoa, in common. The Timurids of India were also of Genghisid descent through Babur's mother, Qutlugh-Nigar Khanim, whose father, Yunus Khan, was a direct descendant of Genghis Khan's son Chaghatai.

4 Eaton 1984: 714–715.

5 The Mughals never referred to themselves as "Mughals." They called their dynasty the *silsila-i gūrkāniyya*, the Gurkanid dynasty, from *gürkän*, "son-in-law," a word of Mongolian origin.

6 Three of these memoirs have survived: one is by Gulbadan Begim, Humayun's sister; one is by Jauhar Āftābachī, Humayun's ewer bearer, a personal servant who was apparently never far from Humayun and was thus a witness to many conversations of historical importance; and the third is by Bāyazīd Bayāt, a soldier native to Tabriz who joined Humayun with the forces Shah Tahmasp gave Humayun to regain his territories in Kabul and Kandahar. Bāyazīd served the Khankhanan Mun'im Khan for years, rising to positions of responsibility and intimacy with his master; later, during Akbar's reign, he was appointed to fairly high positions in the imperial harem and the treasury. His last post was that of *bökävülbegi*, chief court taster, in which function he was serving when one of Abu'l-Fazl's scribes took his memoirs down from dictation in Lahore. For editions and translations of these three works, see the Bibliography.

7 The *Ṭabaqāt-i Akbarī*, also known as *Tārīkh-i Niẓāmī*, is a general history of Islamic India through Akbar's thirty-eighth regnal year (1593-94). The *Muntakhabu't-tawārīkh* treats the history of India from ca. 1000 to the fortieth year of Akbar's reign (1595-96). Written from an uncompromisingly orthodox point of view, it is highly critical of Akbar's administrative and religious policies. The *Zubdatu't-tawārīkh*, a general history of India from 1173 until Jahangir's accession, is still in unedited manuscript form.

8 *Akbarnāma*, Tome 2, "Conclusion."

9 This forms the core of what has been termed *dīn-i ilāhī*, the "divine religion" supposedly propagated by Abu'l-Fazl and a few others of Akbar's coterie. Suffice it to say that no such term is ever used by Abu'l-Fazl himself, nor is any programmatic reinterpretation of religion outlined in the *Akbarnāma*—aside from the constant deprecation of hidebound fundamentalism and the 1579 proclamation of Akbar as *mujtahid* (interpreter of religious law) and *imām* (religious leader) of the age.

NOTE ON THE TEXT AND TRANSLATION

The Persian text of the *Akbarnāma* is based on the Calcutta edition. Following is a list of the manuscripts consulted by the editors.

A, Fort William College, Calcutta; a complete copy dated 2 Safar 1206 (October 1, 1791).

B, Fort William College, Calcutta; incomplete, until the end of the seventeenth year.

C, Fort William College, Calcutta; incomplete, until the end of the seventeenth year, undated.

D, Delhi Library; incomplete, until the end of the seventeenth year, undated.

E, Asiatic Society, Calcutta; incomplete, until the end of the seventeenth year.

F, property of Maulvi Kabiruddin Ahmad; incomplete, until the end of the seventeenth year, dated 1 Rabi' II year 46 of Aurangzeb's reign (August 25, 1702).

G, 1284/1867 lithograph edition, Lucknow; until the end of the forty-sixth year.

H, Delhi Library; until the end of the seventeenth year, undated.

I, Delhi Library; until the end of the seventeenth year.

J, Delhi Library; until the end of the twenty-fourth year, dated 7 Jumada I 1107 (December 14, 1695).

Place Names

The vast majority of the places mentioned in the text of *The History of Akbar*, even some of the smallest towns and villages, are easily identifiable and have been located thanks to modern technological resources. Those that have not been found fall into several categories: (1) the place is too small and obscure to show up on maps or toponymic lists; (2) the name has been changed or the place no longer exists (like Tanda, the old capital of Bengal, which was swept away by the Ganges in the sixteenth century); (3) the name has been so miscopied or garbled in the text that it is beyond recognition or identification. In addition, there are geographical names that appear one way in Persian (Dihlī and Barūch), slightly differently in Hindi (Dillī and Bharūch), and differently still in the conventional spelling adopted by the British Raj (Delhi and Broach). Those places that have conventional English spellings—for example, Lahore and Delhi—appear as such in the translation and the index.

For personal names, one has to deal with Arabic, Persian, Turkish, and various Indian languages. Strict transliteration has been abandoned in this translation in keeping with the conventions of the series, but there should be little or no cause for confusion since personal names are always clearly Islamic, Turkic, or Indic in origin. The title commonly given to all princesses of the Timurid House and to others, *bēgim*, "madam," has been retained in its Turkish version, as it is often spelled in early Mughal sources. This is the title that was Persianized to *bēgam* and then Anglicized to "begum" to reflect the common

Indian pronunciation of the Persianized version of the title.

Calendrical Systems

There are two calendrical systems used concurrently in *The History of Akbar*. The first is the lunar Hegira calendar that is common throughout the Islamic world. Up to Akbar's succession to the throne all dates are given according to the Hegira calendar, and because conversions to the Western calendar have been done by algorithm, they may be off by up to a day or two one way or the other. The vernal equinox, with which each regnal year begins, is known with certainty and does not depend on algorithmic calculation. The second is the Ilahi calendar, which was devised for Akbar by his courtier-scientist Amir Fathullah Shirazi. This calendar, based on the old Persian solar calendar, begins on the vernal equinox each year. The twelve months of the Persian solar calendar correspond to the twelve signs of the zodiac, and the beginnings of the months must have been determined by astronomical observation and not convention, since the midsummer months occasionally have thirty-two days. Because Akbar's accession to the throne on February 15, 1556 (Julian), took place less than a month from the equinox, the official anniversary of the accession was moved forward to the equinox, and regnal years were calculated from then. The Ilahi era was not promulgated until 1584, but Abu'l-Fazl has recalculated and given events in Ilahi dates from the time of Akbar's accession. Finally, the conversion from the Julian to the Gregorian calendar occurred about halfway through Akbar's reign, in 1582, and I have followed the practice of converting to the

Gregorian calendar for Western equivalents, even though English-speaking countries did not adopt the Gregorian calendar until 1752. For equivalent Julian (Old Style) dates after 1582, subtract ten days.

MAPS

Key to Maps

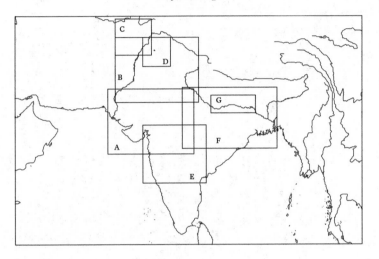

Map A: Marwar, Mewar, Malwa, and Gujarat

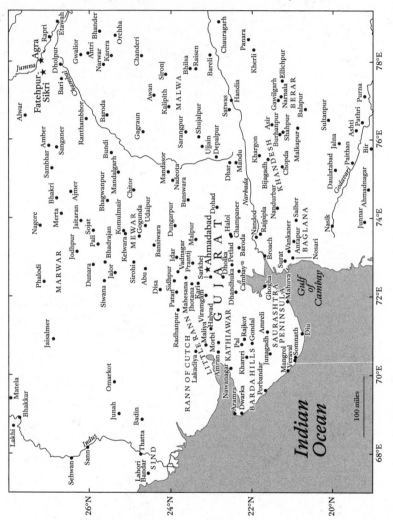

Map B: The Punjab

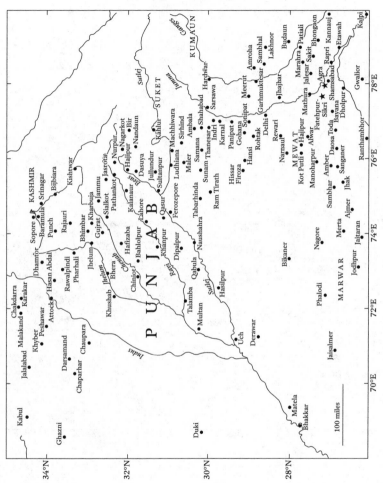

Map C: Badakhshan, Zabulistan, Swat

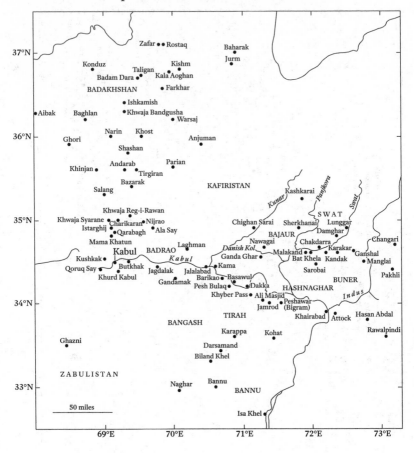

Map D: Kashmir

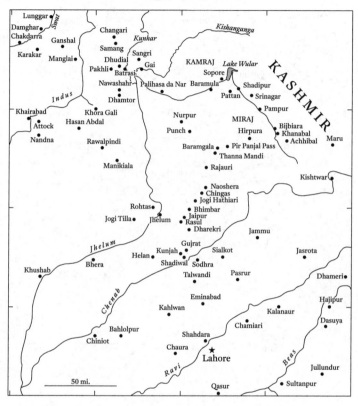

Map E: The Deccan

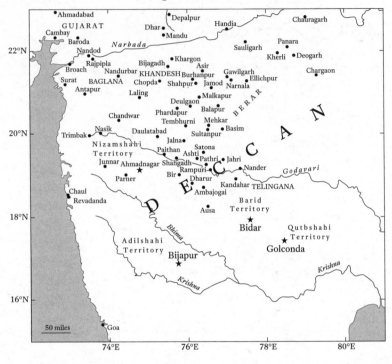

Map F: The Gangetic Plain and Bengal

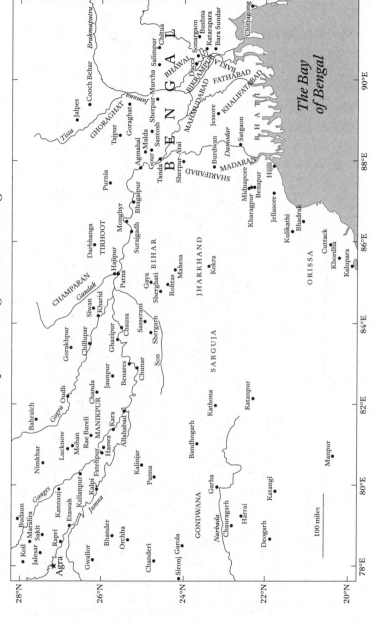

28°N
26°N
24°N
22°N
20°N
78°E
80°E
82°E
84°E
86°E
88°E
90°E
Koil
Budaun
Marahra
Jalesar
Sakit
Ganges
Nimkhar
Bahraich
Agra
Rapri
Kannauj
Etawah
Lucknow
Gogra
Oudh
Gorakhpur
Mohan
Kalianpur
Gwalior
Jumna
Kalpi
Fatehpur
Rae Bareli
MANIKPUR
Chanda
Chillupar
Siwan
Kharid
CHAMPARAN
Gandak
Darbhanga
TIRHOOT
Haswa
Kara
Allahabad
Jaunpur
Ghazipur
Chausa
Benares
Chunar
Hajipur
Patna
Bhander
Orchha
Kalinjar
Panna
Chanderi
Sasseram
Shergarh
Son
Gaya
Sherghati
BIHAR
Rohtas
Mahesa
Monghyr
Surajgadh
Bhagalpur
Purnia
Sironj
Garola
GONDWANA
Bandhogarh
JHARKHAND
Kokra
Narbada
Garha
Kathona
SARGUJA
Chauragarh
Harrai
Ratanpur
Deogarh
Katangi
100 miles
Manpur
ORISSA
Cuttack
Khordha
Kalupara
Kulikathi
Bhadrak
Jellasore
Hijili
Midnapore
Kharagpur
Benapur
SHARIFABAD
MADARAN
Burdwan
Damodar
Satgaon
BHATI
Sherpur-Atai
Tanda
Agmahal
Malda
Gour
Santosh
Goraghat
GHORAGHAT
Tista
Jalpes
Cooch Behar
Brahmaputra
Sherpur-Murcha
Salimpur
Chitua
BENGAL
BHAWAL
MAHMUDABAD
BIKRAMPUR
Dacca
Sonargaon
Bushna
Katarapara
Bara Sundar
Jessore
KHALIFATABAD
FATHABAD
BAKLA
Chittagong
The Bay of Bengal

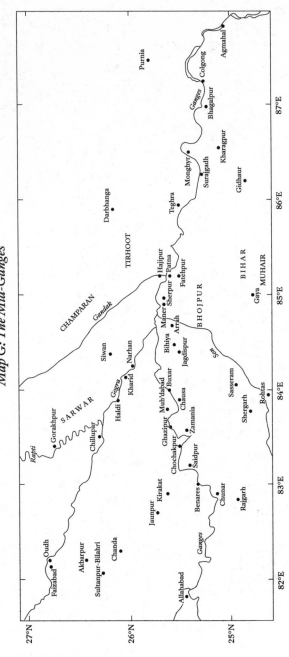

Map G: The Mid-Ganges

THE HISTORY
OF AKBAR

آغاز سال سی و نهم الهی
از جلوس مقدّس حضرت شاهنشاهی،
یعنی سال خرداد از دور چهارم

١ شب دوشنبه بیست و هشتم جمادی الاخری سنهٔ هزار و دو هجری پس از نه ساعت و چهل و چهار دقیقه و بیست و دو ثانیه خورشید جهان‌افروز والا شرفگاه‌را برافروخت و آغاز سیوم سال از چهارم دور روزگاررا فرخنده‌تر ساخت. زمین بستایشگری برخاست و آسمان به تهنیت گذاری برنشست.

صبا از نقشِ قدرت شد چو صورتخانهٔ مانی
چمن از نورِ حکمت شد چو عقلِ بوعلی سینا
صبا در طبلهٔ غنچه بسانِ نافهٔ خلّج
هوا در هاونِ لاله بسوده عنبرِ سارا

سریرآرای اقبال از سرآغاز این والا جشن تا روز شرف دلگشا بزمها برآراست و ایزدی نیایش‌را پایه برتر نها. هفتم فروردین ده هزار سوار بخدمتگذاری بزرگ شاهزاده سپردند. پنج هزار در بنگاله جایگیر یافت. از آنان جگت سنگه، درجن‌سنگه، سکت‌سنگه، باقر سفرچی، میرزا محمدباقر انصاری، میر قاسم بدخشی، یعقوب کشمیری، شریف سرمدی و برخی. و چهار هزار در نزدیکی دار السّلطنه لاهور. از آن میان تخته بیگ، رای منوهر، بهادر خان قوردار، صلاح الدین بانکا، شیخ خوبو، میر مراد سرمست، مقیم خان، خواجه محب‌علی خافی، شیخ کبیر، حکیم مظفر و هزار احدی

The Thirty-Ninth Year after the Imperial Accession: Khurdad Year of the Fourth Duodecennial Cycle

After the elapse of nine hours, forty-four minutes, and twenty- 1
two seconds of the eve of Monday, the twenty-eighth of Jumada II 1002 [March 21, 1594],[1] the world-illuminating sun shed its light on its position of nobility and made the third year of the fourth duodecennial cycle even more felicitous. The earth rose up in fealty, and the heavens offered congratulations.

The zephyr became like Mani's picture gallery with drawings of power; the meadow was filled with the light of wisdom, like Avicenna's mind.
The zephyr displayed musk from Khallaj on the tray of the rosebud; in the mortar of the tulip the zephyr pulverized pure ambergris.

The emperor gave celebrations from the commencement of the year until the day of exaltation and elevated divine worship to a new level.

Various Promotions and Assignments

On the seventh of Farwardin [March 27], ten thousand horsemen were assigned to the eldest prince. Five thousand of them were given fiefs in Bengal; among them were Jagat Singh, Durjan Singh, Sakat Singh, Baqir Sufrachi, Mirza Muhammad Baqir Ansari, Mir Qasim Badakhshi, Ya'qub Kashmiri, Sharif Sarmadi, and others. Four thousand of them received estates

قرار گرفت که ماهوار از خزینه برستانند و سلطان خسرورا که با خردسالی خردبزرگی دارد بوالا منصب پنجهزاری بلندپایگی بخشیدند

راجه رامچند	عیسی خان مسوانی
همّت سنگه	نورم کوکه
بهاو سنگه	سعید خان مندوری
شیر خان	نصیر خان میانه
بهادر گوروه	منو خان لوحانی
سلیم خان لوحانی	تاج خان لوحانی
سلطان سور	سجاول خان جیلم
الله‌داد لوحانی	الغ خان لوحانی

و چندی دیگر بدان نوباوهٔ دولت بازگردیدند و ملک اودیسه در اقطاع قرار گرفت. و راجه مانسنگه‌را که کارشناسی و اخلاصمندی ازو آشکار است باتالیقی نواختند و جایگیر او در بنگاله تن شد و آن ملک به یتاقداری او نامزد گشت. سعید خان پاسدار صوبهٔ بهار گردید. درین روز میرزا رستم‌را بعلم و نقاره پایه افزودند و بمهین نوازش سربلندی یافت. هشتم جشن قمری وزن گیتی‌خداوند شد و آن والاگوهررا بهشت چیز برسختند. بخشش و بخشایش‌را روزبازار شد و گوناگون مردم کام دل برگرفت.

near Lahore; they included Tokhta Beg, Rai Manohar, Bahadur Khan Qordar, Salahuddin Banga, Shaikh Khubu, Mir Murad Sarmast, Muqim Khan, Khwaja Muhibb Ali Khafi, Shaikh Kabir, and Hakim Muzaffar; and a thousand *ahadis* were scheduled to receive monthly salaries from the treasury. Sultan Khusrau, who was wise beyond his years, was promoted to the exalted rank of 5,000.

The following were posted to the prince, and the kingdom of Orissa was enfeoffed to him:

Raja Ram Chand	Nurum Koka
Himmat Singh	Sa'id Khan Mandauri
Bhao Singh	Nasir Khan Miyana
Sher Khan	Manu Khan Lohani
Bahadur Gaurua	Taj Khan Lohani
Salim Khan Lohani	Sajawal Khan Jelam
Sultan Sur	Ulugh Khan Lohani
Allahdad Lohani	others
Isa Khan Maswani	

Raja Man Singh, whose competence and devotion were obvious, was given the post of *ataliq,* his jagir was established in Bengal, and he was assigned the governorship of that province. Sa'id Khan was made governor of Bihar. On this same day Mirza Rustam was honored with the privilege of a banner and drums.

On the eighth [March 28], the emperor's lunar weighing ceremony was held, and he was weighed against eight items. Charity enjoyed a field day, and various people received their hearts' desires.

۲ درینولا مظفر حسین میرزا بپوزشگذاری درآمد. چون بمغز روزگار پیچید که فیروزی سپاه بسیچ گشایش قندهار فراپیش دارد و رستم میرزا بتیزدستی دولت آستانبوس دریافت، او از نکوهیده آمیزش لختی عنان برکشید و از بیمناکی بدل‌آسیمگی افتاد و از روشن‌ستارگی مادررا با بزرگ پور خود بهرام میرزا فرستاده زینهار درخواست. نهم آمدگان بار یافتند و آرزو پذیرائی گرفت. قرا بیگ که بآن سلسله دیرین پیوند بود و میرزا بیگ قدیمی‌را فرستادند که میرزارا نوید بخشایش رسانده بدرگاه آورند و دیدبانی آن ملک بشاه بیگ خان نامزد گردانند.

روز شرف خواجه دولت ناظررا از نیکپرستاری برنواختند و بوالا پایهٔ خانی برآوردند. درین روز میر حیدر معمّائی از ایران آمده سعادت بار اندوخت و بخسروانی نوازش کام دل برگرفت.

بیستم شیرویه پور شیرافکن‌را بخطاب خانی پایه افزودند و آن نیکوپرستاررا آرزو برآمد.

سی‌ام جبّاری پور مجنون خان قاقشال‌را رها ساخته نوازش فرمودند. از دمسازی بدگوهران در بنگاله ناسپاسی نمود. چون دستگیر شد بزندانی دبستان برنشاندند. پشیمانی از پیشانی او برخوانده بخشایش فرمودند.

۳ غرّهٔ اردی‌بهشت ملا صالح بخاری از توران آمده دولت آستانبوس اندوخت. از رسمی دانش آگهی دارد و لختی از تعصّب بر کناره زید.

درینولا حکیم علی گیلانی شگرف حوضی برساخت. راهی از درونهٔ آن بکاشانه میرفت و شگفت آنکه آب ازین برکه بدانجا در نمیشد. مردم فرو شده براه‌پژوهی فراوان رنج بردی و بسیاری آزار یافته از نیمه راه بازگردیدی. پنجم گیتی‌خداوند بتماشای آن خرامش فرمود و خود آهنج درآمد فراپیش گرفت. بازداشت مردم نشنوده بدان در شدند و لختی

Around this time Muzaffar Husain Mirza apologized. When it became common knowledge that imperial troops were going to conquer Kandahar and Rustam Mirza hastened to kiss the imperial threshold, Muzaffar Husain Mirza was persuaded by evil companions not to go, and he allowed trepidation to creep into his heart. Fortunately for him he sent his mother and his eldest son, Bahram Mirza, to request amnesty. On the ninth [March 29], they were received and given hope. Qara Beg, who had an ancient connection to that dynasty, and Mirza Beg Qadimi were sent to give the good news to the mirza and bring him to court. Protection of the territory was assigned to Shah Beg Khan. 2

On the day of exaltation Khwaja Daulat Nazir was promoted for his good service and given the exalted title of khan. The same day Mir Haidar Mu'amma'i came from Iran and was received with regal favor.

On the twentieth [April 9], Sheroya, the son of Sherafkan, was given the khan title.

On the thirtieth [April 19], Majnun Khan Qaqshal's son Jabbari was released and shown favor. He had been seduced into ingratitude by connivers in Bengal. He was captured and imprisoned, but when true repentance was seen in his demeanor, he was pardoned.

On the first of Urdibihisht [April 21], Mulla Salih Bukhari came from Turan. He was well trained in formal learning and was fairly free of fanaticism. 3

Around this time Hakim Ali Gilani made a fascinating pool. There was a way through it into a little room, and amazingly the water from the pool could not get into the room. Some people entered the pool to investigate, but they got frightened and turned back halfway in. On the fifth [April 26], the emperor went

درنگ رفت. نزدیک بود که بینندگان‌را سررشتهٔ زندگی از دست رود. از نوید عاطفت بخود آمدند. من ازین بیجا دلیری بخویش نیامدم بنیرنگی تقدیر پی برده خموشیدم.

غرّهٔ خرداد حاجی حبیب الله رخت هستی بربست. از نیک مردان دنیا بود و از فروغ چراغ‌افروزی کیهان‌خدیو بهره‌ور. درین روز شریف وقوعی آنجهانی شد.

سیزدهم سمانچی خان‌را از صوبهٔ اوده برخواندند و بسجود قدسی آستان سر برافراخت. بامدادان قاسم خان‌را نوازش فرموده بکابل دستوری دادند و شاه بیگ خان‌را باقطاع خود خوشاب و بنگش، و فرمان شد که آمادهٔ یورش گردد و چون فرستادگان قندهار طلب دارند بدان سو ره نوردد.

درین سال جام نزد شاهزاده سلطان مراد آمد و جاوید سعادت اندوخت. درین روز نورنگ خان نزد جونه‌گده بشکم‌روی درگذشت و پس‌ماندگان اورا شاهنشاهی نوازش غم بزدود.

۴ درینولا خاربُن ناراستی برکنده آمد و جهانی برآسود. عملگذار خالصه و تیولدار و صیرفی سکّهٔ خالص طلبداشتی و از نقد درست‌عیار تمام‌وزن برگرفتی. پانزدهم اهتمام این کار بخواجه شمس الدین بازگردید. او بناآزوری و جدکاری کهن بیماری سیم و زررا در دو ماه چاره‌گر شد و خیانت‌پیشگان به پیغوله برنشستند.

و همدرین روز اسمعیل‌قلی خان بکالپی دستوری یافت که بجایگیر آبادی درکوشد و خویشتن‌را آمادهٔ خدمت گرداند.

بیستم عبد الرزاق معموری از گجرات دررسید و بدولت بار سعادت اندوخت. بامدادان محمدیار دخت‌زادهٔ گلبدن بیگم از بخت‌برگشتگی

to see it with every intention of going in. Paying no attention to his men's attempts to prevent him, he entered and stayed there for a while. Those who were watching almost died of fright, but they came to when they saw that the emperor was all right. I virtually passed out over this act of daring, but when I found my way to understanding that it was an act of destiny, I calmed down.

On the first of Khurdad [May 22], Hajji Habibullah passed away. He was one of the good men of the age and enjoyed enlightenment from the emperor's lamp. On this noble day he died.

On the thirteenth [June 3], Samanchi Khan paid homage, having been summoned from Oudh. The next morning Qasim Khan was shown favor and sent to Kabul, and Shah Beg Khan was sent to his estates in Khushab and Bangash to get ready to go to Kandahar when those who had been sent there called for him.

During this year the Jam went to Prince Sultan Murad. On this day Naurang Khan died of dysentery near Junagadh, and imperial condolences were sent to those he left behind.

Around this time dishonesty was uprooted and the world 4
found repose. Tax collectors on royal demesnes, fiefholders, and officials of the mint were summoned, and proper assay and weight were established. On the fifteenth [June 5], this task was turned over to Khwaja Shamsuddin. Within two months he had dealt incorruptibly and seriously with the old problem of gold and silver, and the dishonest crept away.

On the same day Isma'ilquli Khan was sent to Kalpi to tend to his estates and get himself ready for service.

On the twentieth [June 10], Abdul-Razzaq Ma'muri came from Gujarat to pay homage. The next morning Muhammad Yar, the son of Gulbadan Begim's daughter, went into the hills with a few others in contemplation of ingratitude. Silhadi, Danman Das,

با چندی راه کهسار پیش گرفت و بسگالش ناسپاسی گام فراخ برزد. سلهدی و دنمنداس و برخی‌را از پی فرستادند. خیرالله کوتوال لختی پیشتر رسیده بسخن درگرفت. چندانکه اینان پیوستند چندی‌را نقد زندگی از دست رفت و او با هفت کس دستگیر شد. چهارده لعل و تسبیح گزیده مروارید و مرصّعات و فراوان خواسته از برگرفتند.

بیست و چهارم راجه مانسنگه گرانبار اندرز دستوری بنگاله یافت تا آئینهای افسرخدیورا دیدبانی کند و بدین آبیاری آن ملک‌را آباد دارد.

سی‌ام جهازی بر کنار راوی بانجام رسید. درازی چوبی که بنیاد این چوبین کاخ برو باشد سی و پنج گز الهی، دو هزار و نهصد و سی و شش شهتیر بزرگ از سال و ناخود و چهارصد و شصت و هشت من و دو سیر آهن بخرج رفت و دویست و چهل کس از درودگر و آهنگر و جز آن در کار بودند. گیتی‌خداوند بتماشای آن خرامش فرمود. بشگرف جرها هزار کس در کشیدن کوشش داشت. در ده روز از خشکی بآب در شد و ببندر لاهری روانه کردند و از کم‌آبی بس بدشواری رفت.

بیستم تیر میان کرم الله در سرونج برنجوری درگذشت و فرزندان اورا خسروانی عاطفت شکیبا گردانید.

هفتم امرداد درجن کچهواهه که از پرستاران نزدیک بود رخت هستی بربست.

۵ و از سوانح بسر آمدن روزگار قاسم خان و ببادافراه رسیدن محمد زمان. گذارش یافت که اندجانی پسری دستان‌فروش در بدخشان خودرا پور میرزا شاهرخ وانمود و ناشناسندگان بدو گرویدند. تا خویشتن‌را بدین جاوید دولت بربسته بود لختی بکامروائی میزیست. چون بفرومایگی آن سررشته از دست واهشت بناکامی گو فرو شدن گرفت. از ناهنجاری او

and others were sent in pursuit. Khairullah Kotwal went forward and engaged in talk. Then, when the others joined him, some lost their lives and Muhammad Yar was captured along with seven others. Fourteen rubies, a fine pearl rosary, and jewel-encrusted items were taken.

On the twenty-fourth [June 14], Raja Man Singh was given good advice and sent to Bengal to maintain imperial customs and thereby to keep the province in good order.

On the thirtieth [June 20], a ship was completed on the banks of the Ravi. The length of the keel was thirty-five imperial cubits; 2,936 large planks of plane tree and pine and 468 maunds and two seers of iron were used. Two hundred forty carpenters, smiths, and others were employed in the construction. The emperor went out to see it. A thousand men were engaged in dragging it, and it took ten days to move it from the land into the water. It was taken to Lahori Bandar, but it was very difficult on account of the shallow water.

On the twentieth of Tir [July 11], Mian Karamullah died of an illness in Sironj. Royal condolences were given to his children.

On the seventh of Amurdad [July 29], Durjan Kachhwaha, an intimate servant, passed away.

Qasim Khan's days come to an end,   5
and Muhammad Zaman receives his retribution

It has been reported previously that a young man from Andizhan emerged in Badakhshan claiming to be Mirza Shahrukh's son Muhammad Zaman, and ignorant people gathered around him. As long as he bound himself in allegiance to the empire he was successful, but when he vilely broke that bond he went down in ignominy. The mountaineers grew weary of his improprieties,

کوه‌نشینان دل برگرفتند و تورانی سپاه برو چیره‌دستی یافت. ناکام بزابلی هزاره طرح دوستی انداختند، بو که بدستیاری اینان شورشمایهٔ زابلستان گردد. چون قاسم خان بدرگاه آمد بآهنج آنکه بدان الوس پیوندد با صد کس بدان دیار آمد و براهداران چنان وا نمود که بووالا درگاه میرود. باور کرده بهاشم بیگ پور قاسم خان آگهی دادند. او از کارشناسی علی‌شیر ماکری و سلیم بیگ و الله‌دوست‌را با پانصد کس روانه ساخت که بدرقه شده آورند. آن تبه‌سگال چون از پنجشیر گذشت بیراهه شده به بنگاه هزاره شتاب آورد. هاشم بیگ ازین آگهی خود نیز بتیزروی درآمد و نزد میدان بدو رسید. لختی آویزش رفت و قرا بیگ بهادر و جهانگیر بیگ و چندی از فیروزی سپاه بنهانخانهٔ نیستی در شدند و بایزدی تأیید ظفر یافته اورا پابند بکابل آورد. چون قاسم خان بدانجا رسید از ساده‌لوحی نزد خود جای داد و پاسبانی‌را آسان برگرفت و همراهان اورا بنوکری برگزید و بقدسی فرمان در سرانجام فرستادن او بدرگاه والا شد و هاشم بیگ‌را بهمراهی نامزد گردانید. آن بدسرشت با پانصد کسِ بدخشی همداستان شده بکمین جانشکری نشست. سُرگروه ناسپاسان میر شمس خان و عاقل قاضی‌زادهٔ بقلانی و گدا بیگ حصاری. چندی بر آن بودند که میان راه هاشم خان‌را ازهم گذرانیده کام دل برگرفته آید، و گروهی بر آنکه در همین شهر پدر و پسررا روزگار بسر آورند. فراوان کالا و خواسته نیرو برافزاید و آن آباد ملک بدست افتد. دوازدهم امرداد آن بدگوهر نزد هاشم بیگ کس فرستاده دلگرفتگی برگذارد و خواهش آمدن و بنردبازی عشرت اندوختن وا نمود. همگی بسیچ آنکه در یک زمان کار هر دو ساخته آید. او در آمادگی سفر بود. رفتن نیارست. نیمروز قاسم خان از خورش واپرداخته بخواب در شد. جز برخی پرستاران نزدیک او نبود. ناسپاسان چندی‌را بر سر خانهٔ

and Turanian soldiers gained dominion over him. Helpless, he made friends with some Zabuli Hazaras, thinking he could stir up trouble in Zabulistan with their help. When Qasim Khan went to court, he went there with a hundred men hoping to join the Hazaras, and he told the road guards that he was going to court. Believing him, they sent word to Qasim Khan's son Hashim Beg, who wisely sent Ali Sher Makri, Salim Beg, and Allahdost with five hundred men to escort him. Once the wretch was past the Panjshir he went off in the direction of the Hazaras' home. When he learned of this, Hashim Beg set out and caught up with him near Maidan. There was a skirmish, and Qara Beg Bahadur, Jahangir Beg, and a few other imperials were killed, although with divine assistance Hashim Beg achieved victory, capturing Muhammad Zaman and taking him to Kabul. When Qasim Khan arrived he foolishly took him and took the guarding of him lightly and adopted his comrades as liege men. Then, by imperial command, he made preparations for sending him to court and assigned Hashim Beg to accompany him. The malevolent wretch conspired with five hundred Badakhshis and lay in wait to kill Hashim Beg. The leaders of the conspirators were Mir Shams Khan, Aqil Qazizada Baqlani, and Gada Beg Hisari. Some of them were of the opinion that they should kill Hashim Beg on the road, but others thought they should do in both father and son in the city, bolster themselves with goods and money, and take over the province. On the twelfth of Amurdad [August 3], the wretch sent a messenger to Hashim Beg to tell him of his boredom and ask him to come play backgammon with him. His plan was to kill the two of them at the same time, but Hashim Beg was busy getting ready for the journey and could not go. At noon Qasim Khan finished his meal and went to sleep. There were only

13

هاشم بیگ نامزد کردند و بیازش قاسم خان تیزدستی نمودند. او نقد زندگی مردانه سپرد و سر او بریده بر نیزه کردند. خواجه ارباب و خداداد خاصه‌خیل بنیکوکاری جان درباختند. هاشم بیگ بفرو نشاندن شورش برآمد. تیزدستان فرستاده دروازه‌های حصار بربستند. در کمتر زمانی حال پیدائی گرفت. بهمان بسیچ گندآوری بارگ روی نهاد. دربستگی برآمدِ کاررا یاور افتاد. بسیاری تیره‌بختان درون شدن نیارستند. چون بدانجا رسید دربند برشکست و بشگرف آویزه چندی‌را بنیستی‌سرا فرستاد. و برخی تیزدستان بدیوار بر شده هنگامۀ تیر و بندوق برآراستند. بسیاری ناسپاس‌را روزگار بسر آمد و برخی در توشکخانه که پیشتر سلاحخانه بود درآمدند بدان سگالش که پناه گرفته باز آویزه برگیرند. رادمردان در بر گرفتند. هرکه بیرون شدی جان بسپردی. بام برشکافته آتش در زند. با هزاران سراسیمگی بگرمابۀ که در آن نزدیکی بود خودرا درانداختند. از سختگیری یکیک برآمدی و جان دادی. از نیمۀ روز تا پایان شب حال بر آن روش بود. بامدادان هشتاد کس یکجا برآمدند و بآویزه نقد زندگی درباختند. درین میان آن سرگروه ناسپاسان بگو نیستی فرو شد و آویزش تا نیمۀ روز دیگر کشید و گزین فیروزی چهرۀ اقبال برافروخت. چون سرنوشت بود قاسم خان دوربینی گذاشت و هرچند هواخواهان خیرسگال غدربسیچی برگذاردند سودمند نیامد. اگرچه همگی سپاهی و شاگردپیشه‌را دست بکار رسید، لیکن میرزا احمدی و میر مؤمن و میر عبدالله و الله‌دوست و محبّت خان در همپائیِ هاشم بیگ فراوان کوشش بجای آوردند و پردلی و کارشناسی او بروی روز افتاد و کسی‌را گزند جانی نرسید. پایان روز باز لختی شورش برخاست. هاشم بیگ و دیگر گندآوران بسلاح در شدند. پنج کس که در آن گرمابه دم واپسین میکشیدند شب پنداشته برآمدند، بو که

a few servants around him. The conspirators sent a few men to attack Hashim Beg's house. They assaulted Qasim Khan, and he went down bravely. They cut off his head and put it on a spear. Khwaja Arbab and Khudadad Khassa-Khail lost their lives fighting valiantly. Hashim Beg set out to put down the rebellion. The rebels sent people to shut the gates of the fortress. It was not long before he found out what was happening, so he headed for the citadel. The closing of the gates proved to be advantageous because many of the rebels could not get in. When he got there, he broke down the barricade and sent many to their deaths in a fierce battle. Some of the fighters got up on the wall and started shooting. Many of the ingrates lost their lives, but a few got into the *töshäkkhana*, which was in front of the armory, thinking they would fortify themselves there and fight on. The brave soldiers surrounded it, and everyone who came out was killed. Then they broke a hole through the roof and set the place on fire. One by one they were forced out and killed. Things continued like this from noon until late evening. The next morning eighty men came out together and lost their lives in battle, among them the leader of the conspiracy. The battle continued until noon the next day, but a signal victory was achieved. Since it was fated, Qasim Khan had neglected to be foresighted, and no matter how much his well-wishing supporters had warned him of impending treachery, he refused to listen. Although all the soldiers had participated in the battle, Mirza Ahmadi, Mir Mu'min, Mir Abdullah, Allahdost, and Mahabbat Khan had fought outstandingly with Hashim Beg, whose bravery and competent leadership had prevented anyone from being seriously wounded. Toward the end of the day there was some more skirmishing. Hashim Beg and other warriors armed themselves. Five men, who were drawing their last breaths

بپیغوله‌ای در شوند. در کمتر زمانی بگو نیستی فرو شدند. هاشم بیگ دیگر روز هرجا که بدخشی شنید برگرفته جان بشکرد و لختی دست بیدادی برگشود. چنان برگذارد که نخست روز از یاورکمی و مخالف فزونی دل بفرو شدن نهاده بود. آواز شاهی دلآسا بگوش فراوان کس درآمد و نزاردلان‌را نیرو برافزود. و ملک مظفّر مسعودآبادی میگفت «روز شورش بشهر کابل میآمدم. میانهٔ راه بسواری چند شگرف‌پیکر رسیدم. چون ژرف‌نگهی بکار رفت در آن میان پادشاه‌را شناختم، مشکین تاجی بر سر و گرد خرقه در بر. نیایش نموده بشگفت‌زار افتادم. فرمودند «بکس وا مگوی که کاری فراپیش داریم.»» و مادهوداس چنان گذارش نمود «شبی که آبستن این سرگذشت بود پیر خودرا بخواب دیدم. از آمدن پژوهش رفت. پاسخ داد که شهنشاه‌را بکاری درین سو گذار افتاد و بسیاری اولیای دولت در رکاب نصرت‌اعتصام اند.» و چندی آویزندگان سعادت‌پژوه وا گفتند «بشمارهٔ که میرفتیم بس کم بودیم، لیکن از هر سو جوق جوق سپاه گرم پیکار می‌برآمدند.» هیچ جای شگفت نیست. بزرگان آفاقی بدین پایه میرسند، تا بگزیدگان انفسی چه رسد.

بیست و سیوم حاجی محمد مشهدی و یوسف برادر علی‌داد کشمیری سر آن بدگوهررا بدرگاه آوردند. گیتی‌خداوند از فرو شدن چنان امیری کارگذار لختی باندوه در شد و از شگرف فیروزی بایزدی سپاس برنشست و دربارهٔ خدمتگذاران سعادتگرا نوازش پادشاهانه بروی کار آمد. میرک و قرا احدی‌را با منشور عاطفت و گزین خلعت و شمشیر و کمر مرصّع فرستادند و پاسبانی کابلستان بقلیچ خان بازگردید و خواجه شمس الدین‌را بجای او دیوان کل برساختند. جونپور که جایگیر قلیچ خان بود باقطاع میرزا یوسف خان قرار گرفت و کشمیررا باحمد بیگ و محمدقلی ۶

in the bathhouse, came out, thinking night was falling and they would be able to get away, but they soon went to their dooms. The next day Hashim Beg killed all the Badakhshanis he could find, and in this he exercised a bit of injustice. He himself reported that the first day, with so few supporters and so many enemies, he was convinced he would die, but many heard the emperor's voice and gained courage thereby. Malik Muzaffar Mas'udabadi said, "On the day of the rebellion I was on my way to Kabul. On the road I came across several strange-looking riders. When I looked closely, I recognized the emperor among them. He was wearing a black crown and a warrior's cloak. I saluted him and stood in amazement. 'Tell no one,' he said, 'for we have business ahead.'" Madhav Das also said, "On the night before the incident I dreamed of my master. I inquired why he had come. He replied that the emperor was coming this way on business with many friends of fortune in his retinue." Several of those who participated in the battle also said, "There were very few of us, but troops of soldiers came galloping in from every direction." There is nothing strange in this. The celestial great attain this level; why should those chosen for psychic greatness not achieve the same level?

On the twenty-third [August 14], Hajji Muhammad Mashhadi 6
and Yusuf, Alidad Kashmiri's brother, brought the wretch's head to court. The world lord grieved over the loss of such a good officer, but he expressed his gratitude to the deity for the amazing victory and gave regal rewards to all those who participated in the battle. Mirak and Qara Ahadi were dispatched with a letter, a robe of honor, a sword, and a jewel-encrusted dagger, and the governorship of Kabulistan was assigned to Qilich Khan. Khwaja Shamsuddin replaced him as supreme *divan*. Jaunpur, which had been Qilich Khan's jagir, was enfeoffed to Mirza Yusuf Khan, and

بیگ و حمزه بیگ و حسن بیگ گرد و حسن‌علی عرب و محمدی بیگ ایماق بدخشان دادند. و شریف خان بپاسداری غزنین دستوری یافت و دیرین آرزوی او برآمد.

دوم شهریور آصف خان‌را بکشمیر فرستادند تا بتازه جاگیرداران درخور بخش نماید و زعفران و شکاری جانور بخالصه بازدارد.

یازدهم قلیچ خان گرانبار اندرز رخصت کابل یافت و بگزین خلعت و خاصه بارگی برنواختند.

سی‌ام آگهی آمد که میرزا کوکه بگجرات بازگردید. از همان بندر که دریائی شده بود رخت بساحل کشید و آرزوی آستانبوسی در سر دارد و بسامان رهنوردی سرگرم. شهریار مهرباندل برشکفته گزین خلعت و فراوان بارگی تیزرو و بختی بنوازش او فرستادند.

۷ و از سوانح نامزد شدن فیروزی سپاه بشمالی کوه. راجه‌ها و رایان این کهسار اگرچه هیچ گاه سررشتهٔ نیایشگری از دست وا نهلند، لیکن کوتاهبینی و جااستواری لختی از راه برد. درین هنگام نیز دیو پندار راه اینان برزد و ناهنجاری فراپیش گرفتند. غرّهٔ مهر شیخ فرید بخشی‌بیگی، حسین بیگ شیخ‌عمری، محمد درباری، بهادر خان قوردار، احمد قاسم، محمد خان ترکمان، نصیر خان، جنید مرل، الغ بیگ کولابی، ابدال سیاهگوش، دوست محمد بروتی و بسیاری دستوری یافتند که اگر پندگذاری کارگر نشود بفروغ شمشیر زنگ کجگرائی برزدایند.

Kashmir was given to Ahmad Beg, Muhammadquli Beg, Hamza Beg, Husain Beg Gurd, Hasan Ali Arab, and Muhammadi Beg of the Badakhshan Aymaq. Sharif Khan was sent to govern Ghazni, which was exactly what he had been hoping for.

On the second of Shahrewar [August 24], Asaf Khan was sent to Kashmir to redistribute holdings among the jagirdars and take the saffron crop and falcons to the royal demesne.

On the eleventh [September 2], Qilich Khan was given advice and leave to go to Kabul, and he was awarded a robe of honor and one of the emperor's horses.

On the thirtieth [September 21], it was learned that Mirza Koka had returned to Gujarat. He had unloaded his goods at the same port he had departed from, and, with a fervent desire to prostrate himself at the imperial threshold, he was anxious to set forth. The kind-hearted emperor was happy with this news and, as a sign of favor, sent him a robe of honor and many fleet-footed horses and camels.

Imperial troops are assigned to the northern mountains   7

The rajas and *rais* of these mountains, even if they had never actually broken off allegiance, had gone somewhat astray in their shortsightedness and inaccessibility. At this point the demon of wrong thinking found its way into their minds, and they had begun to act improperly. On the first of Mihr [September 23], the following were dispatched:

Farid Bakhshibegi	Ahmad Qasim
Husain Beg Shaikh-Umari	Muhammad Khan Türkmän
Muhammad Darbari	Nasir Khan
Bahadur Khan Qordar	Junaid Maral

دوازدهم نگارندهٔ شگرفنامه بخوابگاه پدر بزرگوار و گرامی مادر رفت و فرموده‌را پاس داشته نعش این دو الهی برگزیده‌را روانهٔ دار الخلافه آگره ساخت و در آن دیرین بنگاه برآسودند.

دوم آبان جشن شمسی وزن شد. افسرخدیورا بدوازده چیز برسختند و گروهاگروه آرزومند کام دل برگرفت.

چهارم بآهنگ نخچیر از آب راوی برگذشتند. بامدادان بفضل‌آباد که نگارندهٔ اقبالنامه منزلی بر سر راه ساخته قدسی نزول شد و سرمایهٔ جاوید فرّخی بدست آمد.

۸ چهاردهم نزدیک شاهم علی خواجه نظام الدین احمد بخشی‌را از تب‌فزونی حال دگرگون شد. فرزندان دستوری گرفته بدار الملک لاهور بردند و بر ساحل دریای راوی درگذشت. شهریار پایه‌شناس‌را لختی دل بگرفت و از الهی درگاه آمرزش خواست. آشنا و بیگانه بافسوس برخاست و راستی بسوگواری نشست. امید که خیرسگالی او زاد این دراز سفر گردد.

بیست و یکم پس از گذشتن هشت ساعت و بیست و هشت دقیقه سلطان پرویزرا خواهری پدید آمد. آئین چنانست که افسرخدیو فرزندان و نواده‌هارا بزودی نام برنهد. درونی پرستاران هرچند خواهش نمودند پذیرائی نیافت. ناگاه آن نوزاد بنیستی‌سرا در شد و نهان‌یابی گیتی‌خدیو بتازگی پیدائی گرفت.

بیست و هشتم بدار الملک لاهور سایهٔ دادگری انداختند و خرد و بزرگ‌را شادی درگرفت. تا حافظ‌آباد چالش رفت و بفرّخی بازگشت شد.

ششم آذر قاضی حسن‌را بشمالی کوه دستوری دادند. چون بسی کارهای آنسورا شیخ فرید روبراه کرده بود فرمان شد که بوالا درگاه بازگردد و فرستاده بیاوری حسین بیگ شیخ‌عمری بانجام رساند. درین روز شیرویه

Ulugh Beg Kulabi
Abdal Siyahgosh
Dost Muhammad Buruti
many others

If the good advice they would impart did not work, they were to remove the rust of waywardness with their bright swords.

On the twelfth [October 4], the author of this volume went to the resting place of his father and mother and, as ordered, sent their blessed bodies to Agra to rest in their old home.

On the second of Aban [October 24], the solar weighing ceremony was held, and the emperor was weighed against twelve items. The proceeds were used as charity for the poor.

On the fourth [October 26], the emperor crossed the Ravi to go hunting. The next morning he visited Fazlabad, a rest station this writer had built on the road.

On the fourteenth [November 5], near Shaham Ali, Khwaja 8
Nizamuddin Ahmad Bakhshi developed a raging fever. His sons were ordered to take him to Lahore, but he died on the banks of the Ravi River. The emperor was saddened and prayed for his soul. Friends and strangers grieved for him, for honesty itself had suffered a loss. It is hoped that his benevolence will serve as provision for his long journey to the afterlife.

After the elapse of eight hours and twenty-eight minutes of the twenty-first [November 12], a sister was born to Sultan Parvez. It was customary for the emperor to name his children and grandchildren immediately, but this time, no matter how the servants pleaded, he refused to do so. Suddenly the newborn babe died, and the emperor's prescience was shown once again.

On the twenty-eighth [November 19], the emperor arrived back in Lahore amid great rejoicing. He had gone out as far as Hafizabad and returned.

خان‌را بصوب اجمیر فرستادند تا از سپاه و رعیّت آگاه باشد و بداددهی سعادت افزاید.

۹ سیزدهم میرزا کوکه سعادت بار یافت. چون جبین نیایش بسجده برافروخت بدست عاطفت سر او برداشته در آغوش گرفتند. او از مهرفزونی اشک از چشم ریخت و مام اورا بحضور آورده از جانکاهی برآوردند. بمنصب پنجهزاری نوازش یافت و بخطاب خان اعظم نامور گردید و گرفتن جاگیر گجرات و پنجاب و بهار و جز آن بدو بازگذاشتند. او صوبهٔ بهار برگزید. فرزندان اورا نیز بمنصب و تیول برنواختند. که و مه‌را اندیشه آن بود که دیگر باین دیار بازنگردد. سحری در شکار سلطانپور فرمودند «زود میرزا کوکه پشیمان شده چهرهٔ پوزشگری بدرگاه والا برساید.» در کمتر زمانی خاطر او از آن تیرگی برآمد و در سراسیمگی فرو ماند، نه روی آمدن و نه رای بودن. ناگاه بر تازه مهربانیهای گیتی‌خدیو آگهی یافت و دل از همه وا پرداخته دریانوردی‌را پیش گرفت. در بیست و چهار روز از بندر بلاول باز رسید و بشرف ارادت جاوید سعادت اندوخت و نیایشگری‌را آئین نو برنهاد.

درین روز بهبو زمیندار جسروته‌را علی محمد اسپ به پیشگاه حضور آورد. چون شیخ فرید بشمالی کهسار رفت او بدستانسرائی آمده دید. چون فریبکاری او دلنشین شد گرفته بدرگاه فرستاد.

شانزدهم سعادت‌یار کوکه درگذشت. از فزونی باده‌پیمائی اخشیجی پیوند بگسیخت. اورنگ‌نشین اقبال آمرزش درخواست و از مهربانی بخانهٔ حاجی کوکه همشیرهٔ او رفته پرسش نمود و فرزندان اورا درخور نوازش رفت.

On the sixth of Azar [November 27], Qazi Hasan was sent to the northern mountains. Since Shaikh Farid had accomplished much there, it was ordered that he should return to court, and Qazi Hasan was to take over with the assistance of Husain Beg Shaikh-Umari. The same day Sheroya Khan was sent to Ajmer to take care of the military and civilian population and to administer justice.

On the thirteenth [December 4], Mirza Koka was given audi- 9
ence. When he placed his forehead on the ground in reverence, the emperor raised his head with his own hand and embraced him, and tears of affection rolled down the mirza's cheeks. His mother was brought in and relieved of her grief. He was elevated to the rank of 5,000 and given the title of Khan A'zam, and he was offered a fief in Gujarat, the Punjab, Bihar, or any other place. He chose the province of Bihar. His sons were also given rank and fiefs. Everyone had thought that he would never return to this region. One morning while hunting in Sultanpur the emperor had said, "Very soon Mirza Koka will regret what he has done, and he will come to court to apologize." Shortly thereafter the mirza's mind emerged from blackness and he became perturbed, neither daring to go to court nor able to stay where he was. Suddenly he became aware of the emperor's recent acts of kindness and, abandoning everything, set out by sea. It took him twenty-four days to arrive from Veraval, and he was pleased to pledge his eternal devotion and raise allegiance to a new level.

The same day Bhabu, the zamindar of Jasrota, was brought to court by Ali Muhammad Asp. When Shaikh Farid went to the northern mountains, Bhabu had talked his way into Shaikh Farid's good graces, but when he became convinced of Bhabu's deceitfulness, he arrested him and sent him to court.

۱۰ و از سوانح بازگردانیدن ایرانی وخشور. از دیر باز یادگار سلطان روملو[1] نیایشنامهٔ فرمانفرمای آن دیاررا با تنسوقات آورده بود. بیست و سیوم بفرمان نوازش دستوری یافت. ضیاء الملکرا بوخشوری و ابوناصررا بتحویلداری ارمغانی کالا همراه گردانیدند و فرمان شد که از دریای راوی ببندر لاهری شتابند و از آنجا بهرمز رفته راه ایران برگیرند. گرامی نامهٔ بارگاه خلافت نگاشته آمد تا دیده‌وران بکار بندند و تعویذ بازوی دولت برسازند.

نامهٔ حضرت شاهنشاهی بایران

۱۱ الله اکبر. ستایش و نیایش عتبهٔ کبریای احدیّت جلّ جلاله بمثابه‌ایست که اگر جمیع نقاط عقول و جداول فهوم با جنود مدرکات و عساکر علوم فراهم آیند از عهدهٔ حرفی از آن کتاب یا پرتوی از آن آفتاب نتوانند برآمد. اگرچه در دیدهٔ تحقیق جمیع ذرّات مکوّنات سرچشمهٔ حمد ایزدی اند که از زبان بی‌زبانی برآمده تشنه‌لبان و نفسیده‌زبانان بیدای ناپیدای حمد حقیقی‌را ترزبان و سیراب‌دهان دارند. پس همان بهتر که کمند اندیشه از کنگرهٔ جلال صمدیّت که جانهای پاکان آویختهٔ اوست کوتاه داشته در جلائل نعوت گروه قدسی‌شکوه حضرات انبیا و رسل (علی نبیّنا وعلیهم التحیّة والسّلام) درآمده اوّلاً شرائف حالات و ثانیاً نبائل عطایا که جمهور انامرا از گریوهٔ ضلالت و غوایت بشاهراه عنایت و هدایت آورده‌اند، بر منابر تبیان ادا نموده شرح معالی احوال و مکارم اخلاق

On the sixteenth [December 7], Sa'adatyar Koka died. From drinking so much wine, the elemental bonds of his body broke down. The monarch prayed for his soul and kindly went to the house of Hajji Koka, his sister, to offer condolences to his sons.

The Iranian ambassador returns home 10

A long time ago Yadgar Sultan had brought a letter and gifts from the ruler of Iran. On the twenty-third [December 14], he received leave from the emperor to depart. With him were sent Ziya'ul-mulk as ambassador and Abunasir in charge of the gifts. They were ordered to proceed by river to Bandar Lahori, and from there they were to go to Hormuz and then take the road to Iran. A letter from the caliphal court was written for the insightful to use and to be an amulet on the arm of fortune.

H.I.M.'S LETTER TO IRAN

God is greatest. Praise and entreaty at the threshold of omnipotent oneness—may his majesty be magnified—are so great that if all minds and intellects were brought together with hosts of comprehensibles and armies of knowledge, it would be impossible to discharge one letter from that book or to tolerate a single ray from that sun. Although in the eye of realization all particles of created things are wellsprings of divine praise, when it is expressed in a tongueless language, it keeps those thirsty of lip and parched of tongue in the endless desert of true praise wet of lip and sated of palate. Therefore, it would be better not to think of lassoing with the mind the battlements of the castle of eternal majesty, where 11

طایفهٔ مقدّسهٔ اهل بیت که رازداران اسرار کبریا و پرده‌گشایان سرائر انبیا اند بر آن افزوده از ذروهٔ عزّت استدعای رحمتی تازه کرده آید، لیکن چون بدیدهٔ انصاف ملاحظه میکند مدائح این مظاهر کونی و الهی و معالی این مجامع انفسی و آفاقی‌را که مستهلک در حقیقت حق و فانی در بقای مطلق اند ظلّ محامد کبریای خداوندی و پرتو صفات علیای ایزدی می‌یابد شایسته آنست که از آن داعیه نیز دست بازداشته نکتهٔ چند از مقاصد متعارفهٔ ارباب دانش و بینش که بموجب حکمت عملی نظام سلسلهٔ امکانی بآن منط و مربوط است در دیباچهٔ اظهار نهد که هرآینه درین صورت روان گرمروان مسالک دین و سیراب‌دلان مناهل یقین که ارواى جداول ظهور و بطون پیشنهاد همّت قدسی‌اساس داشته اند باین دستآویز نیاز مستفیض سعادت خاص میگردد.

۱۲ المنّة لله تعالی وتقدّس که مشاهدهٔ صفوتنامهٔ گرامی که بصحوب یادگار سلطان روملو مرسل شده بود در اواسط ایّام بهار و مناظر اعتدال لیل و نهار اهتزازبخش باطن مهرآگین شد. باد طرب‌آمیز شقائق و ریاحین در دماغ روزگار پیچیده بود که این گلدستهٔ محبّت و ولا نکهت‌رسان مشام یگانگی گشت. آنچه در توقّف تسطیر تماثیل خلّت و وداد رقمپذیر کلک ظهور شده بود بغایت در موقع خود جلوهٔ استحسان داد. فی الواقع روابط معنوی چنان اقتضا میکرد که اینهمه دیر نکشد، لیکن از صادر و وارد مسموع شده باشد که چگونه مشاغل عظیم و محاربات قویم با سلاطین ممالک هندوستان و اساطین این مرز و بوم که مسّاحان جداول آسمانی چاردانگ هفت اقلیم گفته‌اند اتّفاق افتاده بود. درین مدّت مدید این سواد اعظم

pure souls dwell, and to deal with extolling the holy prophets and messengers—peace be upon our prophet and upon them all—firstly for their splendid condition and secondly for the great gifts of leading all people from the wasteland of error onto the highway of favor. To that should be added the exaltedness and good character of the blessed members of the Prophet's family, who are privy to the secrets of divine omnipotence and dwell in intimacy with the prophets, and from the heights of glory a request is made for a new mercy. However, when one looks with the eye of equity, praises for these worldly and divine manifestations, which are subsumed by the reality of the ultimate truth and are ephemeral relative to absolute eternity, are overshadowed by praises of divine magnificence, and therefore it would be proper to leave this arena and deal with certain matters known to those of learning and insight, to whose practical wisdom the continuum of possible existence is tied.

Thank God, the sight of your kind letter, which was sent 12 with Yadgar Sultan Rumlu, stirred kindly feelings in us in the middle of the days of spring, a time of equilibrium of day and night. The exhilarating breeze blowing across anemones and herbs had wafted into the nose of the world when your bouquet of affection and friendship brought the scent of unity to our nostrils. The amity and regard that were penned in your letter elicited praise. Truly, with the spiritual bonds between us, it should not have taken so long, but you will have heard from travelers what great preoccupations and mighty battles we have had with the rulers of various realms in Hindustan, which surveyors of celestial distances have called two-thirds of the seven climes. During

با همه وسعت و فسحت که در میان چندین رایان خودرای و فرمانروایان سپه‌آرا انقسام یافته بود و همواره بر سر تمرُّد و تجبُّر بوده باعث تفرقهٔ خواطر خلق الله میشدند به نیروی توفیقات آسمانی بتسخیر اولیای دولت قاهره درآمد، و از گریوهٔ هندوکوه تا اقصای دریای شور از سه طرف جمیع سرکشان و گردن‌فرازان از فرمانروایان زیردست و راجه‌ها و رایان بدمست و افغانان کوه‌نشین کوتاه‌بین و بلوچان بادپیمای بادیه‌گزین و سایر قلعه‌نشینان و زمینداران شمولاً و استقلالاً در ظلّ اطاعت و انقیاد درآمدند، و در التیام صدور و ایتلاف قلوب طبقات انام شرائف مساعی مبذول شد، و بمیامن توفیقات غیبی آنچه در پیشگاه ضمیر حق‌گزین میتافت بر وجه اتمّ پرتو ظهور داد. اکنون که صوبهٔ پنجاب مستقرّ رایات منصور شد مکنون خاطر حقیقت‌مناظر بود که یکی از طرزدانان بساط عزّت روانه شود. درین هنگام سانحهٔ چند رو داد. اعظم آنها استخلاص عموم رعایا و کافهٔ سکنهٔ ولایت دلپذیر کشمیر از ایادی فئهٔ متسلّطهٔ اوباش بود. باوجود غایت استحکام و انسداد طرق و ارتفاع جبال و تراکم اشجار و وفور گریوه و مغاک که عبور مواکب اوهام بی‌ارتکاب مصاعب از آنجا صعب‌تر تواند نمود، باستیثاق عروهٔ وثقای توفیقات الهی و استمداد ارواح طیّبهٔ حضرات ایمّهٔ معصومین (سلام الله علیهم) بآئین شگرف حکم بمرور عساکر عالیه فرموده شد. چند هزار خاراتراش چابکدست منزل بمنزل پیش پیش میرفتند و در قلع احجار و قطع اشجار ید طولی نموده در تفسیح و توسیع طرق و مسالک میکوشیدند چنانچه در اندک ائمّهٔ آن ولایت دلگشا مفتوح شد و عموم رعایا از الویهٔ معدلت استظلال نمودند.

this long period, this expanse in all its vastness, which was divided among many autonomous *rais* and bellicose rulers whose rebelliousness and insolence distressed God's people, has, with heavenly assistance, been brought under control by the friends of fortune, and from the Hindu Koh pass to the farthest reaches of the salty ocean, on three sides all the rebellious and insurgents, insubordinate rulers, intoxicated rajas and *rais,* shortsighted mountain-dwelling Afghans, fast-paced desert-dwelling Baluches, those who dwell in fortresses, and all holders of land have been brought altogether under the shadow of obedience and submission, great efforts have been expended to win over the minds and hearts of all classes of men, and thanks to success granted from the unseen realm that which was envisioned has come to be in the best possible way. Now, when the province of the Punjab became the seat of the banners of victory, it was in the recesses of our mind to dispatch one of the diplomats of the carpet of honor. Recently, however, several things have happened, the most important of which was the release of the general population and inhabitants of the happy vale of Kashmir from the henchmen of a usurping band of rabble. Despite the inaccessibility, the blocked roads, the high mountains, the impenetrable forests, and the numerous passes and crags that make it difficult to imagine passage, with reliance on divine assistance and aid from the souls of the immaculate imams (God's peace upon them) the order was given for our exalted troops to go. Several thousand skillful hewers of rock went ahead stage by stage, performing miracles in removing stones and cutting down trees and endeavoring to widen the roads so that in a short time that

و چون آن عشرت‌آباد که ممدوح جمهور نظارگیان حسن‌پسند است از عنایات مجدّدهٔ الهی بود خود نیز در آن گل‌زمین رسیده سجدات شکر بجای آوردیم. و تا بکوهستان تبت سیر کرده از راه ولایت پکلی و دمتور که راهیست در نهایت صعوبت، عبور نموده عرصهٔ کابل و غزنین مخیّم عساکر اقبال شد و تنبیه افغانان سباع‌سیرت و قطّاع‌سریرت که در ولایت سواد و بجور و تیراه و بنگش سنگ راه متردّدان توران بودند و تأدیب بلوچان بدنهاد و دیگر صحرانشینان بهائم‌طبیعت و ثعالب‌خدیعت که خار راه مسافران ایران میشدند نیز بطریق استطراد رو داد. و اصل در توقف بعد از سنوح واقعهٔ ناگزیر حضرت شاه علیین‌مکان (أنار الله برهانه) عدم انضباط احوال ایران و هرج و مرج آن دیار بود که بقضای سبحانی وقوع یافت.

۱۳ درینولا که ایلچی خجسته‌پیام رسید معلوم شد که آن اختلال رو در کمی نهاده هرآینه از استماع این خبر خاطر نگران رو باطمینان آورد. در باطن حقیقت‌تأسیس میریخت که درینوقت محضِ پرسیدن شایانِ آئینِ مروّت و فتوّت نباشد. چنان پرسش بظهور رسد که هر نحو کمک و امداد که مطلوب باشد بوقوع آید، لیکن چون مهمّ قندهار در میان بود که میرزایان آنجا در لوازم معاونت و معاضدت آن دودمان عالی تکاسل و تقاعد مینمودند و در مواقع حوادث و مکاره که محلّ استطلاع عیار جوهر وفاق است قطعاً آثار یکجهتی و یگانگی بظهور نیاوردند، و نیز بمأمن ارفع ما که موطن صاحبان ناز و نعیم است توسّل شایسته بتقدیم نمیرسانیدند، مخطور حواشی باطن بود که اوّلاً قندهاررا بکسان خود بسپاریم و میرزایان اگر نشأهٔ دولت روزافزون داشته باشند و از ماجرای

delightful realm was conquered and the subjects came under the shadow of the banners of justice. When that realm, which is praised by all who see it, became the object of renewed divine favor, we went there and prostrated ourselves in gratitude. Having toured as far as the mountains of Tibet, we returned through the province of Pakhli and Dhamtaur, a road that is exceedingly difficult, and the expanse of Kabul and Ghazni became the imperial campsite. There beastly Afghan highway robbers in Swat, Bajaur, Tirah, and Bangash who were blocking the path of travelers to and from Turan were chastised, as were the flighty Baluches and other wild, foxy desert dwellers who were harassing travelers to and from Iran. In truth, the reason for the cessation of relations after the death of the late shah was the lack of stability and chaos in Iran, which occurred by divine destiny.

Then, when your emissary arrived with his happy message, 13
it was learned that the disturbance was on its way to decrease, and that news brought calm to our distraught mind. It occurred to us that mere inquiry into your condition would not be worthy of the conventions of chivalry and manliness, but rather we should undertake to inquire in such a manner that any sort of aid and assistance that may be requested would be given. However, since the matter of Kandahar was still open to question and the mirzas who dwelt there were indolent in assisting that exalted dynasty and were exhibiting absolutely no signs of unity or friendship during certain events of which you are more than aware, and since furthermore they were not resorting properly to our realm of security, which is the homeland of those who live in ease and luxury, it occurred to us that first we should turn over

سوالف ایّام نادم گشته اعانت و خدمت آن جانشین نقاوهٔ طیّبین و طاهرین‌را ملتزم شوند، درین صورت افواج قاهره بایشان متّفق بوده هرگونه امدادی که مرکوز خاطر آن قرّة العین سلطنت باشد بجای آورند، لیکن چون میرزایان از منتسبان این خاندان قدسی بودند و بی‌آنکه استفسار شود فرستادن جیوش منصوره در نظر عوام کوتاه‌بین مشتبه بعدم ارتباط میشد ازین اراده منحرف گشت. درین اثنا رستم میرزا ورود سعادت نمود و صوبهٔ ملتان که بچندین مرتبه زیاده از قندهار بود باو اختصاص یافت. و مظفر حسین میرزا شمول عواطف و روابط ما شنیده والده و پسر کلان خودرا فرستاده عزیمت آمدن دارد. بعد از رسیدن او عساکر فیروزمند در قندهار بوده هرگونه امداد و معاضدت بآسانی خواهند نمود. چون در آئین سلطنت و کیش مروّت اتّفاق مقدّم بر اختلاف و صلح اصلح و از حرب است، علی الخصوص نیّت حق‌طویّت ما که از مبادی انکشاف صبح شعور تا این زمان همواره اختلاف مذاهب و افتراق مشارب منظور نداشته و طبقات انام‌را عباد الله دانسته در انتظام احوال عموم خلائق کوشش نموده‌ایم. و برکات این نیّت علیا که مقتضای طینت عظیم است مرّةً بعد اخری مشاهد و ملحوظ گشته درینولا که ممالک پنجاب مخیّم عساکر عزّ و جلال گشت مکرّراً عازم جازم شده بود که انتهاض الویهٔ عالیه بجانب ماوراء النّهر که ملک موروثی است اتّفاق افتد تا هم آن بلاد در تصرف اولیای دولت درآید و معاونت خاندان نبوّت بطرز دلخواه سمت ظهور یابد. درین اثنا بتواتر و توالی ابّهت‌پناه شوکت و ایالت‌دستگاه عبدالله خان والی توران مکاتبات محبّت‌طراز که مذکّر قرابت

Kandahar to our own people, and if the mirzas possessed any modicum of felicity and repented of past actions by joining the retinue of that representative of the Imams, in that case invincible troops would join you and offer any assistance you might request. However, since the mirzas were related to the royal family, and inasmuch as the sending of troops without a request would be confused by shortsighted common people with a lack of relations, this thought was abandoned. Recently Rustam Mirza arrived and was given the province of Multan, which is many times more valuable than Kandahar. Muzaffar Husain Mirza also heard of our kindness and favor and sent his mother and eldest son, and he intends to come himself. When he arrives, there will be invincible troops in Kandahar, and they will be able to render any assistance easily. Inasmuch as in the custom of regality agreement is preferable to disagreement, and peace is better than war, particularly for us, who, from the beginning of our awareness until this moment, have consistently disregarded difference in religion and sect and treated all classes of mankind as servants of God and striven to maintain order among all peoples. The blessings of this exalted intention, which is necessitated by a magnanimous nature, have been seen time and time again, and now that the Punjab has become the site of imperial forces, it has been absolutely determined once again to set forth for Transoxiana, our hereditary realm, to bring that land under the control of the friends of fortune and to assist the family of prophecy as is wished. At this time the mighty ruler of Turan, Abdullah Khan, has maintained a friendly correspondence reminding us of former relationships and paving the way for proper

سابق و ممهّد محبّت لاحق باشد بوساطت ایلچیان کاردار فرستاده محرّک سلسلهٔ صلح و صلاح و مؤسّس مبانی وداد و وفاق گشت. چون درِ جنگ زدن با کسی که درِ صلح زند در ناموس اکبر شریعت غرّا و قسطاس اعظم عقل بیضا ناپسندیده و ناسنجیده است خاطر ازین اندیشه باز آورده شد. غریب‌تر آنکه هنوز از واردان آنصوب اخبار تدارک اختلال ایران و ایرانیان که موجب اطمینان تام گردد شنوده نمیشود و قرارداد خاطر دولت‌اساس آن صفوت‌نژاد انکشاف صریح نمی‌یابد. مأمول آنکه خاطر مهرگزین مارا متوجّه هرگونه مطلب و مقصد دانسته طریق انیق مراسلات‌را مسلوک داشته حقائق احوال یومیّه‌را ابلاغ نمایند، و امروز که ایران‌زمین از دانایان کاردیدهٔ عاقبت‌بین بسیار کم شده آن نقاوهٔ اصلاب کرام‌را در انتظام ملک و التیام احوال جمهور انام جهد بلیغ باید نمود و در هر کاری مراتب حزم و مآل‌اندیشی بکار برد و بتسویلات ارباب غرض و اکاذیب سخن‌آرایان مفسد خاطر خودرا مشوّش نساخت، و بردباری و اغماض نظر از زلّات اقدام ملازمان موروثی و بندگان جدیدی شیمهٔ کریمهٔ خود ساخته ارباب اخلاص‌را پیش آورد و اصحاب نفاق‌را بنور مهربانی زنگ‌زدای ظلمت شد و در قتل آدمی و هدم این بنیان ربّانی احتیاط تمام بتقدیم رسانید. بسا دوستان جانی بحیله‌سازی دشمنان خودکام از بساط قرب دور شده خونابهٔ اجل نوشیده‌اند، و بسا دشمنان دوست‌نما لباس عقیدت پوشیده در تخریب اساس دولت کوشیده. در مراقبهٔ ضمائر و سرائر این مردم توجّه موفور مبذول باید داشت و دولت مستعار این نشأهٔ فانیه‌را بمرضیات الهی معاضد و معاون گردانید، و طبقات

affection, and he has sent diplomatic emissaries to rattle the chain of peace and accord and to establish the foundations of friendship and amity. Since to open a door of war in the face of a person who knocks in peace is disapproved in the law of religion and reason, that thought was abandoned. What is stranger is that we have not yet heard from travelers to that region news of an end to the turmoil in Iran and among Iranians that would give us total peace of mind, and what is on your exalted mind has not been revealed frankly. It is hoped that you will communicate to us your every goal and desire, keep lines of communication open, and inform us of your condition every day. Today, when the land of Iran has been decimated of farsighted, experienced wise men, you must make extraordinary efforts to give order to the kingdom and knit together all peoples; in every affair you should employ determination and think of consequences; you ought not to let your mind entertain any fear of the machinations of persons with ulterior motives or the lies of destructive fabricators; make it your noble characteristic to disregard the slips of your hereditary retainers and new servants, and promote those who are devoted to you; polish the rust of darkness from hypocrites with the light of kindness, and use every precaution to avoid killing human beings and destroying their divinely constructed frames. Many bosom friends have been banished from the carpet of proximity by the machinations of self-serving enemies and quaffed the potion of death, and many an enemy who looked like a friend has garbed himself in allegiance and worked to destroy the foundations of fortune. Great attention must be concentrated upon reading the minds and secrets of

خلائق‌را که ودائع و خزائن ایزدی اند بنظر اشفاق منظور داشته در تألیف قلوب کوشش فرمود و رحمت عامّهٔ الهی‌را شامل جمیع ملل و نحل دانسته بسعی هرچه تمامتر خودرا بگلشن همیشه‌بهار صلح کل درآورد و همواره نصب العین مطالعهٔ دولت‌افزائی خود باید داشت که ایزد توانا بر خلائق مختلف المشارب متلوّن الأحوال درِ فیض گشوده پرورش مینماید. پس بر ذمّت همّت والای سلاطین که ظلال ربوبیت اند لازم است که این طرزرا از دست ندهند که دادار جهان‌آفرین این گروه عالی‌را برای انتظام نشأهٔ ظاهر و پاسبانی جمهور عالم آورده است تا نگاهبانی عرض و ناموس طبقات انام نمایند. آدمی‌زاد در کار دنیا که گذران و ناپایدار است دیده و دانسته خطا نگزیند. در کار دین و مذهب که باقی و مستدام است چگونه مساهله نماید؟ پس حال هر طایفه از دو شق بیرون نیست. یا حق بجانب اوست: در آن صورت خود مسترشدان انصافمندرا جز تبعیّت گزیر نتواند بود، و اگر در اختیار روش خاص سهوی و خطائی رفته است بیچاره بیمار نادانی است و محلّ ترحّم و شفقت، نه جای شورش و سرزنش. در فراخی حوصله درِ اهتمام باید زد که بمیامن آن وسعت صورت و معنی و فسحت عمر و دولت پرده‌گشاست و از نتائج این شیمهٔ دولت‌افزا آنست که در هنگام کم‌فرصتی و استیلای قوّت غضبی دوستان باشتباه دشمنان پامال نشوند و دشمنان دوست‌نمارا یارای مکر و فریب نماند. در پاس قول خود بر مسند سعی باید نشست که ستون بنیان فرمانروائی است. تحمُّل و بردباری‌را مصاحب دایمی خود باید گردانید که اساس دولت پایدار در ضمن آن منظور است.

these people, and the borrowed fortune of this ephemeral world must be made to assist you in pleasing the deity. View compassionately all classes of people, who are divinely given into your charge, and endeavor to create sympathetic bonds among hearts. Recognizing that divine mercy encompasses all nations and races, make every effort to get yourself into the eternal spring of universal peace, and always keep in the forefront of your mind that God Almighty keeps the gates of grace open to and nourishes peoples of various ways and different conditions. It is incumbent therefore upon the exalted consciences of rulers, who are shadows of divinity, not to abandon this manner, for the creator has produced this august group to maintain order in the world, to protect all people, and to guard the honor and dignity of all classes. A human being will not knowingly choose error in the work of the world, which is ephemeral and unstable; how then could he be negligent in religious and sectarian matters, which are eternal and enduring? Every group falls into one of two categories: either they are right, in which case right-thinking persons who would be led aright have no alternative but to follow them, or, if they have made a mistake or error in their particular path, then the poor things are ill with ignorance and should be the objects of pity and compassion, not causes for turmoil and refractoriness. One ought to knock on the door of concern with tolerance, for thanks to the blessings of such a way the expansiveness of the physical and spiritual world and long life and great fortune will reveal themselves, and one of the results of this manner is that when one is hard pressed and anger becomes dominant, friends will not be taken as enemies and crushed under foot, and enemies in

۱۴ و بر ضمیر دلپذیر مخفی نماند اراده چنان بود که یکی از مختصّان حریم عزّت‌را مصحوب یادگار سلطان فرستاده شود تا اوضاع ایران از قرار واقع آمده بعرض مقدّس رساند. درین اثنا در ولایت کشمیر جمعی از شوربختان بغی و طغیان ورزیدند و ما جریده با معدودی از ملتزمان رکاب سعادت‌اعتصام در شکارگاه بودیم که این خبر رسید. باشارۀ ملهم اقبال بطریق ایلغار بآن ناحیت روان شدیم. هنوز رایات منصور بکشمیر درنیامده بود که بهادران نصرتمنش که بضرورت همراه این فرقۀ طاغیه شده بودند قابو یافته سر آن سرمایۀ فسادرا بدرگاه الا آوردند. و چون آن ملک بمیامن برکات قدوم عالی مهبط امن و امان گشت معاودت فرموده بدار الملک لاهور نزول اجلال شد. درین هنگام حاکم سیوستان و تتهه و سند که سر راه ایران است با لشکر نصرت‌قرین از بخت‌برگشتگی در پیکار بود و راه عراق و خراسان مسدود. فرستادن ایلچی در توقّف افتاد. اکنون که خاطر اقدس از همه امور فراغ یافت و سیوستان و تتهه در سلک ممالک محروسه درآمد و میرزا جانی بیگ حاکم آنجا بآستانبوس استسعاد یافت چون نقوش ندامت از گذشته و حروف عقیدت آینده از لوحۀ پیشانی او ظاهر بود آن ملکِ بجنگ گرفته‌را باز باو مرحمت فرمودیم و راه عراق و خراسان نزدیک‌تر و ایمن‌تر از سابق پدید آمد. مشارٌ الیه‌را رخصت فرمودیم و سلالة الکرام مخلص معتمد ضیاء الملک‌را فرستادیم و چندی از مقدّمات محبّت‌اساس و کلمات خبرت‌اقتباس بزبان او تفویض یافت که در وحدت‌سرای خلوت ابلاغ نماید و نیز حقیقت احوال ایران‌را از اقرار واقع فهمیده معرض دارد. و برخی تنسوقات این دیار تحویل خواجه ابوناصر شد. مرجو

the guise of friends will not have an opportunity to employ guile and deceit. One must guard one's speech, for that is a prop to the foundation of rule. Tolerance and sufferance should be your constant companions, for they assure you everlasting fortune.

It will not be unknown to you that we had planned to send 14
one of our elite with Yadgar Sultan to report to us on conditions in Iran, but recently a group of ill-starred people in the province of Kashmir rebelled and revolted, and we were on the hunting field with a few retainers when the news arrived. As directed by inspiration we galloped to that region. No sooner had the victory-inscribed banners entered Kashmir than our invincible champions who had necessarily engaged that rebellious group gained the advantage and brought the head of the root of evil to court. Once law and order were established in that realm by our advent, we withdrew and stopped in Lahore. Then the ruler of Siwistan, Thatta, and Sind, which are on the road to Iran, misguidedly rose up in battle with our victory-slated troops, and the roads to Persia and Khurasan were closed and the sending of an emissary fell into abeyance. Now our mind is at ease in every regard, and Siwistan and Thatta have been brought into the Protected Realm. Mirza Jani Beg, the ruler of those places, has attained the felicity of kissing the threshold, and since traces of repentance of past ways and signs of allegiance were obvious on his brow, we have restored to him the region that was taken in battle, and the roads to Persia and Khurasan are clearer and safer than before. We have given the aforementioned [Yadgar Sultan] leave to depart, and we have dispatched Ziya'ulmulk, to whom we have entrusted some

14

آنکه این دولتخانه‌را خانهٔ خود دانسته بر خلاف ایّام گذشته سلوک فرمایند و ارسال رسل و رسائل‌را که ملاقات روحانی و مجالست معنوی است همواره از شمائل یکجهتی شمارند. حق سبحانه آن نقاوهٔ خاندان اصطفا و ارتضا و خلاصهٔ دودمان اجتبا و اعتلارا از مکاره و مکائد آخرالزّمان محفوظ و مصون داشته بتأییدات غیب الغیب مؤیّد و مشیّد داراد.

۱۵ بیست و چهارم آذر آصف خان در سه روز از کشمیر بدرگاه آمد و جمع‌را بدستور قاضی علی سی و یک لک خروار و هر یک بیست و چهار دام قرار داد. و سپاه و رعیّت‌را دلآسا نموده اقطاع‌را بشایستگی بخش نمود.

بیست و ششم عماد الملک شاهین تویغن خوش‌سنج بدرگاه والا فرستاد و شگفت‌مایهٔ دیده‌وران شد. فرمودند «در آن سال که سورت گشایش یافت چنین شاهین آورده بودند. بدست سبحان‌قلی ترک بمنعم خان فرستادیم.»

غرّهٔ دی ملک الشعرا شیخ ابوالفیض فیضی نل‌دمن بپیشگاه والا برد و فراوان آفرین برگرفت. سال سی‌ام الهی آن فارس عرصهٔ سخنوری‌را بسیچ آن شد که زمین خمسه‌را جولانگاه طبع آسمان‌گرا سازد. برابر مخزن اسرار مرکز ادوار بسه هزار بیت گوهرافزای بینش گردد، و مقابل خسرو و شیرین سلیمان و بلقیس نوباوهٔ از بستانسرای دانش سر برزند، و بجای لیلی و مجنون نل‌دمن که از دیرین داستانهای این مرز است برسخته آید، و هر یک بچهار هزار بیت پیرایهٔ بلندنامی گیرد و در وزن هفت پیکر هفت کشور به پنجهزار بیت انجام پذیرد، و در بحر سکندرنامه اکبرنامه قرار

words of affection and experience he will communicate to you in private. He will also report to us on conditions in Iran as they actually are. A few gifts from this region have been sent in the custody of Khwaja Abunasir. It is hoped that you will consider this land your home and that you will conduct yourself contrary to former days by constantly maintaining unity through emissaries and letters, which are spiritual meetings and virtual companionship. May the deity always keep and preserve that scion of the family of the Prophet and the Chosen [Ali] and the Elect [Hasan] from evil and assist him with hosts of the unseen.

15 On the twenty-fourth of Azar [December 15], Asaf Khan made it from Kashmir to court in three days and reported the total revenue, according to Qazi Ali, as thirty-one lacs (3,100,000) of *kharwars* at twenty-four *dams* to the *kharwar*.[2] Having placated military and civilian alike, he divided the fiefs appropriately.

On the twenty-sixth [December 17], Imadulmulk brought a white falcon of good form to court to the amazement of all who saw it. The emperor said, "The year Surat was conquered such a falcon was brought. We sent it with Subhanquli Türk to Mun'im Khan."

On the first of Daimah [December 22], the poet laureate Shaikh Abu'l-Faiz Faizi presented to the emperor his *Nal and Daman,* for which he received much praise. In the thirtieth regnal year that cavalier of the arena of poetry conceived the notion of traversing the field of a quintet.[3] Corresponding to *Makhzanu'l-asrar (Treasury of Secrets),* he would compose *Markaz-i advar (Center of Epochs)* in three thousand lines; for *Khusrau and Shirin,* he would write *Solomon and the Queen of Sheba;* and for *Layli and Majnun* he would write *Nal and Daman,*

گیرد، و در همان قدر ابیات فهرستی از جراید شکوه شاهنشاهی نگاشته آید. در آن روزگار آغاز نخستین نامه شد از آنجا که همّت آویزهٔ پیشطاق آگهی است خاطر او بهیچ سرد بودی و بجهت سرگرمی و دلآویزی هر زمان نقش دیگر بروی کار آوردی. در کمتر زمانی عنوان هر پنجنامه با برخی داستان هوش‌افزای آگاهدلان سخنشناس آمد، و چون بنیاد شعر و شاعری بر تخیّل و ناراستی نهاده‌اند کیهان‌پیرا بدان کمتر پردازد و با این حال آن یکتای بزم شناسائی‌را بنظر شاعری نگزیده[۲] خواهش سخنگذاری میفرماید و او از ارادت‌درستی و سعادت‌یاوری خویشتن‌را از گروه بادسنجان قافیه‌پیما بر کناره دارد و همزبان خامشی بوده بحکمتنامه‌ها ژرف درنگرد و پاس کرایم انفاس داشته در ایزدی آفرینش دوربینی بکار برد. هرچند دمسازان در برافراختن آن پنج کاخ والااساس برکوشیدند درنگرفت و از معنوی گشایشهای روزافزون همگی آهنگ خاطر ستردن نقش هستی است، نه نگارین ساختن پیشطاق بلندنامی. تا آنکه درین سال اورنگ‌نشین فرهنگ‌آرا آن دانای رموز انفسی و آفاقی‌را طلبداشته اهتمام پایان بردن آن پنجنامه فرمود و اشارت همایون بر آن رفت که نخست افسانهٔ نل دمن بترازوی سخنسنجی برسخته آید. در چهار ماه چهار هزار بیت بلغونهٔ انجام‌پیراستهٔ او گشت.

۱۶ چهارم شیخ فرید بخشی‌بیگی از شمالی کهسار باز آمد و بسجود قدسی آستان سربلندی یافت. ششم آدت‌داس کشمیری رخت هستی بربست. در آن بوم بشناسائی و درست‌یابی یکتا بود و از روشن‌ستارگی در بزم همایون راه داشت.

هشتم میرزا یوسف خان‌را داروغهٔ توپخانه گردانیدند و شاه بیگ مستوفی بدیوانی این کارگاه نامزد شد. درین روز موته راجه از جودهپور

an ancient tale of this land. Each of the latter three would consist of four thousand lines. In the meter of *Haft paykar (Seven Beauties)* he was going to write *Haft kishwar (Seven Countries)* in five thousand lines; and in the meter of *Sikandarnama (Book of Alexander)*, he was going to compose an *Akbarnama* with the same number of lines on the splendors of the emperor. The day he began the first one, since high-mindedness is at the forefront of awareness, his mind grew cold at nothing, and every moment something else amusing came up. In a short time the beginnings of all five poems and some of the stories were completed for the edification of enlightened aficionados of poetry, but since the foundation of poetry is laid upon imagination and untruth, the world lord paid scant attention to it and requested him to desist. In devotion he divorced himself from the ranks of rhyme-traversing measurers of wind, threw in his lot with silence, and turned his attention to delving into books of philosophy and looking into divine creation. No matter how much other poets asked him to complete the five lofty stories, their requests had no weight with him, for among his spiritual attainments was an intention to erase the delights of existence from his mind, not to decorate the edifice of fame and renown. This continued until this year, when the monarch summoned him and asked him to complete the quintet, beginning with the versification of the story of *Nal and Daman*. The four thousand lines were completed in four months.

On the fourth [December 25], Shaikh Farid Bakhshibegi 16 returned from the northern mountains and paid homage.

On the sixth [December 27], Adat Das of Kashmir died. In that land he was unique for his learning and honesty, and he was lucky enough to have found his way to the imperial court.

جایگیر خود آمده دولت بار اندوخت. درین هنگام که بهندوستان تاک بار ندهد در حسن ابدال انگوری که دیدهٔ گاو نامند پدید آمد و میر حسین بهمایون نظر درآورد. بامدادان هاشم بیگ از کابل آمده سجود نیایش بجای آورد و بخسروانی نوازش سر برافراخت.

بیست و چهارم پس از گذشتن سه و نیم ساعت در مشکوی شاهزاده سلطان سلیم از فرزند عبدالله بلوچ نیک‌اختر دختی پدید آمد. امید که سرمایهٔ اقبال‌افزونی گردد.

۱۷ در پایان این ماه سلطان مراد فرمانروای روم‌را روزگار بسر آمد و پس از دوازده روز چون سلطان محمد پور اورا از قلعه آوردند بخاک سپرده آمد و او باورنگ فرماندهی بر شد. از خردغنودگی و دلسنگی نوزده برادر خودرا که بزرگتر اینان بیست‌ساله بود ازهم گذرانید و بآرزوی سود ناپایدار جاوید زیان اندوخت. ازین آگهی گیتی‌خداوندرا بر زبان رفت «بس شگفت که رودبار کارگیائی در برزن او سیراب ماند. اگر چنین خویشتن‌دوست جانگزارا لختی کام روا دارند همانا برای بادافراه مردم باشد. خرد بندگی‌پژوه بشگرفی تقدیر پی نیارد برد.»

فیضی بگشا گوشِ دل و دیدهٔ هوش   در کارِ جهان وقف کن این دیده و گوش
نیرنگِ زمانه بنگر و لب بربند   افسانهٔ دهر بشنو و چشم بپوش

On the eighth [December 29], Mirza Yusuf Khan was made overseer of the artillery, and Shah Beg Mustawfi was assigned as *divan* of that department. The same day the Mota Raja came from his estate in Jodhpur to pay homage. At this time, when vines in Hindustan were not bearing fruit, in Hasan Abdal a grape called "cow's eye" was seen, and Mir Husain showed it to the emperor. The next morning Hashim Beg came from Kabul to pay homage, and he was favorably received.

On the twenty-fourth [January 14, 1595], after the elapse of three and a half hours, Abdullah Baluch's daughter gave birth to a daughter to Prince Sultan Salim. It is hoped that she will be the means for an increase of felicity.[4]

At the end of this month Sultan Murad, the ruler of Anatolia, died.[5] Twelve days later, when his son Sultan Mehmed was brought out of the fortress, he was entrusted to the earth, and Sultan Mehmed succeeded him on the throne.[6] With lack of wisdom and hardheartedness he put to death his nineteen brothers, the oldest of whom was only twenty years old, and for the sake of ephemeral personal gain he earned for himself eternal perdition. When the emperor was made aware of this, he said, "It will be amazing if the river of rulership flows full through his lane. If such a selfish murderer is allowed to flourish, it will be to chastise the people. Servile wisdom cannot penetrate the workings of destiny."

*Faizi, open your heart's ear and your mind's eye and pledge
    your eye and ear to the labor of the world.
Look upon the sorcery of the world and close your lips. Hear
    the tale of time and close your eyes.*

17

[تاریخچهٔ سلسلهٔ عثمانیه]

۱۸ سلطان ملکشاه سلجوقی رومستان[۳] از ناقوس‌پرستان برگرفت و آن‌را بخویشان و ملازمان خویش برداد. و چون دولت آل سلجوق در عراق و خراسان بسر آمد سلاجقهٔ روم‌را لختی شکوه افزود. نخستین سلطان علاءالدین قلیچ ارسلان، پس سلطان رکن الدین پسر او، سپس سلطان غیاث الدین بعد او عزّالدین کیکاؤس، پس از آن سلطان علاءالدین کیقباد. بسیاری آخرین این طایفه‌را عزّالدین برگذارند و برخی دوئی دیگر از نژاد علاءالدین برافزایند. سلجوق ببیست و چهار پشت بافراسیاب رسد. اورا چهار پسر بود، میکائیل و اسرافیل و موسی و یونس. در سه صد و هفتاد وپنج هجری از تنگدستی ترکستان گذاشته بماوراء النّهر آمدند و از آنجا بخراسان شدند. در آن سرزمین پسران میکائیل طغرل و جعفر بیگ سر بزرگی برافراشتند و دولت اینان پس از صد و هفده سال بانجام رسید و کامروائی قرامان بیگ آغاز شد. و در صد و هفتاد و سه سال در نوبت ابراهیم بیگ این نیز بسر آمد. در ششصد و هشتاد و هشت آغاز فرمانروائی عثمان شد و بدوِ عثمانیّه سال و مه آن و بگذارشی در ششصد و چهل و هشت پیدائی. و کامیابی او چند گونه برگذارند سی و هفت سال یا سی و نه اورنگ‌نشین بود. در برخی کهن نامه‌ها اورا از نژاد اغز خان برگذارند. عثمان بن طغرل بن سلیمان بن قیاالب بن قزل‌بوقا بن پایندر بن اجول صفی آقا بن طغان بن قندسون بن مایتوقون بن باقی آقا بن سونچق آقا بن بختمور بن بوساقی بن لک علی بن اغز بن قرا خان. گویند بزرگ نیاگ عثمان

A SHORT HISTORY OF THE OTTOMAN DYNASTY

Sultan Malikshah the Seljuq took Anatolia from the Christians and gave it to his relatives and retainers.[7] When the Seljuq dynasty ended in Persia and Khurasan, the Seljuqs of Anatolia gained a bit of glory. The first of them was Sultan Ala'uddin Qilich Arslan, then there was his son Sultan Ruknuddin, then Sultan Ghiyasuddin, then Izzuddin Kay-Kaus, then Sultan Ala'uddin Kay-Qubad.[8] Many regard Izzuddin as the last of this line, and others add two more of Ala'uddin's descendants. Twenty-four generations back the Seljuq line reaches Afrasiab, who had four sons, Mikail, Israfil, Musa, and Yunus. In the year A.H. 370 [A.D. 980], they left Turkistan in poverty and went to Transoxiana, whence they made their way into Khurasan. There Mikail's sons Toghril and Ja'far Beg became great, and their lines ended only after 117 years, when Qaraman Beg's success began. After 173 years, during Ibrahim Beg's rule, that line ended too. In the year 688 [1289], Osman's rule began, and the chronogram for the year is *badw-i 'Uthmaniyya* (the beginning of Ottomanism), although according to another report it began in 648 [1250]. The length of his reign is given variously as thirty-seven years and as thirty-nine years. In some old books he is said to be descended from Oghuz Khan. He is Osman, son of Toghril, son of Sulaiman, son of Qaya Alp, son of Qizil Buqa, son of Bayindir, son of Ajul Safi Aqa, son of Toghan, son of Qandasun, son of Maytuqun, son of Baqi Aqa, son of Sunchaq Aqa, son of Bakhtemür, son of Busaqi, son of Lak Ali, son of Oghuz, son of Qara Khan. It is said that Osman's

18

سلیمان شاه شهر هامان داشت. چون مغل روزگار برشوراند با خیل و حشم برومستان شد. از کیش‌دگرگونی تاخت و تاراج نمودی. در اماسیه[۴] کارزارها کرد و از آنجا بحلب رو آورد و در گذارهٔ فرات رخت هستی بآب داد. اورخان پور او بجای او برنشست و پنجاه و پنج سال یا سی و دو بدادگری درگذشت. غازی مراد پسر او بافسر فرماندهی تارک برافراخت و فراوان ملک برگشود و بمراد خان روشناس آمد و ازو پنجم بخش بندیان برای سرکار خاصه گرفتن آغاز شد و سپاه ینگیچری از آن سرانجام یافت. در شکار ترسا سپاه دررسید و بمردانگی آویخته فیروزمند آمد. ناگاه کمینگیری از مغاکی برآمده اخشیجی پیوند برگسیخت. پس از چهل و هفت سال یا سی و دو زندگی بسپرد. سپس فرزند او ایلدرم بایزید باورنگ فرمانروائی برآمد. عجم و قرامان بدو پیوسته والاپایگی اندوختند. خزانه‌اندوزی و آواره‌نویسی و بزم باده‌پیمائی درین بوم ازو روائی گرفت. با صاحب‌قرانی نزد انکوریه عرصهٔ نبرد آراست و دستگیر شد. چهارده سال یا شانزده کام دل برگرفت. اورا شش پسر بود. مصطفی چلبی در آن آویزه ناپدید گشت و سلیمان که سلیمان چلبی گفتندی برخی ملک برگرفت و بدرگاه صاحبقرانی پیشکش فرستاده نیایش نمود و لختی جا بدو بازگذاشتند و بمرزبانی برخی روم موسی‌را که ملازم رکاب بود برگرفتند. برادران بهم درآویختند. سلیمان روزی در گرمابه میگساری داشت. موسی برو ریخت. او یک‌تنه برآمده بدهی پناه برد و کشاورزان ازهم گذرانیدند. هفت سال کامروا بود. موسی خان از بی‌انبازی نخوت برافزود. از واهمه‌فزونی و کم‌خردی بزرگان روزگاررا از پایه انداخت و زربندگان‌را ببزرگی

grandfather, Sulaiman Shah, held the city of Mahan. When the Mongols invaded the world, he and his clansmen went to Anatolia, where they pillaged and plundered on account of their being of a different religion. He fought battles in Amasia, and from there he set out for Aleppo, but he was drowned crossing the Euphrates. His son Orkhan succeeded him and ruled with justice for fifty-five [or thirty-two] years. His son Ghazi Murad inherited the crown and after conquering much territory became known as Murad Khan. The custom of the fifth part of captives going to the royal demesne began with him, and he founded the Janissaries. While he was out hunting, Christian troops attacked. He fought valiantly and emerged victorious, but without warning someone ambushed him from a cave and killed him. He died after ruling either forty-seven years or thirty-two years.[9] After him, his son Ïldirim Bayezid mounted the throne. He attained high rank when he was joined by Persians and Qaramans. The customs of amassing treasuries, accounting, and wine drinking began with him. He did battle with the Sahib-Qiran [Tamerlane] near Ankara and was taken captive. He ruled for either fourteen or sixteen years and left six sons. One of them, Mustafa Chelebi, was lost during the battle, and Süleyman, who was called Süleyman Chelebi, seized some of the kingdom and sent tribute to the Sahib-Qiran's court, in return for which he was allowed to keep some of the territory. The Sahib-Qiran also elevated Musa, who served in his retinue, to the rule of part of Anatolia. The brothers attacked each other. One day Süleyman was drinking wine in the bathhouse, and Musa attacked him. He alone managed to escape and take refuge in a village, but the farmers killed him. He had ruled for seven

برآورد. سلطان محمد برادر او بآویزش برخاست و کارزارها رفت. بهنگام گریز بارگی اورا پا بگل فرو ماند و زندگی چراغ بیفسرد. شش سال یا سه مرزبانی کرد. سلطان محمد لوای فرماندهی برافراخت. مصطفی نامی دعوی پیغامبری کرد. سلطان اورا بآویزه ازهم گذرانید. پنج سال یا دو کارگیائی نمود در مرگ رنجوری سلطان مراد پور خودرا از روملی طلب داشت. پیش از آمدن او فرو شد. پس از چهل روز رسید. گذشتن اورا بروی روز انداخته بخاک سپردند. برخی سپاه بناسپاسی در شد و ناروشناسی خودرا مصطفی چلبی پسر ایلدرم بایزید وانمود. بسیاری گرویدند. ملک روملی برگرفت و یازش آبادانی نمود. سلطان برهنمونی برخی نزد پارسائی که امیر جعفری گفتی و در شهر برسا مرزغن فرمانروایان روم بسر بردی به نیایشگری رفت درویش همّت بخواهش روائی او بست و در کمتر زمانی آن شورش‌مایه‌را سپاه گرفته آورد و بنیستی پیغوله برنشاندند. در گرمی کامیابی از دنیا دل سرد شده کناره گرفت و سلطان محمد پور خودرا جانشین ساخت. او جهانبانی بشایستگی نیارست کرد و آشوب فرنگی گروه لختی ملک‌را برشوراند. بلابه‌گری سران سپاه آن عزلت‌گزین دیگر بار اورنگ فرماندهی برآراست و شورش برنشانده در مغنیسا باز بتنهائی برنشست و کارگیائی بهمان پور بازگذاشت. و پس از چندی لشکر ینگیچری از فرومایگی بناهنجاری افتاد و بجانشکری خادم پاشا بزرگ دستور برخاست. او گریخته بخلوتکدهٔ سلطانی پناه برد و بدستاویز بردباری و تدبیراندوزی و ماهواره‌افزائی گرد شورش فرو نشست. کارآگهان بفراوان خواهشگری باز پیغوله‌نشین‌را ببارگاه سلطنت آوردند و فیروزیها چهره برافروخت.

years. Musa Khan then became arrogant since he had no rival, and with overactive imagination and lack of wisdom he overthrew the nobles of the day and elevated mercenaries to the nobility. His brother Sultan Mehmed rose up against him, and many battles were fought. As he was fleeing from a battle his horse got stuck in the mud and he died after ruling for either six years or three. Sultan Mehmed then raised the banner of rulership. A man named Mustafa claimed to be a prophet,[10] but the sultan killed him in battle. After he had ruled for either five or two years, he summoned his son Sultan Murad from Rumelia when death pangs were upon him, but he died forty days before his son arrived. Only then was the death announced and he was buried. Some of the soldiers revolted. An obscure person claimed to be Mustafa Chelebi the son of Ïldirim Bayezid, and many joined him. He conquered the realm of Rumelia and began to make it flourish. At the suggestion of some, the sultan went to a holy man named Amir Ja'fari who lived in Brusa, the burial place of the rulers of Anatolia, and asked him for assistance. He concentrated his psychic power on gaining the rule for him, and it was not long before the rebel's army was captured, brought in, and killed. In his full glory he grew weary of the world and retired, and his son Sultan Mehmed succeeded him. He did not rule correctly, and Frankish commotion disturbed the kingdom. At the pleading of the generals the retired sultan mounted the throne once again and put down the disturbance. Then he retired again to Magnesia, giving the rule back to the same son. Not long thereafter the Janissaries revolted and conspired to kill Khadim Pasha, the grand vizier. He fled and took refuge in the sultan's cell. With toler-

همگی زمان فرمانروائی سی سال یا بیست و هفت سال. چون بخلوتگه نیستی در شد سلطان محمد پس از شانزده روز بر تخت نشست و اقبال بنیایش برخاست. همانا افسر فرمانروائی در زندگی پدر بفرمایش او نیز فرّخی ندارد. قسطنطنیه‌را که باستنبول نامور است برگشود و دار الملک ساخت و بمرزغن بگزید. سی و یک سال فرماندهی کرد و چون پیمانهٔ او لبریز گشت پسر او سلطان بایزید خسروی تاج بر سر گرفت. مصریان برو چیره‌دستی نمودند. برخی بیوفا سپاه سلطان سلیم پور او گرویدند و آن شوریده‌سر با مجازی خدا درآویخت و از سپهرنیرنگی چیرگی یافت. بزهر زندگی درنوردیده جاوید نفرین اندوخت. سی سال کامروا بود. سپس آن پدرآزار کارگیائی یافت و در دشت چالداران میان دیاربکر و آذربایجان با شاه اسمعیل صفوی عرصهٔ نبرد آراست و برشکسته بآویزهٔ مصریان روی آورد. و سلطان قانصوی مرزبان آن‌را جان شکرد و دولت چراکسه بسر آمد. ملک صالح که آخر سلاطین آل ایّوب بو در شش[5] صد و چهل و هشت بمصر درگذشت. خاصه‌خیلان و بندگان مادر اورا بفرماندهی برگرفتند و سپهسالاری بعزّالدین که ازین گروه بود بازگردید. و چون چندی برگذشت فرومایگان زرپرستار عزّالدین‌را بفرمانروائی برکشیدند و نخستین ملوک چراکسه اوست. از آن هنگام بزرگی مصر و شام بفرومایه بندگان بازگردید و نیز دولت بنی عباس که نمونهٔ بیش نبود سپری گشت. از روزگار شگرفی ده سال یا هفت کام طبیعت برگرفت. سپس پور او سلطان سلیمان جانشین شد. شاه اسمعیل گزین ارمغانی فرستاده عزاپرسی و مبارکبادی بجای آورد. او بی‌نیازانه پاسخ نگاشته مهر برو

ance, planning, and a pay increase the rebellion was put down. With much pleading the retiring sultan was brought back to the throne and there were further victories. The entire length of his reign was either thirty years or twenty-seven years.[11] Sixteen days after he died, Sultan Mehmed acceded to the throne, and this time he had good luck—as though the crown of rule brought him no success during his father's lifetime. He conquered Constantinople, which is known as Istanbul, and made it his capital and chose it as the site of his grave. He ruled for thirty-one years,[12] and when he died his son Sultan Bayezid assumed the crown.[13] The Egyptians gained dominance over him, and some faithless soldiers supported his son Sultan Selim, a madman who vied with his metaphorical god (father) and, by the mysterious workings of fortune, won. By ending his father's days with poison, he has assured himself everlasting curses. Sultan Mehmed ruled for thirty years, and then the parricide came to the throne. He did battle with and defeated Shah Isma'il the Safavid on the Chaldiran plain between Diyarbekir and Azerbaijan,[14] and then he turned his attention to the Egyptians. He killed the ruler, Sultan Qansau, and the Circassian dynasty came to an end.[15] (Malik Salih, the last of the Ayyubids, died in Egypt in 648 [A.D. 1250]).[16] The sultan's clansmen and servants elevated his mother to the rule, and the office of commander-in-chief went to Izzuddin, a member of the family. Not long thereafter vile, mercenary men elevated Izzuddin to the rule, and he was the first of the Circassian dynasty.[17] After that the rule of Egypt and Syria fell into the hands of lowly slaves, and the Abbasids, who were only nominal, also became extinct.) By a fluke of fate he gave in to his base nature for ten or seven years,[18] and

کرد و در جانکاه اندوه انداخت. قبرس و بسیاری ملک از ترسا گروه برگرفت. چهل و هشت سال فرمانروا بود. سپس سلطان سلیم پور او اورنگ‌آرا شد. برادر او سلطان بایزید با چهار پسر بفرمانفرمای ایران شاه طهماسپ پناه برد و جان درباخت. هفت سال یا شانزده کام دل برگرفت. سلطان مراد پسر او جانشین گشت. اگرچه قلمرو فراخ شد سپاه ینگیچری چیره‌دستی یافت و بزرگ دستور محمد پاشارا بزور از دولتخانه برآورده بخواری جان بشکرد. بیست و پنج سال خسروی داشت.

برای سخن‌شادابی لختی راه بیرون شده ازین سلسله واگفت و سرمهٔ بینش‌افروزی برسائید و بسوانح‌نویسی جاوید دولت که پیشنهاد همّت است برگردید.

نهم بهمن میرزا یوسف خان دستوری جونپور یافت تا لختی سرانجام نموده بازآید. ۱۹

پانزدهم شیدا بیگ درگذشت. تحویلداری توشکخانه داشت. از تن‌پرستی و باده‌پیمائی بکشک کمتر آمدی. رنجوری درگرفت، اورا زمانی برهنه داشته آب سرد افشاندند. از سرماچیرگی جان بسپرد. پیدائی گرفت که در خاصگی خلعت گستاخ دستی نموده بود. فرمودند «ایزد توانا از پوشش‌دزدی در برهنگی سزا داد.»

درینولا نیایشنامهٔ خان احمد گیلانی بدرگاه والا رسید. از عافیت‌درازی و جااستواری و بدهمنشینی بفرمانروای ایران شاه طهماسپ نخوت فروخت و بزندانی دبستان رفت. سلطان محمد خدابنده رها ساخته بمرزبانی گیلان باز فرستاد. سخنسازان ناتوان‌بین شاه عباس‌را برآشفتند.

then his son Sultan Süleyman succeeded him. Shah Isma'il sent fine gifts and offered his condolences and congratulations. He wrote "return to sender" on the letter,[19] put his seal on it, and made the shah very sad. He took Cyprus and much territory from the Christians. He ruled for forty-eight years.[20] Then his son Sultan Selim mounted the throne. His brother Bayezid and his four sons took refuge in Iran with Shah Tahmasp and thereby lost their lives. Sultan Selim ruled successfully for either seven or sixteen years.[21] His son Sultan Murad succeeded him. Although the realm expanded, the Janissaries took control, dragged the grand vizier, Mehmed Pasha, from the palace, and killed him in a vile fashion. He ruled for twenty-five years.[22]

In order to give the background of this dynasty, we have gone rather far afield. Let us now return to the history of the eternal dynasty, which is the object of our attention.

On the ninth of Bahman [January 29], Mirza Yusuf Khan was 19
sent to Jaunpur to conduct some business and return.

On the fifteenth [February 4], Shaida Beg passed away. He was the *tahwildar* of the *töshäkkhana.* Because of his self-indulgence and drunkenness he rarely went to his post. When he fell ill, for a time he was kept naked and cold water was poured over him. He caught cold and died. It came to light that he had stolen from the royal wardrobe. "For stealing clothing, God Almighty made him suffer retribution in nakedness," the emperor commented.

Around this time a letter of request arrived from Khan Ahmad of Gilan.[23] Secure in his inaccessible place and surrounded by evil companions, he had acted arrogantly toward Shah Tahmasp of Iran, for which he was sent to prison. Jealous rumormongers

از واژون‌بختی بآویزه برخاست و شکست یافته پناه برومستان برد. از پایه‌نشناسی بدو نپرداختند. بیست و سیوم فرستاده دولت بار یافت و عرضه‌داشت گذرانید. گذارده بود که از دیر باز بسیچ والا درگاه در سر دارد. از راه‌درازی و ناایمنی نیارست رسید. اکنون در بغداد بناکامی روزگار میگذراند و همان دیرین آرزو پیرامن دل میگردد. آمده نوازش یافت و بخسروانی عاطفت امیدوار شد.

غرّهٔ اسفندارمذ پس از ده ساعت شاهزاده سلطان دانیال‌را از فرزند قلیچ خان دختی پدید آمد. امید که قدوم او فرّخی افزاید.

۲۰ و از سوانح گشایش سیوی. استوار قلعه‌ایست نزد قندهار. در باستان زمان مرزبان بهکر داشت و از دیر باز افغانان ... برو چیره‌دست. سیّد بهاءالدین بخاری تیولدار اُچه و بختیار بیگ اقطاعدار سیوستان و میر ابوالقاسم نمکین جایگیردار بهکر و میر معصوم و دیگر سپاه صوبهٔ ملتان‌را فرمان شد که بدانجا شده اندرزگوئی‌را دستمایهٔ گشایش برسازند و اگر ننیوشند بسزا برمالند. بیست و سیوم دی بدین بسیچ برآمدند. زمینداران گنجابه و دیگر سران آنسو چون دریا خان و داؤد سر بفرمان درآوردند. سیوم اسفندارمذ نزد قلعه رسیدند. پنج هزار کس بیرون شده بآویزش درآمدند و بکمتر آویزه شکست یافته حصاری شدند. پس از گردگرفتن و آماده ساختن دست‌افزار گشایش زینهاری شده کلید سپردند و ازین فیروزی تا قندهار و کچ و مکران بقلمرو درآمد. در آن دشت از کم‌آبی فیروزی سپاه آسیمه‌سری داشت. گیتی‌خدیورا دستآویز الهی توجه ساخته بخواهش آب نیایشگری فراپیش گرفت. از ایزد یاوری در کمتر زمانی خشک رودی آب‌آمود گردید و سپاسگذاری‌را هنگامه‌ها برساختند.

stirred up Shah Abbas against him. Khan Ahmad foolishly went to battle with him, and in defeat he went to Anatolia, but there no one paid him any attention. On the twenty-third [February 12], his emissary was received and presented his letter, in which he said that he had long contemplated coming to the emperor's court, but he had not been able to come because the journey was so long and the roads unsafe. He was now living in poverty in Baghdad, and once again that old wish had formed itself in his mind. The emissary was shown favor and made hopeful of regal kindness.

After the elapse of ten hours on the first of Isfandarmudh [February 20], a child was born to Prince Sultan Danyal by Qilich Khan's daughter. It is hoped that her birth will be felicitous.[24]

The conquest of Siwi

Siwi is a strong fortress near Kandahar. In former times it was held by the governor of Bhakkar, but for a long time the Afghans had been in control of it. Sayyid Baha'uddin Bukhari the *tuyul* holder of Uch, Bakhtyar Beg the fiefholder of Siwistan, Mir Abu'l-Qasim Namakin the jagir holder of Bhakkar, Mir Ma'sum, and others in command of the army of Multan were ordered to go and offer advice. If the Afghans did not listen to reason, they should chastise them appropriately. They departed on the twenty-third of Daimah [January 13]. The zamindars of Gunjaba and other chieftains of that area, like Darya Khan and Daud, bowed their heads in submission. On the third of Isfandar-mudh [January 22], they arrived near the fortress. Five thousand men came out and started doing battle, but after a little fighting they were defeated and went back into the fortress. After the fortress was surrounded and siege machines were installed, they

20

بیست و هفتم جشن قمری وزن شد و جهان‌سالاررا بهشت چیز
برسختند و جهان بروز کامیابی برنشست.

sued for quarter and turned over the keys. With this victory the area from Kandahar and Cutch to Makran came into the realm. The soldiers were distressed by the lack of water in that desert, but the emperor concentrated his divine attention and made a request for water. By divine assistance shortly thereafter a dry river filled with water, and thanks were given.

On the twenty-seventh [March 18], the lunar weighing ceremony was held, and the emperor was weighed against eight items.

آغاز سال چهلُم الهی از جلوس مقدّس حضرت شاهنشاهی، یعنی سال تیر از دور چهارم

۲۱ روز سه‌شنبه نهم رجب سنهٔ هزار و سه پس از سه ساعت و سی و سه دقیقه آفتاب گیتی‌افروز حمل‌را نورآگین ساخت و چهارم سال از دور چهارم پیام جاوید دولت آورد. جهان‌سالار ایزدی سپاس‌را پایهٔ دیگر برافراخت و نوزده روز بگوناگون پیرایه انجمن برافروخت. وابستگان دژم دل‌را شکفتگی درگرفت و وارستگان رمیده‌را آمیزش مایه بدست افتاد.

الله اکبر چه حسنِ جاوید است این　　الله اکبر چه شمعِ امید اسـت این
یـک ذرّه ز نـور می‌نبینـم خالی　　الله اکبر چه نورِ خورشید است این

پنجم فروردین حسین بیگ شیخ‌عمری با برخی از شمالی کهسار آمد و راجه باسو و چندی زمینداران‌را با خود آورد و هر یکی درخور نوازش یافت.

درینولا گشایش بُشنه[۶] شد. استوار قلعه‌ایست آباد ولایتی بدو گراید. چون راجه مانسنگه بتانده دار الملک بنگاله درآمد لشکرها بهر سو روانه ساخت. جوقی‌را بسرکردگی همّت‌سنگه بدان صوب فرستاد. نوزدهم چیره‌دست آمد و گروهی‌را بسزا برمالید.

گیتی‌خداوند چون نوروزی سپاس بجای آورد. آب راوی گذشته بباغ دلآمیز که درین نزدیکی بوالا فرمایش سرانجام یافته بود ایزدی فیض برگرفت و از آنجا برام‌باری با برخی پردگیان خلوت برآراست و شباروز نشاط گل برچیده آگهی برافزود.

The Fortieth Year after the Imperial Accession: Tir Year of the Fourth Duodecennial Cycle

After the elapse of three hours and thirty-three minutes on Tuesday, the ninth of Rajab 1003 [March 20, 1595],[25] the world-illuminating sun cast its light upon Aries, and the fourth year of the fourth duodecennial cycle began. The world commander elevated divine thanks to a new level, and for nineteen days there were elaborate celebrations. Those with saddened hearts regained joy, and those who had been frightened away were retamed.

21

> *Great God! What eternal beauty this is! Great God! What a*
> *candle of hope this is!*
> *I do not see a single mote devoid of light. Great God! What*
> *sunlight this is!*

On the fifth of Farwardin [March 24], Husain Beg Shaikh-Umari and some others came from the northern mountains, bringing Raja Basav and several zamindars with them, and each of them was shown appropriate favor.

Around this time occurred the conquest of Bushna. It is a strong fortress that overlooks a flourishing region. When Raja Man Singh entered Tanda, the capital of Bengal, he sent troops out in all directions. One troop under Himmat Singh was sent in the direction of Bushna. On the nineteenth [April 7], he gained dominion and crushed the defenders.

When the world lord had given thanks for Nauroz, he crossed the Ravi and graced the Dilamez Bagh, which had recently been

۲۲ و از سوانح فرو شدن برهان نظام الملک. هرکه نیکوئی بفرامشی دهد و بناسپاسی برنشیند زود بتکاپوی خویش بادافراه یابد. و بتازگی داستان این فرومایه گواه راستی‌گذار. خسروانی نوازش و رسیدن بمرزبانی و افتادن بناسپاسی و ننیوشیدن اندرز و نامزد شدن فیروزی سپاه گذارش یافت. از راه‌دوری و آهنگ‌سستی سپاه فراهم نیامده بود که روزگار اورا بخودافکنی برنشاند. خودرأیی شیفته گردانید و خوشامدپذیری نخوت افزود. بمال و جان مردم درازدستی نمود و ناموس خاندانها بتاراج داد و دوست و از دشمن و خویش از بیگانه باز نشناخت. لشکر بیازش عادل خان برد و ناکام برگردید، و بدان سگالش که بندر ریگ‌دژرا که پیوست چنول[۷] است از دست ترسا برگیرد فراهاد خان و اسد خان رومی‌را با بسیاری بدانسو فرستاد و از بی‌آزرمی همخوابهٔ فرهاد خان‌را دامن برآلود. او از شرمگینی بنصاری درساخت. بسیاری دکنیان‌را گزند جانی رسید و اسد خان دستگیر شد. برای باه‌افزائی و طبیعت‌پروری شنگرف داروها بکار برد و بسخن ناآزمون‌کاران هرزه‌درا خودرا رنجور گردانید چندانکه از زندگی نومید شد. ابراهیم بزرگ پوررا از زندان برآورده جانشین ساخت. اخلاص خان حبشی با برخی نگروید و بر آن شد که اسمعیل دیگر پسر اورا که پیش ازین مرزبان بود ببزرگی برگیرد. باندک تندرستی در سکاسن نشسته آویزه فراپیش گرفت و در سه کروهی احمدنگر درآویخته فیروزمند آمد و فتنه‌اندوزان پیغوله‌نشین گشتند. ازین چیره‌دستی کالیوه‌تر شد و باده‌گساری[۸] برافزود. چون بینگاه رسید لختی دارو بکار برد و رنجوری بسختی کشید. بیست و پنجم روزگار او بسر آمد. بسیاری بر آنکه خواهر او و چاند بی‌بی زهر بخوردش داد و دیده‌وران بادافراه ناسپاسی برشمردند. سران لشکر ابراهیم‌را ببزرگ

completed near there. From there he went to the Ram Bari with some of the ladies of the harem, and they enjoyed picking flowers for a day and a night.

Burhan Nizamulmulk goes down 22

Anyone who forgets kindness and is ungrateful will soon suffer retribution at his own hands. The truth of this statement was shown once again by the history of this vile person. It has already been reported how he was shown imperial favor, how he attained the rulership, how he fell into ingratitude, how he refused to listen to advice, and how invincible troops were assigned. Due to the great distance and delays in getting started, the troops had scarcely assembled when fate requited him. Deceived by his own stubbornness, he gave in to sycophants; he stretched out his hands to people's possessions and lives, he plundered the honor of many noble families, and he was incapable of distinguishing between friend and foe. He led his troops on an expedition against the Adil Khan, but he returned in failure. Thinking he would take the port of Revandanda near Chaul from the Christians, he sent Farhad Khan and Asad Khan Rumi with many soldiers, and he vilely dishonored Farhad Khan's wife. He made a shameful peace with the Christians, he inflicted mortal harm on many Deccanis, and he arrested Asad Khan. To increase his sexual potency, he self-indulgently used drugs made from cinnabar, and by listening to blathering inepts he did himself such injury that there was no hope of recovery. He released Ibrahim, his eldest son, from prison and made him his successor. Ikhlas Khan Habashi and some others were disinclined to him and decided to elevate Isma'il, the second son who had ruled before Burhan. When Burhan recovered slightly, he got into a palanquin and went out

برگرفتند. او از کم‌بینی چشمان برادررا نخست بیفروغ گردانید و سپس بنیستی‌سرا فرستاد.

درآمدن فیروزی سپاه بقندهار و آرامش یافتن آن سرزمین

۲۳ چون قرا بیگ و میرزا بیگ که بآوردن مظفّر حسین میرزا رفته بودند نزدیک شدند میرزا پذیرا شد و از منشور والا گوناگون نشاط اندوخت. نیایشگریها بجای آورد و از همانجا بسیچ والا درگاه نمود. چون شاه بیگ خان نرسیده بود بکوشش نام‌بردگان بازگردید و لختی از هرزه‌سرائی بدگوهران بدیگر اندیشه افتاد و از سعادت‌سرشتی ژرف‌نگهی بکار برد و بگشاده پیشانی قلعه سپرده بیرون شد. بیست و هشتم زر و سیم بسکّهٔ شاهنشاهی چهره برافروخت و منبر بگرامی نام پایه برافراخت. شاه بیگ خان میرزارا گوناگون یاوری کرده با زه‌وزاد و دو هزار قزلباش رهگرا ساخت. بی‌آویزش آباد ملکی بدست درآمد و بزرگ‌نژادی از آسیمگی رهائی یافت. اوزبک از تاخت آن سرزمین لختی عنان باز کشید و کشاورزان قدری برآسودند و الوس هزاره و افغان و دیگر بومیان سرتاب مالشها بسزا یافتند.

to battle three leagues from Ahmadnagar. He was victorious, and the troublemakers crept off into obscurity. This triumph only made him crazier and increased his arrogance. When he reached his home he took some drugs, and his illness grew much worse. His days ended on the twenty-fifth [April 13]. Many suspected that his sister, Chand Bibi, had poisoned him, and the insightful reckoned it just retribution. The leaders of the army elected Ibrahim as ruler, and he foolishly deprived his brother of his sight and then killed him.

IMPERIAL TROOPS ENTER KANDAHAR, AND THE REGION IS PACIFIED

When Qara Beg and Mirza Beg, who had been ordered to 23
escort Muzaffar Husain Mirza to court, approached Kandahar, the mirza went out to greet them and was made very happy by the imperial decree. Pledging his allegiance, he announced his intention to set out immediately for court, but since Shah Beg Khan had not yet arrived, the above-named individuals held him back, and, swayed by the prattle of mean-spirited men, he almost changed his mind, but fortunately for him he cheerfully turned over the fortress and departed. On the twenty-eighth [April 16], coinage was put in the emperor's name, and the pulpits were elevated by the mention of his name. Shah Beg Khan gave the mirza much assistance and sent him off with his family and household escorted by two thousand Qizilbash. Without so much as a skirmish a flourishing region was acquired, and a noble lineage was saved from distress. The Uzbeks refrained from attacking the territory, farmers obtained a modicum of relief, and the Hazara

درینولا بزرگ پایهٔ وکالت بخان اعظم میرزا کوکه بازگردید. چون خیرسگالی و کم‌آزی پیشانی او برمیگذارد نهم اردی‌بهشت بدان نوازش بلندپایگی گرفت. اگرچه کاراگهی کشورخدا یاور برنتابد و هر کار بکوشش آن فراخ‌حوصله بشایستگی گراید از خردبیداری و مزاج‌شناسی روزگار هر شغلی بفروهیدهٔ باز گردد و رشتهٔ یتاقداری دوتائی گیرد.

نوزدهم سترگ قافلهٔ با گزیده کالا از بندر گووه[9] رسید. در آن میان چندی دانشوران ریاضتگذار ترسا گروه که بپادری زبانزد روزگار اند بشاهنشاهی نوازش کام دل برگرفتند.

۲۴ و از سوانح گشایش زمین‌داور و ملک گرمسیر. این دو آباد جا بقندهار گراید. اوزبک از میرزایان برگرفته بود. چون آوازهٔ فیروزی سپاه بدانسو بلندی‌گرا شد کلانتران آن سرزمین فراهم شده چیره‌دستی نمودند و اوزبک ناکام واگذاشت. درینولا سلطان محمد اوغلان و تنگری‌بردی و مراد خان و برخی دیگر بکین‌توزی برخاستند و حصاررا گرد برگرفتند. چون شاه بیگ خان دررسید بوم‌نشینان دادخواه آمدند. او بی‌فرمان والا در یاوری اندیشه‌مند بود. از اقبال‌شگرفی برخی از آن گروه نزد قندهار دست یغما برگشودند و میرزا عوض قلعهٔ تیری[10] بزور برگرفت. شاه بیگ خان پس از اندرزنپذیری به پیکار برآمد. او تیری‌را استوار کرده بآویزه برخاست و در کمتر زمانی دستگیر شد و قلعه گشایش یافت. سپس آب هلمند گذشته بزمین‌داور تازش نمود. غنیم سراسیمه‌وار بقلعهٔ درغور[11] شتاب آورد و از تکامشی بی‌آویزه هرات‌رویه راه گریز سپرد. فیروزی سپاه از آنجا بازگردیده بزمین‌داور آمد و گرمسیر نیز بی‌آویزش بر قلمرو افزود. تورانی سپاه‌را لختی چشم آگهی باز شد و قل بابا سپه‌آرای خراسان در پاس آن باندیشه درآمد و از دوربینی بفیروزی سپاه دوستی فراپیش

and Afghan tribesmen and other rebellious locals were chastised appropriately.

Around this time the exalted office of deputy was given to Khan A'zam Mirza Koka. Since benevolence and lack of avarice had been detected in his demeanor, he was promoted to that office on the ninth of Urdibihisht [April 28]. Although the emperor's competence can tolerate no partner and everything can be done through that capable monarch's efforts, in his wisdom and knowledge of the times he assigns each and every task to a competent person so that the thread of maintenance may be two-ply.

On the nineteenth [May 8], a huge caravan filled with choice goods arrived from the port of Goa. Among the travelers, several learned Christian monks known as *padres* were singled out for the emperor's favor.

The conquest of Zamin Dawar and the Garmser region   24

Both of these flourishing places belong to Kandahar, but the Uzbeks had taken them from the mirzas. When rumors of the approach of imperial troops were heard in that region, the chieftains of the territory gathered and took over, and the Uzbeks were forced to withdraw. Then Sultan Muhammad Oghlan, Tangriberdi, Murad Khan, and some others rose up in vengeance and laid siege to the fortress. When Shah Beg Khan arrived, the locals came for justice. While he was wondering how he could help them without the emperor's express command, through the mysterious workings of destiny some of them began to plunder and pillage near Kandahar, and Mirza Iwaz took the fortress of Tiri by force. After he refused to accept advice, Shah Beg Khan went out to do battle. Fortifying Tiri, Mirza Iwaz fought, but he was captured within a short time and the fortress

گرفت. بیست و هشتم تیر آگهی رسید و هر یکی‌را بدرخور جلدو بلندپایه گردانیدند.

سی‌ام موته راجه از نفس‌تنگی رخت هستی بربست و چهار همخوابهٔ او گشاده‌پیشانی استخوانی رخت‌را بآتش درافکندند. شهریار دیده‌ور بحقیقت‌آموزی از راه دریا بآن نزدیکی شد و بی‌قدری جان وانموده برخی‌را بهمّتگاه برد.

۲۵ و از سوانح فرو شدن ابراهیم نظام الملک. از آن باز که دیهیم‌خدا نظر عاطفت از دکن برگرفت زمان زمان تازه گزندی بدان ملک رسید و بادافراه ناسپاسی آماده گردید. چون برهان درگذشت و ابراهیم پور او جانشین شد ناهنجاری فراپیش گرفت. لشکری از بیجاپور بمالش او برآمد. شانزدهم امرداد چهل کروهی احمدنگر عرصهٔ کارزار آراسته شد. ناگهانی تیری بدو رسید و روزگار او بسر آمد. بیجاپوریان فیروزمند بازگردیدند و نظام الملکیان سراسیمه ببنگاه آمدند. بسیاری احمد پور خدابنده‌را بکلانی برگرفتند و برخی موتی[۱۲] پسر قاسم‌را. برهان نظام الملکِ پیشین شش پسر داشت: قاسم، عبد القادر، حسین، خدابنده، شاه‌علی، محمد باقر. چون پیمانهٔ زندگی او پر شد جانشینی بحسین[۱۳] گرائید و چون درگذشت بزرگ پور او مرتضی نظام الملک شد.

was taken. Then, crossing the Helmand River, Shah Beg Khan invaded Zamin Dawar. The foe ran helter-skelter into a fortress in Ghor (?) and then fled toward Herat without doing battle. The imperial troops turned back there and went to Zamin Dawar, and Garmser was also added to the realm without a battle. The Turanian troops opened their eyes, and Qul Baba, the commander of Khurasan, started thinking about protecting his territory and foresightedly made friendly overtures to the imperial troops. On the twenty-eighth of Tir [July 18], the news of triumph arrived, and everyone was given a suitable reward.

On the thirtieth [July 20], Mota Raja died of shortness of breath, and his four wives willingly consigned their bodies to the flames. The wise emperor went there by river to ascertain the truth and, without regard for his own safety, chastised several people.

Ibrahim Nizamulmulk dies

25

After the world lord averted his affectionate gaze from the Deccan, injuries kept happening to that realm in retribution for ingratitude. When Burhan died and his son Ibrahim succeeded him, he took to immoderate ways. An army came from Bijapur to crush him, and a battle was fought forty leagues from Ahmadnagar on the sixteenth of Amurdad [August 6]. Ibrahim was hit by an arrow and killed. The triumphant Bijapuris withdrew, and the Nizamulmulkids retired in confusion. Many of them chose Khudabanda's son Ahmad as their leader, while others supported Qasim's son Moti.[26] The former Burhan Nizamulmulk had six sons, Qasim, Abdul-Qadir, Husain, Khudabanda, Shah-Ali, and Muhammad Baqir, and when he died the succession went to Husain, and when he died he was succeeded by his son Murtaza Nizamulmulk.[27]

69

سی و یکم دوازده دیوان نامزد گشت. اگرچه وزارت از راستیمنشی و جدگزینی خواجه شمس الدین خافی روزبهی دارد، لیکن از کارفزونی و دوربینی بهر صوبه وزیری نامزد شد و پیشین خواهش بکردار آمد: حسین بیگ به اللهآباد، بهارتیچند به اجمیر، رای رامداس باحمدآباد، کهنور به اوده، کشنداس به بنگاله، رامداس به بهار، رام رای بدهلی، خواجه غیاث بیگ بکابل، متهراداس بلاهور، خواجه محبعلی بمالوه، کیسوداس بدار الخلافه آگره، خواجه مقیم بملتان. و فرمان شد که هر یک کار خودرا بصوابدید خواجه بعرض همایون رساند.

۲۶ و از سوانح چیرگی بجرناته. در جشن شهریور اورا با بلبهدهر که سرآمد گروه مل است بکشتی درانداختند. نظارگیان بحیرت در شدند که چگونه دادخدیو این نزار تنرا با آن توانا پیکر آویزه فرمود. در کمتر زمانی بهمّتیاوری فرودستی آن زبردست پیدا شدن گرفت و از ناموسپاسبانی برابر جدا گردانیدند.

درینولا آگهی شد که برخی آزرنجور درگذرها تمغا گونه میستاند. دادگری افسرخدیو برتافت و بهر سو فرمان رفت که در بادافراه آنان فراوان کوشش رود. از دار الملک لاهور تا هندوکوه بزین خان کوکلتاش بازگردید و از آنجا تا پایان بنگاله بدولت خان و تا گجرات برامداس کچهواهه و تا زمینداور بدولت خرد و از دهلی تا اوده بمیان خانو.

On the thirty-first [August 21], twelve *divans* were appointed. Although the vizierate was conducted honestly and competently by Khwaja Shamsuddin Khafi, there was so much work that a vizier was appointed to every province: Husain Beg to Allahabad, Bharti Chand to Ajmer, Rai Ram Das to Ahmadabad, Khunwar to Oudh, Kishan Das to Bengal, Ram Das to Bihar, Ram Rai to Delhi, Khwaja Ghiyasuddin to Kabul, Mathura Das to Lahore, Khwaja Muhibb Ali to Malwa, Kesav Das to the capital Agra, and Khwaja Muqim to Multan. It was also ordered that everyone should report his actions to the emperor with the prior approval of Khwaja Shamsuddin.

Bijranath's triumph   26

At the celebration of Shahrewar, Bijranath was pitted against the champion wrestler Balbhadra. The spectators were astonished that the emperor could order the slightly built Bijranath to wrestle with the powerful Balbhadra, but it did not take long for it to become evident that the champion was going to lose. In order to save his honor, the match was declared a draw.

Around this time news arrived that some greedy persons were demanding tolls on the roads. This shocked the emperor's sense of justice, and orders were dispatched in all directions for great effort to be expended in chastising them. The road from Lahore to the Hindu Kush was assigned to Zain Khan Kükältash; the road from Lahore to the other end of Bengal was assigned to Daulat Khan; the road to Gujarat was assigned to Ram Das Kachhwaha; the road to Zamin Dawar went to Daulat Khurd; and the road from Delhi to Oudh was assigned to Mian Khanu.

جبین‌افروزی مظفّر حسین میرزا بسجود قدسی آستان

۲۷ هرکرا بخت بیاوری برخیزد و ستاره از فرورفتگی برآید روزگار بشگرفی برنشیند و بی‌تکادو روزبهی چهره افروزد، و حال میرزا ازین آگهی بخشد و بینائی سرمه برساید. از سرگرانی فرمانفرمای ایران و هراس جانشکری بنیایش او تن درنمیداد و از برنائی شورش و بدهمنشینی بوالا درگاه خودرا برنبسته بود. ناگاه اوزبک بر خراسان چیره‌دست آمد و کار میرزایان دشوارتر شد. از نامزد شدن فیروزی سپاه بسراسیمگی افتاد. رستم میرزا از فرّخ‌اختری خودرا بجاوید دولت بربست و آن نیز آشفتگی میرزا برافزود. از ستاره‌رهنمونی مادر و بزرگ پور خودرا بپوزشگذاری فرستاد و از مهرفزونی پذیرش یافت و فرمان دلدهی پیهم رفت. از آن شولیدگی برآمده آمادهٔ پرستاری گشت و چون شاه بیگ خان پیوست ملک سپرده رهگرا شد و امرا و گذربانان بفرمان والا آن مهین‌نژادرا بزرگداشت نمودند. هر هفته یکی از باریافتگان با گزین کالا پذیرا میشد. بسه منزلی میرزا جانی بیگ و شیخ فرید بخشی‌بیگی و حسین بیگ شیخ‌عمری و برخی بندگان دستوری یافتند و بسه کروهی خان اعظم میرزا کوکه و زین خان کوکلتاش و بسیاری. پنجم شهریور میرزا پیشانی بخت‌را بسجود نیایش برافروخت و پایهٔ سعادت‌وری برافراخت. صد اسپ عراقی و دیگر تنسوقات بوالا نظر درآورد. از آن میان گزین مهرهٔ شگفت آورد. چون بمارگزیده برسودی بجنبش درآمده زهر برمکیدی و سرمایهٔ تندرستی گشتی. میرزارا بوالا پایهٔ پنجهزاری برآوردند و سرکار سنبل که افزون از قندهار است در اقطاع دادند و فراوان نقد و جنس سرمایهٔ نشاط آورد. چهار پسر او، بهرام میرزا، حیدر میرزا، القاس میرزا، طهماسپ میرزا، و همراهان بمهین بخششها کام دل برگرفتند.

MUZAFFAR HUSAIN MIRZA PROSTRATES HIMSELF AT THE IMPERIAL THRESHOLD

Anyone who is assisted by fortune and whose lucky star rises 27
will succeed amazingly without any particular effort on his part,
and the truth of this is illustrated by the history of Muzaffar
Husain Mirza. He refused to give in either to the obstinacy of
the ruler of Iran or to his fear of being killed, but in the flush
of youth and with the bad men with whom he kept company,
he also refused to bind himself to the imperial court. Suddenly
the Uzbeks gained dominion over Khurasan, and things became
difficult for the mirzas. With the assignment of imperial troops
they became very nervous, and Rustam Mirza luckily pledged
himself to eternal fortune, an act that further upset Muzaffar
Husain, who possessed enough good luck to send his mother
and eldest son to court to make apologies, which were accepted,
and various messages of encouragement were sent. Finally
emerging from his madness, he got himself ready to go to court,
and when Shah Beg Khan went there, he turned the realm over
to him and set out. By order of the emperor the command-
ers and crossing guards honored him as he proceeded. Every
week a courtier went to greet him with choice goods. When
he was three stages away Jani Beg, Shaikh Farid Bakhshibegi,
Husain Beg Shaikh-Umari, and other courtiers were sent; and
when he was three leagues away Khan A'zam Mirza Koka, Zain
Khan Kükältash, and many others greeted him. On the fifth of
Shahrewar [August 26], the mirza rubbed his forehead on the
imperial threshold. He presented to the emperor a hundred
Persian horses and other gifts, among them an amazingly fine
bead. When it was rubbed on a snake bite it moved and sucked

۲۸ درین سال منصبدارررا سه گونه برساختند. اوّل آنکه سواران برابر منصب باشند، دوم نیمه و افزون، سیوم کمتر از آن. و هرکدام‌را ماهوار قرار گرفت چنانچه در آخرین دفتر برگذارد. درین روز تاش بیگ خان بمالش عیسی‌خیل دستوری یافت و از رنجوری کار بشایستگی نیارست نمود.

ششم در شبستان بزرگ شاهزاده از دخت ابراهیم حسین میرزا فرزندی نیک‌اختر پدید آمد. امید که مهین بانوی روزگار گردد.

نهم سعید خان از شرقی دیار آمد و گوناگون نوازش اندوخت. از دیر باز آرزو داشت. چون از بنگاله ببهار رسید گام سرعت برگرفت. صد فیل با دیگر کالا پیشکش گذرانید.

یازدهم حکیم عین الملک در هندیه رخت هستی بربست. شهریار قدردان آمرزش درخواست و فرزندان اورا بخسروی عاطفت برنواخت. از نیکمردان دنیا بود. در برآمد کار مردم سخت کوشیدی.

شانزدهم سعید خان پیشکش عیسی خان بومی بهاتی برگذارند و پذیرش یافت.

۲۹ غرّهٔ مهر آذوق بقندهار فرستادند. لختی گرانی در آن سرزمین پدید آمد و سپاه آنجا بتنگ‌روزی برنشست. کاردانان از صوبهٔ ملتان هر گونه غلّه چند بار رسانیدند و در کمتر فرصتی فراخی شد. قل‌بابا سپاه‌آرای خراسان بدراز اندیشه افتاد و به یتاقداران آن سو دوستی پیوند استوارتر گردانید.

درین روز باقر خان سفرچی‌را در بنگاله روزگار بسر آمد و فرزندان او بعاطفت روزافزون شاهنشاهی از غم رهائی یافتند.

the poison out. The mirza was given the exalted rank of 5,000 and the district of Sambhal, which was greater than Kandahar, and much cash and goods made him happy. His four sons, Bahram Mirza, Haidar Mirza, Alqas Mirza, and Tahmasp Mirza, were also given fine gifts.

During this year holders of ranks were divided into three 28
groups. First were those whose horsemen were equal in number to their rank; second were those the number of whose horsemen was half their rank or greater; and third were those the number of whose horsemen was less than half their rank. A monthly salary was assigned to each of the categories, as will be explained in the last volume.

On this day Tash Beg Khan was dispatched to chastise the Isa Khel, but he was too ill to execute the assignment properly.

On the sixth [August 27], Ibrahim Husain Mirza's daughter gave birth to a child in the eldest prince's harem. It is hoped that she will become a great lady in her day.[28]

On the ninth [August 30], Sa'id Khan came from the eastern realm to pay homage, as he had long been hoping to do. Having arrived in Bihar from Bengal, he had set out in haste. He presented a hundred elephants and other goods.

On the eleventh [September 1], Hakim Ainulmulk passed away in Handia. The emperor prayed for his soul and expressed condolences to his children. He was one of the good men of the world and had always striven to do good to people.

On the sixteenth [September 6], Sa'id Khan presented tribute from Isa Khan, the ruler of Bhati.

On the first of Mihr [September 22], the emperor sent provi- 29
sions to Kandahar, where there was scarcity and the soldiers were ill-provisioned. Administrators dispatched several loads of all

درینولا برآورد ماهوار بدیگر نمط قرار گرفت. یازدهم مهر فرمان شد که مغل و افغان و هندی سه‌اسپه هزار دام و دواسپه هشتصد و یک‌اسپه ششصد دام برگیرد و راجپوت اوّل هشتصد و میانه ششصد برستاند.

٣٠ و از سوانح افروزش جوهر راستی. یکی از هرزه‌لایان ناسزائی بپارساگوهری بربست. دادخدا بپژوهش برنشست. او گفت «از آن بیطار شنوده‌ام.» چون پرسش رفت بپذیرفت. اورا بآتش سوگند دادند. راستگو برآمد و سرمایهٔ شرمساری گذارنده گردید و جهانی بشگفت‌زار در شد. یکی از سوگندهای برهمن آنست که بآتش آهن‌پارهٔ تفسیده گردانند و برگ درخت پیپل بر دست نهاده افروخته‌را بر فراز آن گذارند. نسوختن از راستی برگوید. او خود درین روز ببرگ نپرداخته آتش‌پاره‌را بر دست گرفت و لختی نگاهداشته بآهستگی بر زمین انداخت. آسیبی بدو نرسید و زمین از تپش بسوخت. حق‌پژوهی فرمانروای زمان چنین شگرف نمودارها پدید آرد.

شانزدهم مُهر مقدّس‌را بخان اعظم میرزا کوکه سپردند و بتازه نوازش پایهٔ او برافراخته آمد. مولانا علی احمد بفرمان قدسی گرامی نامهای نیاگان شاهنشاهی تا صاحبقرانی برکند و کارنامهٔ برساخت. فرمان شد همگی ثبتی اسناد و برخی بیاضی منشور بدین پیرایش یابد.

درین روز فرستادهٔ وزیر هرمز بسعادت زمینبوس رسید. دو شترمرغ آورد بس شگرف پیکر و کردار. سنگ‌ریزه‌را میوه‌آسا بکار میبردند. همگی هستی ذرّات حیرت‌مایه، لیکن بسیاردیدگی مردم‌را بخواب برد و بجز کم‌دید شگفت ننماید.

sorts of foodstuffs from Multan, and soon there was plenty. Qul Baba, the commander of Khurasan, reaffirmed his friendly relations with the protectors of the area.

The same day Baqir Khan Sufrachi passed away in Bengal, and his children received the emperor's condolences.

Around this time monthly salaries were changed. On the eleventh of Mihr [October 2], it was ordered that Moghuls, Afghans, and Indians of three-horse rank would receive 1,000 *dams*, those of two-horse rank would receive 800 *dams*, and those of one-horse rank would receive 600 *dams*. Rajputs of the first rank would draw 800, and those of middle rank would receive 600.

Honesty is proven

30

A prattler slandered a person of good character, and the emperor tried the case. "I heard it from the veterinarian," the man said. When the veterinarian was asked, he admitted that he had said it. The slandered man was put to trial by fire, and he emerged as truthful, and the slanderer was put to shame to everyone's amazement. One way the Brahmans take an oath is to heat a piece of iron in the fire. Then they put a pepper leaf on their hand and place the hot iron on top of the leaf. If they are not burned it indicates that they are telling the truth. On this day the person did not use the leaf but put the fiery metal directly on his hand and kept it there for a moment before throwing it to the ground. He was not injured at all, but the ground was scorched by the heat. The emperor's search for the truth produces such miracles.

On the sixteenth [October 7], the imperial seal was entrusted to Khan A'zam Mirza Koka, whose standing was thereby increased. By imperial order Maulana Ali Ahmad beautifully carved the names of the emperor's ancestors all the way back to the Sahib-

۳۱ و از سوانح برافتادن پرده از روی کار نگارندهٔ اقبالنامه. پس از چندین افت و خیز و سپردن فراوان نشیب و فراز گاه گمان صلح کل بخود بردی و زمانی رضامندی بر خویشتن بستی و لختی پیکر همگی آفرینش‌را هستی فروغ دانسته دم دوستداری برزدی و چندی آرامگاهِ سپردرا نشیمن خود انگاشته بیخواهشی وانمودی. ناگاه طشت از بام افتاد و خامکاری و دل‌نزاری که و مه‌را دلنشین گردید.

دو هزار عهد کردم که سرِ جنون نخارم   ز تو درشکست عهدم ز تو باد شد قرارم[۱۴]

بیست و یکم مهر روز شنبه دهم صفر هزار و چهار هجری ملک الشعرا شیخ فیضی‌را که مهین برادر بود فرمان دررسید و آن آزاد خاطر آگاهدل از آهنگ سفر بازپسین گشاده‌پیشانی بشهرستان تقدُّس خرامش فرمود.

یوسفی از برادران گم شد   نه ز ما کز همه جهان گم شد
دست‌پوچیم ما ببازیِ عشق   کَجَه او داشت کز میان گم شد

Qiran on it. An order was given that it should be used on all documents and some edicts.

On this day the emissary of the vizier of Hormuz paid homage. He brought two ostriches of amazing shape and form. They ate gravel as though it were fruit. Everything that exists is amazing; however, those who have seen too much become jaded, and only those who have seen little are astonished.

This writer is unmasked   31

After much stumbling and sufferings many ups and downs, I sometimes harbored sentiments of universal peace, and other times I garbed myself in contentment and, recognizing that all bodies in creation contain the splendor of existence, spoke of affection. I dwelt in the peaceful place of submission and pretended to be free of desire, but without warning my dirty linen was aired, and my immaturity and cowardice were shown to everybody.

> *I made two thousand promises not to scratch the head of*
> *madness. With you my promise was broken; with you my*
> *resolve was undone.*

On the twenty-first of Mihr, which was Saturday, the tenth of Safar 1004 [October 15, 1595], the poet laureate Shaikh Faizi, my elder brother, received his summons and set out on his final journey to the other world.

> *A Joseph was lost to his brothers. He was lost not only to us but*
> *to the whole world.*
> *We are losers at the game of love. He held the ring that has*
> *been lost.*

ناظورۀ سخنوری بسوگواری نشست و گروهاگروه مردم بتنگنای غم ۳۲
در شدند. پادشاه پایه‌شناس‌را دل بهم برآمد که حکمت‌پژوه مدحتسرا
پرده بر رو فرو هشت و صدرنشین بزم اخلاص‌را ساغر زندگی لبریز
گردید. شاهزادگان والاگوهر بافسوسگری برنشستند که اوستاد دانادل
و مزاجدان دانش‌آموز از گفت‌وگو برخموشید. نوئینان بزرگ‌را گلدستۀ
شادمانی پژمرد که سرآمد دمسازان بزم و رزم‌را پیمانۀ عشرت پر گشت.
کارفروبستگان‌را نفس در دل شکست که گره‌گشای دشواری روزگار رخت
هستی بربست. رهگرایان بادیۀ غربت‌را آه در جگر و گریه در گلو گره شد
که منزل‌آرای آسایش خاطر از جهانیان برگرفت. جهان‌نوردان آگهی‌طلب
بتنگدلی نشسته اندیشه سفر از دل ستردند که سخن‌آفرین حقیقتگذاررا
چشمۀ زندگانی انباشته شد. تهیدستان آرزومندرا خار ناکامی در پا فشرد
که کامبخش بی‌خواهش بر کارگاه تعلّق آستین برفشاند. هر طایفه‌را
شیونی خاص درگرفت و بادۀ تازه‌کیفِ افسوس برکشیدند. داستان
صاعقه‌ریز بکالبد گفت درنیاید. بچوبین پای قلم درنوشته نگردد. هرگاه
زمانیان‌را حال چنین شد اندازۀ دردناکی من دوستدار صورت و معنی که
تواند شناخت؟ و جان‌تابی و تن‌افسردگی چگونه بگذارش درگنجد؟ منِ
بردوخته‌لب‌را طفل‌وار بمویه درآورد و گریه طوفانی جوش برزد. شکیبائی
که مهین پور خرد بود بسوگواری جان بسپرد و آن مایه‌دهِ روشنی بروزتاری
برنشست. طبیعت نابینا بدرازدستی درآمد و وهم سبکسر چیرگی یافت.
گذاشتن استخوانی کاخ‌را مردن انگاشت و گزیدن جاوید زندگی‌را نیستی
برشمرد. زندگانی وبال دل و بار خاطر شد و خواب و خور راه بیگانگی
سپرد. نزدیک بود که عنصری پیوند بگسلد و بار هستی از دوش برنهد.
دیوانه‌آسا گاه با سمان درآویختی و گاه بنفرینِ قضا زبان برگشودی. دوری

Poetry itself sat in mourning, and hordes of people grieved. The emperor was upset that his wise panegyrist had lowered a veil over his countenance and the cup of the honored guest at the banquet of devotion had been filled to the brim. The exalted princes sat in mourning because their wise teacher had been silenced. Great lords were saddened because the chief versifier of banquet and battle had passed away. Those with unfulfilled wishes stifled their sighs within their breasts because the solver of problems had decamped from life. Those who were headed into exile began to shed tears because he who gave comfort to the mind had departed. Those traversing the world in search of awareness sat grieving, the thought of travel erased from their minds, because the poet of reality was no more. A thorn of desperation stuck in the feet of the hopeful destitute because he who gave without being asked had ridded himself of worldly involvement. Every group undertook its own particular form of mourning and quaffed a different wine of grief. This stormy tale cannot be contained within the frame of speech; this fiery desert cannot be traversed by the wooden leg of the pen. When everyone in the world was so afflicted, who can measure the pain I suffered? How can my agony and debilitation be reported? I, whose lips were sewn together, sat crying like a child, and torrents of tears poured out. Forbearance, the eldest child of wisdom, entrusted its soul to mourning, and while it should have been a source of enlightenment, it sat in depression. Blind nature rushed in, and impetuous imagination gained dominion. I thought that to abandon the bony body meant death, and I reckoned the choice of eternal life as nothingness. Life became an affliction of the heart and a burden on the mind, and sleeping and eating became strangers. The elemental bonds of my body 32

عنصری برادر مرا بدین روز بنشاند و جدائی معنوی دوستدار گره‌گشای بستگیها کالیوه گردانید. این وحدت‌گزین کثرت‌آرا جز او رازپذیری نداشت و مرهم درونی ناسور ازو سرانجام می‌یافت. ناگزیر بپیغولهٔ در شده بجانکاهی سر راه انتظار نشست و ناخن بر دل زدن و جگر پالودن پیشه گرفت. شاهنشاهی اندرز و کششهای آن سترگ نیرو مرا بگریوهٔ صبر آبله‌پا آورد و جانبخشی و دلدهی او شهربند گردانید. عقل رفته باز آمد و هوش خفته بیدار شد. بر زبان حقیقت‌طراز گذشت «کردگار بی‌همتا بندگان‌را از راه وارستگی و دلبستگی بخود برخواند و بدین دو روش بهم ناسازگار کام دل بردهد. در فرو شدن حقیقی دوستان نیکوان نخستین‌را جز رضامندی و تسلیم‌پیشگی نسزد و اگر همگی مردم‌را جاوید زندگی باشد خرددوستان گشاده‌پیشانی و تازه‌رو باشند، خاصه درین کاروانی‌سرا که درنگ برنتابد. و اگر پسین این طرز پیش گیرد پیوند دلها بگسلد و شهر از آبادی برافتد. ناخشنودی ایزدی بار آورد و زیان‌زدگی دین و دنیا اندوزد. اگر یکی‌را از معنوی بهره غم پیرامون نگردد و خودرا بر آن دارد انسی فطرت‌را بهیمی طبیعت نام نهاده آید و مردمی‌را درندگی برخوانده شود. فرّخا شهربندی که درین عالم هر یک‌را پای خرد بسنگ آید و سررشتهٔ اختیار از دست فرو هشته بگوناگون غم درافتد. آن ناشکیبائی که از تو رفت ناگزیر وابستگی بود.» و بسا دلآویز گفتار آن روحانی پزشک چاره‌گر آمد. دو روز آن سفر گزین دل‌را از همه برگرفته با ایزد بیچون بود و نشان آگهی پیدائی نداشت. ناگاه جهان‌سالار دانش‌نواز بر بالین او آمد، چشم برگشود و بزرگداشت بجای آورد. افسرخدیو بخدای مهربان سپرده بازگردید و همان دم بعلوی عالم شتافت. در گوهرین‌نامه‌های خود از واپسین سفر آگهی داده:

were almost broken apart, and I almost put down the burden of existence. Like a madman, sometimes I railed against heaven, and sometimes I cursed fate. Physical distance from my brother led me to this pass, and spiritual separation from the beloved solver of my problems drove me mad. I had no one in whom I could confide but him, and he had been the balm for my inner wounds. What could I do but creep into hiding and wait in agony and suffering at the crossroads? The emperor's advice and the force of his great strength brought me limping to the brink of forbearance, and I was comforted and encouraged by him. What I had lost of my mind returned, and the sense that had gone to sleep awakened. "The one creator calls his servants to himself via the paths of liberation and affliction," he said, "and in these two opposite ways he grants their wishes. With the loss of true friends, good people have no option but to submit, and if everyone enjoys eternal life, the wise should be happy and cheerful, particularly in this caravansary that tolerates no delay. If you continue on your present course, the bonds that tie you to others will be broken and the city of your body will cease to prosper, and that will result in divine displeasure and bring about loss in this world and the next. If a person were not touched by grief, his nature would be called bestial and his humanity would be called brutal. How happy is the city in which everyone's wisdom stumbles and everyone loses self-control and sinks into grief! The lack of forbearance you experienced was a necessary adjunct to being part of the world." And many other such words from the spiritual physician helped to ease my pain.

For two days, when he was about to die, he detached his heart from everything and was with God without any sign of awareness. Suddenly the commander of the world went to his bedside.

فیّــاضی ازین تــرانــه بس کن   مرغت بنواست در قفس کن
از ســاحتِ این بســیط بــگذر   مستسقی ازین محیط بگذر

دیگر:

شـــاهنشـــاها، خردپـــژوهـا   دریاگهـــرا، فـــلک‌شـــکوها
بزمیست جهان بعیش پیوست   دورِ تو شراب، آسمان مست
من مـطربِ پـــرده‌هایِ خونی   کلکم بنـــــوایِ ارغـــنونی
زین بزم که عشرتِ تو ساقیست   گر من بـروم ترانه باقیست
ســازند ســبوکشـــان فسـانه   مطرب نــه و بــزم پُر ترانه

دیگر:

کس‌را قدمِ ســلوکِ من نیســت   این کارِ دلست کارِ تن نیست
روبه‌منشـــان بمن چــه دارنــد   پیشـــانیِ شـیررا چـه خارنـد
من ســیرنظر ز خـــوانِ قدســـم   نـعمت‌خورِ دودمانِ قدسم
این ســگمنشـــانِ کـــوبکـــورا   مـــردارخـــورانِ بی‌گلـــورا
با کـــرگـــسِ روزگار مـــانـــدم   در مـزبله جیفه‌خوار مانـدم
با عـــیسیِ جان صبوح کـــردم   دریـــوزۀ عمرِ نـــوح کـــردم

He opened his eyes and acknowledged him reverentially. The emperor entrusted him to God and left. At that very moment he went to the other world.

In his poems he spoke of the final journey thus:

Fayyazi, enough of this song. Your bird is singing. Put it in a
  cage.
Pass by the expanse of this earth; pass by this ocean thirsty.

O king of kings, O seeker of wisdom, as generous as the sea, as
  mighty as the celestial sphere,
A banquet is the world, filled with pleasure. Your era is wine,
  and the heavens are drunk.
I am the singer of bloody notes; my pen gives forth a crimson
  sound.
If I go from this banquet in which your pleasure is cupbearer,
  my song will remain.
Those who quaff wine tell tales. There is no singer, but the
  banquet is filled with song.

No one traverses the path I tread. This is a labor of the heart,
  not the body.
What do the foxy have to do with me? Why do they scratch a
  lion's forehead?
I have my fill of gazing at the table of heaven. I enjoy the good
  things of the family of blessedness.
I have likened these stray dogs who gulp down carrion
To the vulture of the world, to scavengers in a garbage heap.
I have drunk a morning draught with the Jesus of the world. I
  have begged for the life span of a Noah.

85

چون از نفسِ من این سخن زاد   خضر آمد و عمرِ خود بمن داد
گر در برخم فراز کردند   عمرِ سخنم دراز کردند

گیتی‌خداوندرا بسیچ شکار بود. آن آمادهٔ واپسین سفر چنان آرزو کرد که نگارندهٔ اقبالنامه دستوری چهار روز گرفته نزد او باشد. چون عرضه‌داشت از آن سگالش باز ماندند چهارم روز رو از جهانیان درکشید و نهفته‌دانی او بروی روز افتاد و پیش ازین بچهار ماه در سرآغاز رنجوری این رباعی برسخته بود: ۳۳

دیدی که فلک چه زهره نیرنگی کرد   مرغِ دلم از قفس شب‌آهنگی کرد
آن سینه که عالمی درو میگنجید   تا نیم دمی برآورم تنگی کرد

و در بیماری چند بار این بیت بر زبان رفت:

گر همه عالم بهم آیند تنگ   به نشود پایِ یکی مورِ لنگ[15]

از دیر باز تنهائی دولت داشتی و راه خموشی سپردی. با شاهنشاهی کوشش خمسه انجام نگرفت. خود از آن آگهی میدهد.

بس قافله رفت کز درائی   نشنید فلک چنین صدائی
بربسته بپایِ مرغ خامه   دارم بخیال پنج نامه

Since this poetry was born of my breath, Khizr came and gave his life to me.
Since they have opened a door to me, they have lengthened the life of my poetry.

It occurred to the world lord to go hunting. My brother, who was on his deathbed, asked me to take a four-day leave and come to him. When I informed the emperor, he decided against going hunting. On the fourth day my brother departed this world, and once again his prescience was proven, for four months prior to this, at the beginning of his illness, he composed this quatrain: 33

You have seen what sorcery the celestial sphere works. The bird of my heart flew from its cage by night.
That breast in which an entire world could fit constricted by the time I got half a breath out.

Several times during his illness he recited this line:

If all the world comes together, the foot of a lame ant will not get better.

He had long enjoyed the wealth of solitude and chosen the path of silence. Despite the emperor's encouragement he did not finish his quintet, as he himself said:

Many a caravan has passed without the celestial sphere's hearing a sound from its bells.
Having tied my pen to the foot of a bird, I have in mind five books.

بـــگرفتــه هـــوایِ آســمانی   مانـــده بـمیان ز بس گـــرانی
دانم که کمست چرخ‌فرسای   پـــروازِ کبوتـــرانِ بـــر پای
گـــر پای نپیچـــدش بـــدامی   امیـــد رسانـــدش پـــیامی
زین هـــفت رباطِ چارمـــنزل   بنـــدم بجمازه پنج محـــمل
آن چار عـــروسِ هفت خرگاه   کاوردمشـــان بنیمـــهٔ راه
چندی اگرم امان دهد بخت   یک یک بـــبرم بپایـــهٔ تخت
سازم دل ازین فسانه سیراب   زان پیشترک که گیردم خواب
گـر نشـــکندم ســپهر پیمان   بلقیس بـــرم بـــرِ ســـلیمان

...

۵۲ و از سوانح عروسی بزم شاهزاده سلطان دانیال. شب بیست و دوم مهر شادکامی انجمن برآراسته شد و آن گلدستهٔ اقبال‌را بدخت رایمل پور رای مالدیو بیوگانی پیوند نشاط افزود.

دوم آبان جشن شمسی وزن دیهیم‌خدا شد. شادمانی‌را فراخ بارگاه برزدند و آن گران‌سنگ‌را بدوازده چیز برسختند و بخشش و بخشایش‌را درِ دیگر برگشودند. درین روز رستم میرزا دستوری چیتور یافت. چون گماشتگان او در ملتان سررشتهٔ دادگری از دست وا هشتند خالصه ساخته بخواجه مقیم سپردند و میرزارا چیتور و آن نواحی باقطاع دادند و امین الدین‌را همراه ساختند تا ناسپاس ترکی بر زیردستی ستم ننماید. بتبه‌سرائی همراه از نزد سهرند بازگردانید. درینولا حکیم همام‌را زندگی بسر آمد. دو ماه دق رنجوری داشت. شانزدهم روزگار او سپری شد. نیک‌سیما پارساگوهر تازه‌رو و شیوازبان بود. در کارسازی مردم فراوان کوشیدی. بطبیعی دانش و پزشکی شناخت لختی آشنا. بوالاپایهٔ بکاول‌بیگی

But despite aspirations of soaring to the skies, the bird is held
here by its own weight.
I know that the flight of roosting doves rarely scrapes the sky.
If its foot does not get caught in a trap, hope will deliver a
message to it.
From these seven caravansaries of four stations I tie to camels
five litters.
The four brides of the seven pavilions that I have brought
halfway,
If fortune gives me respite for a while, I will take them one by
one to the foot of the throne.
I will fill my heart with these stories before sleep overtakes me.
If the celestial sphere does not break its promise to me, I will
carry the Queen of Sheba to Solomon's bosom ...[29]

The marriage of Prince Sultan Danyal   52

On the eve of the twenty-second of Mihr [October 13], a cele-
bration was held, and the prince was married to the daughter of
Rai Mal, the son of Maldev.

On the second of Aban [October 23], the solar weighing cere-
mony was held, the emperor was weighed against twelve items,
and a new door was opened to generosity and bounty. On this day
Rustam Mirza was given leave to go to Chitor. Since his employ-
ees had ceased being just in Multan, it was made royal demesne
and entrusted to Khwaja Muqim, and the mirza was given Chitor
and the surrounding territory in fief. Aminuddin was sent with
him to prevent ungrateful Turks from tyrannizing the subjects,
but he made excuses and turned back near Sirhind.

Around this time Hakim Humam died. He had been very ill for
two months, and he passed away on the sixteenth [November 6].

سربلندی داشت. شهریار آمرزش او درخواست و پس‌ماندگان بگوناگون مهربانی برآسودند.

پیوستن راجه علی خان مرزبان خاندیس بفیروزی سپاه

۵۳ همواره پرستاری داستان برگذاردی، لیکن چندان کردار بگفت هم‌ترازو نبود. گرامی خطبه جز نزد فرستادگان نخواندی و باندیشهٔ خودکامی کالیوه‌سر بودی. چون خان اعظم بگشایش دکن روی آورد او با دیگر دکنیان ناسپاس بآویزه برخاست و بسترگ پشیمانی برنشست. همواره بیم زده بوده دستآویز رستگاری وا پژوهیدی. چون ملک الشعرا شیخ ابوالفیض فیضی باندرزگذاری رفت لختی از آن سراسیمگی برآمد و چون شاهنشاهی یازش بگشودن دکن شد پندسرائی تازگی پذیرفت. فرستادگان اورا بپیشگاه حضور طلبداشتند و بسوگند و پیمان نقش بیمناکی او برزدودند. چون شاهزاده سلطان مراد از گجرات دکن‌سو خیمه برزد و شاهرخ میرزا و خانخانان و شهباز خان و دیگر امرای مالوه روانه شدند از سعادت‌سرشتی پیشبینی بکار برد و خدمتگذاری فراپیش گرفت. بیست و هفتم سی کروهی برهانپور شاهرخ میرزا و دیگر اولیای دولت‌را دید. امرا گرمخوئیها نمودند و بفرمان والا بر آباد ملک او ندربار افزودند.

He had fine features, was pious, cheerful, and eloquent, and always strove to help people. He was fairly well acquainted with the natural sciences and medicine. He had been promoted to the high office of chief taster. The emperor prayed for his soul and expressed condolences to those he left behind.

RAJA ALI KHAN, THE RULER OF KHANDESH, JOINS THE IMPERIAL FORCES

He always claimed to be in allegiance, but his actions were not 53 equal to his words. He had the *khutba* read in the emperor's name only when imperial emissaries were present, and he did as he pleased. When Khan A'zam set out to conquer the Deccan, he and other ingrate Deccanis rose up in battle, but they regretted their action. Constantly in trepidation, he was always looking for a way to save himself. When the poet laureate Shaikh Abu'l-Faiz Faizi went to advise him, he calmed down somewhat, and when imperial forces launched the Deccan campaign, he heeded the advice again. His emissaries were summoned to the emperor's presence, and his fear was erased with oaths and promises. When Prince Sultan Murad set out for the Deccan from Gujarat and Shahrukh Mirza, the Khankhanan, Shahbaz Khan, and other commanders of Malwa set forth, fortunately for him he exercised foresight and pledged his cooperation. On the twenty-seventh [November 17], he paid homage to Shahrukh Mirza and the other friends of fortune thirty leagues from Burhanpur. The commanders received him with good cheer and, on the emperor's orders, added Nandurbar to his realm.

درین روز اکبرنگر اساس یافت. چون راجه مانسنگه ببنگاله در شد از دوربینی حاکم‌نشین جائی براندیشید که آسیب کشتی بدو کمتر رسد. پس از فراوان پژوهش نزد آگ‌محل گزیده جائی بدست افتاد. همانا شیر خان نیز آن‌را خوش کرده بود. بفرّخ ساعتی بنیاد نهاد و در کمتر زمانی گزین شهری آباد گردید و بدان نام فرّخی برگرفت.

۵۴ درینولا بسیاری ولایت عیسی بدست افتاد. بیست و هفتم آذر راجه مانسنگه از آن تازه شهر لشکر بدان سو برد. غنیم در خود نیرو ندیده از دریای برم‌پتر برگذشت و همگی این روی آب برگذاشت. راجه از نزدیکی بارش در شیرپور مرچه[۱۶] بنگاه ساخت و در آنجا قلعهٔ اساس نهاد و بسلیم‌نگر نامور گردانید.

و همدرین ولا قلعهٔ کاکرویه گشایش یافت. زمیندار او بقطب الملک دکنی نیایشگری کند. درجن سنگه با برخی رادمردان بدان سو شد و در کمتر فرصتی بسزا مالش نمود و بنگاه او برگرفت.

۵۵ و از سوانح سزا یافتن الوس کاکر. ببدگوهری و جااستواری از دیر باز فرودستان‌را بیازردی و راه قندهار برزدی. سرآغاز دی شاه بیگ خان ببادافراه اینان روانه شد. شگرف اویزش چهرهٔ رادمردی برافروخت و سترگ سنگرها درهم شکست. بسیاری بگو نیستی فرو شدند و برخی راه آوارگی سپردند و جوقی بفرمانپذیری سعادت اندوختند.

سیوم دی راجه سورج‌سنگه‌را نوازش فرمودند و بپاسبانی گجرات که لختی از سپاه خالی شده بود فرستادند.

شانزدهم کالای کرکیراقخانه بنظر میگذشت. جامه‌را دیده فرمودند «همانا از اخلاص خان است.» این خواجه‌سرا از بندگان جنّت‌آشیانی بود. از نیکوپرستاری پایهٔ امارت یافت. پیش ازین بهفده سال رخت

On the same day Akbarnagar was founded. When Raja Man Singh entered Bengal, he foresightedly contemplated a gubernatorial seat that would be less vulnerable to naval attack. After much searching, he located a good site near Agmahal. Apparently Sher Khan had also liked the location. At an auspicious hour he laid the foundation, and soon a flourishing city arose that was named for the emperor.

Around this time much of Isa's territory was taken. On the 54
twenty-seventh of Azar [December 17], Raja Man Singh led his troops out of the new city. The foe realized that he could not resist and crossed the Brahmaputra, leaving behind everything on this side of the river. Because the monsoon was coming, the raja made his headquarters in Sherpur-Murcha and built a fortress he named Salimnagar.

Around this same time the fortress of Kakruya was conquered. The zamindar owes allegiance to the Deccani Qutbulmulk. Durjan Singh and other warriors went there, quickly crushing the opposition and taking the zamindar's seat.

The Kakar tribe is given retribution 55

Out of sheer meanness and inaccessibility, this tribe had long harassed their underlings and practiced banditry on the road to Kandahar. At the beginning of Daimah [December 21], Shah Beg Khan set out to make them pay. He fought amazingly and destroyed many of their lairs. Many were killed, others fled, and some chose to submit.

On the third of Daimah [December 23], Raja Suraj Singh was favored with the governorship of Gujarat, which had been devoid of troops for a while.

On the sixteenth [January 5, 1596], the contents of the *käräk-*

هستی بربست. بسیاری ساده‌لوحان دور اندیشیدند و کهن دفتر راستی آن برگذارد و نیز بازرگانی بفرمایش والا همه اسپان خودرا یکباره بظر درآورد تا بهین برگزیده آید. فرمودند «همانا جز یکی ازو نباشد» و بکمتر پژوهش چنان برآمد. و نیز بندهٔ عرضه داشت که «مرا بنام بلبل میخوانند و دل‌گرانی دارد.» افسرخدیو بلکرن نام برنهاد. او سر بر زمین سوده برگذارد «مادر و پدر مرا بهمین نام برخواندی.» گذارش نهان‌بینی دادخدارا جداگانه دفتری باید. طفیلی‌داستان برنتابد.

یازدهم بهمن بخواهش زین خان قدسی قدوم منزل اورا تازه فروغ برداد. از پیشکشهای او صد و هفتاد فیل بود. جز چندی نپذیرفتند.

۵۶ درینولا کیهان‌خدیو بگشایش دکن چالش فرمود. چون نادلآسائی[۱۷] شاهزاده و دوروئی امرا دلنشین آمد و ناخوش خبرها پیهم رسید یورش آنسو قرار گرفت. بسیاری باریافتگان از آزوری و غرض‌پرستی در نارفتن هرچند دستانسرائی نمودند درنگرفت. بیست و یکم پیشخانه‌را بیرون برافراختند و از شگرفی تقدیر در آن روز اندکی بارش شد. هندی اخترشناس عرضه داشت «هرگاه آفتاب در یکی از پسین چهار برج باشد و لختی ابر ریزش شود، پیشخانه فرستادن‌را بساعتی دیگر اندازند.» پذیرائی نیافت و از آن پس سخت بارش درگرفت. شب بیست و هفتم اورنگ‌نشین اقبال خود هم برآمد. همگی سگالش آنکه اگر بارش کمی پذیرد بهمین برآمدن بدانسو خرامش شود. آن روز در موضع بهائی خان پس از شکار فرود آمدند و تگرگ بر باران هرروزه افزایش یافت. اگرچه ابر تراوش بس نمیکرد هر روز نشاط شکار بجای میآمد. ازنزدیک رام‌تیرته سیزده کروهی بازگشت همایون شد. و پنجم اسفندارمذ بیک کوچ بدار الملک لاهور درآمدند.

yaraqkhana were inspected by the emperor. When he saw one particular suit of clothing he said, "That was Ikhlas Khan's." (Ikhlas Khan was one of Jannat-Ashyani's eunuchs who had been promoted to the rank of officer for his good service. He had been dead for seventeen years.) Many of the simpleminded, after thinking long and hard, affirmed the truth of the emperor's statement. A merchant also displayed all his horses at once to the emperor so that the best one could be chosen. "Only one of them is his," the emperor said, and it proved to be true. Another time a slave said, "They call me Bulbul, and I don't like it." The emperor named him Balkaran. "That is what my mother and father called me," he said. A full report of the emperor's psychic ability would need a separate volume.

On the eleventh of Bahman [January 30], at Zain Khan's request the emperor went to his house. Among his gifts were a hundred seventy elephants. Only a few were accepted.

Around this time the emperor ordered an expedition to the 56
Deccan. When the prince's overbearingness and his officers' hypocrisy were reported and other displeasing reports poured in one after the other, the emperor decided on an expedition. No matter how his avaricious and self-interested courtiers urged him not to go, it was of no use. On the twenty-first [February 9], the *peshkhana* was ready to go. By the mysterious workings of destiny there was a shower that day. The Indian astrologers said, "When the sun is in one of the last four houses and it rains, sending out the *peshkhana* must be postponed to another time." The emperor did not agree, but then it began to rain hard. On the eve of the twenty-seventh [February 15], the emperor himself went out, thinking that if the rain slacked off, he would proceed. That day he stopped in the village of Baha'i Khan after hunting,

درآمدن فیروزی سپاه بدکن و گرد گرفتن قلعهٔ احمدنگر

۵۷ چون بگشایش این الکا فرمان شد شاهزاده آمادهٔ یورش گردید و خانخانان‌را از فراهم نیامدن مردم درنگ رفت. پیشتر از پیوستن لختی گرد دوئی برخاست. شاهزاده‌را بسیچ آن بود که سران سپاه همه بدو پیوندند و از آن راه بدان ملک در شوند و سپهسالاررا اندیشه آنکه خود از راه مالوه در گشایش همّت بندد. و چون سگالشها بیکرنگی گرائید بیستم آبان پیشین سال شاهزاده از احمدآباد برآمده لختی در بروچ بانتظار مردم نشست. بیست و دوم خرداد از آجا روانه شد. خانخانان پس از فراهم شدن سپاه در بهلسه که اقطاع او بود لختی بسر برد. نهم امرداد باجین رو نهاد. شاهزاده ازین آگهی برآشفته خشم‌آلود پیامی برگذارد. او عرضه داشت «مرزبان خاندیس یگانگی داستان برمیسراید. همانا بفیروزی سپاه خواهد پیوست. دل ازو واپرداخته میرسد. سزاوار آنکه چندی در گجرات بنخچیر نشاط پردازند.» شاهزاده از بسیچ آگهی لختی بخشم در شد و دستانسرائی غرض‌پرستان افروزینه گردید. بهمان لشکر گجرات باحمدنگر روی آورد. درین هنگام که اولیای دولت و راجه علی خان بسوی آن نونهال اقبال ره میسپردند آگهی رسید و بتنگنای غم افتادند. خانخانان لشکر و توپخانه و فیلخانه‌را بمیرزا شاهرخ و دیگر امرا سپرده خود با راجه علی تیزروی فراپیش گرفت. نوزدهم آذر نزد قلعهٔ چاندور[۱۸] در سی کروهی احمدنگر بشاهزاده پیوست. از کم‌آزمونی و تبه‌آموزی کورنش نداد و دراز راهی بسپرد و پس از فراوان گفت‌وگو بار داد. چون لشکر از پی رسید نوازشگری نرفت. خانخانان با بسیاری کمکی بآزردگی در شد و دست از کار باز کشید و صادق خان از دیرین کینه بشهباز خان درآویخت. او از بیم‌زدگی کمتر

and it began to hail. When it was not raining hard the emperor went hunting every day. He traveled back thirteen leagues from near Ram Tirath and entered Lahore in one march on the fifth of Isfandarmudh [February 23].

IMPERIAL TROOPS ENTER THE DECCAN AND LAY SIEGE TO THE AHMADNAGAR FORTRESS

When the order was given to conquer this territory, the prince 57
made preparations for the expedition, but the Khankhanan was delayed while he assembled his men. Even before they joined forces there was some friction. The prince thought the commanders should join him and then enter the Deccan, while the commander-in-chief was of the opinion that he should proceed directly from Malwa. When the differences could not be ironed out, the prince set out from Ahmadabad on the twentieth of Aban of the previous year [November 10, 1594] and stopped for a while in Broach, waiting for the men to join him. He moved out on the twenty-second of Khurdad [June 11, 1595]. Even after assembling his troops the Khankhanan stayed on his estates in Bhilsa. On the ninth of Amurdad [July 30] he set out for Ujjain. When the prince heard about this, he flared up and sent an angry message, to which he replied, "The ruler of Khandesh claims to be in allegiance. He will certainly join the imperial army. There is no need to worry about him. It would be better to spend some time hunting in Gujarat." This angered the prince even more, and rumormongers added fuel to the fire. With the Gujarat army he set out for Ahmadnagar. At that point the friends of fortune and Raja Ali Khan were headed toward the

بدربار رفتی. هفتم دی نیم کروهی شهر منزل شد و فراوان سپاه و رعیّت دلآسا نامه برد. آن روز خانخانان و شهباز خان بشهر رفتند و از ناپروائی اینان ریزه سپاهی دست یغما برگشود و بسخت کوشش بازداشتند، لیکن شهرنشین از دید پیمانشکنی دل برگرفت. هشتم فیروزی سپاه قلعه‌را گرد برگرفت و چاند بی‌بی همشیرهٔ برهان به یتاقداری برنشست. چون احمدرا بسری برگرفتند اخلاص خان بدستآویز موتی باحمدنگر آمد و شکست یافته پیتن[19] رویه شتافت. چون فیروزی سپاه بیکبار دررسید منجو احمدرا گرفته با برخی خزینه و فیلخانه ببیجاپور رو نهاد. نزدیک بود که دستگیر گردد. از کوته‌بسیچی سران سپاه بیرون رفت و قلعه‌گشائی که از آن روز درنگذشتی بدرنگ افتاد. چاند بی‌بی که بیم گرفتاری داشت ازین آگهی آویزه در سر گرفت. نهم شاه‌علی و ابهنگ خان با فراوان مردم بر مورچال خانخانان شبخون آوردند. سترگ آویزش چهرهٔ رادمردی برافروخت و بسیاری غنیم‌را خون بخاک آمیخت و ناکام بقلعه رو نهاد. اگر لختی تکامشی رفتی گرفتار شدی، یا تیزدستان بدو آمیخته بقلعه درآمدی. از سپاه دوروئی و راه‌بستگی و کم‌آذوقی کار بسختی کشید. هرچند فروهیدگان خیرسگال گذارش نمودند «سه بزرگ سپاه فراهم آمده‌اند. سزاوار آنست که هرکدام یکی از سه کار بر خود گیرد: گشایش قلعه، برگرفتن ملک، پاسبانی راه» درنگرفت. سیزدهم گروهی بدگوهر بر اردو و چاروا گزند رسانیدند و ناساخته کار بازگردیدند. سیّد راجو با چندی برادران بمردانگی فرو شد. افسرخدیو جاگیر بفرزندان او بازگذاشت. شانزدهم کاروان گجرات‌را که نزدیک رسیده بود سعادت خان یغمائی ساخت و سیّد عالم و چندی‌را روزگار بسر آمد. شیخ معروف با جوقی بتیزدستی برآمد. صادق خان، راجه علی خان و بسیاری‌را با خود گرفته مالش او فراپیش نهاد و کاری برنساخت

prince, and when they learned what had happened, they were saddened. The Khankhanan turned over the army, artillery, and elephants to Mirza Shahrukh and other officers and set out in haste with Raja Ali. On the nineteenth of Azar [December 9], he (the Khankhanan) joined the prince near the Chandwar fortress, thirty leagues from Ahmadnagar. Out of inexperience and bad instruction the prince did not allow him to pay his respects, even after coming such a long way. After much discussion he gave him an audience. When the army arrived, he was not much kinder, and the Khankhanan, with all his reinforcements, was insulted and withdrew. Sadiq Khan, who had an old grudge against Shahbaz Khan, attacked him, and so he kept away from court in fear. On the seventh of Daimah [January 27], camp was made half a league from the city, and many of the military and civilian populations received safe passes. That day the Khankhanan and Shahbaz Khan went to the city, and due to negligence, some of the common soldiers began pillaging, and they were restrained only with great difficulty. Nonetheless, the urban population, seeing such a breach of promise, were disgusted. On the eighth [January 28], the imperial army surrounded the fortress, and Chand Bibi, Burhan's sister, undertook the defense. When Ahmad was elevated to the rule, Ikhlas Khan was enticed to Ahmadnagar by Moti, but he was defeated and went to Paithan.[30] Then, when the imperial forces arrived, Manju took Ahmad and set out for Bijapur with some of the treasury and elephants. He was almost captured. Ill-advisedly, the commanders of the army withdrew, and the taking of the fortress, which would have been over that day, took much longer. In fear of being taken captive, Chand Bibi decided to do battle. On the ninth [January 29], Shah Ali and Abhang Khan launched a surprise attack on the Khankhanan's

جز آنکه خودرا و مرزبان خاندیس‌را قدری سبک گردانید. پایه‌شناسی سررشتهٔ بایست‌را از دست نهلد و بآویزهٔ شغال شیری نفرستد. نوزدهم شیر خواجه، شیخ دولت، کامران بیگ، دولت خان و برخی رادمردان‌را پیتن‌رویه فرستادند و بشگرف آویزه اخلاص خان‌را برکشتند. فراوان الجا بدست آمد. چون سرگروه که دورباش او دست ستمگری وا کشیده دارد نبود باشندگان پیتن‌را که امان‌نامه‌ها داشتند دست غارت بی‌مایه ساخت و که و مه از دید بدعهدی رم خورد. یازدهم اسفندارمذ لختی دیوار قلعه برشکستند. در مورچال شاهزاده بسخت کاوش بنیاد قلعه‌را تهی کردند و باروت آموده آتش دردادند. سی گز دیوار فرو افتاد. تیزدستان آمادهٔ در شدن بودند. چون نقب مورچال صادق خان وا یافته تهی کرده بودند انتظار درگرفتن بازداشت، مبادا بسان چیتور گزندی برادمردان رسد. و چندان درنگ رفت که درونیان دیوار بتازگی برآوردند. دیگر روز چندی گندآوران بدان سو دویدند و جز زیانمندی سود برنگرفتند و از نارسائی پایان روز افروزش یافت و شب تیرگی از چیره‌دستی بازداشت. درونیان که از دوروئی بیرونیان فراهم دل بودند لختی بآسیمه‌سری در شدند و آشتی داستان برسرائیدند. برگذاردند «بهادر پورزادهٔ برهان‌را از زندان برآورند و آن خردسال‌را خطاب نظام الملکی داده نوکر والا درگاه سازند و آباد ملک احمدنگر در اقطاع او قرار گیرد و بسپاسگذاری ولایت برار بفیروزی سپاه بازگردد و جواهر و گزین فیلان و دیگر تنسوقات بپیشگاه حضور رود.» گروهی از کارنشناسی و برخی از فتنه‌دوستی آن نادرست گفتار پذیرفتند. هرچند کارآگهان کم‌آذوقی و سراسیمگی و دستانسرائی درونیان برگذاردند سودی برنداد. از پاره‌پذیری و افسانه‌نیوشی سیزدهم اسفندارمذ آشتی داستان پذیرفتند و آویزه یکسو شد.

position. A pitched battle was fought, and much of the enemy's blood was mingled with the dust as they were routed back into the fortress. If they had been pursued, they would have been captured, or at least the soldiers could have mingled with them and gotten themselves into the fortress. Due to hypocrisy in the army, the blocked roads, and lack of supplies, things became difficult. Well-wishers pleaded, saying, "Three large contingents have come together. It would be best for each of them to take responsibility for one of three things: taking the fortress, consolidating the territory, and guarding the roads." But nothing was done. On the thirteenth [February 1], a group of evil men launched an attack on the camp and animals, but they withdrew without achieving anything, although Sayyid Raju and some other warriors died valiantly. (The emperor gave his fief to his sons.) On the sixteenth [February 4], Sa'adat Khan pillaged the Gujarat caravan, which was nearby, and Sayyid Alam and some others died. Shaikh Ma'ruf got out with a troop. Sadiq Khan took Raja Ali Khan and many others to chastise him, but the only thing he accomplished was to make fools of himself and the ruler of Khandesh. A person who knows what he is about does not lose the thread of what is necessary, and a lion is not sent to do battle with a jackal. On the nineteenth [February 7], Sher Khwaja, Shaikh Daulat, Kamran Beg, Daulat Khan, and some other warriors were dispatched to Paithan, and they killed Ikhlas Khan in pitched battle and obtained much booty. As there was no leader to stop oppression, the residents of Paithan, even though they had safe passes, were pillaged and plundered immeasurably, and everyone was terrified by this sign of bad faith.

On the eleventh of Isfandarmudh [March 1], some of the fortress wall was breached. By digging hard from the prince's

پانزدهم جشن قمری وزن کیهان‌خدیو شد و والا بزمی آراسته گشت.
قدسی پیکررا بهشت چیز برسختند و خواهشگران‌را کام دل برآمد.

position the foundations of the fortress were undermined, and gunpowder was laid in and lit. Thirty cubits of the wall caved in. The soldiers were ready to enter, but since the mine from Sadiq Khan's position had been discovered and emptied, they waited for the explosion before going in, apprehensive lest the same thing happen to the soldiers that had happened at Chitor. They waited so long that the defenders managed to get the wall repaired. The next day several warriors went in that direction, but they gained no advantage and the day ended in failure, and then night prevented them from gaining anything. The defenders, who had been convinced of the attackers' disunity, began to worry and proposed a truce. They would release Burhan's small grandson Bahadur from prison, give him the title of Nizamulmulk, and make him a servant of the imperial court, the territory of Ahmadnagar would be enfeoffed to him, and in gratitude they would cede Berar to the imperial forces and send tribute to court in the form of jewels, elephants, and other things. Some incompetents—and also some troublemakers—agreed to these bad terms. No matter how much experts reported the lack of supplies, trepidation, and deceit of the defenders, it did little good. They were bribed and charmed into accepting the terms on the thirteenth of Isfandarmudh [March 3], and the battle ceased.

On the fifteenth [March 5], the lunar weighing ceremony was held at a grand celebration. The emperor was weighed against eight items, and the needy received their hearts' desires.

آغاز سال چهل و یکم الهی
از جلوس مقدّس حضرت شاهنشاهی،
یعنی سال امرداد از دور چهارم

۵۸ روز چهارشنبه بیستم رجب سنهٔ هزار و چهار پس از نه ساعت و بیست و
دو دقیقه آفتاب کیهان‌فروز پرتو خاص بحمل انداخت و جهان را بهروزی
فروغ درگرفت و پنجم سال از چهارم دور سرآغاز شد و روزگار را فرّخی نوید
رسانید. تا شرف هر روز بگزین روشی بزم والا آرایش یافت و کامروائی را
هنگامه گرمتر شد (منظومه)

دگرباره در جنبش آمد نشاط   برآموده شد خسروانی بسـاط[۲۰]

دُر و لعل چندان فرو ریختند   که دریا و کان باهم آمیختند

زین خان کوکه و صادق خان بپایهٔ پنجهزاری سر برافراختند و شاهقلی
خان محرم بچهارهزاری و بسا خدمتگذار پاداش نیکپرستاری برگرفت.
بیست و ششم نابینائی بدرگاه والا رسید و که و مه را بشگفت انداخت.
از فراوان ورزش بدو دست و بغل سخن سرائیدی و هرگونه گفتار بی کم
و کاست برگذاردی. چندی ساده‌لوح نیرنج برشمردند و برخی جن‌یاوری.
بیست و هشتم کیهان‌خدیو بباغ خرامش فرمود و بتازه‌رویان
بستانسرای دلآمیز و رام‌باری انجمن نشاط برساخت.

The Forty-First Year after the Imperial Accession: Amurdad Year of the Fourth Duodecennial Cycle

After the elapse of nine hours and twenty-two minutes of Wednesday, the twentieth of Rajab 1004,[31] the world-illuminating sun shed its rays on Aries, and the world awakened as the fifth year of the fourth duodecennial cycle began with the arrival of glad tidings of joy. There were celebrations every day until the exaltation. 58

Once again joy began to move with the spreading of the regal carpet.
So many pearls and rubies rained down that sea and mine mingled together.

Zain Khan Koka and Sadiq Khan were promoted to the rank of 5,000. Shahquli Khan Mahram was promoted to the rank of 4,000, and many servants received rewards for their good service.

On the twenty-sixth [April 14], a blind man appeared at court and astonished everyone. He had trained himself to reproduce every kind of sound with his hands and armpits. Some of the simpleminded thought it was sorcery.

On the twenty-eighth [April 16], the emperor went out to the gardens and enjoyed the newly sprouted verdure in the Dilamez and Ram Bari gardens.

افزودن پایهٔ دولت شاهنشاهی

۵۹ از آنجا که افسرخدیو برآمد هر کار از دریوزه‌گری ایزدی درگاه داند نفس نفس پایهٔ جاوید دولت برافرازد و ناسپاسان فتنه‌اندوز بتیره روز ناکامی برنشینند و تبه‌بسیچان هرزه‌لای بگو شرمساری فرو شوند چنانچه درین هنگام با آشوب ناهنجاری و شورش دورنگی و دلگرفتگی سپاه دکن و چیره‌دستی غنیم آباد ملک برار گشایش یافت و تبه‌سگالان بدنهادرا زبان یافه‌درا فرو بسته آمد. چون آشتی داستان باور افتاد لختی چشم بر راه پیمان روائی داشتند و پیشتر از آنکه گفت بکردار درآید دهم فروردین از دروغ آوازهٔ لشکر بیجاپور و کارشکنی برخی سران سپاه از گرد احمدنگر برخاستند و لختی بدانسو رفته بازگردیدند. فرومایگان از پی درآمده منزل بمنزل دست بپرتال میگشودند و از دوروئی شورش‌را گزین چارهٔ نمیشد. چهاردهم اردی‌بهشت بقصبهٔ مهکر[۲۱] برار فرود آمدند. از اقبال‌شگرفی غنیم از ولایت برآمده بود. در نگهداشت این ملک انجمن برساختند. بسیاری یتاقداری از نیرو برتر وا نمودند. صادق خان از روشن‌اختری پاسبانی سرحد بر خود گرفت و میر مرتضی از کاراگهی ملک‌آرادی‌را ضامن شد. نخستین در آن شهر که پیوست ولایت احمدنگر است بنگاه ساخت. میرزا علی بیگ اکبرشاهی، شیخ دولت، میر مظفّر، محمد خان، شیخ سکندر و بسیاری خدمتگذار همرهی گزیدند و آن دیگر بایلچپور که مرزبان‌نشین برار است دستوری گرفت. حسن خان میانه، ابوالفتح، کلب‌علی، عبد الرحمن بیگ و دیگر بندگان بیاوری نامزد گشتند.

THE LEVEL OF IMPERIAL FORTUNE IS RAISED

Inasmuch as the emperor knows that a successful outcome to 59
every endeavor is ensured by entreaty at the divine court, the level of eternal fortune is raised moment by moment, troublemaking ingrates suffer failure, and blathering malevolents sink into the pit of humiliation. At this time, despite the untimely confusion, disunity, and disgust among the army of the Deccan, and the enemy's domination notwithstanding, the kingdom of Berar was conquered, and wagging tongues were silenced. When the talk of peace was believed, some expected promises to be kept. However, before talk could be put into action, on the tenth of Farwardin [March 29], based on a false report about the army of Bijapur and bad action on the part of some of the leaders, the army abandoned the siege of Ahmadnagar and withdrew. Vile people followed in their wake and plundered their baggage at every stage, but there was too much disunity to do anything about it. On the fourteenth of Urdibihisht [May 3], they camped in Mehkar in Berar. By some strange working of fate the foe had left the area, so council was convened to discuss keeping the region. Many thought that to guard it was beyond their ability, but Sadiq Khan felicitously accepted the responsibility for guarding the borders, and Mir Murtaza undertook to supervise the rebuilding of the area. First he took up residence in Mehkar, which is adjacent to the district of Ahmadnagar. Mirza Ali Beg Akbarshahi, Shaikh Daulat, Mir Muzaffar, Muhammad Khan, Shaikh Sikandar, and many others joined him. Sadiq Khan went to Ellichpur, the capital of Berar. Hasan Khan Miyana, Abu'l-Fath, Kalb Ali, Abdul-Rahman Beg, and others were assigned to assist him.

۶۰ و از سوانح درآمدن فیروزی سپاه به تیراه. چون قاسم خان‌را روزگار بسر آمد تاریکیان سرتابی فراپیش گرفتند و راه خیبر ناایمنی پذیرفت. قلیچ خان بانتظام زابلستان و مالش اینان دستوری یافت. مبارک خان، جلال خان، شیر خان، نظر خان، میر عبد الرزاق معموری و بسیاری‌را از پی فرستادند. او سرانجام کابل نموده رو به تیراه نهاد و از بازارک دشوار پخها گذشته بدان سرزمین نزدیک شد. سران افریدی پیوسته پیمان هواخواهی تازه گردانیدند و پامال شدن کشت و کاررا دستمایهٔ بازگشت فیروزی سپاه برساختند. آن ساده‌لوح نادرست گفتار پذیرفته ببگرام آمد و خواست که از ایلم[۲۲] گذر بدان ملک در شود. از گریوه‌سختی نیارست رفت. از آنجا بکوهت روانه شد، بو که از آن سو کارگشائی چهره برافروزد. راه‌دشواری بازداشت. آهنج بنگش در سر گرفت و بخرمابه آمد. لختی آویزش رفت و پس از فیروزمندی قلعهٔ اساس نهاد و تاریکیان راه‌را شاخبند کرده آمادهٔ پیکار بودند. از اقبال‌نیرنگی بوم‌نشینان نهفته راهی نشان دادند. سپه‌آرا مبارک خان، شاه محمد، میرزا علی اسلام‌آبادی و برخی سپاه‌را در آنجا گذاشته بدانسو تیزدستی نمود. همه شب تا نیمهٔ روز سوار و پیاده سخت پخها نوردیده بدان سرزمین در شد. جلاله آگهی یافته بفرو بستن این راه تکاپو نمود و نیارست رسید. ناکام بی‌آویزه بسخت تنگناها در شد و شاخبندرا ویران کرده لشکر و پرتال از همان راه درآمد و از ناایمنی راه و کمی آذوق فیروزی سپاه بتنگروزی نشست. تخته بیگ، میر عبد الرزاق معموری و برخی بهادران‌را بآذوق آوردن روانهٔ بگرام گردانید. سیوم خرداد آهن‌پوش که میانه و سخت جای تیراه است لشکرگاه شد و چون فرستادگان درنگ رفت بکابل بازگردید و این سو بسو رفتن و بازگردیدن پسند قدسی خاطر نیامد. بیستم بهمایون عرض

Invincible troops enter Tirah 60

When Qasim Khan died, the Tarikis revolted, and the Khyber Pass became unsafe. Qilich Khan received orders to put Zabulistan in order and to crush the Tarikis. Mubarak Khan, Jalal Khan, Sher Khan, Nazar Khan, Mir Abdul-Razzaq Ma'muri, and many others were sent after him. After dealing with Kabul, he set out for Tirah, approaching it through the difficult passes of Bazarak. The Afridi chieftains constantly renewed their pledges of fealty and tried to get the imperial troops to turn back on the pretext of saving their crops from being trampled. The gullible Qilich Khan believed their lies and went to Bigram, intending to enter Tirah through Ilam, but the passes were too difficult to negotiate. From there he went to Kohat, thinking he might be able to achieve something from that direction, but the difficulty of the road prevented him. Then he contemplated going to Bangash and went to the Kurram River. There was a skirmish, and after he achieved victory he built a fortress. The Tarikis blocked the way and got ready to do battle. Fortunately the locals showed a secret way, so the commander stationed Mubarak Khan, Shah Muhammad, Mirza Ali Islamabadi, and some others there and set out to get the better of them. Traveling all night, horsemen and foot soldiers made their way through difficult passes and got there by the middle of the next day. Jalala learned of their approach and tried to block the road, but he couldn't. Without so much as a skirmish, he pulled back into the inaccessible valleys while the soldiers destroyed the blockades and got in with their baggage, but they were in dire straits due to the lack of safety on the road and the lack of supplies. Tokhta Beg, Mir Abdul-Razzaq Ma'muri, and some champion warriors were sent to Bigram to bring supplies. On the third of Khurdad [May 23], camp was

رسید که متهراداس قوربیگی‌را روزگار بسر آمد. راستی و مردانگی جبین او برمیگذارد. چون بیراهه‌روی سپاه دکن پیدائی گرفت فرمان عتاب‌آمیز اندرزپیرا نگارش یافت و اورا باسپ یام فرستادند و بسا آگهی پیام بر زبان درستگذار او سپردند. نزد ملکاپور رهزنان دست بپرتال درزدند. او بآویزش بازگردید. یغمائیان پراکنده شدند. بیازشِ پیادهٔ روی آورد و بگزند نیزه خویشتن‌را درباخت. پیش ازین بیک روز هنگام خورش شانهٔ بهمایون نظر درآمد. فرمودند «استخوانی صفحه چنان برمیگذارد که یکی از محبّان مارا دور سپهر بسر آمده باشد.» بامدادان نهفته‌دانی کیهان‌خدیو بتازگی دلنشین آمد.

۶۱ درینولا شاهپورآباد شد. شاهزاده سلطان مراد چون از یتاقداری برار لختی دل وا پرداخت باتّفاق میرزا شاهرخ و خانخانان و راجه علی خان و شهباز خان و جگناته و رای درگاه و دیگر امرا یازش میانهٔ ولایت فرمود. و بیست و پنجم شش کروهی بالاپور بنگاه ساخت. بکمتر فرصتی گزین شهری آباد گشت و بدان نام زبانزد روزگار آمد. درین روز تبه‌سگالی که خودرا برهان وا نموده بود بیاسا رسید. چون دستانسرائی او پیدائی گرفت بومیان بزندانی دبستان فرستادند. درینولا از گذارش پشیمانی رها کرده نوازش فرمودند. آن فرومایه بهمان کجاندیشی راه گریز فراپیش گرفت. بومیان شمالی کهسار گرفته آوردند و ببادافراه رسید.

made at Ahin Posh, which is at the midpoint of Tirah and difficult of access. When those who had been sent were delayed, he (Qilich Khan) returned to Kabul, but this going back and forth did not please the emperor.

On the twentieth [June 9], it was reported to the emperor that Mathura Das Qorbegi had died. His honesty and bravery were evident. When the waywardness of the Deccan expeditionary force became clear, a chastising edict of advice was written, and he was dispatched by post horse to deliver the messages. Near Malkapur highway robbers set upon his baggage train, and he turned back to do battle. The robbers scattered, and while he was chasing down a man fleeing on foot, he injured himself with his spear and died. One day before this happened the emperor spied a bone comb while he was eating. “This piece of bone tells us that one of our dear ones has passed away,” he said. The next morning his prescience was proven correct.

Around this time Shahpurabad was built. When Prince Sultan 61
Murad was satisfied with his protective measures for Berar, he, Mirza Shahrukh, the Khankhanan, Raja Ali Khan, Shahbaz Khan, Jagannath, Rai Durga, and other officers set out for the middle of the territory. On the twenty-fifth [June 13], they camped six leagues from Balapur, and it was not long before a flourishing city grew up, which became known as Shahpurabad. On the same day a wretch representing himself as Burhan was executed. When his imposture was proven, the locals imprisoned him. Then, when he showed signs of repentance he was released and shown favor. Once again he took up the same old ways and fled. The natives of the northern mountains captured him and brought him in, and he was made to pay the price.

۶۲ و از سوانح فرستادن ایلچی بتوران زمین. در آن سال که همایون رایات بر ساحل سند رسید و بهموار ساختن راه خیبر فرمان شد شگرف شورشی بتوران‌زمین برجوشید. عبد الله خان از کارآگهی و پیشبینی میر قریش‌را با نیایشنامه و تنسوقات روانه ساخت و در آشتی دوستی‌پیمانها برگذارد. شهریار مهرباندل پذیرفته بفرستادن حکیم همام از سراسیمگی برآورد. چو احمدعلی اتالیق و ملا حسین[۲۳] که یکی پس از دیگری بنیایشگذاری آمده بود برنجوری درگذشتند تورانیان بدیگر اندیشه در شدند. بیست و ششم خواجه اشرف نقشبندی‌را با گزین ارمغانی فرستادند و شیخ حسین لکهنوی بتحویلداری نامزد شد و نامهٔ آگهی‌افروز دوستی‌افزا نگارش یافت. آن‌را بی کم و کاست بر مینویسد:

خطاب کیهان‌خدیو حضرت شاهنشاهی بعبد الله خان اوزبک والی توران

۶۳ سپاس بیقیاس مر مبدعی‌را سزد که عالم گوناگون‌را با چندین شیون و فنون که عبارت از صور علمیّهٔ اوست به نیروی قدرت ابداعی از نهانخانهٔ بطون ببارگاه ظهور آورده طوائف انام‌را گاه در قهرمان فرمانروایان معنی که نفوس قدسیّهٔ انبیا و رسل (علی نبیّنا و علیهم الصّلوة والسّلام) اند بوحدت ارادی منخرط ساخته انتظام و التیام بخشید، و گاه در سطوت جلال مسندآرایان صورت که سلاطین اساطین بارگاه جبروت اند انسلاک داده بوحدت قهری نظام کارگاه ظاهررا آرایش داد. پس جهان جهان نیایش بر روان قافله‌سالاران

An ambassador is sent to Turan 62

The year in which the imperial banners stopped on the banks of the Indus and an order was given to smooth the roads through the Khyber Pass, amazing unrest was created in Turan. Abdullah Khan foresightedly sent Mir Quraish with a letter of entreaty and gifts and made friendly overtures for peace. The emperor accepted his gesture and sent Hakim Humam to calm his fears. When Ahmad Ali Ataliq and Mulla Husain, who had come in entreaty one after the other, both died of illness, the Turanians began to suspect something. On the twenty-sixth [June 15], Khwaja Ashraf Naqshbandi was dispatched, and Shaikh Husain Lakhnawi was assigned to take charge of the valuable gifts sent. A friendly letter of advice was written, and it will be reproduced here verbatim:

H.I.M.'S LETTER TO ABDULLAH KHAN UZBEK, THE GOVERNOR OF TURAN

Deserving of unlimited praise is the creator who brought forth from the recesses of his mind with creative power a variegated world with so many different manifestations of the forms of his knowledge and encompassed all manner of people with unity of will. Sometimes these beings are subjected to the dominating rulers of intrinsic meaning, i.e., the holy souls of the prophets and messengers, and are all knitted together, and sometimes they are subject to majestic monarchs of form, who are the rulers at the court of divine power, and decorate the workshop of the visible universe with the unity of imposed order. Next let there be prayers for 63

شاهراه مقصود که سالکان مراحل معنی و ناسکان مشاعر صورت‌را از هامون ضلالت و بیابان اختلاف بدار الملک اهتدا و ایتلاف آورده محمود العافیة و مسعود العاقبة بخلوتخانهٔ بقا شتافته‌اند باد! و عالم عالم تأییدات علوی و توفیقات سماوی قرین روزگار بزرگان والانژاد که زمان حال‌را از شورش فتن و آشوب حوادث زمن نگاهداشته همگی همّت علیا مصروف آن دارند که جمهور انام‌را از متّفق و مختلف در بساط امن و بسیط عافیت داشته در معموری خراب‌آباد صورت کوشند گرداد! در هنگام وفور نشاط و شمول انبساط که زمانه‌را سعادت بود و خاطررا بهجت، در نزهت‌آباد کابل بمشاهده و مطالعهٔ لوحهٔ صفوت و صفا و دیباچهٔ قربت و اصطفا که کارنامهٔ نگارستان یکتادلی بود مسرور و منشرح شد و بشمائل نورانی خلّت و ولا و روائح روحانی بسطت و ضیا از شقائق حدائق مبانی و ریاحین مضامین و معانی آن مشام فیض‌انتسام روح طراوت تازه گرفت و دماغ فردوس‌ابتسام ضمیر نضارت بی‌اندازه پذیرفت. ریاض محبّت و قرابت قدیمی سرسبز گشت و اساس خلوص و وفاق صمیمی استحکام یافت. الحق این سجیّهٔ رضیّه که در حقیقت ملاقات روحانی و مکالمهٔ زبانی است مسرّت‌افزای دل مشتاقان و طرب‌پیرای ضمیر صافی همان تواند بود و مجالست صوری و مصاحبت ظاهری‌را بدل عدیم البدل توان شمرد و آنکه رقم‌پذیر خامهٔ مؤاخات‌شمامه بود که در توکید مبانی صلح و تصفیهٔ مناهل وفاق از جانبین اهتمام رود و هندکوه فیمابین باشد بر منظر استحسان جلوه نمود. پیداست که امری شریفتر در عالم کون و نشأهٔ تعلّق از تودُّد و توافُق نشان نداده‌اند که انتظام سلسلهٔ کاینات

the souls of the caravan leaders who ply the highway toward
the ultimate goal, i.e., those who bring travelers from the
wasteland of error and the desert of dispute through the
stages of intrinsic meaning and form to right guidance and
agreement to become praiseworthy and happy in the abode
of eternity. May there be heavenly assistance and support
for those of exalted lineage who protect the present from the
chaos of sedition and the vicissitudes of time and focus their
minds on keeping all people, both those in agreement and
those who disagree, on the carpet of safety and health and
striving to rebuild physical desolation. At a time of great joy
and celebration, when the world was enjoying felicity and
the mind was rejoicing, one was happy to see and read in
Kabul the tablet of purity and amity, which is the preface to
proximity and election and the report of the gallery of unity,
and with the illuminated scent of friendship and goodwill,
and with the spiritual breezes of expansiveness and light
from anemones in the gardens of foundations and herbs of
content and meaning, the spirit's effulgent nostrils gained
a new freshness and the heavenly smiling mind acquired an
unlimited vigor. The gardens of ancient love and closeness
turned verdant, and the foundation of true devotion and
friendship was reinforced. This blessed event, which is in
truth a spiritual meeting and oral conversation, must give joy
and happiness to the hearts and minds of those who yearn
and must be considered a physical conversation. What was
written by the fraternal pen, that effort should be made on
both sides to reinforce the foundations of peace and agree-
ment with the Hindu Kush between us, was approved. It is
obvious that there is nothing nobler in the world than affec-

بآن منوط و مربوط است، و هرگاه این معنی در طبقهٔ سلاطین که اساطینِ بارگاه جبروت اند بظهور آید هرآینه مُثمِرِ برکات و مُنتجِ حسناتِ حال و مآل خواهد بود، و الوفِ نفوس و صنوفِ ذی‌حیات در مهادِ عافیت آرام خواهند یافت. در اظهارِ مراسمِ مصالحت و ابرازِ لوازمِ مصادقت مارا بایستی بادی شد که همگی نیّتِ حق‌طویّتِ ما از مبادیِ انکشافِ صبحِ سعادت بر خلافِ اکثری از فرمانروایانِ گذشته باصنافِ بنی‌نوع همواره بر منهجِ ایتلاف و ارتباط است. هرگاه بادیِ این وادی آن والاقدر شده باشند، درین مرتبه چند در چند بر ذمّتِ همّتِ ما مراقبتِ این نسبت و مراعاتِ این رابطه لازم باید کرد و لهذا درین ایّام حاکمِ ایران نظر بر سوابقِ معرفت و سوالفِ حقوقِ آشنائی انداخته یادگار سلطان روملو[۲۴]را فرستاده استعانت نموده بود. بموقفِ قبول نرسید. و نیز شاهرخ میرزا آرزوی آن داشت که در کابل یا در کشمیر یا سواد و بجور یا تیراه که ولایتِ سردسیر است جایگیر داشته باشد. ملاحظهٔ قرب و جوار فرموده ملتمسِ او بجابت مقرون نشد و در صوبهٔ مالوه جایگیر کردیم. و نیز مرزایانِ قندهاررا بدرگاه طلب داشته حراستِ آن دیار که از قدیم داخلِ ممالک محروسه است بملازمانِ بابری تفویض یافت که مبادا جنودِ توران آنحدودرا از منسوباتِ ایران اندیشیده قصد نمایند و خلطِ عظیم در میانِ ولایتِ آن والاشوکت و ممالکِ محروسه واقع شود. و نیز یکی از اوباشِ بدطینت در کوهستانِ بدخشان سر بشورش برداشته مدعیِ آن شد که فرزندِ شاهرخ میرزا ام و زمینداران آن ناحیت باو پیوستند. هرچند عرائض فرستاده استمداد نمود، توجّه نفرمودیم تا آنکه آوارهٔ دشتِ ادبار شد. از آنجا که پاسِ سخن ناگزیرِ

tion and mutual agreement, upon which the continuum of order among all beings rests, and when this occurs among rulers, who are representatives of the court of divine majesty, of course it yields blessed fruit and results in benefits for the present and the future, and thousands of living souls will be able to rest in the cradle of well-being. It behooves us to exhibit peace and friendship, for all our attention, from the dawning of our felicity—in contrast to most rulers of the past—has been concentrated upon bringing together and bonding all humans. Inasmuch as this proposal has been initiated by that exalted one, it is incumbent upon us to contemplate such a connection and maintain this bond.

Recently the ruler of Iran has cast his gaze upon past acquaintance and the obligations of prior association and sent Yadgar Sultan Rumlu to request assistance. His petition did not meet with approval. Also, Shahrukh Mirza requested that he be given a fief in Kabul, Kashmir, Swat, Bajaur, or Tirah, all of which are cold climates. In view of the closeness and proximity to you, his request did not meet with favor, and we granted him a fief in Malwa. The mirzas of Kandahar were also summoned, and the guarding of that territory, which has been in the Protected Realm of old, was transferred to loyal retainers lest troops from Turan suppose that region to belong to Iran and attack, which would result in great strife between your territory and the Protected Realm. Furthermore, an evil wretch reared his seditious head in the mountains of Badakhshan and claimed that he was Shahrukh Mirza's son, and the zamindars of the region joined him. No matter how many letters he sent requesting assistance, we paid no attention, and finally he wandered off

همّتِ والاست چون نخستین حرفِ صلح در میان آمده دل میخواهد که صورتِ این سانحه چنان بمعنی گراید که شایانِ بزرگ کردگانِ ایزدی باشد. فی الواقع اگر تحقیقِ آن سخنانِ دلآویز که قاصد و نامه گذارش نماید صورت بندد، ازین چه بهتر؟ و الا جائی مقرّر سازند تا در آن قرارگاه بزمِ یکجهتی آراسته شود و بی‌میانجیِ غیری مقاصدِ دینی و دنیوی و مطالبِ صوری و معنوی ببیانِ تنقیح و طرازِ تحقیق روشن گردد. و چنان بسمعِ همایون رسید که جمعی از مگس‌طینتان بودنِ مارا در حدودِ پنجاب دستآویزِ سخن ساخته آئینی که مخالفِ مبانیِ دوستی باشد مذکور کرده‌اند. حاشا امری که در خلوتسرایِ دل نباشد بپیشگاهِ زبان ظهور یابد و آنچه بطرازِ تقریر پیوندد عمل بر خلافِ آن رود! با آنکه آب و هوا و شکار این دیار خوش آمده بود چنان بخاطر میرسد که بصوبِ دار الخلافه آگره نهضت فرمائیم تا زبانِ ژاژخایان بسته آید. و آنکه تحریر رفته بود که بنسبتِ شاهرخ میرزا همان غبار در خاطر است موجبِ تأمُّل شد که اگر در بواطنِ قدسیّهٔ فرمانروایانِ والاشکوه که مطالعِ انوارِ الهی و مظاهرِ اطوارِ صفوت و صفا اند غبارِ اکفا و همسران انطباع و استقرار می‌پذیرد از سایرِ طبقات چگونه قرار گیرد؟ علی الخصوص که منشای آن خردسالی و نادانی باشد. چرا بزلالِ عفو و صفح محو نگردد؟ و او از خودکامی موردِ تقصیرات نسبت باین دودمانِ والا شده بود و بمکافاتِ آن سرگشتهٔ بادیهٔ غربت شد. چون پناه باین جانب آورد و نقوشِ ندامت از ناصیهٔ حالِ او ظهور داشت درگذرانیده شد. و آنکه ایما رفته بود که التجا نمودنِ شاهرخ میرزا و فرزندانِ محمد حکیم میرزا باین آستانِ دولت از آثارِ محبّتِ آن نقاوهٔ دودمانِ مجد

into the desert of failure. Since brevity in speech is a necessary concomitant to regal high-mindedness, since the first words of peace have been mentioned, we desire that it be effected in a manner that befits the elect of God. If the pleasing suggestions communicated by messenger and letter are actualized, what could be better? Otherwise, a place should be stipulated in which a banquet of unity may be held, and matters may be discussed directly without the intervention of others.

It has reached our royal hearing that a group of people, buzzing like flies, have taken advantage of our being in the Punjab to propagate rumors that are contrary to the foundations of friendship. God forbid anything that does not reside in the recesses of the mind should be manifested on the tongue or action be taken contrary to what has been decided! Although the climate and the hunting in this region are pleasant, it occurs to us that we should proceed to the capital Agra in order to silence prattling tongues. Relative to what has been written, that there was worry with regard to Mirza Shahrukh, it caused contemplation, for if he caused worry in the minds of exalted rulers, what would happen to other classes? Particularly since it arose from youth and ignorance, why should he not be pardoned? And in his arrogance he committed shortcomings relative to this exalted dynasty, and in retribution he became a wanderer in the desert of exile. When he took refuge here and signs of penitence were evident in his demeanor, he was pardoned. Also as previously indicated, Shahrukh Mirza's and Muhammad Hakim Mirza's sons' taking refuge at this court was a sign of affection for that scion of the family of glory and splen-

و علاست، چگونه ورودِ این منتسبانِ خاص باین جانب آنچنان تصوّر نموده آید؟ و آنکه بمقتضای محبّت و یگانگی تفصیلِ فتوحات رقمپذیرِ خامهٔ اتّحاد شده بود آن‌را از نتائجِ حسنِ نیّتِ آن والانژاد شمرده خوشوقت شدیم. و آنکه مصحوبِ مولانا حسینی نگاشتهٔ کلکِ محبّت گردیده بود که فرزندِ عزیز بموجبَ خردسالی خواهشی چند که نه درخورِ او باشد نموده است، دلنگرانی دارد که مبادا غباری بر دامنِ محبّت نشسته باشد و در استعذارِ آن تفصیلی رفته بود. قاصد پیشتر از ورود در اثنای راه در آب فرو رفت و مضمونِ آن معلوم نشد و خاطرِ حقگزین از سنوحِ این واقعه تأسّف داشت. روابطِ قرابتِ قدیم با ضوابطِ محبّتِ جدید آنگونه انتظام نیافته است که اگر بالفرض چیزی می‌بود غبارِ ملال بر دامنِ مصادقت بنشیند. فرزندان‌را با پدرانِ حقیقی نازگونه می‌باشد، خصوصاً با آن والادستگاه. اگر با پدرانِ مجازی نیز این معنی بظهور آید، چه دور است؟ سعادتمند فرزندی که رضاجوئیِ پدر وجههٔ همّتِ او بوده در نگاهبانیِ این رشته تکاپو نماید! همان جلائلِ عهود و شرائفِ مواثیق که بذریعهٔ ایلچیانِ کاردان مرّةً بعد اخری قرار یافته در خاطرِ حق‌پسند مرتسم و منتقش است، در رسمِ اسلام و آئینِ کرام از برایِ ابقایِ ارکانِ دوستی و یکجهتی، خاصه حقیقت‌گزینانِ فتوّتمنش، عشرِ عشیرِ آن وافی و کافی است. و آنکه مرقوم بود که بعضی یورشها بآمدن احمدعلی اتالیق موقوف است بوضوح پیوست. حقیقتِ پدرود کردنِ او جهانِ گذران‌را بسمعِ همایون رسیده باشد که بعد از رخصت این امرِ ناگزیر پیش آمد. نیکذاتی و آگاهدلی بود. اگر بمحفلِ قدسی رسیدی بسا اسرارِ مصادقت و غوامضِ مرافقت از

dor. How could the coming of those special relatives here be imagined otherwise? Also in accordance with love and affection, we rejoiced in the detailing of victories that were recorded by the pen of unity, considering them results of your good intention. It causes us to worry that you wrote in the letter sent with Maulana Husaini that your dear son in his youth had some desires not worthy of him, and this may cause dust to settle on the skirt of affection. With regard to your lengthy apologies on his behalf, since the messenger drowned before he could arrive, the contents of the letter were not learned, and the event caused us sadness. The bonds of ancient ties have not been ordered with the necessities of new affection in such a way that if anything were to happen, the dust of annoyance would sit on the skirt of mutual friendship. A son should be affectionate toward his real father, particularly one like you. If such a thing occurred with metaphorical fathers, why should it be unlikely? Happy that son whose primary concern is to please his father! The pacts and covenants that have been repeatedly established by diplomatic emissaries are engraved in the mind, and in the religion of Islam and chivalric custom a small proportion is sufficient for maintaining the pillars of friendship and unity, particularly among the valiant. What was written that some expeditions were placed in abeyance with the coming of Ahmad Ali Ataliq has been learned. The truth of his bidding farewell to the ephemeral world will have reached the royal hearing that his death occurred after he was given leave to depart. He was a good man with an aware mind. If he had reached your court you would have learned many secrets of friendship from his truthful tongue. Any desire that is in the

زبانِ راستگویِ او معلومِ آن والاگوهر شدی. هر اراده که مکنونِ ضمیرِ صواب‌اندیش باشد از مکامنِ قوّت بفعل آورند و هرگونه معونتی که لازمِ نشأهٔ دوستی بخاطرِ حقیقت‌طراز رسید ابلاغ نمایند که در آن مساعیِ مشکوره لوامعِ ظهور دهد.

۶۴ ولله الحمد که از عنفوانِ جلوس بر اورنگِ فرمانروائی تا حال که سنهٔ عاشر است از قرنِ ثانی و اوّل انکشافِ صبحِ اقبال و مبدأِ ابتسامِ بهارِ دولت و اجلال است همگی نیّتِ حق‌اساسِ این نیازمندِ درگاهِ الهی آنست که اغراضِ خود منظور نداشته همواره در التیام و انتظامِ جهانیان کوشد و از میامنِ این کردارِ سعادت‌پرتو مملکتِ وسیعِ هندوستان که بر چندین فرمانروایانِ والاشکوه انقسام یافته بود در حیطهٔ تصرّف و احاطهٔ اقتدارِ ما درآمد و طبقاتِ انام که در جبالِ مرتفعه و قلاعِ حصینه و محالِّ مشکله تارکِ استکبار و جبینِ استجبار بر زمینِ اطاعت نیاورده راهِ مخالفت میسپرند بمقتضایِ درستیِ نیّت راهِ اطاعت و ارادت مسلوک داشتند و طوائف النّاس‌را با یکدیگر باوجودِ تبائنِ اوضاع و تخالُفِ اطوار روابطِ پیوند پدیدار شد. چون سخنِ دلآویزِ نتائجِ درستیِ نیّت و راستیِ گفتار و حسنِ عمل باینجا کشید ناگزیر بذکرِ برخی از نعمِ الهی نیایشِ ایزد و ستایشِ دادار بتقدیم رسانیده بزمِ یکجهتی‌را شادی‌آمود میگرداند.

۶۵ بر مرآتِ ضمیرِ انور که انطباع‌پذیرِ اشراقاتِ عالمِ قدس است مخفی و محتجب نماند. درینولا که ورودِ موکبِ والا بصوبِ ممالکِ پنجاب اتّفاق افتاد اگرچه نخستین نظر بسیر و شکارِ اینحدود بود اما تسخیرِ ولایت دلگشایِ کشمیر که تا این زمان قدمِ هیچ یکی از سلاطینِ روزگار در آن سرزمین که در استحکام و استحصان

recesses of your mind should be brought from potentiality into actuality, and any sort of assistance that occurs to you in friendship should be communicated so that it may be done.

Thank God that from our accession to the throne until now, 64
which is the tenth year of the second thirty and the dawning of fortune, all the attention of this supplicant at the divine court has been focused, without regard to our own purposes, on striving to knit together and bring order to the people of the world, and as a result of this felicitous endeavor the vast realm of Hindustan, which had been divided among several exalted rulers, has been brought under our control and encompassed by our power, and all those in the high mountains, strong fortresses, and inaccessible places who refused to place their arrogant heads on the ground in submission and resisted now tread the path of obedience thanks to the correctness of our intentions, and bonds have been created among all the people despite their differing ways and various manners. Now that our correct intention, honest speech, and good action have yielded such results, it is inescapable that gratitude be offered to the deity for his bounties and the banquet of unity be made joyous.

It will be known to you that recently, with the arrival of the 65
imperial retinue in the Punjab, although our first view was to touring and hunting in this region, we were also contemplating the conquest of the happy vale of Kashmir—which until now no ruler has set foot upon, and which has no equal for impregnability and remoteness and is proverbial for its delights and beauty even for the most difficult to please—because the injustice of its rulers constantly reached our hearing. With heavenly assistance our brave champion

سهیم و عدیل ندارد و در نزاهت و لطافت ضرب المثلِ نظارگیانِ دشوارپسند است نیارست درآمد نیز مرکوزِ باطن بود که همواره بیدادیِ حکّامِ آن دیار بمسامعِ قدسی میرسید. بتأییداتِ سماوی بهادرانِ نبرددوست و غازیانِ شهامت‌اندیش در اندک فرصتی آن ملک‌را در احاطهٔ تصرّف درآوردند. اگرچه حکّامِ آنجا در جنگ و جدل تقصیر نکردند اما نیّتِ حق‌اساس چون محضِ خیر بود باحسنِ وجوه مفتوح شد و خود همدران سرزمینِ خجسته‌آئین که از عطیّاتِ مجدّدهٔ الهی بود رفته شُکر پروردگار بجا آوردیم. و نیز چون سیر و شکارِ کابل و گلگشتِ آن عشرتسرا مأنوسِ طبیعی بود تا اقصایِ کوهستانِ کشمیر و تبت سیر نموده نوادرِ آن نگارستانِ صنعِ الهی بچشمِ عبرت‌بین نظاره کرده از راهِ ولایتِ پکلی و دهمتور[۲۵] که از تصادمِ جبال و تزاحمِ گریوه و مغاک بحدّیست که افکارِ آسمانی‌سیر و اوهامِ بلندی‌پیما عبور از آن طرقِ هایله دشوار میدانند جریده بعرصهٔ دلنشینِ کابل رسیده شد. و نیز از مکنوناتِ خاطرِ حق‌پرست آن بود که حاکمِ تتهه‌را که غربی‌رویهٔ مملکتِ روزافزون بر ساحلِ دریایِ شور است و بزیردستانِ آن مرز و بوم راهِ معدلت نمیسپرد نخستین نصائحِ هوش‌افزا فرموده بشاهراهِ فرمانبرداری رهنمون گردد. اگر از نامساعدیِ بخت و گوشِ نصیحت‌نیوش نداشته باشد آن الکارا که ملکیست وسیع و ولایتیست آبادان، بیکی از دادگرانِ فرمانپذیر سپرده آید. چون عقلِ صلاح‌اندیش و دیدهٔ دوربین و گوشِ شنوا نداشت داستانِ موعظت‌را فسانه انگاشته از بادهٔ خودکامی سررشتهٔ هوشمندی گسیخت. لشکری شایسته بآن ناحیت فرستادیم و تا قریبِ دو سال بهادرانِ اخلاصمند در هرگونه قطره و تردّد اهتمام

warriors took control of that territory in a short period of time. Although the rulers exhibited no shortcoming in doing battle and resistance, since our intention was totally benevolent it was conquered in the best manner, and we went to that happy land, which is yet another divine gift, to render thanks to the deity. Since touring and hunting in Kabul was pleasing to our nature, we went to the farthest reaches of Kashmir and Tibet to see with our own eyes the rarities of that gallery of divine handicraft, returning through Pakhli and Dhamtaur, which are so packed with mountains, have such difficult passes and treacherous declivities that minds that soar through the heavens and the loftiest imaginations would find the terrifying roads difficult, to arrive in the delightful plateau of Kabul. It was in our mind that first we would advise the ruler of Thatta, which lies in the west of our realm on the edge of the sea, and who had not been acting in justice with his subjects, to lead him onto the highway of obedience. If he did not have the fortune to heed advice, that vast and flourishing region would be entrusted to an obedient and just person. Since he had not a mind capable of improvement, a far-seeing eye, or a listening ear, he took our advice as a fable, losing his sobriety to the wine of arrogance. We sent an appropriate force to that region, and for nearly two years our devotees battled both on sea and on land. Since all our concern was for the well-being of the people, they triumphed everywhere, and since it is well established that the incompetent, shortsighted, and malevolent always fail, the ruler of Thatta was defeated time and again, but since he had a modicum of felicity in his make-up, he went out under amnesty to see the friends of fortune and the entirety of that

نموده، چه در دریا و چه در صحرا، اقسامِ جنگ و جدل کردند. و چون همگی نیّتِ حقپذیر برفاهیتِ عالمیان بود همه جا نصرت و فیروزمندی قرینِ حالِ فرخنده‌مآلِ آن گروهِ عقیدتمنش گشت و از آنجا که آئینِ قدیم است که کارِ معامله‌نشناسانِ کوتاه‌بین تباه گردد حاکم آنجارا شکست بر شکست افتاد و چون در نهادِ او مایهٔ سعادت بود بزینهار و پیمان اولیایِ دولت‌را دید و تمامِ آن مملکتِ وسیع و قلاعِ آن دیار ضمیمهٔ ممالکِ محروسه شد. و با آنکه چندین جنگ کرده بود بعد از آنکه بخدمت مشرّف شد از ناصیهٔ احوالِ او نقوشِ سعادتمندی فراگرفته باز آن ملک‌را که بجنگِ عظیم بدست آمده بود باو مکرمت نمودیم.

و نیز از مطویّاتِ ضمیرِ صواب‌اندیش تنبیه و تأدیبِ افغانانِ وحوش‌سیرتِ بهائم‌سریرت که از مور و ملخ بیش بودند و در جبالِ حصینهٔ سواد و بجور و تیراه مساکن ساخته همواره متعرّضِ قوافلِ راهِ توران میشدند بود. آن نیز بمقتضایِ عدالت صورتِ شایسته پذیرفت. اکثری حلقهٔ اطاعت و انقیاد بگوشِ هوش کشیدند و گروهی از آن قُطّاع الطّریق که بخارِ شقاوت و انحراف در دماغِ آنها پیچیده بود پایمالِ فیلانِ کوه‌نهیب شدند و بسیاری بحبالِ سطوتِ قهرِ الهی اسیر گشته بفروخت رفتند. و نیز از مکنوناتِ بطونِ حقیقت‌شیون اصلاح و افلاحِ بلوچانِ بدنهاد بود که پیوسته در خوف و رجایِ انحراف و اطاعت مانده بر بادیه‌پیمایانِ ایران راه میگرفتند و یغمارا تمغا نام نهادند. آن هم بدستورِ دلپسند نقش بست و هرگونه صورتِ دلپذیر که در سجنجلِ ضمیر مخیّل بود خوشتر از آن بر منصّهٔ ظهور جلوه‌نما شد. ۶۶

vast realm and its fortresses were annexed to the Protected Realm. Although he had engaged in such battles, after he was honored to serve us and felicity was noticed in his demeanor, we gave him back that realm, which had been taken in war.

It was also in our mind to chastise the bestial Afghans, 66
who are more numerous than ants and locusts and live in the forbidding mountains of Swat, Bajaur, and Tirah and constantly harassed caravans going to Turan. That too was accomplished according to the requisites of justice. Most of them placed the ring of obedience and submission in their ears, some of the highway bandits whose minds were cluttered with wretchedness and deviation were crushed by elephants, and many were taken captive by divine wrath and sold. It was also in the recesses of our mind to reform the malevolent Baluches, who were constantly wavering between going astray and pledging obedience; they waylaid caravans en route to Iran, calling plunder customs tax. That too was satisfactorily accomplished. Indeed, every thought that formed itself in our mind came about better than we had imagined.

۶۷ و از برکاتِ نیک‌نیّتی با آنکه رایاتِ اقبال در پنجاب بود سلطان مظفر گجراتی که با چهل هزار کس دمِ نخوت میزد بسعیِ مجاهدانِ نصرتمند گرفتار آمد و جمیعِ سرکشان و گردن‌فرازانِ آن دیار زینهار خواسته غاشیهٔ عبودیّت بر دوش کشیدند. و از بدائعِ سوانح آنکه در هنگامِ آوردنِ او بعتبهٔ خلافت خودرا خود کشت و همانا مصلحت چنان بود که خاطرِ مهرگزین در کشتنِ آدمی و هدمِ بنیانِ ربّانی ملاحظهٔ تمام دارد . و غالب آن بود که چون در پیشگاهِ نظر میآوردند بسلامت ماندی. و نیز باهتمامِ مبارزانِ کارطلب سومناتِ مشهور و جونه‌گده و سایرِ ولایتِ سورت که جنوب‌رویه بر ساحلِ دریایِ عمان است در تصرّف درآمد. و نیز برهان الملک برادرِ نظام الملک که معظمِ ولایتِ دکن داشت از حوادثِ روزگار پناه باینجانب آورده بود. مادام که معدلتِ آن بلاد بمسامعِ حق‌نیوش میرسید اورا بعواطفِ جلیله مستمال فرموده تسخیرِ دکن‌را موقوف داشته بودیم. چون خبرِ طغیان و ستم‌رسیدگیِ رعایایِ دکن رسید امرایِ ولایتِ مالوه و خاندیس حکمِ والارا کاربند شده برهان الملک‌را حکومتِ آن ولایت داده معاودت نمودند. چون کوتاه‌حوصله بود تابِ بادهٔ مردآزمایِ دنیا نیاورده دمِ استقلال زد. از آنجا که بمسلکِ ناسپاسی شتافتن استیصالِ خویش نمودن است در اندک زمانی اثری ازو و فرزندانِ او نماند و سرانِ آن دیار یکی از منسوبانِ آن سلسله‌را برداشته نخوت‌آرای شدند. بتأییداتِ سماوی عساکرِ ظفرطراز بسرکردگیِ غُرّهٔ ناصیهٔ اقبال قرّهٔ ناصیهٔ اقبال قُرّهٔ باصرهٔ دولت و اجلال فرزندیِ سعادتمند سلطان مراد رخصت فرمودیم. بسیاری آن ملکِ وسیع‌را که هندوستانِ دیگر است نیز در حوزهٔ

One of the blessings of our good intentions was that, although the imperial banners were in the Punjab, Sultan Muzaffar of Gujarat, who boasted arrogantly of his forty thousand men, was captured through the efforts of invincible warriors, and all the rebels of that region sued for amnesty and garbed themselves with the cloak of obedience. Miraculously, while he was being brought to the caliphal court, he killed himself. Of course it would be have been proper for all precaution to be taken before killing a human being or destroying a divinely created body. Probably, had he been brought before our imperial gaze, he would have been safe. Also through the efforts of our warriors the famous Somnath, Junagadh, and all the rest of the province of Saurath on the southern seacoast were brought under control. Burhanulmulk, the brother of Nizamulmulk, who held most of the province of the Deccan, also sought refuge with us from the vicissitudes of time. So long as reports of justice there reached our hearing, we treated them kindly and put the conquest of the Deccan in abeyance, but when news of injustice and ill treatment of the subjects came, the officers of Malwa and Khandesh were ordered to establish Burhanulmulk as governor of the region and to return. Since he was incompetent, he could not hold the wine of worldly success and boasted of independence. In that treading the path of ingratitude is tantamount to reducing oneself to naught, it was not long before no trace remained of him or his sons, and the leaders of the region elevated a relative of the dynasty and became arrogant. With heavenly assistance we dispatched invincible soldiers under the command of Prince Sultan Murad. They brought much of that vast territory, which is like another 67

تصرّف آوردند. و نیز نبردآزمایانِ حقیقتمند در اقصایِ بلادِ شرقیّه ولایتِ وسیعِ اودیسه‌را که متّصلِ دریایِ شور است تسخیر نمودند و چندین هزار سپاهی امان یافته در سلکِ ملازمانِ عتبهٔ خلافت درآمدند. چون تعدادِ نعمتهایِ ایزدی داستانی دراز است برای انبساطِ خاطرِ آن عظمت‌دستگاه چندی برشمرده بر دیباچهٔ اعلان مینگارد که چون مولانا حسینی بملازمت استسعاد یافت در آن نزدیکی بکارپردازانِ اشغالِ سلطنت اشارت شد که بزودی رخصت ارزانی دارند. درین اثنا برخی از واژونیِ بخت در عرصهٔ دلنشین کشمیر آغاز فتنه و فساد نموده با دولتِ خداداد دمِ مخالفت و منازعت زدند. موکبِ اقبال با جمعی از مقرّبانِ بساطِ عشرت برسمِ شکار برآمده بر مظاهرِ قدرتِ ایزدی چشمِ عبرت‌بین گشوده بود که آن شورش مسموع شد. باوجودِ طغیانِ باران بطریقِ ایلغار متوجّه شدیم و پیشتر از آنکه غازیانِ نصرتمند قطعِ گریوه‌ها نموده بآن ملک درآیند بعضی از سعادت‌اندوزانِ حقیقتمند که بحسبَ ضرورت در آن طوفانِ بی‌تمیزی افتاده بودند قابو یافته سرِ سرگروهِ آنها آوردند. چون موکبِ اجلال نزدیک شده بود مجدّداً بآن باغستانِ بی‌خزان عبور افتاد و در آن گل‌زمینِ فیضبخش استلذاذِ صوری و معنوی نمود و فرستادنِ ایلچی در تعویق ماند. و چون رایاتِ همایون بازگردید در اثنایِ راه خبرِ واقعهٔ مولانا حسینی رسید که بابتلایِ امتلا درگذشت و موجبِ مزیدِ تأسّف گشت. بنابران بعضی سخنانِ محبّت‌افزا بسلالهٔ اولیایِ عظام خلاصهٔ اصفیایِ کرام خواجه اشرف که از قدیمانِ این دودمانِ والاست گفته فرستاده شد تا حقیقتِ حال‌را مشهودِ ضمیرِ انور گرداند و هم مبیّنِ روابطِ عهود و مواثیق

Hindustan, under control. Our devoted warriors also conquered the vast region of Orissa on the seashore in the farthest reaches of the east; several thousand soldiers were given amnesty and became retainers at the caliphal threshold. Since the number of divine bounties would constitute a long story, only a few have been recounted for the pleasure of your mind. Let it be known that when Maulana Husaini paid homage, not long thereafter the administrators of royal works were ordered to give him leave to depart. At that point there was a rebellion in Kashmir. The imperial retinue was out hunting with some courtiers with our eyes open to the manifestations of divine power when news of the revolt was heard. Despite the heavy rain we set forth at a gallop, and some of our devotees who had fallen into the maelstrom of indiscrimination ambushed the leader and brought in his head before the invincible warriors could traverse the passes and enter the region. Since the imperial retinue was nearby, we visited that garden of eternal spring once again and enjoyed its physical and spiritual pleasures, and thus the sending of the ambassador fell into abeyance. When the imperial banners returned, news of Maulana Husaini's death reached us on the road and caused much sadness. Therefore certain affectionate messages have been sent with Khwaja Ashraf, an old retainer of this dynasty, in order that the true situation may be made known to your mind and also in order that he may explain the bonds of pacts and promises that have been concluded by letters and messengers. It would be a sign of love and friendship for you to refresh the garden of our mind with glad tidings of joy. *Finis.*

که برسائل و رسل تنصیص و ترصیص یافته گردد. ترصّد از جلائلِ مآثرِ محبّت و یگانگی آنکه پیوسته بمژده‌هایِ مسرّت‌افزا حدیقهٔ باطن‌را طراوت بخشند. تمام شد.

۶۸ سی‌ام خلوتکدهٔ دانش بشاهنشاهی فروغ پرتو داشت و چندی خاصان فیض‌پذیر ناگاه آوای عروسی هنگامه برخاست. فرموده بودند سازرا از نوا بازگیرند که آگهی بزم بیگانه خروش برنتابد. از آهسته گذاری و دوربینی و زبان‌کوتهی و گفته‌پذیری بینندگان بینش سرمه برگرفتند. درینولا بزرگ شاهزاده‌را شگرف دلبستگی بدخت زین خان کوکه شد و بیوگانی سگالش در سر گرفت. گیتی‌خداوندرا ازین بی‌روشی دل گران شد و چون خاطرشیفتگی از اندازه بیرون دید ناگزیر دستوری داد والا جشنی پیرایش گرفت و نشاطرا تازه آئین برنهادند (ابیات)

فراوان بارگه بر پای کردند　　زمین‌را چرخِ انجم‌زای کردند
ز هر سو پرده بر درگاه بستند　　تُتُق‌را تازه نور از ماه بستند

شب هشتم تیر در قدسی نشیمن مریم‌مکانی فرّخ پیوند خرّمی افزود و آن پارساگوهررا بشبستان اقبال سپردند.

۶۹ و از سوانح گشایش قلعهٔ بُسنه[۲۶]. از ناپروائی یتاقدار افغانان باز دست چیرگی برگشاده بودند و نخوت‌فروشی‌را دستمایهٔ زیانزدگی برساخته. راجه مانسنگه گزین فوجی بسرکردگی درجن سنگه بدان سو فرستاد. سلیمان و کیدا رای آن قلعه‌را استوار کرده بآویزش برنشستند. فیروزی سپاه گرد برگرفت. هر روز سخت آویزه چهرهٔ دلاوری می‌افروخت. دهم از نیرنگی

On the thirtieth [June 19], the private quarters of knowledge were illuminated by imperial splendor with some of his devoted confidants when the noise from a wedding suddenly arose. The emperor ordered the instruments silenced because the banquet of awareness does not tolerate strange noises. Those who witnessed it were amazed by his mildness, foresight, and brevity of speech. 68

At this time the eldest prince became enamored of Zain Khan Koka's daughter and was entertaining thoughts of marriage. The emperor was aggrieved by this waywardness, but when he saw that the prince's infatuation went beyond all bounds, he reluctantly gave the order for a regal celebration.

So many tents were erected that the earth was turned into a
star-studded celestial sphere.
On every side curtains were hung on the tent: new light was
tied to the harem from the moon.

On the eve of the eighth of Tir [June 28], the marriage was celebrated in Maryam-Makani's quarters and the chaste girl was entrusted to the royal harem.

The fortress of Bushna is conquered 69

In disregard of the governor, the Afghans once again became aggressive and made their arrogance the means for their own downfall. Raja Man Singh sent an elite troop under the command of Durjan Singh. Sulaiman and Keda Rai fortified the stronghold and sat ready to do battle. Invincible troops surrounded the fortress, and every day fierce battles were fought. On the tenth [June 30], by the mysterious workings of fate, a cannon in the

اقبال درونی توپی درهم شکست. سلیمان و بسیاری‌را روزگار بسر آمد و کیدا زخمی از پا افتاد. ناگزیر راه گریز سپرده بعیسی پناه برد.

درین روز بکرماجیت پورزادهٔ راجه رامچند بسجود قدسی آستان سربلندی یافت. چون پدر درگذشت بدگوهران این خردسال‌را دستآویز خودکامی برساختند و باندهورا پناه اندیشیده بکجگرائی نشستند. چون رای پترداس دستوری یافت از کاردانی و مردانگی بسیاری ملک برگرفت. دژنشینان از دستانسرائی عرضه داشتند که یکی از بزرگان دولت دست گرفته بوالا درگاه برد. جهان‌سالار مهرباندل پذیرفت و بفرمان والا اسمعیل‌قلی خان بهمایون درگاه آورد و درخور نوازش رفت.

٧٠ و از سوانح چیره‌دستی فیروزی سپاه دکن. چون صادق خان در مهکر بنگاه ساخت و لختی برار از پراکندگی برآمد اژدر خان، عین خان، حبیب خان و دیگر دکنیان بشورافزائی برخاستند. گزین فوجی بسرکردگی میرزا علی بیگ اکبرشاهی بچاره‌گری برآمد. دوازدهم ناگهانی بر اردوی عین خان گذارده شد و بسزا مالیدند. با چندی سراسیمه بدر رفت و فراوان غنیمت اندوختند و نفسی برنیاسوده از پنهان راهی بهنگامهٔ اینان پیوستند و باندک آویزش برشکستند. زنانِ[۲۷] اکهاره و فیلان و دیگر کالا بدست آوردند.

شانزدهم تولک خان در بنگاله رخت هستی بربست. دیرین پرستار جاویددولت بود. بیستم سعید خان‌را بصوبهٔ بهار دستوری شد و بسا آگهی اندرز گوهر هوشمندی برافروخت.

شب بیست و دوم آگهی انجمن گرمی داشت. ناگاه ابرها پدید آمد و تراوش درگرفت. فرمودند «بباران مردمی بکار بر و درین روحانی بزم پراکندگی میفکن.» بزودی هوا بصافی شدن رو نهاد و شگرفی گیرادم شگفت آورد. همه جا سخت بارید و از دولتخانه بازگشت.

fort exploded. Sulaiman and many others were killed, and Keda was injured but he fled and took refuge with Isa.

On the same day Bikramajit, Raja Ram Chand's grandson, paid homage. When his father died, evil men used the youth as a means to gain their own ends, and, thinking Bandho would be their refuge, they went astray. When Rai Pitar Das was sent he competently and courageously took much of the territory. The defenders of the fortress proposed that a grandee of the empire take Bikramajit to court. The kind emperor accepted this proposal, and by imperial command Isma'ilquli brought him to court, where he found favor.

Imperial troops achieve victory in the Deccan   70

When Sadiq Khan established himself in Mehkar and some of Berar was consolidated, Azhdar Khan, Ain Khan, Habib Khan, and other Deccanis rose up in rebellion. A choice troop under the command of Mirza Ali Beg Akbarshahi went to deal with them. On the twelfth [July 2], they attacked Ain Khan's camp and crushed him. He escaped with a few others, but much booty was taken. Without pausing to take a breath they took a secret way to waylay them and defeated them with only a bit of fighting. Dancing girls, elephants, and other things fell into their hands.

On the sixteenth [July 6], Tüläk Khan died in Bengal. He was an old and devoted servant.

On the twentieth [July 10], Sa'id Khan was sent to Bihar with much good advice.

On the eve of the twenty-second [July 12], the assembly of awareness grew heated. Suddenly clouds rolled in and it began to rain. "Be brave in the face of rain and do not allow it to break up this spiritual banquet," the emperor said. Soon the weather

۷۱ درینولا گیتی‌خداوند بر ساده‌لوحی میرزا مظفر حسین قندهاری بخشود. او از تن‌آسانی و ناپروائی کار خودرا بآزمندان ستمگر واگذاشت. چند بار زیردستان اقطاع او و برخی بازرگان دادخواه آمدند. اندرزگذاری بآن ناآزمون برنا درنگرفت. از روزبازار داوری دلتنگ شده دستوری حجاز درخواست و پذیرفت یافت. پس از چندی پشیمان شد و بآسیمه‌سری برنشست. بیست و چهارم شهریار پایه‌شناس اورا بازخواند و بتازگی برنواخت.

بیست و هفتم میرزا کوکه چوبی بولا نظر درآورد و چنان برگذارد که هنگام شکافتن سبز جانوری از میان پدیدار گشت و پس از چندی جان بسپرد و برای نمودن همان روش بدانا بازگذاشته شد. فرمودند «هرگاه در دندان فیل و سنگ‌پیکران جان برگیرند، پیدائی آن در چوب که لختی نرم‌تر است چه شگفت؟ لیکن مردم‌زادرا جز کم‌دیدار بشگفتی نبرد.»

سی و یکم میرزا رستم‌را بشمالی کهسار فرستادند. چون باسو و برخی بوم‌نشین از بدگوهری سر از فرمانپذیری برتافتند میرزارا پتهان[۲۸] و آن نواحی اقطاع داده بدانسو دستوری شد و آصف خان و هاشم بیگ و بسیاری‌را بیاوری همراه کردند.

۷۲ یازدهم امرداد رامچندرا ببرار فرستادند. چون ناهنجاری جنوبی سپاه بعرض همایون رسید و نیز روشن شد که شهباز خان با لشکر مالوه بی‌دستوری شاهزاده به تیول خود بازگردید و یک لک مهر که بسامان لشکر روانه شده بود از راه ناایمنی در گوالیار است آن نیکو پرستار دستوری یافت تا خزینه‌را بگزین پاسبانی برد و سپاه مالوه‌را بازگرداند و هریک‌را اندرز برگذارد. درین هنگام بارش از کم‌بارانی که و مه بسراسیمگی افتاد. دوازدهم بنیایشگری افسرخدیو ابر ریزش درگرفت و دلهای پژمرده سیراب شد.

began to clear, and the emperor's prophetic words caused astonishment. Everywhere else it rained hard, but it stayed away from the palace.

Around this time the emperor pardoned Muzaffar Husain 71 Qandahari's simplemindedness. In self-indulgence and inattention to business he had turned over his affairs to greedy, tyrannical men. Several times the workers on his estates and even some nobles had complained. Advice did not work on that inexperienced youth. When he grew weary of administration and requested permission to go to the Hejaz, it was granted. After a while he repented of his decision and was apprehensive. On the twenty-fourth [July 14], the emperor was kind enough to recall him.

On the twenty-seventh [July 17], Mirza Koka brought a piece of wood to show the emperor. He reported that when it was split open a worm came out and soon died, and it was demonstrated. "If things can live in ivory and stone," the emperor said, "why should it be strange for something to live in wood, which is much softer? Only people who have not seen much would think it strange."

On the thirty-first [July 21], Mirza Rustam was sent to the northern mountains. Since Basav and some others had malevolently twisted their heads from the yoke of obedience, the mirza was enfeoffed with Pathan and that region and sent there. Asaf Khan, Hashim Khan, and many others were sent with him.

On the eleventh of Amurdad [August 1], Ram Chand was sent 72 to Berar. When the trouble in the southern army was reported to the emperor and it became clear that Shahbaz Khan had returned to his estates with the Malwa troops without obtaining leave from the prince and also that a lac of gold coins that had been

درین روز محمد بیگ و پور او طاهر بیگ از ایران رسیدند و سعادت بار یافتند. خودرا از نژاد خواجه شمس الدین محمد صاحب‌دیوان برگیرند و لختی از جفر آگاه. گیتی‌خداوند یورش دکن برسگالیده رازپژوهی فرمود. این بیت برآمد.

سفر کن سفر کن سفر کن سفر   سفر کن که بسیاری یابی ظفر

و از سوانح چشم زخم رسیدن بقدسی پیکر و بایزدی پاسبانی بعافیت انجامیدن. هیژدهم جهان‌سالار آویزهٔ آهوان تماشا میفرمود و مردم از دور نظارگی. ناگهانی آهوئی دویده شاخ بند گردانید. آن تهمتن شاخ‌را استوار برگرفت و هرچند بزمین آمد دست از آن باز نداشت. خراشی در یکی از بیضه‌های دوگانه رسید و خونی برتراوید. آن توانادل شماری برنگرفته بکار جهانبانی پرداخت. هفتم روز آسیب آفتابه رسید و آماس برافزود. از گوناگون گفتار پزشکان دارو قرار نمیگرفت و نفس نفس درد در افزایش. بهزاران گفت‌وگو چاره بحکیم مصری و حکیم علی بازگردید و سامان دارو براقم اقبالنامه، و شیخ بینا و شیخ هنسو پور او در نهادن مرهم و بند و گشاد نیک‌اندیشی بجای آوردند. اگرچه بیماری بیک ماه و بیست و دو روز کشید، لیکن بیست و نه روز بدشواری گذشت. با آنکه از کارآگهی همه روز بار عام دادند سترگ شورشی افتاد و فتنه‌پژوهان یافه‌درارا بازار گرم شد و که و مه‌را سراسیمگی درگرفت. هفت روز بخلاجا نرفتند و خرد و بزرگ کالیوه‌تر شد. یازدهم روز زلو برنهادند و نشان بهی پدید آمد. ۷۳

sent to equip the expedition had been left in Gwalior because of unsafe conditions on the roads, Ram Chand, a good servant, was sent to protect the strongbox and send the Malwa troops back, after communicating good advice to each and every one of them.

Around this time there was consternation over the lack of rain. On the twelfth [August 2], at the emperor's request the clouds began to rain, and dried-up hearts were watered. On the same day Muhammad Beg and his son Tahir Beg arrived from Iran and were received. They claimed to be descended from Shamsuddin Muhammad Hafiz, and they knew something about geomancy. Since the world lord was thinking about the Deccan campaign he asked them to take an augury. The following line came up:

> Travel! Travel! Travel! Travel that you may achieve great triumph.

The emperor's body is afflicted by the evil eye, but he recovers with divine protection

73

On the eighteenth [August 8], the emperor was watching a deer fight, and his men were also watching from afar. Suddenly one of the deer ran and butted the emperor with its horns. The champion grabbed the deer by the horns and did not let go even when he fell to the ground. There was an injury to one of his testicles, and there was a flow of blood. The emperor paid no attention and continued with the labor of ruling. On the seventh day, however, the injury was aggravated by an injury from a ewer, and the swelling increased. The physicians had so many different opinions about treatment that no one medicine could be decided upon, although the pain was increasing moment by moment. After much discussion, treatment was turned over to Hakim Misri

بیست و چهارم شهریور میرزا یوسف خان از جونپور رسید و بخسروانی نوازش سربلندی یافت. درین روز فتح الله شربتداررا بدکن دستوری شد و پانصد احدی بهمراهی او فرستادند.

۷۴ هفتم مهر قدسی پیکر شست و شو فرمودند و والا بزم پیرایش گرفت.

جشنی که چنین بروزگاران　　در خواب ندیده نوبهاران
نی بزم که نقشِ چرخ و اختر　　مجموعهٔ حسنِ هفت کشور

گوناگون بخشش و بخشایش رفت و روزگاررا شادمانی دیگر درگرفت. بسا زندانی رهائی یافت و دیرین خواهشها برآمد. هرکرا کامیابی نیایشگری برافزاید و از ناملایم روزگار سررشتهٔ نیازمندی وا نهلد و بداد و دهش جهان‌را آباد دارد و بتازه‌روئی نیکوئی همگنان برسگالد چنین گزندرا پاداش نتوان خواند. و پیام آگهی چسان شمرده آید؟ اگرچه نزد آنان که جان پس از تنگذاری دیگر پیکر برگیرد چندان شگفت نیارد، از آنجا که لغزش پایهٔ الهی بزرگان هر دوربینی درنیابد تا ظاهرنگهان چه طرف بربندند، پیچش دل لختی فرو نشیند. همانا عقیدت‌افزائی مردم و پیدائی دوستداری جهانیان بود. ازین رنجوری خرد و بزرگ آسیمه‌سری داشت و مال و جان خودرا بدل تندرستی کیهان‌خدیو میخواست.

and Hakim Ali. The author of this volume prepared the medicine, and Shaikh Bina and his son Shaikh Hansu applied salve, bound the wound, and changed the dressing. Although the injury took a month and twenty-two days to heal, twenty-nine days were spent in difficulty, and although the emperor conscientiously held court every day, there was much unrest, blathering troublemakers enjoyed a field day, and everyone was worried. For seven days he did not go to the privy, and young and old alike were perplexed. On the eleventh day leeches were applied, and signs of improvement were noticed.

On the twenty-fourth of Shahrewar [September 14], Mirza Yusuf Khan came from Jaunpur and was received favorably. On the same day Fathullah Sharbatdar was sent to the Deccan with five hundred *ahadis.*

On the seventh of Mihr [September 28], the imperial body was 74
washed and there was a celebration.

A celebration the likes of which no one has seen in a dream,
A banquet, not like the design of the celestial sphere and the stars, but rather an in-gathering of all beauties in the seven climes.

There was much bestowal of bounty and beneficence, and everyone rejoiced. Many prisoners were released, and old wishes were granted. When a person's success causes his worship to increase and he never ceases to be worshipful even in the face of adverse fortune, and when a person maintains the world through justice, such an injury cannot be called retribution. How could it be considered as a wake-up message? Although it would not be so surprising for those who believe that the soul takes on

پانزدهم قاضی نور اللّه‌را به پژوهش سیورغال صوبهٔ آگره فرستادند و فرمان شد که مستمندان تهیدست‌را از نو زمین بردهد.

بیست و ششم افسرخدیو بر سمند اقبال برآمد و بباغ دلآمیز عشرت اندوخت. شب در آهوخانه بعیش گذراندند و پایان آن روز مهین بانوی دودمان عفّت مادر شاهزاده سلطان دانیال‌را روزگار سپری شد. دیگر روز دیرین پرستاری بشبستان اقبال درگذشت. گیتی‌خداوند بسرّ ایزدی خواهش رسیده شکیبا گردید و آمرزش درخواست.

بیست و هشتم بقدسی منزل بازگردیدند. درین روز بمشکوی بزرگ شاهزاده دخت مرزبان خاندیس‌را پیمانهٔ زندگی لبریز شد.

۷۵ و از سوانح ناکامی عیسی. چون راجه مانسنگه از رسیدن هنگام بارش نزد گهوراگهات بنگاه برساخت سخت رنجور شد و پزشکان آزمونکار بروز نومیدی نشستند. آن بومی با معصوم خان کابلی و دیگر بدگوهران نافرجام بکارزار آمد. در آن سال بدوازده کروهی رسید و فیروزی سپاه آمادهٔ پیکار شد. از نیرنگی اقبال بارش و آب دریا کمی پذیرفت. بهزاران دشواری بازگشتند و در کشتی راندن بس رنج کشیدند. چون راجه بهی یافت گزین لشکری بسرکردگی همّت‌سنگه بمالش اینان روانه ساخت. بدگوهران از میانهٔ ولایت بیرون شده در کناره‌سندر دم آسایش برگرفتند. چون فیروزی سپاه نزدیک شد لختی از سراسیمگی رخت هستی بسیلاب دردادند و فراوان اولجا بدست درآمد.

another form after departing this body, inasmuch as not every farsighted person comprehends the slips of the divinely great— not to mention the superficial—it causes concern. It increased people's devotion and manifested their love. Young and old were apprehensive over this injury and were willing to sacrifice their lives for the emperor's health.

On the fifteenth [October 6], Qazi Nurullah was sent to investigate fiefs in the province of Agra, and he was ordered to redistribute land to the poverty-stricken and needy.

On the twenty-sixth [October 17], the world lord mounted the steed of fortune and enjoyed the Dilamez Bagh. He spent that night pleasurably in Ahukhana. Toward the end of the next day Prince Sultan Danyal's mother passed away. The following day an old servant in the imperial harem died. The emperor penetrated the secret of divine will with forbearance and prayed for mercy on their souls.

On the twenty-eighth [October 19], the emperor returned to camp. On this day the daughter of the ruler of Khandesh passed away in the eldest prince's harem.[32]

Isa's failure

75

When Raja Man Singh took up residence in Ghoraghat with the advent of the rains, he fell gravely ill, and experienced physicians gave up hope. Isa went forth with Ma'sum Khan Kabuli and other ill-starred wretches to do battle. When they were within twelve leagues they confronted battle-ready imperial troops. By the mysterious workings of fate there had been little rain and the rivers were low. Only with the greatest of difficulty were they able to pull back, and it was very hard to move their ships. When the raja recovered he sent out a fine troop under the command

درینولا بهر شهری آشخانه‌ها آماده گشت. درین سال کم بارید و گران‌ارزی جهانی‌را برنج درافکند. سر سال ذوذوابه نمایش کرد. اخترشناسان خشکی و تنگی برگذاردند. شهریار مهرباندل بهر جا کارآگهی نامزد فرمود تا هر روز مستمندان تهیدست‌را خورش برسازد و همواره بوالا فرمایش آرزومندان بپیشگاه حضور رسیدی و کام دل برگرفتی و هنچنان جوق جوق درویش‌را بخواسته‌داران سپردند.

دوم آبان شمسی وزن شد. افسرخدیورا بدوازده چیز برسختند و فراوان مردم‌را کام دل برآمد.

۷۶ دهم که روز جشن بود تورانی فراشی دو شتررا با بار برکشید و بینندگان‌را شگفتی درگرفت. و درین روز شاهم خان از اقطاع خود آمد و بشاهنشاهی نوازش سر برافراخت. سگالش آن بود که رستم میرزارا بپاسبانی گجرات روانه گردانند و اورا باتالیقی برنواخته همراه سازند تا شاهزاده سلطان مراد از خسروانی نواخت و پورنزدیکی نشاط اندوزد، لیکن اندیشه بکردار نیامد.

درینولا در بگرام زعفران گل کرد. گیتی‌خداوند این سرزمین‌را شایستهٔ آن دانسته تخم‌را به تخته بیگ فرستاده بود. یازدهم از سرسبز شدن و برشکفتن آن آگهی رسید و دوربینی پیدائی گرفت. درین روز میرزا یوسف خان دستوری گجرات یافت. اورا در آن سو جایگیر کرده فرستادند تا کمک فیروزی سپاه دکن باشد.

of Himmat Singh to crush them. The wretches got out of the middle of the province and paused to rest in Kanara Sundar, but when the imperial troops approached, some of them perished in the water in their haste to escape, and much booty was taken.

Around this time soup kitchens were established in every city. This year there was little rain, and scarcity caused everyone to suffer. At the beginning of the year a hairy comet appeared, and the astrologers predicted drought and want. The emperor assigned an administrator to every place to provide food for the needy every day. The hopeful constantly flocked to court, where their wishes were granted, and droves of the poor were entrusted to the care of those who had plenty.

On the second of Aban [October 23], the solar weighing ceremony was held, and the emperor was weighed against twelve items. Many people received their hearts' desires.

On the tenth [October 31], a day of celebration, a Turanian 76
farrash lifted two fully loaded camels to the astonishment of those who saw it. On the same day Shahim Khan came from his estate and was warmly received. The emperor had thought of sending Rustam Mirza to be governor of Gujarat with Shahim Khan as his *ataliq*, an act of regal favor that would please Prince Sultan Murad, but it did not happen.

Around this time saffron set flowers in Bigram. Thinking that region appropriate for the cultivation of saffron, the world lord had sent seeds to Tokhta Beg. On the eleventh [November 1], news of the blossoming arrived, and the emperor's prescience was proven. On the same day Mirza Yusuf Khan was sent to Gujarat. He had been assigned a fief there and was sent to assist the troops on the Deccan campaign.

فیروزی یافتن صادق خان باقبال شاهنشاهی

۷۷ چون میرزا علی بیگ اکبرشاهی چیره‌دستی یافت نظام الملکیان بکین‌توزی تازه پیمان بربستند. خداوند خان، حمید خان، عبد الفتّاح، اژدر خان، جمال خان، دستور خان، و دیگر مردم ده هزار سوار و نزدیک هشتاد فیل بسیچ پیکار در سر گرفتند. فیروزی سپاه با آنکه بسه هزار نمیکشید بدلآویز گفتار سپه‌آرا دل بپیکار برنهاد. قول: صادق خان، سانول‌داس، محمد جان بیگ، مولانا محمودی و برخی رادمردان. برانغار میرزا خان، سیّد بایزید، عزّت خان، ملک رادهن، عبد الرحمن، قبول خان و چندی نامور. شاهقلی، طاهر اورکنجی تلغمهٔ این فوج. جوانغار اعتبار خان، وفادار خان و لختی بهادر، و چندی کارآگهان تلغمهٔ این. هراول: میرزا علی بیگ، دوست سیّد لاد، صالح پور وزیر خان، محمد حسین، شیرافکن، محمد امین مودودی، میر طوفان و برخی دیگر. میر حسینی بهادر، میر هزار قابل یرغلیغ، اتم بهادر باوقچی‌گری این پیشقدمان نامزد گشتند. از مهکر چهل کروه پذیرای کارزار شدند و هشت کروهی پاتهری بر ساحل گنگ[۲۹] دم آسایش برگرفتند و آن دریارا پیش و رودباری در پس داده استوار جائی بنگاه برساختند. هفتم آذر فوجها برآراسته دل بآویزش نهادند. نخست خداوند خان با پنج هزار سوار و چهل فیل بهراول درآویخت. میرزا علی بیگ با برخی کارنامهٔ مردانگی بجای آورده درهم شکست. دوست سیّد لاد احسن داد گندآوری داده زخمی بزمین آمدند و برانغار از مخالف انبوهی بی‌آویزه برگردید. صادق خان رودباری در پیش داشته نیرنگی نیلی سپهر میدید. فراوان کس از مخالف روی جنگ بدو آوردند. پای افشرده بتوپ و تیر درگرفت و از ایزدی تأیید فیروزی چهره برافروخت. بسیاری

SADIQ KHAN ACHIEVES VICTORY
THROUGH IMPERIAL FORTUNE

When Mirza Ali Beg Akbarshahi was victorious, the Nizamul-   77
mulkids rallied to take revenge. Khudawand Khan, Hamid
Khan, Abdul-Fattah, Azhdar Khan, Jamal Khan, Dastur Khan,
and others, ten thousand cavalry and nearly eighty elephants,
conceived the notion of doing battle. Although the imperial
troops did not number three thousand, they were persuaded
by their commander to confront them in battle. The center
was commanded by Sadiq Khan, Sanwal Das, Muhammad Jan
Beg, Maulana Mahmudi, and other warriors; in the right wing
were Mirza Khan, Sayyid Bayazid, Izzat Khan, Malik Radhan,
Abdul-Rahman, Qabul Khan, and other renowned fighters;
Shahquli and Tahir Urganchi were in charge of the flank; in the
left wing were I'tibar Khan, Wafadar Khan, and other champi-
ons with a few experienced warriors on the flank; the vanguard
consisted of Mirza Ali Beg, Sayyid Lad's son Dost, Wazir Khan's
son Salih, Muhammad Husain, Sherafkan, Muhammad Amin
Maududi, Mir Tufan, and others; and in charge of the archers
of the vanguard were Mir Husaini Bahadur Mir Hazar, Qabil
Yaraghligh, and Atam Bahadur. The battlefield was forty leagues
from Mehkar, and they paused to rest eight leagues from Pathri
on the banks of the Godavari. With that river in front of them and
a canal to their rear, they settled into a defensible position. On
the seventh of Azar [November 27], they arrayed ranks and set
their hearts on battle. First Khudawand Khan, with five thousand
horsemen and forty elephants, clashed with the vanguard. Mirza
Ali Beg performed valiantly and drove them back. Sayyid Lad's
Dost fought outstandingly, but he fell wounded to the ground,

147

فرومایه‌را زندگی پیوند برگسیخت و فراوان اولجا بدست افتاد. از آن میان چهل فیل گزیده و از فیروزی سپاه جز چندی ناروشناس‌را روزگار بسر نیامد.

هیژدهم قلیچ خان بوالا درگاه پیوست. چون سرانجام لشکر تیراه بشایستگی نیارست نمود و پسند قدسی خاطر نیامد بپوزشگذاری بدرگاه رسید.

۷۸ بیست و سیوم حسین بیگ شیخ‌عمری ببنگش دستوری یافت و آبادی آن ملک و مالش تاریکیان بدو بازگردید. درینولا گزین جهازی بانجام رسید. نخستین بار از کم‌آبی در روان ساختن فراوان رنج رفت. بخاطر همایون رسید که بر فراز بزرگ کشتیی که پانزده هزار من و افزون بار بود برسازند و آسان بسرمنزل رسید. بیست و چهارم تیر آغاز گردید و بیست و هشتم آذر بانجام رسید. در درازی سی و هفت گز، شانزده هزار و سه صد و سی هشت روپیه بخرج رفت و بشایستگی ببندر لاهری روانه شد. بینندگان بشگفت در شدند.

پنجم دی ماما آغا رخت هستی بربست. او کوچ شهاب الدین احمد خان است. بشایستگی زندگی بسر آورد. چون با مریم‌مکانی پیوند خویشی داشت بامدادان گیتی‌خداوند بقدسی منزل رفته پرسش فرمود و از آنجا آب راوی گذشته بآهوخانه گذاره شد. بسیچ آن بود که شب همانجا بسر برند. لختی دست مبارک بدرد آمد و بشهر بازگردیدند. یازدهم شاهم خان‌را بقنوج بازگردانیدند و بهین پندها آگهی افزود.

and the right wing was so overwhelmed by the numbers of the foe that they retreated without doing battle. Sadiq Khan stood behind the canal watching the workings of destiny. Many of the enemy turned to battle him, but he held his ground and fired cannons and matchlocks. With divine assistance he achieved a victory, and many of the vile enemy were killed. Much booty was taken, among which were forty fine elephants. Of the imperial troops only a few of name died.

On the eighteenth [December 8], Qilich Khan went to court. Since he had not conducted the Tirah campaign well and the emperor was displeased, he came to court to apologize.

On the twenty-third [December 13], Husain Beg Shaikh-Umari was sent to Bangash with the assignment of governing the region and crushing the Tarikis.

Around this time a splendid ship was completed. The first time a launching was attempted it had been hampered by low water. It occurred to the emperor that it could be loaded onto a large boat capable of carrying fifteen thousand maunds or more and easily taken to its destination. The labor had begun on the twenty-fourth of Tir [July 14], and it was completed on the twenty-eighth of Azar [December 18]. It was thirty-seven cubits long, and 16,338 rupees had been expended on it. It was dispatched to Lahori Bandar to the amazement of all who saw it.

On the fifth of Daimah [December 25], Mama Agha passed away. She was the wife of Shihabuddin Ahmad Khan. She had lived respectably, and since she was related to Maryam-Makani, the emperor went to her quarters that morning to offer his condolences. From there he crossed the Ravi and went to Ahukhana. He had intended to spend the night there, but because he received an injury to his hand he returned to the city.

۷۹ و از سوانح فرمانپذیری لچهمی نراین. او مرزبان کوچ است. چهار هزار سوار و دو لک پیاده و هفتصد فیل و هزار کشتی جنگی بدو گراید. آباد ملکیست دراز دویست کروه، پهنا از چهل تا صد، خاورسو دریای برم‌پُتر، شمال پایان تبت و آسام، جنوب‌سو گوراگهات، باخترو ترهت. پیشتر ازین صد سال در پرستشگاه جالپیس[۳۰] که اورا بمهادیو نسبت دهند پارسا زنی بنیایشگری برنشست و خواهش فرزند فرمانفرما در پیش گرفت و بایزدی نیرو آبستن شد و پسر بزاد. بیسا[۳۱] نام نهادند و راجگی آن دیار یافت. نبیرهٔ او مال گسائین فراوان آگهی داشت و ستوده خویها پیرایهٔ حال او. لختی بمعنی حس بر سترگی بار خدیو شناسائی اندوخت و در شاهنشاهی ستایش کتابی برساخت و آن‌را با گزین کالا روانهٔ قدسی درگاه گردانید. همواره بنیایشگری سعادت می‌اندوخت. با وابستگی آزاد زیستی و از بیوگانی پیوند بر کناره بودی. در پنجاه‌سالگی جانشینی ببرادرزادهٔ خود پات کنور نامزد گردانید. بزرگ برادر او شکل گسائین خواهش کدخدائی نمود. از فزون دوستی پذیرفت. اورا پسر شد و لچهمی‌نراین نام کرد. چون روزگار او بسر آمد راجگی بدو بازگردید و پات کنور سر بشورش برداشت. بیاوری عیسی لختی کار او پیش رفت. درین هنگام لچهمی‌نراین بنیایشگری والا درگاه برخاست و بمیانجی راجه مانسنگه خواست که خودرا بجاوید دولت بربندد. راجه از سلیم‌نگر باندپور شتافت. او چهل کروه پذیرا شد. سیزدهم دی سواره دریافت و بگرمخوئی بزم دوستی برافروخت. سپس راجه بیورت خود روانه شد بآن اندیشه که در بنگاه خود بزرگداشت بجای آورد. میانهٔ راه راجه از ناصیهٔ حال او دلتنگی برخوانده بشایستگی پدرود کرد و پس از چندی همشیرهٔ خودرا براجه داد. مرزبان کوچ حاکم بنگاله‌را نبیند. سلیمان کررانی بآویزهٔ او رفت و ناکام بازگردید.

On the eleventh [December 31], Shahim Khan was sent back to Kannauj with good advice.

The submission of Lachhmi Narayan 79

Lachhmi Narayan was the ruler of Cooch,[33] and he commanded four thousand cavalry, two lacs of infantry, seven hundred elephants, and a thousand warships. His kingdom is a flourishing one, two hundred leagues long and ranging from forty to a hundred leagues in width. Cooch is bordered on the east by the Brahmaputra, to the north by Tibet and Assam, to the south by Ghoraghat, and to the west by Tirhoot. A hundred years ago a pious woman prayed in the Jalpes temple, which is dedicated to Mahadeva, and asked for a son who would rule; and by divine power she became pregnant and gave birth. The child was named Bisa, and he rose to the rule of the territory. His grandson, Mal Gosain,[34] was very learned and was adorned by praiseworthy customs. Through his psychic ability he (Bisa) became aware of the emperor's greatness and wrote a letter in praise of the emperor he sent with fine gifts to the court. He was always submissive to the will of the emperor. He lived in isolation and avoided bonds of matrimony, but when he was fifty years old he named his nephew Pat Kunwar as his successor. His elder brother Shukl Gosain asked him to marry, and because he loved him so much he acceded to the request.[35] A son was born to him, and he was named Lachhmi Narayan. When Mal Gosain died the office of raja went to Lachhmi Narayan, and Pat Kunwar rose in rebellion. He attained a bit of success with Isa's assistance. Around this time Lachhmi Narayan applied to the court and asked through Raja Man Singh to attach himself to the empire. The raja went from Salimnagar to Anandapur, and Lachhmi Narayan went out forty leagues to meet him. On the thir-

٨٠ درینولا ملتان در اقطاع خان اعظم دادند. چون سگالش داشت که پیشین شرمساری‌را چاره‌گر آید جایگیر نزدیک خواهش نمود و پذیرش یافت.

بیست و ششم رای رایسنگه بدولت بار رسید. یکی از نوکران دوستدار او ستمگری نمود. دادخدا ببازپرس برخواند و آن تبه‌سگال چون پنهان داشته گریختن او برگذارد، چندی از کورنش بازداشتند و پاس پیشین نوازش فرموده بدکن فرستادند و سورت در اقطاع او قرار گرفت، بو که از غنودگی بیدار گردد و تبه‌کاری چاره پذیرد. آن خوابیده‌خرد لختی در بیکانیر بنگاه خود درنگ نمود و چندی در راه. هرچند اندرزگوئی شد سودمند نیامد. صلاح الدین‌را فرستادند که اگر بدان خدمت نمیشتابد بقدسی آستان بازگرداند. ناگزیر بوالا درگاه آمد. چون کجروی‌را شایسته پاسخ نداشت چندگاه دستوری بار نشد. در آن روز بر آسیمه‌سری او بخشوده باز کورنش دادند و ستارهٔ بخت او از سر نو فروغ گرفت.

بیست و نهم پایهٔ میرزا شاهرخ برافراختند. پنجهزاری ذات و نیمهٔ سواررا برآوردی تنخواه شد و اجین و گزین جایهای مالوه از شاهباز خان برگرفته در اقطاع او دادند و چون او در لشکر دکن بود امیر کلان بدخشی‌را فرستادند که گماشتگان پیشین جایگیردارا دست کوتاه دارد.

teenth of Daimah [January 2, 1597], the raja met him on horseback and treated him with cheerful friendliness. Then the raja returned to his territory, thinking that he would entertain him properly in his quarters. Along the way the raja deduced trepidation in his manner and bade him farewell. Not long thereafter he gave his sister to the raja. The ruler of Cooch does not normally pay respects to the governor of Bengal, and for this reason Sulaiman Karrani went to war, but he returned in humiliation.

Around this time Multan was enfeoffed to Khan A'zam. Intend- 80
ing to make up for his shame, he had requested a nearby estate, and his wish was granted.

On the twenty-sixth [January 15, 1597], Rai Raisingh came to court. One of his favorite liege men had committed tyranny, and the emperor had summoned him for questioning. When the wretch confessed that he had hidden the man and then he had escaped, he was banned from court for a while, but in view of the former favor in which he had been held he was sent to the Deccan and Surat was enfeoffed to him in hopes that he would awake from his slumber and make up for his evil ways. The wretch lingered a while in his home at Bikaner and then tarried along the way. No matter how much advice was sent, it did no good. Finally Salahuddin was sent to bring him to court if he did not hasten to his post. With no alternative, he came to court, and when he had no plausible answer for his waywardness, he was deprived of audience for a while. Finally, on the above-mentioned day he was allowed to salute the emperor, and his star rose again.

On the twenty-ninth [January 18], Mirza Shahrukh was promoted to the rank of 5,000 *zat* and half that number of *suwar*. Ujjain and choice places in Malwa were taken from Shahbaz Khan and put in fief to him. Since he was on the Deccan expedition,

153

درینولا هر روز هفته بکاری نامزد شد. اورنگ‌نشین اقبال همواره بهشیارخرامی و اواره‌نویسی گرامی زندگانی آباد دارد و از کارافزونی هر چندی بنمطی خاص تازگی بخشد. چهارم بهمن یکشنبه بدیدن اسپ قرار گرفت، دوشنبه بشتر و خچر و گاو، سه‌شنبه بسپاه، چهارشنبه بدار الوزارت، پنجشنبه بدادخواه، آدینه بدیدن نیکان، شنبه بفیلخانه. نخست کارهای گفته سرانجام یابد سپس بدیگر کارکرد پردازند. ۸۱

پنجم رای رایسنگه‌را دستوری دکن شد، بو که پیشین تبه‌سگالی چاره پذیرد و اورا تازه آبروئی بدست افتاد.

هفتم رانا کهنکاررا روزگار سپری شد. همانا امرا پور بدکیش او زهر بخورش داد و در کشیدن سخت کمانی نیز گزندی رسیده بود.

Amir Kalan Badakhshi was sent to relieve the former holder's appointees.

Around this time a specific task was assigned to each day of the 81
week. The emperor constantly lives with sobriety and calculation, and with so much work to do, every once in a while he rearranges his schedule. On the fourth of Bahman [January 23], he made the following schedule:

Sunday	inspection of horses
Monday	inspection of camels, mules, and oxen
Tuesday	inspection of the army
Wednesday	the vizierate
Thursday	administration of justice
Friday	receiving charitable contributions
Saturday	the elephant stables

First he deals with verbal matters, and then he turns his attention to other actions.

On the fifth [January 24], Rai Raisingh was sent to the Deccan. Perhaps he would make up for his evil ways and regain his honor.

On the seventh [January 26], Rana Khangar died. Apparently his son Umra poisoned him, although he had been injured drawing a heavy bow.

فیروزی یافتن اولیای دولت و شکست یافتن سپاه دکن

٨٢ از سرگذشت احمدنگر و دورنگی شورش دکنیان به تبه‌سگالی افتادند و چشم بر روزافزون اقبال نگشوده دل بکارزار نهادند. شاهزاده سلطان مراد بسیچ آویزش در سر گرفت. امرا از پایه‌شناسی بدین نگرائیدند و انجمن رازگوئی برساخته بچاره‌گری نشستند. میرزا شاهرخ‌را بسرکردگی برگزیدند و خانخانان‌را بسپه‌آرائی بسیاری رادمردان دستوری شد و خزینه و فیلخانه و توپخانه نیز بشایستگی سرانجام یافت. دل بایزدی تأیید بسته رده برآراستند.

قول:

میرزا شاهرخ
خانخانان
میرزا علی بیگ
شیخ دولت
اعتبار خان
وفادار خان
افضل تولکچی
شیرافکن
میر شریف گیلانی
محمد خان
علی خان
میر نظام

قادرقلی کوکه
اسلام خان
میر قطب الدین
میر محمد امین مودودی
هزاره بیگ
میر طوفان
میرک بیگ
علیقلی سعید گوالیاری
موسی ترکمان
فرّخ علی‌آبادی
عبد القدّوس
دیگر بهادران

THE FRIENDS OF FORTUNE ACHIEVE VICTORY, AND THE ARMY OF THE DECCAN IS DEFEATED

With the Ahmadnagar affair and the disunity stirred up by 82
Deccani rebels, the army fell into despair. With their eyes closed to imperial fortune, they decided to do battle. Prince Sultan Murad took it into his head to fight. The commanders were disinclined, and so council was held to debate the matter. Mirza Shahrukh was chosen as commander, the Khankhanan was sent with many warriors, and a treasury, elephants, and artillery were sufficiently arranged. Trusting in divine assistance, they drew up their ranks as follows:

Center

Mirza Shahrukh
The Khankhanan
Mirza Ali Beg
Shaikh Daulat
I'tibar Khan
Wafadar Khan
Afzal Tüläkchi
Sherafkan
Mir Sharif Gilani
Muhammad Khan
Ali Khan
Mir Nizam
Qadirquli Koka
Islam Khan
Mir Qutbuddin
Mir Muhammad Amin Máududi
Hazara Beg
Mir Tufan
Mirak Beg
Aliquli Sa'id of Gwalior
Musa Türkmän
Farrukh Aliabadi
Abdul-Quddus
other warriors

برانغار:

ملک محمد	سیّد قاسم بارهه با
شیخ مکهن	خویشاوندان
شیخ مصطفی	ابوالفتح
عالم خان	نویان بیگ
کیسوداس	میرزا محمد جهانگیر
شیخ صالح	میرزا زاهد
شیخ عثمان	شریف خان
سیّد جلال	فرزندان سیّد جهجو
شاه‌علی	بهائی خان
دیگر مجاهدان	حسن خان بلوچ

جوانغار:

راجه علی خان

هراول:

سانول‌داس	جگناته
رایمل	رای درگا
بهیم نراین‌داس	راج سنگه
منوهر پسران کهنکار	رامچند
پرتهی‌راج	کیسوداس

158

Right Wing

Sayyid Qasim Barha and his
   relatives
Abu'l-Fath
Noyan Beg
Mirza Muh'd Jahangir
Mirza Zahid
Sharif Khan
Sayyid Jhaju's sons
Baha'i Khan
Hasan Khan Baluch

Malik Muhammad
Shaikh Mukhun
Shaikh Mustafa
Alam Khan
Kesav Das
Shaikh Salih
Shaikh Usman
Sayyid Jalal
Shah Ali
other warriors

Left Wing

Raja Ali Khan

Vanguard

Jagannath
Rai Durga
Rajsingh
Ram Chand
Kesav Das
Sanwal Das
Rai Mal
Bhim Narayan Das
Manohar
Khangar's sons

Prithiraj
Harinar Das
Kewan Kala
Sakat Singh
Sultan Bhati
Thakursi
Bhoj Raj
Purus Ram
Shaikh Jamal
other warriors

هرنرداس
کیوان کله
سکت سنگه
سلطان بهاتی
تهاکرسی
بهوج‌راج
پرسرام
شیخ جمال
دیگر تیزدستان

التمش:

علی‌مردان بهادر
کامران بیگ
سبحان‌قلی لشکری
عسکری
مرتضی‌قلی
حیدرقلی
مظفّر
دوست‌محمد
حافظ میرزا

طرح دست راست:

غزنین خان
حسن خان میانه
شیخ ولی
فتح خان
شیخ هنسو
شیخ کرم الله
دولت خان
ابوالقاسم
دیگر بهادران

Altmish

Alimardan Bahadur
Kamran Beg
Subhanquli Lashkari
Askari
Murtazaquli

Haidarquli
Muzaffar
Dost Muzaffar
Hafiz Mirza

Right Wing Reserve

Ghaznin Khan
Hasan Khan Miyana
Shaikh Wali
Fath Khan
Shaikh Hansu

Shaikh Karamullah
Daulat Khan
Abu'l-Qasim
other warriors

161

طرح دست چپ:

حسن‌علی بیگ	برخی ترکمان
شاه نظر بیگ	

تلغمهٔ برانغار:

شیر خواجه	اتم بهادر میرحاج
یعقوب بیگ	ابراهیم بیگ
کوچک‌علی میرهزار	میر یحیی
سیف الله	الله‌یار
خواجه باقی خان	خان‌قلی عرب
علیقلی	برخی احدی
حیدردوست	

تلغمهٔ جوانغار:

میر ابوالمظفّر	محمد مغول
بهادر خان	ولی محمد هاشم
قابل یرغلیق	میر شجاع
صفدر بیگ	ابراهیم بیگ
عبد الرحمن	دوست‌محمد اوزبک
علیقلی	خانزاده ایمن‌علی
پادشاه‌قلی	جان بیگ
بهادر بیگ	

Left Wing Reserve

Hasan Ali Beg   some Turcomans
Shah Nazar Beg

Right Wing Flank

Sher Khwaja   Atam Bahadur Mir Hajj
Ya'qub Beg   Ibrahim Beg
Kuchik Ali Mir Hazar   Mir Yahya
Saifullah   Allahyar
Khwaja Baqi Khan   Khanquli Arab
Aliquli   some *ahadis*
Haidar Dost

Left Wing Flank

Mir Abu'l-Muzaffar   Muhammad Moghul
Bahadur Khan   Wali Muhammad Hashim
Qabil Yaraghliq   Mir Shuja'
Saffdar Beg   Ibrahim Beg
Abdul-Rahman   Dost Muhammad Uzbek
Aliquli   Khanzada Ayman-Ali
Padshahquli   Jan Beg
Bahadur Beg

چنداول:

ملک رستم مرل
شمس خان لوحانی
غازی خان
داؤد چک
علی خان
چندی دیگر
بجلی خان

با دلی نیایشگزین و همّتی نیروپژوه از شاهپور بسوی غنیم چالش رفت و دوازده کروهی پاتهری نزد اشتی ناوردگاه برگزیدند. غنیم نیز فوجها برآراسته جویای پیکار شد. سپاه نظام الملکی در میان، عادل‌خانیان دست راست، لشکر قطب الملکی دست چپ.

بیست و هشتم بهمن پاسی از روز برآمده بود. دریای گنگ گذشته بکارزار دل نهادند. آغاز نبرد از اوقچیان دست راست شد و شیر خواجه کارنامه‌ها پرداخت. مخالف استوار جائی گزیده ایستاده بود و آتشبازی چیده از جا برنمیآمد. تیزدستان هر سو بیرون شده درمیآویختند. پایان روز بزرگ آویزش درگرفت. رادمردان بهم درآمیختند و از انبوهی غنیم و افزونی آتشبازی بسیاری‌را پای همّت از جای رفت. جگناته با چندی و رای درگا و راج سنگه و دیگر سران راجپوت جدا جدا عنان کشیده در آن عرصه ایستادند. عادل‌خانیان‌را گذاره بر مرزبان خاندیس افتاد. او پای استوار کرده داد رادمردی داده بمردانگی فرو شد و سی و پنج نامور و پانصد پرستار او بهمرهی جان بشایستگی سپردند. میرزا شاهرخ، خانخانان، میرزا علی بیگ روبروی خودرا برداشته نظارگی نیرنگی اقبال بودند. سیّد قاسم و دیگر مجاهدان نیز بر هم‌آویزهٔ خود چیره‌دست آمدند. مخالف مرزبان خاندیس‌را قول انگاشته فرو شدن اورا بسر آمدن روزگار

Rear Guard

Malik Rustam Maral	Shams Khan Lohani
Ghazi Khan	Daud Chak
Ali Khan	others
Bijli Khan	

With hearts filled with trust and determination they marched from Shahpur to confront the foe. A battle site had been chosen twelve leagues from Pathri, near Ashti. The enemy had also drawn up his ranks and was ready for battle. In the center were the Nizamulmulkids, in the right wing were the Adil Khan's troops, and in the left wing were the Qutbulmulk's men.

On the twenty-eighth of Bahman [February 16], one watch of the day had elapsed. After crossing the Godavari, the battle began with the archers of the right wing, and Sher Khwaja performed outstandingly. The enemy, however, had taken up an easily defensible position and held his ground, and no amount of artillery could budge him. Warriors poured out from every direction and clashed. At the end of the day there was a large-scale battle. Warriors grappled, and the enemy were so thick and there was so much artillery fire that many lost their courage. Jagannath and several of his men, Rai Durga, Rajsingh, and other Rajput leaders pulled in their reins and stood on the field. The Adilkhanis came across the ruler of Khandesh, who stood his ground and fought, going down in valor with thirty-five of his men of renown and five hundred of his servants. Mirza Shahrukh and Mirza Ali Beg removed their opponents and watched the workings of fate. Sayyid Qasim and other warriors also achieved victory over their opponents. The enemy, thinking the ruler of Khandesh had been commanding the center, mistook his death

میرزا شاهرخ و خانخانان پنداشت. در آن تیره شب از یکدیگر جدا شده ایستادند و هر دو گروه گمان فیروزی بخود برده فراز اسپ گذرانیدند. بسیاری بیمناکان گریزپا بازگردیده پیوستند. سران فیروزی سپاه بر آن که راجه علی خان بغنیم پیوست یا کناره گرفت. ازین رو بنگاه او تاراج شد. دوارکاداس در هراول و سیّد جلال در برانغار سپنجی جان‌را بنیکوئی درباختند. رامچند که در آن روز سخت تکادو داشت در فوج راجه علی خان بیست زخم خورده بزمین آمد. در آن شب با کشتگان هم‌آغوش بود. بامدادان برداشته بخانه آوردند. پس از چند روز نقد زندگی سپرد.

۸۳ بامدادان با آنکه فیروزی سپاه هفت هزار کس بود و مخالف بیست و پنج هزار، بسگالشی درست و دلی نیایشگر رو بآویزش نهادند و چون همه شب بتشنگی گذشته بود دریاسو گام برداشتند. غنیم که دودلی داشت ازین ناهنجار جنبش آهنج پیکار در سر گرفت و بکمتر آویزه رو بگریز نهاد و فراوان مخالف نقد زندگی درباخت. انکس خان، میان زین الدین، هیبت خان، شریف خان، سرکش خان، بهیلم خان، سرمست خان رومی و دیگر سرداران عادل خانیه فرو شدند. شمشیر الملک، عزیز الملک، دلپت رای، یاسین خان، اژدر خان از نظام الملکیه دست‌فرسود نیستی گشتند. اخلاص خان، طاهر خان و چندی از قطب الملکیه‌را روزگار بسر آمد. چون فیروزی سپاه از پیکاردرازی ستوه آمده بود بتکامشی نپرداخته بسپاسگذاری نشست. با آنکه غنیم از شصت هزار سوار افزون بود و اولیای دولت پانزده هزار، بایزدی تأیید سترگ فتحی چهره برافروخت و که و مه‌را شگفت درگرفت. چهل گزین فیل و توپخانه بدست درآمد. دیگر روز راجه علی خان‌را در آوردگاه شناخته برآوردند و تباه‌اندیشان هرزه‌درا بشرمساری درافتادند. شناسائی داستان ناوردگاه همان سرگذشت کوران

for that of Mirza Shahrukh and the Khankhanan. During the dark night the forces separated and spent the night on horseback, each thinking they had won the day. Many of those who had taken fright and fled returned. The commanders of the imperial army were convinced that Raja Ali Khan had either joined the enemy or withdrawn to the sidelines, and therefore they put his camp to plunder. Dwarka Das from the vanguard and Sayyid Jalal from the right wing lost their lives fighting well. Ram Chand, who had ridden well that day among Raja Ali's troops, had received twenty wounds and fallen, and he spent that night among the corpses. The next morning he was retrieved and taken home. He died several days later.

The next morning, although the imperial troops numbered no 83
more than seven thousand and the foe was twenty-five thousand, they set forth into the battlefield with refreshed minds and stout hearts. Since they had passed the night in thirst, they headed toward the river. The enemy, who had been hesitant, decided with this unwise move to do battle, but after only a bit of skirmishing they were routed and many were killed. Ankas Khan, Mian Zainuddin, Haibat Khan, Sharif Khan, Sarkash Khan, Bhilam Khan, Sarmast Khan Rumi, and other commanders of the Adil Khan's forces died. From the Nizamulmulk's troops Shamsulmulk, Azizulmulk, Dalpat Rai, Yasin Khan, and Azhdar Khan lost their lives; and Ikhlas Khan, Tahir Khan, and several other of the Qutbulmulk's officers ended their lives. Since the imperial troops were weary from the long battle, they did not bother to go out in pursuit and offered their gratitude. Although the foe had a cavalry of more than sixty thousand and the friends of fortune were only fifteen thousand, a great triumph that amazed everyone was achieved with divine assistance. Forty fine elephants

و فیل است. هر یکی دگرگون برگذارد و آنکه از فوجها آگاه باشد ناپدید. و هر جوق‌را در آشوب و آمیزه نیروی دریافت نماند. همان بهتر که بدین مایه گفتار بسند نماید.

درینولا زین خان کوکه بکابل دستوری یافت. چون قلیچ خان زابلی ملک‌را بشایستگی روبراه نکرد چهارم اسفندارمذ آن گزین خدمت گرانبار اندرز دستوری یافت و کابل‌را در اقطاع او دادند و جایگیرداران کابلستان‌را تا بهت فرمان شد که از بهدید او بیرون نروند.

ششم جشن قمری وزن عشرت افزود و آن همسنگ آسمان‌را بهشت چیز برسختند. هنگامهٔ نشاط فراهم آمد و خرد و بزرگ عشرتنامه برگرفت.

and artillery were taken. The next day Raja Ali Khan's body was recognized on the field and he was taken away, and the blatherers who had accused him of treachery were put to shame. Reports of the battle were like the story of the blind men and the elephant: everyone told a different story, and there was no one who knew about all the divisions. In the midst of the confusion each troop had lost its power of comprehension. It would be better therefore to suffice with this much.

Around this time Zain Khan Koka was sent to Kabul. Since Qilich Khan had not governed the Zabuli territory well, Zain Khan was given good advice and dispatched on the fourth of Isfandarmudh [February 22] with Kabul enfeoffed to him. The jagirdars from Kabulistan to the Jhelum were ordered to obey him.

On the sixth [February 24], the lunar weighing ceremony was held, and the emperor was weighed against eight items. There was a great celebration, and young and old rejoiced.

آغاز سال چهل و دوم الهی از جلوس مقدّس شاهنشاهی، یعنی سال شهریور از دور چهارم

۸۴ فیروزی آوازه جهان‌را در نشاط گرفت و هواخرّمی مزاج برنائی آورد. جهان‌خدیو الهی نیایش‌را رسم نو برنهاد و بآذین بهاررا سرمایهٔ پیرایش بخشید.

دوران ببهار رنگ و بو داد   گلدسته بدستِ آرزو داد
بسپرد چمن ببادِ شبگیر   دشتِ تبت و بهارِ کشمیر

شب جمعه دوم شعبان سنهٔ هزار و پنج پس از سپری شدن سه ساعت و دوازده دقیقه نورافروز آفرینش بشرفخانه درآمد. آسمان برنگریزی برخاست و زمین بنگارپذیری برنشست.

ششم فروردین همّت سنگه پور راجه مانسنگه‌را روزگار بسر شد. بمردانگی و سربراهی روشناس بود. بشکم‌روی درگذشت و الوس کچهواهه در غم افتاد. مهرافزونی جهان‌سالار مرهمی کرد و لختی شکیبائی فراچنگ آمد.

نهم صادق خان‌را بساط زندگی درنوشتند. پس از فیروزمندی با شاهزاده سلطان مراد در شاهپور میبود. سپه‌آرائی و ملک‌آبادی به نیکوپرستاری او شایستگی داشت. در هر کارکرد بایست‌را از دست وا نمیهشت. امتلا باسهال کشید و بفواق نفس برگسیخت. شگفت آنکه چندی ازین پیشتر خان اعظم میرزا کوکه در خواب بدینسان نموداری دیده بود.

The Forty-Second Year after the Imperial Accession: Shahrewar Year of the Fourth Duodecennial Cycle

The noise of triumph filled the world, and good weather brought forth the joyous temperament of youth. The world lord elevated praise to a new level and celebrated the advent of spring. 84

The world gave color and scent to spring; it handed a bouquet to hope.
The meadow entrusted to the zephyr the plain of Tibet and the spring of Kashmir.

After the elapse of three hours and twelve minutes of the eve of Friday the second of Sha'ban 1005,[36] the sun moved into its house of nobility. The heavens scattered colors with which the earth was painted.

On the sixth of Farwardin [March 26], Raja Man Singh's son Himmat Singh died. He was known for his bravery and ability to rule. He died of dysentery, and the Kachhwaha clan mourned him. The emperor's condolences were balm to their wounds and gave them some forbearance.

On the ninth [March 29], Sadiq Khan rolled up his carpet of life. After the victory he was with Prince Sultan Murad in Shahpur, and he led the army and administered the territory well, and he never strayed from necessary action. Diarrhea turned to dysentery, and he gasped his last breath. Strange to say, Khan A'zam Mirza Koka had had a dream in which he saw this happening.

۸۵ هفدهم اورنگ‌نشین اقبال در بزم خواجگی فتح الله عشرت می‌افروخت. ناگاه سپندی بر چهرهٔ اقبال برسوختند. درنوروزی پیرایه آتش درگرفت و افروزش از بارگاه بقدسی منزل رسید. همانا از شبستان والا در طنابی شعله برزد و از آنجا بلندی‌گرا شد. و چند روز در افسردن آن تکاپو رفت.

شهریار والابینش‌را درین سال بدینگونه جشن‌آرائی در سر نبود. همگی سگالش آنکه بگلگشت کشمیر نشاط اندوخته آید و شگفت آنکه محفل شاهزاده سلطان مراد نیز بدینسان برافروخت. دیگر روز بدان سان آئین بستند و بزم شرف در آن همایون بارگاه برآراسته شد.

قلیچ خان بپایهٔ چهار هزار و پانصدی برآمد و اسمعیل‌قلی خان بچهارهزاری و میرزا جانی بیگ و شاه بیگ خان بسه‌هزار و پانصدی و دور و نزدیک که و مه‌را درخور نوازش رفت.

چالش گیتی‌خداوند سیوم بار بتماشای سرابستان کشمیر

۸۶ سگالش آن بود که چون بدار الخلافه آگره خرامش شود نخست در آن فیضگاه نیایشی چند بدادار بی‌همتا رود. که و مه از گریوه‌سختی بسان هر بار در بازماندن داستان برسرائیدی. برخی برگذاردی «فیروزی سپاه‌را با دکنیان آویزه میرود. شاهنشاهی کوچ کشمیرسو چگونه سزد؟» هرچند نهانبینی گیتی‌پیرا بآزمون اینان رسیده بود از غرض‌پرستی بفرامشی میرفت تا ناگاه از فیروزی جنوبی سپاه آگهی رسید و بوالا سگالش یار افتاد، لیکن بپاس دلها لختی درنگ رفت و فرمان بآذین شد و افروزش افروزینهٔ خواهش آمد. شب بیست و یکم پس از دو گهری بدانسو کوچ شد و بباغ دلآمیز برآسودند.

On the seventeenth [April 6], the emperor was enjoying a banquet given by Khwajagi Fathullah. Suddenly rue burned the face of fortune and fire broke out in the Nauroz decorations, spreading to most of the tents in the imperial camp. Probably a rope in the imperial harem caught fire and then spread. It took several days to put it out. 85

This year the emperor had not contemplated such festivities because all his attention was focused on going to Kashmir. Strangely, such a fire also broke out during Prince Sultan Murad's celebrations. The next day decorations were made, and a feast was given for the exaltation in the imperial court tent.

Qilich Khan was promoted to the rank of 4,000/500; Isma'ilquli Khan was promoted to 4,000; Mirza Jani Beg and Shah Beg Khan were promoted to 3,500. Everyone was rewarded with an appropriate show of favor.

THE WORLD LORD GOES TO THE GARDEN OF KASHMIR A THIRD TIME

The emperor had intended, when setting out for the capital at Agra, to spend some time in the happy vale of Kashmir to dispense justice, but, as always, all did their best to dissuade him because of the difficulty of the passes. Some said, "Imperial troops are engaged in battle with the Deccanis. How could it be proper for the imperial retinue to decamp to Kashmir?" Although the emperor's prescience had been repeatedly proven to these people, in their own selfish interests they forgot it until the sudden arrival of the news of the southern expedition's victory lent support to the emperor's idea. However, in order 86

پیکرنگهان رسم‌زاررا پیشانی دل چین‌آلود گشت و دوربینان آگاهدل در انتظار پیدائی نهفته‌یابی برنشستند.

۸۷ و از سوانح فرستادن شاهزاده سلطان دانیال به الله‌آباد. از آنجا که افزایش والاپایگی فرزندان رضاجو آبیاری گلشنسرای سلطنت است درین شب آن گوهر اکلیل خلافت‌را دستوری شد. هفت‌هزاری ذات و سوار قرار گرفت و در آن صوبه اقطاع دادند. قلیچ خان، اسمعیل‌قلی خان، میر شریف آملی و بسیاری‌را همراه ساختند و نخستین باتالیقی سر برافراخت و بگرامی خلعتها و گزیده اسپان و افزایش منصب چهرهٔ بختمندی اینان افروخته آمد. و زیردستان آن سورا نوید تازه ایمنی رسید و بسا آگهی اندرز آویزهٔ هوشمندی گردانیدند. لختی از آن بر مینویسد: نخست، مردمزاد در آبادی اندیشه برکوشد و آن‌را بکارکرد آراید. در خورش و پوشش و خواب و بیداری خردافزائی برجوید، نه تن‌فربهی و جان‌نزاری. در فرماندهی آن سگالش رود که زیردست‌را از ستم توانابازو نگاه دارد و آبادی ملک و سپاه برافزاید. همواره با نیکوان برآمیزد که مایه‌ده شایستگی است. از پیکرآرایان خراب‌درون پرهیزد که چشمه‌سار هر ناخوشی است. با هرزه‌لا و بسیارگو و مست و دشنام‌ده و هرزه‌خند و بددل و فرومایه و سودائی‌مزاج و ناتوان‌بین و سخن‌چین و حرف‌ساز و نادان دانائی‌فروش و جوان رعنا و زن خردسال ننشیند که آدمی بآرامیدگی خوی دمساز برگیرد. برخی اگرچه در همنشینان پاس این دارند، لیکن از پرستاران شمار آن برنگیرند و از آن غافل که نکوهیده‌خوئی این گروه بیشتر درگیرد و آوازهٔ بدنامی از اینان بلند گردد. در شناخت مردم‌زاد فراوان ژرف‌نگهی بکار برد. یکی جاندار، دیگری زهرگیا، و برخی غذاآسا و لختی دواسان، بسا بدگوهر بدستانسرائی و سفارش‌داستان در پایگاه

to placate everyone the expedition was put off, and a celebration was ordered. After two *gharis* of the eve of the twenty-first [April 10], the retinue set out for Kashmir, stopping for rest in the Dilamez Bagh. The superficial went grudgingly, but those of insight were in expectation of proof of the emperor's prescience.

Prince Sultan Danyal is sent to Allahabad 87

In that promotion of the emperor's sons is irrigation for the garden of the empire, Prince Sultan Danyal was dispatched on this evening. He was promoted to the rank of 7,000 *zat* and *suwar* and enfeoffed with the province of Allahabad. Qilich Khan, Isma'ilquli Khan, Mir Sharif Amuli, and many others were sent with him. Qilich Khan was made the prince's *ataliq*, and the others were awarded valuable robes of honor, fine horses, and promotions in rank. News of new security reached the subjects in that region, and much good advice was given, a bit of which will be recorded here. First, one must endeavor to have constructive ideas and put them into action. One should seek to increase one's wisdom while eating, dressing, sleeping, and waking and not to fatten one's body and emaciate one's soul. In ruling one must remember to protect one's subjects from the tyranny of strong-arm tactics and always to improve both the civilian and the military components. Consort with good people, for that will yield propriety. Avoid those who adorn their exteriors but are inwardly corrupt, for they are the wellsprings of every unpleasantness. Do not associate with prattlers, talkative people, drunks, those who curse, those who laugh at any silly thing, those with evil in their hearts, the lowly, the melancholic, the envious, tattletales, gossips, those who are ignorant but pretend to learning, adolescent youths, or young women, for gradually one takes on

نیکان جای گیرد و بسیاری خیراندیش از خامُش‌زبانی و راستگذاری و کم‌آمیختگی و پیغوله‌نشینی ببدکاری نام برآورد. از تلخ‌مزاجی راست‌سخن رو درنکشد و برنشورد و افزونی دیدار خیرسگال دلگرفتگی نیارد و فراوانی هواخواه پیرایهٔ دولت شمرد، نه دستآویز بی‌توجّهی. ذات فرّخی نژادبزرگی از گوهر شناسد، نه از نیاگ‌نیکی و تخمه‌سترگی. از دود که پور آتش است و از نور بی‌بهره، براستیِ گذارده پی برد. با فروتر آن کند که از برتر چشم دارد و در پس همان گوید که در پیش. در بازپرس آهستگی و ژرف‌نگهی بکار برد و بر نگاشته و گواه و سوگند بسند نکند. و گوناگون پرسش و پیشانی‌سوادرا یار سازد. و روزنامهٔ احوال و خوی همنشینان لختی برآمیزد و در پژوهش ایزدی نیایش فراپیش دارد و پاداش‌را از هنجار برنگذراند. و هنگام خشمگینی و گرسنگی بدان نپردازد. از دگرگون کیش بسرگرانی ننشیند و بسخت تکاپو سایه‌نشین صلح کل گردد. بکین‌توزی دل برنیالاید و در بادافراه راه حیله نسپرد. رازپاسبانی بر خود گیرد و جز با یکدوئی نیکسگال ژرف‌بین در میان ننهد. هنگام مشورت بناسزا جانقی نپردازد. نخست جدا جدا واپژوهد، سپس فراهم ساخته بکاوشِ گذارده برنشیند و گذارنده‌را نشان ندهد. بلغزش‌نگهی خویش و آشنا و همسایه برنیازارد. اگر بمهربانی چاره پذیرد بقهرمان نشتابد. افتاده‌را جان نشکرد و گریخته‌را از پی نرود. بسوگند زبان برنگشاید و عبرت از دیگران برگیرد، نه از خود. هر که از پندگذاری روزگار دانش بیندوزد برنج آموزگار سودی برنیارد. از هرکه نیکی رسد بفرامشی ندهد و در پاداش آن برکوشد. کار امروز بفردا نیندازد و نیکنامی‌را جاوید زندگی برشمرد. از مزاح و بازی بر کناره زید، خاصه با بزرگتر از خود. اگرچه پیشینیان بملال‌زدائی لختی بدان پرداخته‌اند نه چندان که دل بیفشرد و بایست وقت از دست رود.

the characteristics of one's associates. In assessing people much insight must be used: one may be nourishing and another poisonous; some are nutritious, and others are medicinal. Many people who are essentially evil have talked their way into the ranks of the good, and many benevolent people have become known for maleficence because they were silent, told the truth, were not sociable, or were reclusive. Do not avoid or become upset with an honest person with a bitter temperament; do not become tired of seeing a benevolent person, and consider a plethora of supporters to be an ornament to your fortune, not a pretext for inattention. The worth of a person of noble lineage can be known from his essence, not from his ancestors or his genealogy. One should make one's way to the truth of a report through a screen of smoke, which is the child of fire and is without light. Act with your subordinates as you expect your superiors to act with you. Speak behind people's backs as you do in their presence. In trials deliberation and insight must be employed, and do not rely solely upon written evidence, witnesses, or oaths. Questioning from many angles and reading people's characters are helpful. Weigh accounts of people's histories against their associates' characters. Ask for divine assistance in your investigations, and do not allow punishment to exceed the offense. Do not render verdicts when you are angry or hungry. Do not be prejudiced by a difference in religion, and make every effort to remain under the shadow of universal peace. Never sully your heart with vengeance, and do not resort to artifice in chastisement. Be discreet, and do not divulge confidences to more than one or two wise supporters. When you ask for advice, do not hold council ill-advisedly. First inquire of your counselors separately, and then bring them together to investigate a report, but do not disclose the identity

هیچکس‌را با خود گستاخ نسازد و بشرمگینی درنیندازد. پلارک شمشیر و خامه‌را دو بازوی دولت برشمرد. نخست با دلیر آزادخاطر بسپارد و پسین بسیرچشم راستی‌کردار. سپاه بچهار چیز بلندنامی گیرد، یکجهتی با خداوند، دوستی با خیلتاش، فرمانپذیری، آزمونکاری. و اسپهبد آنگاه نامور گردد که پیوسته از ماهواره و سلاح و ستور نوکر آگهی ورزد و همواره بساز و برگ دارد. ببخشش و بزرگداشت دلها بدست آورد. پس‌ماندگان رفتگان‌را تیمارداری نماید و بخواستهٔ اینان دست درنیارد. از روزگارآسودگی بخواب درنشود و مدارا بهنگام کار درنیندازد. خرج کمتر از دخل برسازد. لختی برخورد و برخی برافشاند و چندی براندوزد. خویشتن‌را بخوردِ مکیّف ندهد و شکارشیفته نباشد. از نهفته‌پژوهی غفلت نورزد، خاصه از نزدیکان. از سگالش دشمن آگهی جوید و بهر کاری چندی بهم ناآشنا برگذارد و گذارش اینان خود برسنجد و اگر نتواند براستی‌منشی سیرچشم خدیو صلح کل سپارد، ورنه در پی جاسوسی فراوان شود.

of the reporter lest you injure yourself, your friends, and your neighbors through a mistaken verdict. If a situation can be remedied with kindness, do not resort to harshness. Do not kill a fallen enemy, and do not pursue anyone who flees. Never open your lips to take an oath. Learn lessons from others, not from yourself. No one who acquires wisdom from the advice of the world will have to suffer lessons from any other teacher. Never forget a good deed and strive to reward it. Do not put off till tomorrow what can be done today. Know that a good name is eternal life. Avoid mirth and sport, particularly with your elders. Although the ancients engaged in these things to dispel boredom, they did not engage in them to the extent that their hearts grew cold and they neglected to do what was necessary. Neither allow anyone to be impudent to you nor put anyone to shame. The sword and the pen are the two arms of fortune: the first is entrusted to a magnanimous warrior, and the second is given to an honest person who cannot be tempted by avarice. Armies gain renown through four things: unity of purpose with their lord, love for their fellows, obedience, and experience. A commander gains a good name when he is constantly aware of his liege men's pay, weapons, and animals and pays attention to their clothing and provisions. Hearts are won through generosity and respect. Give condolences to the bereaved, and do not touch the property of those who die in your service. Do not be lulled into false security by peace, and do not put off conciliation of your enemies until a time of necessity. Spend less than your income: spend a part in consumption, give a part away, and save a part. Do not give yourself over to the consumption of intoxicants, and do not overindulge in hunting. Do not neglect espionage, particularly with respect to those closest to you. Be aware of what your enemies

۸۸ غرّهٔ اردی‌بهشت شیخ ضیاء الله جهان‌را پدرود کرد. پور شیخ محمد غوث است. لختی نقلی دانش اندوخته بود و بدلاویز گفتار صوفی بس آشنا.

ششم همایون موکب بایمناباد سایهٔ دادگری انداخت و نهفته‌دانی کشورخدیو بتازگی دلنشین که و مه گردید. از آنجا که هوای کهسار کشمیر و دشوارگذاری و دیرگشائی او آرمیدگان‌را برشوراند (تا بفرومایگان سبکسر چه رسد)، غوری‌زادی جمیل نام در آن ملک بایماق بدخشان برآمیخت و بدستانسرائی خودرا عمرشیخ پور میرزا سلیمان وانمود. میرزارا هنگام ناکامی در حصار از کنیز فرزندی شد و این نام برنهادند. چون از آنجا برآمد نزد اوزبک خان عمزادهٔ عبد الله خان گذاشت و همانجا درگذشت. گویند تنگچشمان ناتوان‌بین ازهم گذرانیدند و چندی بر آنکه از گزند آبله قالب تهی کرد، و برخی زنده برگذارند. آن حیله‌پرداز شورش در سر گرفت و پنهانی در پیمان بستن مردم و بخود یاور گردانیدن تکاپو نمود تا هزار بدخشی و فراوان کشمیری بدو گرویدند. هنوز پرده از روی کار برنگرفته بود که آوازهٔ همایون رایات بلند شد. چندی از رازداران اورا گرفته بمحمدقلی بیگ ترکمان سپردند و درین سرمنزل آن شوریده‌سررا آوردند و بادافراه یافت. اگر والا نهضت نمیشد سترگ شورش برمیخاست و بسیاری بروز ناکامی مینشست. صورت‌گرایان سعادت‌سگال‌را بینش چشم برگشودند و بازدارندگان این یورش سر بجیب شرمساری فرو بردند.

are thinking, and for every labor assign several people who are unacquainted with each other. Then weigh their reports against each other. If that is not possible, rely on the honesty of an incorruptible person who is dedicated to universal peace. Otherwise be diligent in espionage.

On the first of Urdibihisht [April 21], Shaikh Ziya'ullah bade 88
farewell to the world. He was the son of Shaikh Muhammad Ghaus. He had acquired some traditional learning, and he was well acquainted with Sufi maxims.

On the sixth [April 26], the imperial retinue arrived in Eminabad, and the emperor's prescience was proven once again to all. Since the weather of the mountains of Kashmir, the difficulty in getting through, and the length of time it took to conquer upset those used to ease, not to mention vile persons with ridiculous notions in their heads, a man of Ghorid ancestry named Jamil joined the Badakhshani tribes there and claimed to be Mirza Sulaiman's son Umar-Shaikh. (When Mirza Sulaiman was in Hissar during one of his times of misfortune he had a son of this name by a concubine; and when Mirza Sulaiman departed he left the child with Abdullah Khan's cousin Uzbek Khan, and the child died there. They say jealous, envious people killed him, but others believe he died of smallpox, and some thought he was still alive.) The impostor hatched seditious notions and endeavored to make alliances and attract supporters until a thousand Badakhshis and many Kashmiris had joined him. Scarcely had his real intentions been revealed when news of the imperial retinue's approach was heard. Some of his confidants seized him and turned him over to Muhammadquli Beg Türkmän. At this stopping place he was brought in and punished. Had the emperor not gone on this expedition, much unrest would have broken out

۸۹ نهم خداوند خان دکنی از خودسری بر کناره شد. چون در آویزهٔ صادق خان شرمسار ناکامی گردید اندیشهٔ بندگی در سر گرفت. بدوستی پیوند شیر خواجه‌را دید و در کمتر زمانی ازو جدا شد. سپس از ستاره‌رهنمونی بمیانجی میرزا علی بیگ اکبرشاهی بپرستاری شاهزاده آمد. از آنجا که رشتهٔ مدارا دوتائی نداشت و خودرأیی او روزافزون، در آن سال و مه راه گریز سپرد.

شانزدهم جگت سنگه پور راجه مانسنگه‌را بشمالی کهسار دستوری شد. از ناسازگاری رستم میرزا و آصف خان در کار درنگ رفت و باسو مؤرا استوار کرده نخوت‌فروشی فراپیش گرفت. گیتی‌خداوند کنار دریای چناب میرزارا نزد خود برخواند و آن گزیده خدمت‌را بسرکردگی سپاه فرستاد. هیژدهم افسرخدیو شکارکنان بقصبهٔ گجرات که درین نزدیکی بفرمایش شاهنشاهی آباد شده بود گذاره فرمود و در نشیمن آن شهر دلگشا لختی برآسودند.

نوزدهم میرزا یوسف خان باتالیقی شاهزاده سلطان مراد سربلندی یافت. شهریار نهان‌بین پیشین سال اورا در گجرات جایگیر کرده دستوری داده بود. درین هنگام که صادق خان‌را سپهر گردش بسر آمد اورا بدان سترگ پایه برآوردند و فرمان شد که زود با شاهزاده پیوندد و بایست وقت‌را پاس دارد.

and many would have suffered. This episode proved the emperor's prescience to those of insight, and those who would have prevented the expedition were humiliated.

On the ninth [April 29], Khudawand Khan of the Deccan 89
ceased his refractoriness. After being humiliated in battle by Sadiq Khan, he contemplated obedience to the emperor. Using mutual friends as go-betweens he capitulated to Sher Khwaja, but it was not long before he deserted him. Then he was led by his lucky star to join the prince's service through the intermediary of Mirza Ali Beg Akbarshahi. However, since the prince was not adept at conciliation and Khudawand Khan's arrogance was unbounded, he deserted again.

On the sixteenth [May 6], Raja Man Singh's son Jagat Singh was sent to the northern mountains. Since Rustam Mirza and Asaf Khan could not get along together, there had been delay in action, and Basav had fortified Mau and was being arrogant. The world lord summoned the mirza to himself on the banks of the Chenab and put him in command of troops. On the eighteenth [May 8], the emperor went hunting. When he arrived in Gujrat, which had recently been improved by imperial command, he rested there for a while.

On the nineteenth [May 9], Mirza Yusuf Khan was elevated to the post of *ataliq* to Prince Sultan Murad. Presciently the emperor had given him a fief in Gujarat the year before and sent him there. At this point, with the death of Sadiq Khan, he was assigned to that exalted post and ordered to join the prince quickly and carry out what needed to be done.

۹۰ و از سوانح شکست یافتن پات کنور. چون لچهمی نراین مرزبان کوچ سر بفرمان درآورد و کار او بلندی‌گرا شد آن همسررا ناتوان‌بینی کالیوه ساخت. لشکر فراهم آورده برخی ولایت برگرفت. او بقلعه در شده از راجه مانسنگه یاوری خواست. فوجی گزین بسرکردگی ججهار خان و فتح خان سور گام تیزروی برداشت. بیست و دوم بدو پیوست و بسترگ آویزش برشکست. بسا کس نابود و دستگیر شد و فراوان اولجا بدست افتاد.

بیست و سیوم رایات همایون در بهنبهر سایهٔ اقبال انداخت و منازل میر مراد اقطاعدار آنجا بقدسی قدوم روشنی گرفت و فیروزی سپاه‌را ده لخت گردانیدند. نخست خود با چندی خاصان، دوم پردگیان شبستان اقبال (نگارندهٔ شگرفنامه‌را با لختی مردم بیتاقداری این جوق گذاشتند)، سیوم بزرگ شاهزاده با مردم خود، دیگر هفت کشکداران هر روز.

۹۱ غرّهٔ خرداد نخستین گریوه درنوردیدند. ششم که روز جشن بود در راجوری مقام شد و شاهزاده بی‌دستوری بدرگاه رسید و در راه لختی ناهنجاری رفت. چندی کورنش نداده بعتابگاه داشتند و درین داوری پرسش راقم گوهرین نامه‌را برخواندند. از مهرافزونی گیتی‌خداوند و شرمگینی آن نونهال دولت بخشایش رفت. درین روز بعرض همایون رسید که خواجگی فتح الله‌را در پاس راه لغزش رفت و یکی از خدمتگذاران بزرگ شاهزاده‌را روزگار بسر آمد. اورا نزد شاهزاده فرستادند تا بپاداش رساند. آن نوباوهٔ اقبال ازین عاطفت نشاط اندوخت و برنواخته بخدمت فرستاد.

Pat Kunwar is defeated 90

90

When Lachhmi Narayan, the ruler of Cooch, pledged his obedience and things were looking up for him, his adversary (Pat Kunwar) was plagued with jealousy. Assembling an army, he seized some of the territory. Lachhmi Narayan took refuge in a fortress and requested assistance from Raja Man Singh. A fine contingent was sent under the command of Jujhar Khan and Fath Khan Sur. On the twenty-second [May 12], they confronted Pat Kunwar, and he was defeated in a fierce battle. Many were killed, many were taken captive, and much booty was taken.

On the twenty-third [May 13], the imperial banners arrived in Bhimbar, and the quarters of Mir Murad, the fiefholder of the area, were graced by the emperor. The army was divided into ten divisions. The first division was taken by the emperor himself with a few of his elite; the second went with the ladies of the harem. The author of this volume and a few men were assigned to guard this division. The third division went with the eldest prince and his men, and the other seven divisions were posted on guard throughout the week.

On the first of Khurdad [May 22], the first pass was negoti- 91
ated. On the sixth [May 27], a day of festival, a stop was made in Rajauri, and the prince went to court without orders because there had been some unpleasantness along the way. For a time the prince was not allowed to pay his respects as a chastisement. The author of this volume was called upon to mediate, and the emperor kindly forgave the prince. This day it was reported that Khwajagi Fathullah had made a mistake in supervising the movements, and one of the eldest prince's servants had died. Khwajagi Fathullah was sent to the prince for punishment, but the prince, overjoyed with this show of favor, sent him back to his duties.

هشتم شاهزاده دستوری یافت که بپیشین روش چالش رود و کمتوین نیز بدان خدمت بازگردید.

یازدهم از پُشیانه[۳۲] کوچ شد و گریوهٔ پیرپنجال‌را برف بریده و مالیده برگذشتند و نزد ناری‌براری در نشیمنی که محمدقلی بیگ برافراخته بود همایون نزول شد.

۹۲ درین سال فتنهٔ بهادر فرو نشست. او پور مظفر گجراتی است. چون بناکامی جهان‌را پدرود کرد پسر او به پنواری زمیندار پناه برد. او پنهان داشته پرورش مینمود. درین هنگام که بسیاری اقطاعدار آن ملک بخدمت شاهزاده در دکن بود پسر نخستین سر بشورش برداشت و فرومایگان مگسخو بدو پیوستند و قصبهٔ دندوقه بتاراج رفت. راجه سورج‌سنگه با چندی آهنگ پیکار در سر گرفت. درین روز فوجها از هر دو سو آراسته شد و لختی قراول درآویخت و از شاهنشاهی اقبال آن شورش‌مایه راه گریز سپرد.

چهاردهم شگرف پخها گذشته بهیره‌پور فرود آمدند و ازین سرمنزل بتماشای بهار جمال‌نگری خرامش رفت. و فرمان شد که اردو شاهراه سپرده بشهر درآید. در باستان مرزبان‌نشین بود. خرابهٔ او آگهی داستان برخواند و صحرا دژم دل برگشاید. کمترین بوالا فرمایش از هیره‌پور در آن نزهتگاه بسجود قدسی آستان سربلندی یافت.

۹۳ نوزدهم در بیج‌براره[۳۳] بارگاه والا برافراختند و پردگیان شبستان دولت پیوستند. در آن نزدیکی میرزا یوسف خان بر بلند پشتهٔ شهربندی برسگالیده بود. بدان سرزمین گذاره شد و اکبرنگر نام نهادند و آبادی آن بمحمدقلی بیگ بازگردید. درین منزل بزرگ شاهزاده بدولت کورنش سعادت اندوخت. بیست و سیوم با برخی نزدیکان بسیر بالارویه چالش

On the eighth [May 29], the prince was dismissed to complete the mission he had been given, and I was assigned to him.

On the eleventh [June 1], the retinue decamped from Poshiana, and the Pir Panjal pass was negotiated by cutting through and packing down the snow. The emperor stopped near Nari Brari in the quarters Muhammadquli Beg had prepared.

During this year Bahadur's rebellion was quelled. He was the 92 son of Muzaffar of Gujarat. When Muzaffar bade the world farewell, his son took refuge with a Panwari zamindar, who kept him hidden and raised him. At this point, when many of the fiefholders of that region were in the prince's service in the Deccan, the son raised his head in rebellion. Joined by vile wretches who swarmed around him like flies, he pillaged the town of Dhandhuka. Raja Suraj Singh and some others set out to do battle. On this day troops from both sides were arrayed, and the scouts clashed. By imperial fortune the perpetrator of the revolt was routed.

On the fourteenth [June 4], the worst of the passes were crossed, and the emperor stopped in Hirapur. From there the emperor went out to see the spring in Jamalnagari. The members of the camp were ordered to take the highway to the city. In ancient times Jamalnagari had been a royal residence, but all that remained of it were ruins. By imperial order I went out from Hirapur to pay homage there.

On the nineteenth [June 9], the court tent was pitched in Bijbi- 93 ara, and the ladies of the harem joined the emperor. Mirza Yusuf Khan had contemplated building a city on a hill in the vicinity, and when the emperor passed by, he named it Akbarnagar and assigned construction to Muhammadquli Beg. At this stopping place the eldest prince paid homage.

رفت. نخست به اِنچه سایۀ اقبال انداختند و از آنجا بمچهی‌بهون نشاط اندوخته نزد خان‌پل بکشتی برنشستند. از هر دو کنار دل‌فریب جلگه‌ها بینش سرمه میسائید. گیتی‌خدیو بر گلگون اقبال برآمده عشرت شکار میفرمودند.

۹۴ و از سوانح گشایش قلعۀ مؤ. راجه باسو از واژون‌بختی و جااستواری راه ناسپاسی رفت و بسا بوم‌نشین‌را بخود یاور گردانید. چون فیروزی سپاه بدانجا رسید برخی بومی جدا شده پیوست. آن شولیده‌مغز بدان دشوارگشا دژ در شد. فیروزی سپاه گرد برگرفت. غرض‌پرستاری از کارپژوهی بازداشت. چون بفرمان والا میرزا رستم روانۀ درگاه شد دیگر بندگان پیمان یکتادلی بسته بخدمتگری پای همّت افشردند. دو ماه سترگ آویزه گوهر رادمردی می‌افروخت. یکسو آصف خان با گروهی کارطلب و از دیگر جانب تاش بیگ خان با چندی پردل. از طرفی هاشم بیگ با جوقی ناموس‌دوست، و از جهتی محمد خان با گروهی خدمتگذار. بیست و چهارم آن غنوده‌خرد برآمده بدیگر استوار جا پناه برد. اولیای دولت دژ برگرفته بنگاه‌را یغمائی ساختند و خان‌ومان اورا آتش درزدند. بیست و ششم نزد پن‌پور[۳۴] میرزا رستم ناصیه‌سا آمد و بخسروانی نوازش سر برافراخت.

۹۵ بیست و هفتم نزد کوه سلیمان دایره شد و شهریار بسیر کولاب دل چالش فرمود و از آنجا بدیدن امریسر[۳۵] که گزین پرستشکدۀ آن دیار است و نزد آن دلگشا چشمۀ برجوشد. افسرخدیو صد و پنج کروه‌را در سی و چهار روز درنوردید و یک ماه و پنج روز در راه مقام شد.

On the twenty-third [June 13], the emperor went with some of his courtiers to tour upstream. He went first to Inch and then to Machhi Bhavan, and he embarked by boat near Khanabal. On both sides of the river enchanting fields could be seen. The world lord mounted a steed and enjoyed hunting.

The fortress at Mau is conquered 94

Guided by misfortune and overly proud of his impregnability, Raja Basav trod the path of ingratitude and enticed many local rulers to help him. When invincible troops arrived there some of the locals deserted the raja and joined the imperials. The crazed raja holed up in his stronghold, and the imperials surrounded it, but selfishness overrode determination. Then, when Mirza Rustam set out for court by the emperor's command, the other imperial servants united in purpose. For two months great battles tested courage. On one side were Asaf Khan and a troop of warriors, on another side were Tash Beg Khan and some intrepid fighters, in another direction were Hashim Beg and a contingent of honor-loving battlers, and on the fourth side were Muhammad Khan and his company. On the twenty-fourth [June 14], the wretch got out and took refuge in another fortress. The friends of fortune seized the stronghold, pillaged the raja's stores, and burned his home. On the twenty-sixth [June 16], Mirza Rustam paid homage near Pampur and was received with regal favor.

On the twenty-seventh [June 17], camp was made near Mount 95 Sulaiman, and the monarch went to see Lake Dal. From there he went to see Amaresvara, the finest temple in the region.[37] Near it was a delightful bubbling spring. The monarch had traversed one hundred twenty leagues in thirty-four days. One month and five days had been spent at stops.

۹۶ بیست و هشتم بشهر ناگرنگر سایهٔ اقبال انداختند. نزد سری‌نگر بلند کوهیست، بزرگ آبگیری در گرد او. شهریار دوربین آن سرزمین‌را بمصر آبادی برگزیده بود. میرزا یوسف خان بفرمان والا آباد گردانید و نشیمنی چند و گزین شهربندی اساس نهاد و سپاه نیز درخور خانه‌ها برساختند. جهان‌سالار در منزل محمدقلی بیگ بر کنار کول قدسی نزول فرمود و فرمان شد که قلعه‌را سنگین برسازند. هر لخت بامیری نامزد گردید. امروز پیدائی گرفت که شورش آن غوری‌زاده برخاسته بود و از آوازهٔ همایون موکب چگونه فرو نشست. سپارندهٔ او پاداش نیکپرستاری برگرفت. و نیز روشن شد که از ستمکاری اقطاعداران سترگ خرابی راه یافته. از کارنشناسی همگی جمع طلبیدند و از آن ملک غله‌بخش زر و سیم بازخواستند. شهریار دادگر گروهاگروه مردم‌را بخشایش فرمود و گزیده آئینها برنهاد. ستمگران تاریک‌درون‌را بادافراه سرانجام شد و کشاورزان زیان‌زده‌را مهربانی دستگیری نمود. همگی ملک‌را چهارده بخش کرده بهر یک دو بتگچی ایرانی و هندی فرستادند تا خام کاغذ هر دو برخوانده از کاشته و افتاده و برگرفته آگهی برجویند و نیمهٔ جنسی‌را در پارنج فرماندهی برشمرده افزون‌را بازدهانند. اگرچه همواره توده نام برنهند، لیکن ناکشتمند برزگر بسیوم بخش آرزومند. قرار گرفت در کشت‌وکار ناکشتمند افزون از ده‌ساله نخستین سال ششم بخش برستانند و در دوم چهارم و در سیوم سه توده و درچهارم نیمه. و از ده‌ساله تا چهارساله اولین بار پنجم بهره، دوم سه توده، سیوم بدستور. و از چهار تا دو ساله نخست سه توده و دیگر نیمه. در اندک فرصتی سترگ آرامش پدید آمد.

On the twenty-eighth [June 18], the emperor arrived in Nagarnagar. Near Srinagar is a high mountain surrounded by a large lake. The foresighted monarch had selected the site for a metropolis. Mirza Yusuf Khan had built it and provided several domiciles and a surrounding wall, and the military had also built appropriate houses. The emperor stopped in Muhammadquli Beg's quarters on the shore of the lake and ordered a citadel to be made of stone. Every part was assigned to an officer. On this day it was reported that the Ghorid's revolt had been quelled when he retreated at the news of the arrival of the imperial retinue. The reporter was rewarded well for his service. It also became clear that much damage had been done by the tyranny of fief-holders. In their incompetence they had demanded payment of all taxes in gold and silver from a land that produces grain. The just emperor was generous to all the people and established good customs. The tyrants were punished, and the suffering farmers were helped by the emperor's kindness. The entire domain was divided into fourteen sectors, and to each sector were assigned two secretaries, one Iranian and one Indian, so that when their preliminary reports were read, what was sown, what was fallow, and what was reaped could be estimated. Half of the produce would be taken in taxes, and the excess would be returned. Although the name *tuda* was retained, farmers were hopeful of a third on uncultivated land. It was decided that when land that had lain fallow for more than ten years was planted, a sixth would be taken the first year, a fourth the second year, a third the third year, and a half in the fourth year. On land that had lain fallow from four to ten years, a fifth would be taken on the first year's crop, a third on the second, and the usual half in the third year. On land that had lain fallow from two to four 96

۹۷ از بارش کمی و کشاورزپراکندگی لختی گران‌ارزی بود. در آمدن فیروزی سپاه اگرچه آن سختی افزود لیکن شاهنشاهی نوازش چاره‌گر آمد. در آن شهر دوازده جا بفرمان والا که و مه‌را خورش آماده ساختند. هر یکشنبه در عیدگاه صلای عام برزدی و چندی از پیشگاه حضور رفته خواهشگران‌را خواسته و خورش دادی. هشتاد هزار مستمند و گاه کم و بیش کام دل برگرفتی و در ساختن قلعه نیز فراوان آرزومند جان‌داروی زندگی یافت و بدستاویز مزدوری از تنگنای جانکاهی برآمد.

درین هنگام در سایر جهات لختی ژرف‌نگهی رفت و پنجاه و پنج ناستوده رسم بخشش یافت. کشاورز تا روزگاری دراز بسان سابق برگذاردی و تا قدسی فرمان بخشش فراچنگ نیامد باور نکردند. از آن میان داستان زعفران. پارنج جهانبانی‌را ببازرگان و دهقان برای پاک ساختن بخش کردی. اگرچه در یازده ترک یکی مزد برشمردی، لیکن دو سیر خشک زعفران و تره برگرفتی و سترگ زیانزدگی رفتی، خاصه هنگام بارش. و نیز دیرین رسم بود که رعیّت لختی چوب از دوردستها بریده آوردی، ورنه خواسته بردادی. و همچنین از درودگر و بافنده و دیگر پیشه‌ور زر برگرفتی.

۹۸ دوم تیر بتماشای نو نشیمنها چالش رفت. فراز کوهچهٔ که نزد ناگرنگر است میرزا یوسف خان دلنشین کاخها برای شاهی آسایش برافراخته بود و در یکی سه‌صد زینه انجام یافته.

ششم بشهاب الدین‌پور رفته فیض برگرفتند و از آنجا بزین‌لنکا یازش رفت. چون بکول درآمدند موجخیز برجوشید. کشتی‌را بکناره کشیدند و بدامن کوه برآسودند و صبحگاه بدان فیض‌جا رسیده تازه آگهی براندوختند.

years, a third would be taken the first year and half the next year. In a short time there was great prosperity.

Due to a lack of rain and agricultural distress there was a bit of scarcity. With the coming of imperial troops the difficulty had increased, but the emperor dealt with the problem by establishing twelve places in the city where food was provided for all, and every Sunday there was an open invitation for the entire population on the *idgah.* Some courtiers also went on the emperor's behalf and gave money and food to the poor. Eighty thousand poor people, more or less, received their hearts' desires. Many were employed in the construction of the fortress, and the wages they were paid rescued them from crushing poverty. 97

Around this time the emperor's penetrating gaze was focused in all directions, and fifty-five displeasing customs were abolished. Farmers had long been reporting as in the past, and until the emperor's order of forgiveness arrived they did not believe it. One of the items was saffron. The imperial *paranj* used to be divided among the merchants and farmers for cleaning. Although one *trakh* was taken out of eleven for a wage, it took two seers of dry saffron to produce this much, and there was significant loss, particularly during the rains. It was also an ancient custom that the peasants would cut firewood far away and bring it in; otherwise they would give cash. The situation was similar for carpenters, weavers, and other craftsmen.

On the second of Tir [June 23], the emperor went to see the new quarters. Atop the small mountain near Nagarnagar, Mirza Yusuf Khan had constructed charming pavilions for the emperor's rest; one of them had three hundred steps. 98

On the sixth [June 27], the emperor went to Shihabuddinpur, and from there he went to see Zain Lanka, but when he entered

نهم از بزرگ شاهزاده در سیر آن سترگ آبگیر لختی ناهنجاری رفت. خواجه بهول خشم‌آلود پیام شاهنشاهی برگذارد و شاهزاده از درشت گفتار او برآشفت. شهریار مهرباندل سر زبان اورا لختی تراشیده دل بدست آورد.

درینولا بفرمایش شاهنشاهی غرابی بسان شور دریا بانجام رسید و که و مه‌را شگفت درگرفت. بیستم در آن برنشسته رودبار بهت‌را تماشا فرمودند.

۹۹ و از سوانح گشایش باندهو. اورنگ‌نشین دادوررا چون افزایش ملک و مال بنیایش‌فزونی برد و صوری کامیابی دستآویز آبادی جهان معنی گردد، هرآئینه شگرفکارها که فرمانفرمایان باستانی‌را بفراوان کوشش برنیامده باشد بندگان فرمانپذیررا بآسانی فرا دست آید و گشودن این دژ دشوارگشا ازین شیوازبانی نماید. پنّه آباد ملکیست جداگانه مبرزبان. این قلعه نشیمن‌جای او. خاورسو شصت کروه و سپس بوم دیگر راجه‌ها که لختی بدو نیایش نمایند. پس ولایت سرگُجه و رهتاس. باخترسو دوازده کروه، پس زمینداران دیگر بدو قدری ایل. گذشت آن ملک گدهه. شمال آب گنگ و جون، شصت کروه پیوست صوبهٔ الله‌آباد. جنوب تا شانزده کروه، پس ولایت گدهه. میان جنوب و مشرق رتنپور[۳۶] تا چهل و پنج کروه. و میان شرق و شمال هفتاد کروه، سپس صوبهٔ الله‌آباد. میان شمال و غرب پنجاه کروه پیوسته بقلعهٔ کالنجر. و میان غرب و جنوب بیست و پنج کروه و آن سوی او ولایت گدهه. دشوارگشائی این دژ بگفت نیاید. کوهچه‌ایست گرد، نشیب آن هشت کروه، و فراز و بلندی از یک و نیم کروه افزون. سه طرف یک لخت کوه. شمال‌رو چهاردیوار سنگین. نخستین دروازه‌را گنیش‌پور نامند. فراخ آبگیری در

the lake the water was choppy, and the boat was taken back to shore. After resting at the foot of the mountain, he went there the next morning.

On the ninth [June 30], some disrespect was shown by the eldest prince during the tour of the lake. Khwaja Phul delivered an angry message from the emperor, and the prince was much offended by the harshness of his tone. The kind emperor softened his tone and won the prince's heart over.

Around this time an imperially commissioned seaworthy ship was completed to the amazement of all. On the twentieth [July 11], the emperor embarked in it and toured the Jhelum River.

Bandho is conquered 99

Since the just monarch increases his territory and wealth by more worship and uses worldly success as a means to improve the world, his obedient servants easily succeed where rulers of the past failed despite great effort. The conquest of this impregnable fortress bespeaks this. Panna is a flourishing kingdom with its own ruler, and the fortress of Bandho is his seat. Panna extends sixty leagues to the east, and after that are the territories of other rajas, some of whom owe him allegiance. Farther than that is the territory of Sarguja and Rohtas. To the west Bandho extends twelve leagues, after which are other zamindars, some of whom are submissive, and after that is the land of Gadha. Sixty leagues to the north it is bounded by the Ganges and the Jumna and abuts the province of Allahabad. To the south it extends sixteen leagues to Gadha. Forty-five leagues to the southeast is Ratanpur. Seventy leagues to the northeast is Allahabad. Fifty leagues to the northwest is Kalinjar, and twenty-five leagues to the southwest is the territory of Gadha. The impregnability of this fortress is beyond telling.

آن نزدیکی. دوم هندلی‌پور، سیوم کرن‌پور، چهارم هرهرپور. در آن بنگاه راجه و آن قلعه‌ایست چهاردیوار گرد دلگشا بستانی و نظرفریب حوضی و بزرگ بتخانهٔ درو. و بگرد او خویشان و نزدیکان‌را منزلگاه. هیچ فرماندهی بدو دست نیافته. سلطان علاءالدین آرزو در سر گرفت. فراوان گنجینه بخرج رفت و جانها فرو شد و کاری برنیامد. امروز از اقبال‌نیرنگی بکمتر توجّهی گشایش یافت. دژنشینان چون آن خردسال‌را بدرگاه والا فرستادند همگی اندیشه آن بود که بزرفشانی از دژ یازش بازدارند. شهریار دیده‌وررا گفتگوی پاره‌پذیران درنگرفت و فرمان شد که آئین بندگی آنست که یکبار قلعه بسپارند تا باز بخشیدن طراز شایستگی گیرد. از خردغنودگی و دژاستواری پند نپذیرفته بسرتابی نشستند. رای پترداس جدکاری فراپیش گرفت و داد و دهش‌را کلید گشایش گردانید. بسترگ آویزشها بر آن ملک چیره‌دست آمد و بفرّخ ساعتی آن‌را گرد برگرفت. پس از هشت ماه و بیست روز بیست و دوم تیر درونیان از کم‌آذوقی بزینهار دیدند و قلعه بدست درآمد و فراوان غنیمت گرد آورد.

چهارم امرداد بشبستان شاهزاده سلطان دانیال پسری از دخت قلیچ خان چهرهٔ هستی برافروخت و بزودی آنجهانی شد.

There is a small round mountain, the slope of which extends for eight leagues. The ups and downs are more than a league and a half. On three sides are sheer cliffs. To the north there are four stone walls. The first has a gate called Ganeshpur, and there is a vast reservoir nearby. The second is called Hindalipur, the third Karanpur, the fourth Harharipur, and that is where the raja dwells. It is a citadel with four round walls enclosing a charming garden, an enchanting pool, and a large temple. All around it are the residences of the raja's relatives and courtiers. No ruler has ever laid a hand on it. Sultan Ala'uddin wanted to take it, and he spent an enormous amount and many were killed, but nothing came of it. Today it was conquered by the mysterious workings of fate with only the slightest attention.

When the defenders of the fortress sent the young raja to court, their thought was to fend off attack by bribery, but the emperor paid no attention to the talk of bribe takers, and it was ordered that it was a necessary concomitant of submission to turn over the fortress altogether before it could be given back. In their foolishness and thinking their stronghold was secure, the defenders resisted. Rai Pitar Das took charge and used justice as a key to the conquest. He took control of the territory in battle and then surrounded the fortress at an auspicious hour. After eight months and twenty days, on the twenty-second of Tir [July 13], the defenders were forced by lack of supplies to sue for amnesty and turn over the fortress. Much booty was taken.

On the fourth of Amurdad [July 26], a son was born to Prince Sultan Danyal by Qilich Khan's daughter, but the child soon died.

۱۰۰ و از سوانح نمایش قوس قزح. در شبانگاه پنجم شب سیزدهم ذی الحجّه در شهر سری‌نگر بزم آگهی آراسته بود. سیوم پهر خاورسو قوس قزح که فارسی کمان دورنگ نامد پیدائی گرفت. رنگ‌آمیزی او کمتر از آن بود که بروز نماید. اگرچه چندی آن‌را خاص روز انگارند، لیکن خرد مخصوص نداند. نزد برخی باستان از پرتو ماه نیز پیدائی گیرد و برنگها برنیاید. مولانا سعدالدین تفتازانی برگوید «سال هفتصد و شست و سه بترکستان خلاف جهت ماه نموداری بسان قوس قزح دیدم، لیکن نه بدان درازی و روشن‌رنگی.» هشتم در آن شهر پس از سپری شدن پاسی از روز طُفاوه دو ساعت پیدائی داشت. هندی دانشور شایسته نشمرد و بزرگان‌را بمستمندان‌نوازی رهنمونی کرد. گیتی‌خداوند فراوان خواسته بتهیدست داد و دلها بدست آورد. چگونگی پیدایش این دو نموداررا اگرچه این نامه برنتابد و فرهنگ‌نامه‌ها برگذارد، لیکن آگهی شورش مرا خواهی نخواهی بر آن آورد که لختی برگوید و بر پژوهنده گوهر بینش برافروزد.

۱۰۱ مشّائیان این شگرف کمان و هاله و شمسیّات‌را نمودِ بی‌بودِ خیالی پندارند چون نمایش صورت در آئینه. و اشراقیان حقیقی وجود انگارند. آبریزهای زدوده هرگاه بآئین دایره نزد خاوری افق یا باختری فراهم گردند و از پس کوه یا ابر تیره و دیگر سو نیّر اعظم هرآینه عکس آن برو افتد و کمان دورنگ پدید آید، اجزای آئینه‌تمثال از جزوی فروغ و رنگها برگذارد، نه پیکر. و در بلاد فزون‌عرض چون آفتاب در جنوبی برج باشد بشمالی‌سو نیز نمایش دهد. اگر خورشید بر افق حسّی باشد افق بمرکز آن دایره برگذرد و نیمهٔ کمان پدیدار

The appearance of a rainbow 100

On the evening of the fifth [July 26], the thirteenth of Dhu'l-Hijja, there was a banquet of awareness in the city of Srinagar. During the third watch a rainbow, which the Persians call the "two-colored bow," appeared in the west. The colors were too faint to show. Although some people think that rainbows are limited to daytime, the really wise know that it is not so. According to some of the ancients, rainbows also result from a reflection of moonlight, but in that case they do not show color. Maulana Sa'duddin Taftazani says: "In the year 763 [A.D. 1361–1362] in Turkistan I saw a phenomenon opposite the moon in the form of a rainbow, but it was not so long or so bright in color as a rainbow." On the eighth [July 30], in that city after the elapse of a watch of the day a solar ring appeared for two hours. The Indian astrologers did not consider it auspicious and advised the nobles to give charity to the poor. The world lord gave much money to the poor and won over many hearts.

Although there is not room in this volume to explain the appearance of these two phenomena, explanations of which can be found in encyclopedias, the search for knowledge compels me to say something for the enlightenment of those who would know.

The Peripatetics think the rainbow, the ring around the moon, and solar phenomena are insubstantial apparitions, like the reflection of a face in a mirror. The Illuminationists think they actually exist. When droplets of water gather in a circle near the eastern or western horizon, and when the light of the sun reflects upon them from behind a mountain or a dark cloud and a two-colored bow appears, mirrorlike particles produce brilliance and colors, not a body. When the 101

گردد. و اگر از افق بلند بود قوس کمتر از آن نماید. چون بالای طرف قوس بآفتاب نزدیک است و نیروی انعکاس افزون، سرخ خالص نماید. و پائین‌سورا از دوری و کم‌فروغی ارغوانی بینند. و میان از آمیزش فروغ بالائی و تیرگی پائین بسبزی گراید. برخی گویند هرگاه آئینه‌را رنگ خاص بود و مقابل آن گونهٔ دیگر باشد رنگی که درو دیده شود مرکّب ازین دو باشد. چون اجزای مائی زدایش یافته از تیرگی کوه و جز آن سیاه‌فام باشد و مقابل آن سه چیز: آفتاب که روشن و سفید بود، دوم قطعهٔ از آسمان که گرد اوست اگرچه روشنی دارد لیکن نه بدانسان. سیوم پارچهٔ ابر که پیوست آن قطعه است لختی تیره‌تر ازو. از انعکاس نخستین زرد چهره گشاید که آمیختهٔ سفید خالص با سیاه چنان باشد، و از دوم سرخ نمودار گردد چه سفید که باندک سیاهی مایه باشد با سیاه بدان رنگ برآید و از سیوم سبز نماید که سیاه بآمیزش سفید بسیار که بسیاهی زند آن فام برگیرد. اگر چنین بودی رنگها یکسانی نداشتی و پایه پایه دگرگونی گرفتی. و نیز پدید آمدن سبز از سرخ خالص و ارغوانی بس دور. و همچنان پیدایش سبز در پسین صورت دشوار چه او از زرد و سیاه صورت بندد. و بالجمله وجهی که در آمیزش رنگها بکار آید پیدائی ندارد.

sun is in southern constellations in lands of great latitude, rainbows also appear in the northern direction. If the sun is on the visible horizon, the horizon passes through the center of the circle, and the bow appears as a semicircle. If the sun is above the horizon, less than half the bow appears. Since the upper portion of the bow is near the sun and the power of reflection is greater, the bow appears pure red, and the lower portion is seen as purple because of the distance and lesser illumination. The middle of the bow is tinged with green because of the mingling of the illumination of the upper portion and the darkness of the lower part. Some people say that if a mirror has a particular color and what is reflected in it is a different color, the color of the reflection that is seen is a combination of the two. Polished water particles blackish in color from the darkness of mountains or other things may be opposed by any one of three things: (1) the sun, which is bright and white; (2) a portion of the sky that is around it (although it has brightness, it is not very great); or (3) a patch of cloud adjacent to and a bit darker than that portion of the sky. From the first reflection yellow appears, which is a mixture of pure white and black. From the second it appears red because white that has a bit of black in it mixed with black appears so. From the third it appears green, because black mixed with much white that has a blackish tinge appears that color. If it were so, the colors would not be the same but would seem different in every different situation. Furthermore, the appearance of green from a mixture of pure white and purple is extremely unlikely. The appearance of the green under the last condition is also difficult to imagine because it comes from yellow and black. Generally speaking,

۱۰۲ پیدایش هاله که فارسی خرمن ماه گوید از آنست که بصری شعاع از ابر بجرم ماه منعکس گردد و با سحاب چهار صفت بود. نخست زدوده باشد تا انعکاس پذیرد، دوم آن اجزای خرد و غیر متّصل رنگ و روشنی برگذارد نه پیکر، سیوم آن ریزها در سفیدی برابر ورنه بدان رنگ چهره نگشاید، چهارم در آن اجزا اختلاف در وضع نبود یعنی دوری ایشان از ماه برابر باشد تا خطوطی که از بصر بابر پیوند و همچنان خطوطی که ازین خطها منعکس شده باشند باهم مساوی باشند. چون چنین ابر بهم رسد و جرم ماه بر بالا و بیننده پائین، دو مخروطه چهره برگشایند. یکی تا جرم ماه بود و دیگر تا چشم بیننده. و قاعدهٔ هر دو آن پارچهٔ ابر باشد و گرد نماید. هرگاه خط مستقیم از بصر بجرم ماه رسد و همچنان خطوط بدان پارچهٔ ابر برسد و هر یک منعکس گردد، مثلّثات متساوية الأضلاع پدید آید. قاعده همهٔ آن خط باشد که از بصر رسد و از ابر بماه و اضلاع خطوط دیگر. خطها که از بصر بغمام پیوندد بعضی ببعضی برابر باشد چنانچه خطهائی که از ابر بماه. پس از خطی که بر سر تمام مثلثات نزد ابر بگذرد دایره پدید گردد. پس هاله دایره‌آسا بضرورت نماید. و از تابش ماه سفید نمودار شود و ابری که در برابر ماه باشد از ضعف ننماید و از کمی آبریزها گاه دایره ناتمام نماید. بخلاف قوس قزح که او از نیمهٔ دایره افزون نبود چه وضع هاله موازات است با زمین و قوس مقاطع افق. و تا هفت هاله در یک زمان دیده‌اند. برخی گویند چون زیر ماه تنک ابری لطیف فراهم آید در تابش آن سحاب میان ننماید چه از شان حسّ است هرگاه منفعل شود از محسوس قوی و آن‌را دریابد محسوس ضعیف‌را نیارد دریافت چنانچه هنگام شنودن سترگ آواز

the reason that different mixtures produce different colors is not understood.

The ring around the moon, which the Persians call the 102
"moon harvest," appears because visible rays from clouds are reflected on the body of the moon, and there are four characteristics with clouds. First, they must be polished so that they can reflect; second, the small disconnected particles must have color and brightness, not body; third, the particles must be equal in whiteness, otherwise they would show that color; and fourth, there must be a difference in situation among the particles, i.e., the distance from the moon must be equal so that the lines that join the sight to the cloud and the lines that are reflected from these lines are equal. When such a cloud forms with the body of the moon above and the viewer below, two cones are formed, one to the body of the moon and the other to the eye of the viewer. The perpendicular of both cones is the piece of cloud, and it appears round. When a straight line is drawn from the viewer to the body of the moon, and so also lines to the piece of cloud, and both are reflected, equilateral triangles are formed. The perpendicular of all is the line from the viewer and from the cloud to the moon and the sides the other lines (?). Some of the lines that join the viewer to the cloud are equal to the lines from the cloud to the moon. Therefore from the line that passes over the head of all the triangles near the cloud appears as a circle, and therefore the ring necessarily seems round. It appears white because of the light of the moon, and the cloud that is opposite the moon is too weak to appear. Sometimes the circle does not appear complete because of the paucity of water particles—contrary to a rainbow, which is never

ضعیف بگوش درنشود. بنابرین هرگاه بیننده ماه و فروغ او بیند ابر روشنی یافته روبرورا نیارد دید. و آن موضع چنان نماید که روزیست تیره و آنچه در برابر هر سو بود بسان دایره باشد و از پرتو ماه سفید نماید.

و غیر این دو دیگر قصه‌ها گذارش یافته که خرد نپسندد چنانچه گویند شعاع ماه چون بر ابر تنک افتد بسان افتادن سنگ در آب موجها برخیزد. و شیخ در شفا گوید «در همدان هالهٔ برنگ قوس قزح دیدم.» پوشیده نماند که هاله مخصوص ماه نیست. ببسیاری کواکب دیده‌اند و آنچه نسبت بآفتاب پیدایش گیرد آن‌را «طُفاوه» خوانند. پور سینا در آن نامه چنان گذارد: «در میان سه صد و نود یک طفاوه برنگ‌آمیزی قوس قزح دیدم.» چون هاله از همه سو کمی پذیرفتن گیرد آگاهی رساند که ابرها دور گردد و هوا صاف شود. و اگر از یک جهت ازهم پاشد باد از آن سو وزد. و اگر بفزونی ابر ناپدید شود بارش شاداب گرداند. سیرابی این شگرف داستان این گوهرین‌نامه برنتابد. همان بهتر که دست از آن بازداشته بناگزیر سوانح‌نویسی پردازد.

more than a semicircle, because the moon's halo is parallel to the earth while the rainbow is bisected by the horizon. Up to seven rings around the moon have been seen at one time. Some say that when a subtle thin cloud forms below the moon, in the brilliance of the cloud what is in between does not show because it is a rule of sensory perception that since it is passive it will sense something strong and not something weak, as the auditory sense registers a loud sound and not a soft one. Therefore, when a viewer sees the moon and its brilliance, he will not be able to see a bright cloud opposite it. Such a position appears like a dark day, and what is opposite every direction is like a circle, and it appears white from the rays of the moon.

Aside from these two, other theories have been propounded that reason does not approve. For instance, it is said that when the moon's rays fall on a thin cloud, they fall like a rock that produces waves in water. In the *Shifa* the Shaikh [Avicenna] says: "In Hamadan I saw a ring around the moon colored like a rainbow." It should not be hidden that rings are not limited to the moon; they have been seen around many planets. As for the ring that is formed by the sun, it is called *tufawa*. Avicenna says, also in the same work: "In the middle of the year 391 [A.D. 1001] I saw a *tufawa* colored like a rainbow." When a lunar ring decreases on all sides it is a sign that the clouds are becoming distant and the weather is clearing. If it goes away on one side, wind will come from that direction. If the ring disappears with an increase of clouds, it will rain. It is impossible to exhaust this subject in this work, so it would be better to leave this subject and return to the history.

۱۰۳ دوازدهم سنگ‌پارچهٔ بوالا نظر درآوردند. لختی آب از درونه نمایان بود. بینندگان‌را بشگفت درانداخت و در آن همایون محفل برخی ایرانی برگذارد که سنگی بعراق برشکستند، وزغی[۳۷] بیرون آمد. بامدادان رومی رسن‌باز بپیشگاه حضور آمد و بسا شگرفی بنمایش آورد.

شانزدهم سارنگ پنوار[۳۸] رخت هستی بربست. از راجپوتان نامور بود. پس‌ماندگان اورا خسروی نواخت بآرامگاه برد.

۱۰۴ درینولا ایلچیان دستوری تبت یافتند. درین هنگام که رایات اقبال بکشمیر درآمد سگالش آن بود که لشکری بگشایش آن ملک نامزد گردد. چون چهل روزه آذوق سپاه از خشکسالی بدشواری سرانجام می‌یافت و قدسی بسیچ اندرزگذاری بود اندیشه بکردار نیامد و امیدعلی جولک و طالب اصفهانی و محمد حسین کشمیری‌را نزد علی‌زاد مرزبان تبت فرستادند و ایوب بیگ، سلیم کاشغری، عبد الکریم کشمیری‌را پیش کوکلتاش کلیو حاکم بزرگ تبت. راجورای سپه‌آرای آن ملک لختی از زرمستی بناسپاسی گرائید. مرزبان آنجا لشکر فراهم آورده اقطاع برگرفت و آن سرتاب آوارگی گزید. درین هنگام علی‌زاد بکین او برخاست و برهنمونی و بدگوهری دستور او چیره‌دست آمد و دستگیر ساخته ببنگاه او شتافت. فراوان خزینه اندوخت و بسیار جا برگرفت. و از آوازهٔ موکب همایون آن نام‌برده‌را که یکی از نژاد پیشین مرزبانان بود حاکم برساخته بازگردید. و نیز وخشوری بکاشغر رفت. چون عبد الکریم خان رخت هستی بربست و بسری آن دیار محمد خان برنشست روشن شد که نیایشگری والا درگاه دارد و شاه محمدرا بگزین ارمغان روانهٔ درگاه ساخته بود. در راه دست‌فرسود تاراج گشت و از ساده‌لوحی و شرمگینی بحجاز رفت. درین هنگام بسعادت کورنش سر برافراخت و سرگذشت

On the twelfth [August 3], a stone was brought for the emperor's inspection. A bit of water was apparent inside it. Those who saw it were astonished, and in the royal assembly some Iranians said that a stone had been broken open in Persia and a frog came out. The next morning an Anatolian rope artist who came before the emperor performed amazing tricks. 103

On the sixteenth [August 7], Sarang Panwar died. He was a famous Rajput. The emperor consoled those he left behind.

Around this time emissaries were given leave to go to Tibet. 104
When the imperial banners entered Kashmir it was thought that an expedition might be made to conquer that territory, but since provisions for forty days would have been difficult to assemble in a year of drought, and the emperor really only desired to give the ruler good advice, the thought was abandoned. Umed Ali Chulak, Talib Isfahani, and Muhammad Husain Kashmiri were sent to Alizad, the ruler of Tibet, and Ayyub Beg, Salim Kashghari, and Abdul-Karim Kashmiri were sent to Kükältash Kalyu, the ruler of Greater Tibet. Raju Rai, the commander of that land, had been inclining to ingratitude due to his avariciousness. The ruler had assembled an army and taken his fiefs away, and the rebel had gone into exile. At this point Alizad had risen up in vengeance and won with the advice and malevolence of his (Raju Rai's) vizier. He had taken him prisoner and gone to his headquarters, where he had seized a vast treasury and taken many places. When news of the imperial retinue was heard, he enthroned Kükältash Kalya, who was descended from a former ruler, and returned.

An emissary was also sent to Kashgar. When Abdul-Karim Khan died and Muhammad Khan became ruler, it was clear that he would be in allegiance to the imperial court, and he had sent fine gifts with Shah Muhammad, but he was pillaged along the

عرضه داشت. بیستم برنواخته بازگردانیدند و میرزا ابراهیم اندجانی‌را باندرزگذاری فرستادند و برخی گزیده کالا به فتاحا سپردند. اندیشهٔ والا آن بود که ایلچی بختا رود که از دیر باز از آن دیار آگهی نیست. فرمانفرما کیست و اورا با که آویزش؟ بیدارمغزی و دادگری چه پایه دارد و کدام دانش‌را روزبازار؟ از ریاضتگران صافی‌درون کرا چراغ رهنمونی روشن و از هنرپردازان با که طراز یکتائی؟ و فرمان شد که این راز بمرزبان کاشغر در میان نهد و پاسخ آورد.

بیست و یکم گنگا ریشی گرامی محفل دادخدا دریافت. از بزرگ ریشیان است. بوم‌نشینان کشمیر بولایت او گروند. بزرگ شاهزاده خواهش آمدن نمود. آن خداپژوه بآرزوی شاهنشاهی دیدار رهگرا شد و از دید افسرخدیو تازه آگهی بدست آورد.

۱۰۵ درینولا شهباز خان بدرگاه والا آمد و کورنش نیافت. چون رامچندرا به بازگردانیدن سپاه مالوه فرستادند او ناگزیر بهمراهی میرزا شاهرخ بازگردید. نزد برهان‌پور آگهی آمد که لختی اقطاع او شاهزاده برگرفته بدیگری داده‌اند. با گماشتگان آویزش رفته و چندی از هر دو سو فرو شد. هراس افزود و از رفتن باز ماند. میرزا شاهرخ و دیگر سپاه‌را بهمراهی رامچند بدکن فرستاده خود برگردید. چندی انتظار رامچند در مالوه میبرد. چون اورا روزگار بسر آمد روانهٔ والا درگاه شد و در عتابگاه داشته بار ندادند. چون روشن شد که آمدن از بیچارگی بود بیست و ششم دستوری کورنش یافت.

way and was so humiliated that he went to the Hejaz. Around this time he arrived to salute the emperor and report what had happened to him. On the twentieth [August 11], he was warmly received and sent back, and Mirza Ibrahim Andujani was sent to communicate good advice, while fine presents were entrusted to Fattaha. It was the emperor's intention that the emissary should proceed to Cathay, from which nothing had been heard for a long time. It was not known who was ruling, with whom they were doing battle, what their level of intelligence was, what their justice was like, or what branch of knowledge was favored, whose enlightened guidance they followed, or what artist was unparalleled. Answers to all of these questions the emissary was to put to the ruler of Kashgar were to be brought back.

On the twenty-first [August 12], Ganga Rishi was admitted to court. He was one of the great *rishis* the people of Kashmir believed to be a saint. The eldest prince had requested him to come, and that seeker of the divine set out with a desire to behold the emperor and gained new awareness by seeing him.

At this point Shahbaz Khan came to court to pay homage. 105 When he sent Ram Chand to turn back the army of Malwa, he had no choice but to rejoin Mirza Shahrukh. Near Burhanpur, news arrived that the prince had taken some of his estates and given them to someone else. He had fought with the prince's men, and several on both sides had been killed. In trepidation he stopped where he was and sent Mirza Shahrukh and other soldiers with Ram Chand to the Deccan and turned back. He waited for Ram Chand for a while in Malwa. When Ram Chand died he set out for court, but the emperor punished him by refusing to see him. When it became clear that he had no choice but to come, an order of admittance was given on the twenty-sixth [August 17].

درین هنگام جایگیر آصف خان در کشمیر تن شد. از گزین اسباب ویرانی این دیار آنکه در اقطاعداران بزرگ امیری که همه از بهدید او درنگذرند نبود. بدین سگالش اورا از شمالی کهسار برخواندند. سی و یکم بسجدۀ نیایش سربلندی یافت و پاسبانی آن دیار بدو بازگردید.

۱۰۶ دوم شهریور شگرف چراغان برافروختند. در آن بوم از دیر باز روائی دارد. شب سیزدهم ماه بهادون بشمارۀ شُکل‌پَچهه که و مه چراغ افروزد و نیایشگری نماید. و برگذارند دریای بهت که از میان شهر میگذرد درین شب پیدائی گرفت. بسپاسگذری آن جشن آرایند. ازین رو فرمان شد که شاهی بندگان بر کنار کول و فراز کوه و کشتی[39] چراغان برافروزند. شگرف نورستانی بروی کار آمد و عالم دیدگان در شگفت افتادند.

درین روز دلگشا کاخی بفرمایش شاهنشاهی بانجام رسید. آن‌را بکشمیری زبان «لری» برخوانند. جهان‌سالار ششم بدان نزهتگاه جشن آراست و عشرت اندوخت.

سیزدهم پیدائی گرفت حافظ قاسم از طبیعت‌پرستاری دامن پارسا زنی برآلود. اورا آخته ساختند. اگرچه لختی بهی یافت لیکن در کمتر زمانی جان بسپرد.

۱۰۷ و از سوانح فرو شدن درجن سنگه. درین هنگام که لچهمی‌نراین بدستیاری جاوید دولت کامروا آمد عیسی بومی لشکر فراهم آورده بیاوری پات کنور روانه شد. ازین آگهی راجه مانسنگه شایسته فوجی از راه خشکی روانه ساخت و برخی‌را بباشلیقی درجن سنگه پور خود دریائی گردانید تا بنگاه بومیان یغمائی شود. از آنجا که خانگی شورش سترگ زیان آورد یکی از دورویان کجگرا آن مردم‌را آگاه ساخت. بیست و پنجم دریانوردان بسیار جا دست‌فرسودِ تاراج کرده یازش قصبۀ کتراپره[40]

At this time Asaf Khan was given a fief in Kashmir. One of the main reasons for the devastation of the region was that among the fiefholders there was no great commander whose orders they would not disobey. To that end Asaf Khan was summoned from the northern mountains, and on the thirty-first [August 22], he prostrated himself and was assigned to the governorship of the area.

On the second of Shahrewar [August 24], lamps were lit. In 106
that area it had long been the custom for everyone to light lamps and perform worship on the eve of the thirteenth of Bhadon by *shukla pachh* reckoning. It is said that the Jhelum River, which flows through the city, was born on this night, and the festival is held in thanksgiving for that. It was commanded that all imperial servants should light lamps on the banks of the lake and atop the mountains and boats. An amazing illumination was achieved, and even those who had seen much of the world were astonished.

On this day a charming palace was completed by order of the emperor. In the Kashmiri language it is called Lari. On the sixth [August 28], the emperor held a celebration in that delightful place and enjoyed himself.

On the thirteenth [September 4], it was learned that Hafiz Qasim had licentiously dishonored a woman. He was castrated, and although he got a bit better, he died shortly thereafter.

Durjan Singh is killed 107

At this point, when Lachhmi Narayan had auspiciously chosen fealty, Isa assembled an army and set out assisted by Pat Kunwar. Learning of this, Raja Man Singh dispatched a sufficient force by land and sent another force by river under the command of his son Durjan Singh to pillage the rebels'

داشتند. شش کروهی بکرم‌پور عیسی و معصوم با فراوان نبرد کشتی دررسیدند و از چند سو گرد گرفتند. پس از سترگ آویزش سرگروه با بسیاری نقد زندگی سپرد و برخی دستگیر شد و لختی رهائی یافت. اگرچه چشم زخمی رسید لیکن مرزبان کوچ از گزند رستگاری اندوخت. عیسی از دوربینی بلابه‌گری برنشست و برگرفته‌را بازپس فرستاد.

پانزدهم مهر پس از سه ساعت و چهار ثانیه در شبستان بزرگ شاهزاده فرزندی از دخت موته راجه پدید آمد. امید که مهین بانوی دودمان گردد.

بیستم گیتی‌خداوند از راه دل به بهت درآمد و از آنجا بشهاب الدین‌پور نشاط اندوخت. و شب در همان نزدیکی بسر شد. بامدادان شکارکنان بزین‌لنکا گذاره افتاد و شب بازگردیده بهمان نزهتگاه برآسودند. فردای آن بسیر درهٔ لار چالش رفت. خزان شگرفی دشوارپسندان‌را از جای برد و فراوان فیض برگرفته بناگرنگر[41] بازگردیدند. رنگ‌آمیزی برگریز این مرز بر بهار بسیار جا بیغاره برزند، خاصه سیب و شفتالو و انگور و چنار.

ذوقِ فنا نیافتهٔ، ورنه در نظر رنگین‌تر از بهار بُوَد جلوهٔ خزان

base. In that civil strife inflicts great harm, some wayward hypocrites informed them. On the twenty-fifth [September 16], those who had gone by river plundered many places and attacked the town of Katarapara. Isa and Ma'sum arrived with many warships six leagues from Bikrampur and blockaded it in several directions. In a pitched battle the leader and many of his men lost their lives, some were captured, and a few escaped. Although there had been a setback, the ruler of Cooch escaped injury. Farsightedly, Isa pleaded and got back what had been taken.

After the elapse of three hours and four seconds of the fifteenth of Mihr [October 7], Mota Raja's daughter gave birth to a child in the eldest prince's harem. It is hoped that she will become a great lady of the dynasty.

On the twentieth [October 12], the emperor went out to the Jhelum through Lake Dal, and from there he went to Shihabuddinpur. After spending the night in the vicinity, the next morning he went out hunting and passed by Zain Lanka. In the evening he returned there and spent the night. The next day he went to tour the Lar Valley. Even the most difficult to please were fairly carried away by the autumnal beauty. After enjoying himself very much the emperor returned to Nagarnagar. The colorfulness of the leaves in autumn in this place is more beautiful than the springtime in most other places, in particular the apple, peach, grape, and plane trees.

> You have not developed a taste for annihilation, otherwise
> the beauty of autumn would appear more colorful than
> spring in your sight.

بازگردیدن رایات همایون بهندوستان و رسیدن بدار الملک لاهور

۱۰۸ جهان‌سالار سه ماه و بیست و نه روز درین مصر نوآباد بعشرت گذرانید. چون هنگام بارش بود درین ملک نیز ابر تراوش شد. شهریار دیده‌ور بگوناگون روش نشاط می‌اندوخت و ایزدی نیایش بجای میآورد. سگالش آن بود که زمستان درین عشرتگاه بگذرد، لیکن از سرآغاز مهر سرما سخت‌روئی فراپیش گرفت و بر گرمسیریان لختی دشوار شد. از مهربانی فرمودند بسیج توقّف فرمودن از خاطر بزدوده آمد. پس از تماشای گلزار زعفران یورش هندوستان از همان راه پیر پنجال قرار گرفت و بامرا زر سپردند تا در هر منزل بایست همایون موکب آماده گردانند. بیست و پنجم کشتی‌سوار ببسیچ هندوستان بدان تماشا چالش رفت. بامدادان بزعفران‌زار رسیده شادی‌هنگامه برآراستند و هفت روز در آن فراخساز خرّمی درنگ رفت. هر روز خرمنهای گل برانباشتی و بر امرا بخش فرمودی تا از آلایش پاک سازند. در آن هنگام که رعیّت‌را بزور بدین کار میداشتند و کمی‌را ناکام برمیستاندند از یازده ترک و گاه از سیزده، دو سیر خشک زعفران برمیآمد. از آن مهین بخشش از هفت و هشت ترک همان قدر زعفران برآمد. از بسیاری گلچین و فزونی احتیاط بزودی و شایستگی برچیدند و باران گزندی نرسانید.

چون خاطر همایون ازین دلکش تماشا لختی فیض برگرفت سیوم آبان کوچ فرموده بخانپور فرود آمدند. بامدادان جشن شمسی وزن شد و گیتی خداوندرا بدوازده چیز برسختند. صلای بخشش بلندی‌گرا آمد و جهانی بشادکامی برنشست.

THE IMPERIAL BANNERS
RETURN TO HINDUSTAN AND REACH
THE SEAT OF THE CALIPHATE LAHORE

The emperor reveled in this newly flourishing metropolis for   108
three months and twenty-nine days. Since it was the rainy season,
the clouds in this land also poured rain. The emperor employed
himself in various ways and performed divine worship. It was
in his mind to spend the winter there, but from the beginning
of Mihr the weather turned very cold and was difficult for those
accustomed to a warm climate to bear. In all kindness the emperor
said that the thought of remaining had been erased from his mind.
After viewing the saffron fields, he decided to set out through Pir
Panjal for Hindustan. He turned over much gold to the officers so
that the necessities for the imperial retinue would be made ready.
On the twenty-fifth [October 17], he embarked by boat and set
out on the tour, intending to continue on to Hindustan. The next
morning he arrived at the saffron fields, where a great celebration
was held. He stayed there for seven days, and every day stacks of
flowers were made and distributed among the officers for clean-
ing. When done by peasants who could scarcely be made to do
this job—and some had to be pressed into service unwillingly—
two seers of dry saffron could be obtained from eleven—and
sometimes even thirteen—*trakhs* of flowers. By the emperor's
graciousness that much was produced from seven or eight *trakhs*.
Because there were so many cleaners and so much diligence was
applied, the job was quickly done without any damage from rain.

When the emperor had enough of this delightful tour, he set
forth on the third of Aban [October 25] and stopped at Khanpur.
The next morning the solar weighing ceremony was held, and the

215

درین منزل فیروزی جنودرا لخت لخت گردانیدند و آئین گریوه‌روی قرار یافت. شاهزادهٔ والاگوهر دستوری گرفت که این بار آخرین همه باشد. تا پُشیانه[42] پردگیان نیز همراه بودند. نهم خود پیشتر روانه شدند و درین روز آصف خان‌را بازگردانیدند. در راه لختی برف و باران فرو ریخت و بعافیت گذشت. پانزدهم از گریوهٔ بهنبهر پایان شده باکبرآباد فرود آمدند و گروهاگروه مردم‌را نشاط درگرفت. نوزدهم نزدیک گجرات مقصود بیگ عم آصف خان از عراق آمد و سعادت بار یافت. بیست و دوم فیل‌سوار از دریای چناب برگذشتند و اردو راه پل سپرد. بگجرات و دولت‌آباد و حافظ‌آباد شکارکنان گذاره شد. سیوم آذر شاهنشاهی چتر سایه بر دار السلطنت لاهور انداخت و جهانی بپذیره و نثار فرّخی اندوخت. یک ماه و ده روز در راه بسر آمد و بیست و هفت کوچ شد. بتازه کاخستان برآسودند و بایزدی سپاس برنشستند. بوالا فرمان دولتخانه و برخی قدسی نشیمن آتش‌رسیده‌را از نو پرداخته بودند. ۱۰۹

و از سوانح غم‌افزا بسر آمدن روزگار سلطان رستم پور شاهزاده سلطان مراد. شهریار مهرباندل نبایررا افزون از فرزندان دوست دارد و بوالا مهر خوگر شده دیدِ پدر و مادر پیرامن دل نگردد. از سرآغاز آگهی بکمتر ناملایم برآشفتی و از خشم‌فزونی بیمار شدی و در پاس خاطر او فراوان کوشش رفتی و مهین بانوی دودمان سعادت بچند پیوند دوستی بپروردی. اگرچه گرامی زندگی نه سال و سه ماه و پنج روز شمسی بود، لیکن هوشمندیِ پیرانِ برناخرد داشت و آگهی فروغ از جبین او پرتو میداد و سترگ گوهری از کارکرد او پیدا. شب هفتم پس از پاسی معده‌گرانی کرد و هوش از سر بشد. نهم سیوم پهر یکشنبه آن گلدستهٔ آگهی بژمرد و جهانی در دیوسار غم افتاد. ۱۱۰

emperor was weighed against twelve items. An open invitation was issued, and everyone rejoiced.

At this place the emperor divided the imperial troops into various contingents for going through the pass. The prince was ordered to come last this time. The ladies accompanied the emperor as far as Poshiana. On the ninth [October 31], the emperor set out in front, and on this day Asaf Khan was sent back. There was some rain and snow along the way, but it passed without incident. On the fifteenth [November 6], the emperor reached the bottom of the Bhimbar pass and stopped at Akbarabad, to the glee of many people. On the nineteenth [November 10], Asaf Khan's uncle Maqsud Beg came from Persia and was received near Gujrat. On the twenty-third [November 14], the emperor crossed the Chenab on an elephant while the army crossed by bridge. Gujrat, Daulatabad, and Hafizabad were passed through while hunting. On the third of Azar [November 24], the emperor's parasol cast its shadow over Lahore, and throngs rushed out to greet him. He had been on the road for one month and ten days, and twenty-seven marches had been made. The emperor rested in a new palace and offered his gratitude to the deity. By imperial command the palace and imperial dwellings that had been damaged by fire had been rebuilt. 109

The tragic death of Prince Sultan Murad's son Sultan Rustam 110

The compassionate emperor loves his grandchildren even more than his sons, and Sultan Rustam was so accustomed to the emperor's affection that he paid no attention to the counsels of his mother and father. However, from his earliest youth he would pitch a fit at the slightest indignity and fall ill from unchecked rage. Much effort had been made to placate him, and the grand

بـــر سـفله جـهانِ ناکسِ مهـرگسـل
هـــان تا ننهی دل و نـــباشی غـــافل
بس زلف چو مشک ازوست در نافهٔ خاک
بس روی چـو گل ازوسـت در پـردهٔ گل

۱۱۱ خرد و بزرگ دلخراش نواها برآورد و غریو موئیدن زمان و زمین‌را فرو گرفت. از بیوفائی روزگار سست‌پیوند و نیرنگی نیلی سپهر چه یارد نوشت و چرا نویسد؟ که آب بغربال پیمودن و باد بدام گرفتن باشد. درین سوگواری که و مه‌را خرد کالیوه شد. گیتی‌خداوند از ایزد یاوری بنزهتگاه رضا و تسلیم شتافت و از فزون آگهی درون ریشهارا مرهم برنهاد. اگر زمانه در تنزُّل بودی، چنانچه برخی برگذارند، این والا پایه بفرمانفرمای روزگار نرسیدی.

گویند کیخسرو در سوگ پور از فرمانپذیریِ خرد بیرون شد و بشورستان طبیعت درافتاد. یکی از ربودگان آزادخاطر اورا دوست داشتی و در همه جا راه یافتی. هرچندی از صحرا بشهر آمدی و بخلوتگاه شاهی رفتی. درین هنگام بآئین خود بخلوتکدهٔ او رفت و بدم گیرا آن زبان درکشیده‌را بسخن درآورد. پرسید «شورش چراست و دل آزردگی از چیست؟» او فرو شدن جگرگوشه‌را برگذارد. پاسخ داد «نمیخواستی که برود؟» گفت «آن‌را خردمند چگونه برسگالد؟ لیکن آرزو داشت که چندی از دنیا بهره برگرفتی.» گفت «از برگرفته هیچ با او بود؟» گفت «نی.» جواب داد «پس چنان برگیر که همگی خواهش روائی یافت و با او همرهی نکرد.»

lady Bicha was bound to him in great affection. Although he was only nine years, three months, and five days old, he possessed the intelligence of wise elders, awareness shone from his brow, and in his demeanor great nobility of character was evident. On the eve of the seventh [November 28], after the elapse of one watch, he had a stomachache and lost consciousness. On Sunday the ninth [November 30], during the third watch, that bouquet of awareness withered, plunging everyone into deep grief.

Beware lest you set your heart on the vile, unloving world.
Many a musky tress has been buried by it in the dust; many a face like a rose has been veiled by it in the earth.

Everyone, young and old, wailed in agony, and time and space 111
were filled with the sound of lament. What can be written of the infidelity of the unstable world or of the mysteriousness of the dark celestial sphere? Why should I bother writing about it? It is like trying to measure water in a sieve or catching the wind in a net. In the mourning everyone lost his senses, but the emperor, by divine assistance, hastened into the refuge of submission to the divine will and placed balm of awareness on inner wounds. If the world was in decline, as some claimed, the exalted emperor did not obey the dictates of the world.

It is related that Kay-Khusrau ceased to obey the dictates of wisdom in mourning for his son and gave in to the tumultuousness of self-indulgence. There was a mystic who loved him very much and had access to him at all times. Every once in a while he would come from the wilderness into town and repair to the king's private chambers. This time he went, as

و نیز سکندر ذوالقرنین‌را بآن بینائی و اقبال در چنین سانحه آسیمه‌سری درگرفت. دمسازان‌را زبان پرسش لال گشت. مزاج‌شناس روزگار ارسطو در خلوتگاه رفته بعرض رسانید «بخاطر قدسی نرسد بعزاپرستی آمده. همگی بسیچ آنکه درین هنگام که آشوبگاه آرمیدگان والاخرد است دستورنامهٔ شکیبائی از آن مجموعهٔ مکارم اخلاق برگیرد.» ازین دلآمیز گفتار بیدار شد و انجمن شناسائی برافروخت.

پنجم بهمن چیتهٔ‌را بآهوئی دستآموز سردادند. برگشته روبرو شد و چندان بشاخ برزد که یوز راه گریز پیش گرفت و دیده‌وران بشگفت ماندند.

بامدادان عرضه‌داشت شاهزاده از دکن آمد. برخی فیل و شمشیر و باز و پهلوان فرستاده بود. لختی بکارپردازی اینان عشرت اندوختند.

usual, to the king's quarters and began to speak consolingly. "Why are you upset," he asked, "and why are you so disconsolate?" The king told him of the loss of his son.

"Did you expect him not to die?" he asked.

"How can a wise person think of such a thing?" he replied. "But I wish he had derived some enjoyment from the world."

"Did he take anything with him of what he derived?" he asked.

"No."

"Then," said the mystic, "realize that your wish was completely granted, but he did not take any of it with him."

It is also said that Alexander, with all his insight and fortune, was upset by a similar event. His well-wishers were unable to console him. Aristotle, who knew his temperament, went to him in private and said, "Don't think I have come to console you. I was only thinking that at this time, when the wise are so upset, I would learn forbearance from you." From these comforting words Alexander woke up and illuminated the assembly of knowledge.

On the fifth of Bahman [January 25, 1598], a cheetah was loosed upon a trained deer. The deer turned around, faced the cheetah, and butted it so hard with its horns that the cheetah ran away to everyone's astonishment.

The next morning the prince's report arrived from the Deccan. He had sent some elephants, swords, hawks, and wrestlers. The emperor enjoyed watching their performance.

۱۱۲ و از سوانح فرو شدن فرمانروای توران عبد الله خان. لختی بدادگری زندگی سپردی، لیکن از فرزندپرستی ستمگری او نیارستی برافکند. او از سگالش جانشینی بسا بیگناه‌را جان بشکرد و خاندانها برانداخت. نابهنجار مهربانی آن تباه‌سرشت‌را بدمست گردانید و بمال و جان و ناموس مردم درازدستی نمود. کارگیارا نخستین آگهی آنست که حال فرزندان و خویشان و نزدیکان که فریاد اینان دیرتر رسد زمان زمان واپژوهد و در داوری اینان‌را از دیگران باز نداند و از بازپرس پادشاهانه نغنود. او خود از مهرافزونی پدرانه اندرز نیارستی گفت و پس از دیری مادرانه نصیحت کردی و آن خوابیده‌بخت شورش برافزودی. پیری مرزبان و روائی خوشآمد هر دورا از شایسته‌کاری بازداشتی و گذارش خیربسیچان راستگو که بر خود نلرزند غرض‌آمود پنداشتی تا آنکه رفته رفته بجانی گزند پدر خیال‌بازی کردی و در کمین بوده قابو پژوهیدی. روزی با چندی خاصان عشرت شکار داشت. آن تباه‌اندیش بدان یازش تیزروی فراپیش گرفت. یکی از سعادتمنشی خان‌را آگاه ساخت. تیزدستی نموده ببخارا درآمد و آن شوریده شرمسار ناکامی گرد آن شهر برنشست. بندگان حقیقتمنش و یاران سعادت‌سگال در کمتر وقتی فراهم آمدند. آن نافرجام ناکام بازگردید. خان بمالش او روانه شد. آن شولیده‌مغز نیروی آویزش ندیده آب آمویه برگذشت و کشتیها برشکست. درین میان توکل[۴۳] قزاق از دشت بتاخت آمد و خان بچاره‌گری بازگردید. آن یغمائی سمرقند نارسیده برگشت و او در آن شهر سخت رنجور شد. محمدباقی بی و برخی نزدیکان دوروی آن بدسگال‌را برخواندند. آن سبکسر از بلخ گام فراخ برزد. خان چون لختی بهی یافت پیام بازگردیدن فرستاد. او نپذیرفته آهسته آهسته میآمد. محمدباقی که پایهٔ وکالت داشت خان‌را

The ruler of Turan, Abdullah Khan, dies 112

He lived fairly justly, but he loved his son too much to prevent him from exercising tyranny. In his thoughts of succeeding his father, he killed many innocent people and destroyed many families. The father's indulgent love intoxicated the base son, and he stretched forth his hand to strip people of their property, lives, and honor. The first duty of a ruler is to investigate from time to time the situation of his sons, relatives, and retainers, against whom cries of injustice are rarely heard, not to distinguish between them and others in judgment, and not to neglect to bring them to trial. Abdullah Khan was so besotted by love for his son that he could not even give him fatherly advice, and when he gave him motherly advice too late, the wretch rebelled. The old age of the ruler and a plethora of sycophants prevented both of them from acting properly, and the words of honest well-wishers who dared speak up were attributed to self-interest. Gradually the son allowed himself to contemplate killing his father, and then he lay in wait for an opportunity. One day he was out hunting with some of his elite, and the wretched son raced out to attack him. Someone warned the khan, who went quickly into Bukhara, and the rebellious son shamelessly laid siege to the city. It was not long before loyal servants and benevolent friends gathered, and the wretch pulled out in failure. The khan went out to chastise him, but the foolish youth, realizing that he did not have the strength to fight, crossed the Oxus, destroying the bridge behind him. At this point Tükäl Qazaq came raiding from the steppe, and the khan had to turn back to deal with him. The invader turned back before reaching Samarkand, and the khan fell seriously ill there. Muhammad Baqi Biy and some other disloyal relatives summoned the malevolent son, who hastened from Balkh. When

بمیهمانی برد و در آن نفاقکده چهاردهم بهمن روزگار او سپری شد. همانا آن ناسپاس زهر بخورش داد و جاوید نفرین اندوخت. برای سیرابی چشمه‌سار سخن لختی نژادنامه برمیگذارد.

بشانزده پشت بمیانجی جوچی بقاآن بزرگ چنگیز خان میرسد. عبد الله خان بن سکندر خان بن جانی بیگ بن محمد سلطان بن ابوالخیر خان بن شیخ دولت اغلان بن ابراهیم بن پولاد بن سورانچه سلطان بن محمود خواجه خان بن قاآن بای بن رابل باک بن منکاتیمور بن باداقل بن جوچی بوقا بن شیبان بن جوچی بن چنگیز خان. جوچی پیش از قاآن بگذشت و از نژاد او بزرگ فرمانروائی برنخاست، لیکن برخی‌را سری بوم‌نشینان دشت قبچاق روزی شد. ازین میان ابوالخیر خان لختی بلندپایگی گرفت. سلطان ابوسعید میرزا بیاوری او از میرزا عبدالله بن ابراهیم میرزا بن خدیو اعظم شاهرخ میرزا بآویزه سمرقند برگرفت. چون پیمانهٔ هستی او لبریز گشت در الوس اوزبک سترگ پراکندگی راه یافت. پس از چندی شیبک خان بن بداق خان بن ابوالخیر بدرگاه سلطان احمد میرزا بن سلطان ابوسعید میرزا پناه آورد و از روزگارسختی وارست.

the khan recovered somewhat he sent a message telling his son to turn back. Refusing to obey, he kept on coming. Muhammad Baqi, who held the office of vizier, invited the khan to an entertainment, where, on the fourteenth of Bahman [February 3], he died. It is thought that the ingrate poisoned his food, thus earning for himself eternal damnation. In order to fill out the history, a genealogy will now be given:

At sixteen removes his lineage reaches Genghis Khan through Jochi Khan. He was Abdullah Khan, son of Sikandar Khan, son of Jani Beg, son of Muhammad Sultan, son of Abu'l-Khair Khan, son of Shaikh Daulat Oghlan, son of Ibrahim, son of Pulad, son of Surancha Sultan, son of Mahmud Khwaja Khan, son of Qa'an Bay, son of Rabil Bak, son of Mönkä Temür, son of Badaqul, son of Jochi Buqa, son of Shiban, son of Jochi Khan, son of Genghis Khan. Jochi predeceased Genghis Khan, and no great ruler came from his lineage, but some of his progeny attained the leadership of the people of the Qipchaq Steppe. Among them was Abu'l-Khair Khan, who rose to prominence. With his assistance Sultan Abusa'id Mirza took Samarkand in battle from Mirza Abdullah, son of Ibrahim Mirza, son of the great emperor Shahrukh Mirza. When Abu'l-Khair Khan died great turmoil beset the Uzbek nation, but after a time Shaibak Khan, son of Budaq Khan, son of Abu'l-Khair, took refuge at the court of Sultan Ahmad Mirza, the son of Sultan Abusa'id Mirza, and obtained release from hard times. When Sultan Abusa'id Mirza died, Shaibak Khan reared his head in independence in Turan, and after the death of Sultan-Husain Mirza he went to Khurasan, battled with Sultan Husain's sons, and

113

و چون سلطان ابوسعید میرزارا روزگار بسر آمد در توران سر بی انبازی[۴۴] برافراخت و پس از سلطان‌حسین میرزا شیبک خان بخراسان شد و با فرزندان او درآویخته ملک برگرفت و نزد مرو با شاه اسمعیل صفوی کارزار نموده با بسیاری سران نقد زندگی درباخت. مرزبانی ماوراء النّهر بکوچکونجی خان بن ابوالخیر خان که بکوچم خان نامور بود بازگردید. و چون او بنهانخانهٔ نیستی در شد ابوسعید خان پور او جانشین گشت و پس ازو عبیدالله[۴] خان بن محمود خان بن شاه‌بداق بن ابوالخیر خان فرمانروائی یافت و توران لختی آباد شد. ازو دو پسر ماند، عبد العزیز خان، محمدرحیم سلطان، لیکن مرزبانی بعبدالله[۴] خان بن کوچم خان رسید. سپس عبد اللطیف خان برادر او مسندآرا گشت و چون کار او بانجام رسید براق خان بن سونچک خان بن ابوالخیر خان بفرماندهی برنشست و بر ترکستان و ماوراء النّهر و برخی خراسان چیره‌دست آمد. و چون گردش نیلی سپهر برو بسر آمد ملوک طوایف شد. درویش خان و بابا خان پسران او در ترکستان بحکومت برنشستند و برهان نبیرهٔ عبدالله خان در بخارا، در سمرقند سلطان سعید خان بن ابوسعید خان بن کوچم خان، و در بلخ پیرمحمد خان بن جانی بیگ خان. عبدالله خان بفرمانپذیری او روزگار میگذرانید. بنیروی آگهی و مردانگی بر خویشان خود چیره‌دست آمد و بپیرمحمد خان برگذارد «چون درین الوس از پدر من کهنسال‌تری نیست، آن سزاوار که بآئین نیاگان خطبه و سکّه بنام او شود.» ناگزیر پذیرفته شد و چندگاه نام کارگیائی برو بود و فرماندهی عبدالله خان میکرد. سال بیست و هفتم الهی سکندر خان‌را روزگار بسر آمد و پور او عبدالله

seized the territory. He did battle with Shah Isma'il the Safa-vid near Merv, and there he lost his life together with many of his commanders. The rule of Transoxiana then passed to Abu'l-Khair Khan's son Küchkünji Khan, who was known as Küchüm Khan. When he died, his son Abusa'id Khan succeeded. After him Ubaidullah Khan, son of Mahmud Khan, son of Shah Budaq, son of Abu'l-Khair Khan obtained the rule and Turan flourished for a while. He left two sons, Abdul-Aziz Khan and Muhammad Rahim Sultan, but the rule went to Küchüm Khan's son Abdullah Khan. After him, his brother Abdul-Latif Khan ascended the throne, and when he died Baraq Khan, son of Sevinchak Khan, son of Abu'l-Khair Khan, ruled and obtained supremacy over Turkistan, Transoxiana, and some of Khurasan. When his days were over, there was a breakdown in central authority. His sons, Darwesh Khan and Baba Khan, ruled in Turkistan; Abdullah Khan's grandson Burhan ruled in Bukhara; over Samarkand ruled Sultan Sa'id Khan, son of Abusa'id Khan, son of Küchüm Khan; and in Balkh was Jani Beg Khan's son Pir Muhammad Khan, in fealty to whom lived Abdul-lah Khan. By the strength of his intelligence and courage Abdullah Khan gained dominance over his relatives and said to Pir Muhammad Khan, "Since in this nation there is no one older than my father, it would be proper for the *khutba* and coinage to be in his name, in accordance with our ancestral custom." There was little he could do but accept, and for a time [Sikandar Khan] enjoyed the title of ruler while Abdul-lah Khan actually ruled. In the twenty-seventh year of the reign Sikandar Khan died, and his son Abdullah Khan put the *khutba* and coinage in his own name. When he died he

خان خطبه و سکّه بنام خود ساخت و چون درگذشت عبد المؤمن پسر او بجای او برنشست.

۱۱۴ بیست و هشتم بهمن جشن قمری وزن شد. در منزل مریم‌مکانی بزم والا برآراستند و بهشت چیز آن افزون از اندازه‌را برسختند و گوناگون مردم کامیاب خواهش آمد.

was succeeded by his son Abdul-Mu'min.[38]

On the twenty-eighth of Bahman [February 17], the lunar
weighing ceremony was held in Maryam-Makani's quarters, and
the emperor was weighed against eight items. Various persons'
wishes were granted.

114

آغاز سال چهل و سیوم الهی از جلوس مقدّس شاهنشاهی، یعنی سال مهر از دور چهارم

۱۱۵ شب شنبه سیزدهم شعبان سنهٔ هزار و شش هلالی پس از نه ساعت و یک دقیقه و سی و هفت ثانیه فروغبخش صورت و معنی باورنگ حمل برنشست و جهان سالخوردرا برنائی نوید آورد و سرآغاز هفتم سال از چهارم دور شد. افسرخدیو کارآگهی‌را اندازهٔ دیگر برگرفت. نوزده روز والا جشنها آراسته گشت و که و مه‌را سرمایهٔ خرّمی سرانجام یافت.

هوس از ریاحین مُعطَّر دماغ　　ز بویِ چمن آرزو باغ باغ
دکانِ هوس‌را نظر فتنه‌خیز　　متاعِ نظررا خریدار تیز

روز نوروز فرو شدن فرمانروای توران بهمایون عرض رسید و بسیاری خوشدلی نمودند. گیتی‌خداوند برآشفته فرمود «چنین شادمانی از کم‌بینشی واگوید. همواره نیایش نمودی و رشتهٔ سازگاری از دست وا نهشتی، و اگر نه چنین بودی شادی نسزیدی.» از آن باز که موکب همایون بپنجاب آمد سگالش آن بود که بگشایش توران چالش رود. چون مرزبان آنجا از کارآگهی نیایش فراپیش گرفت شهریار آزرم‌دوست خودرا از آن بسیچ برگذراند. درین هنگام که ستمگاری پور او از اندازه گذشت لختی دیرین آهنج تازگی پذیرفت، لیکن از پایه‌شناسی خواهش چنان بود که بسرکردگی بزرگ شاهزاده فیروزی سپاه بدانسو رود. آن برنای عشرت‌دوست از هرزه‌سرائی خوشآمدگویان دل از هند برنگرفت. چون از فرو شدن عبدالله خان آگهی رسید برخی سران سپاه بتورانی یورش سخت

The Forty-Third Year after the Imperial Accession: Mihr Year of the Fourth Duodecennial Cycle

After the elapse of nine hours, one minute, and thirty-seven seconds of the eve of Saturday, the thirteenth of Sha'ban 1006,[39] the physical and spiritual illuminator mounted the throne of Aries and brought to the aged world glad tidings of youth as the seventh year of the fourth duodecennial cycle began. The world lord raised awareness to a new level, and for nineteen days there were celebrations that gave joy to all. 115

The nostrils of passion scented by herbs; from the aroma of the meadow desire swells.
Gazes wreak havoc in the shop of passion, with avid purchasers for the goods of the gaze.

On Nauroz the death of the ruler of Turan was reported, and many rejoiced. The world lord grew angry and said, "Such delight bespeaks a lack of insight. He was always humble and never let go of the thread of accommodation. And even had he not been like that, delight would not be appropriate." Ever since the imperial retinue had gone to the Punjab, he had thought of making an expedition to conquer Turan, but when the ruler of that territory wisely humbled himself, the honor-loving emperor had dissuaded himself from that thought. At this time, when the tyranny of his son had gone beyond all bounds, his old thought renewed itself, but his idea was now that the eldest prince should lead the imperial army. That pleasure-loving youth was persuaded by

برکوشیدند. فرمودند «اکنون که توران شورشگاه شد یازش آن مردمی ما کجا برتابد؟ همان بهتر که فروهیدهٔ بعزاپرستی و اندرزگوئی رود.»

۱۱۶ پنجم قلعهٔ آهوبره[۴۷] از مضافات دولت‌آباد دکن گشوده آمد. میرزا علی بیگ اکبرشاهی گرد برگرفت. پس از یک ماه دژشینان از کم‌آبی زینهاری شدند و کلید سپردند.

هفتم مختار بیگ بدولت بار رسید. او بخشی صوبهٔ بهار بود. چون آن خدمت باُلُغ بیگ کابلی باز گردید اورا بوالا درگاه برخواندند.

چهاردهم میر شریف آملی و میرزا فریدون از اقطاع خود آمدند و سعادت کورنش اندوختند.

بیست و پنجم سالباهن‌را بدکن فرستادند. چون آگهی آمد که شاهزاده سلطان مراد پیوند دلهارا آسان میشمرد و از بایست لختی بر کناره میزید و خانخانان از ناروائی تباه خواهشها بجایگیر خود بازگردید، آن شایسته‌خدمت‌را دستوری شد که شاهزاده‌را بدرگاه والا آورد تا ببهین پندها رهنمونی ساخته باز فرستند . و روپ خواص نامزد شد که خانخانان‌را بنکوهش بازگرداند که تا رسیدن آن گوهر اکلیل خلافت بانتظام جنوبی سپاه و ملک پردازد.

سی و یکم عباداللّٰه پور عبداللّٰه خان‌را از زندان رهائی بخشیدند. در خاوری سرتابان بیراهه رفتی. پس از آنکه دستگیر شد در قلعهٔ کالنجر بزندانی دبستان سپردند. چون حسین دژبان پشیمانی برگذارد بخشوده نوازش فرمودند.

blathering sycophants to refuse to leave India. When the news of Abdullah Khan's death arrived, some of the commanders made great efforts to revive the Turanian campaign, but the emperor said, "Now that Turan is beset by unrest, how could our honor tolerate launching a campaign? It would be better for a noble to go there to offer condolences and advice."

On the fifth [March 25], the fortress of Ahubarra, an append- 116 age of Daulatabad in the Deccan, was conquered. Mirza Ali Beg Akbarshahi invested the fortress, and after one month the defenders sued for peace for lack of water and turned over the keys.

On the seventh [March 27], Mukhtar Beg, who had been the *bakhshi* of the province of Bihar, came to court. When that position went to Ulugh Beg Kabuli, he had been summoned to court.

On the fourteenth [April 3], Mir Sharif Amuli and Mirza Faridun came from their estates and were honored to salute the emperor.

On the twenty-fifth [April 14], Salbahan was sent to the Deccan. When it was learned that Prince Sultan Murad was paying little attention to winning hearts and was ignoring necessary things and that the Khankhanan had gone to his estates because his wishes had not been granted, the worthy Salbahan was dispatched to bring the prince to court to be given advice and sent back. Rup Khawass was assigned to chastise the Khankhanan and send him back to keep order among the troops in the south until the prince arrived back.

On the thirty-first [April 20], Abdullah Khan's son Ibadullah was released from prison. He had been among those who had gone astray in the east, and after he was arrested he was sent to prison in the Kalinjar fortress. When Husain, the warden of the fortress, reported that he was repentant, he was pardoned.

۱۱۷ دهم اردی‌بهشت خواجه اشرف و شیخ حسین از توران آمده بسجود قدسی آستان روشن‌پیشانی گشتند. فرمانروای آنجا از پیوستن اینان و برخواندن والا نامهٔ شاهنشاهی نشاطها برساخت و بآئین یکرنگی قدوم اینان‌را گرامی داشت و میر قریش‌را با گزین ارمغانی همراه ساخت. دهم امرداد پیشین سال بازگردانید. بی‌آزرمی پور او شنوده از میانهٔ راه برگشتند. بیست و نهم شهریور در قرشی بخان رسیده دستوری راه هری و قندهار گرفتند. نزد هرات آوازهٔ گذشتن او شورش آورد. فرستادگان بتیزدستی و مردانگی بقندهار رسیدند و میر قریش همراهی نیارست کرد. چهاردهم اردی‌بهشت ابوالقاسم پور میر عدل و پانزدهم شیر خان داماد خان کلان رخت هستی بربستند و پس‌ماندگان‌را خسروانی نوازش مرهم بر ناسور دل نهاد.

بیست و هفتم رای پترداس از باندهو بدرگاه والا آمد و بخسروی نواخت سربلندی یافت. از آن باز که آن دژ برگرفت در آبادی ملک میکوشید. چون آن ولایت بشاهزاده دانیال دادند بسجود قدسی آستان بازگردید. درین روز زین خان کوکه بآهن‌پوش درآمد و از سر نو ملک تیراه گشایش یافت. بکارآگهی و مردانگی تبه‌کاران‌را بسزا برمالید و چند جا قلعه ساخته سپه‌نشین گردانید. تاریکی الوس از نیرو افتاده بپیغوله‌ها در شد و سرگروه آن گروه نافرجام بکوه سفید خزید و راه ایمنی پذیرفت.

۱۱۸ و از سوانح بینش افزودن نگارندهٔ شگرفنامه. آن در سر داشت که در آرامشگاه صُلح کل گزین منزلی دارد و از ناملایم بسبکسری نرود. از خامکاری زمان زمان نشاط می‌اندوخت و دست نوازش بر سر همّت میکشید. از بختمندی بدلخراش سیلیی بیدار کردند و درونی چاره از سر گرفت. از آنجا که گیتی خداوند بفراوان کار بازداشته بود، بدیگر چیزی

On the tenth of Urdibihisht [April 30], Khwaja Ashraf and Shaikh Husain arrived from Turan to pay homage. The ruler of Turan had been gladdened by their arrival and by their reading of the emperor's letter. After welcoming them he sent Mir Quraish with choice gifts. On the tenth of Amurdad of the previous year he had sent them back, but upon hearing of the dishonor of his son, they turned back from halfway. On the twenty-ninth of Shahrewar [September 20], they met the khan in Qarshi and were given leave to go to Herat and Kandahar. Near Herat the news of his death brought chaos with it. The emissaries got to Kandahar with all speed and courage, but Mir Quraish could not accompany them. 117

On the fourteenth of Urdibihisht [May 4], Mir Adl's son Abu'l-Qasim passed away, and on the fifteenth [May 5], Khan Kalan's son-in-law Sher Khan died. Those they left behind were given condolences.

On the twenty-seventh [May 17], Rai Pitar Das came to court from Bandho and was warmly welcomed. He had been administering the territory since taking the fortress. When the region was given to Prince Danyal, he left to pay homage at court. On this day Zain Khan Koka entered Ahin Posh and reconquered Tirah. With competence and courage he crushed the malevolents appropriately and built fortresses in several places as garrisons. The Tariki tribe lost power and disappeared. The chieftain of that wretched tribe crept off to Koh-i-Safed, and the roads became safe.

The author of this volume gains insight 118

I had in mind to reside in the calm of universal peace and not to meddle in anything inappropriate. Thus deluded, upon occasion

نیارستی پرداخت. ازین رو صوری خدمت بزرگ شاهزاده کمتر بجا میآمد و ناهنجار نیایشها بکارکرد نمیرسید. بژرفا نرسیده لختی سرگران شدند. فرومایگان ناتوان‌بین‌را دستآویز فراچنگ آمد و خشمگینی آن گرمخورا افروزینه گشتند و در دل‌آزاری انجمنها فراهم آمد و بسا ناراست واگویه بدرستی برفروختند.

نقّاشِ چیره‌دست که آن ناخدای‌ترس   عنقا ندیده صورتِ عنقا کشد همی

از سپهرنیرنگی شاهنشاه آگاهدل لختی بشنود. یازدهم خرداد ازین آگهی مرا دل برآشفت. دست از همه باز گرفته پا بدامن درکشید و در بروی آشنا و بیگانه فرو بست. آنکه باستانیان برگفتی (گرو پرستاری زود بوالاپایگی رساند، لیکن از حسد چیرگی دوستان نیز بخصمی برخیزند) و بگوش درنمیشد باور افتاد. هرچند بوالا بارگاه برخواندند و در آنکه بپیشین خدمتها پردازد کوشش رفت، پاسخ برگذارد «چون از روزگارشگرفی خاطر نهفته‌دان بگفتار کهن دشمنان لختی گران شده آن سزاوار که مرا بمن بازگذارند تا از بار زندگی سبکدوش گردد. اگر کام و ناکام شهربند میدارند صوری دستگاه برستانند. از سرآغاز آگهی دل بدنیا نگرائیدی. خسروی نواخت مرا کام و ناکام گرم بوابستگی آورد. اگر همان سرگرمی برجویند خدیو عالم بداوری برنشینند و ژرف‌نگهی فراپیش گیرد تا راستی من بروی روز افتد و ناتوان‌بین بشرمساری درافتد. اگر دشمنی گروهاگروه مردم از خاطر رُفته کهن شورش و تازه کین‌را شماری برنمیگیرند و پژوهش‌را بر گواه میگذارند، نیکوان زمانه دروغ‌گذاری‌را در گزند من ایزدی پرستش می‌انگارند. آن درخور سیاوش‌آسا من و

I enjoyed myself and patted myself on the head for being so high-minded. As my luck would have it, however, I was rudely awakened by a slap in the face that robbed me of any internal remedy. Inasmuch as the world lord had assigned me so much work, I was unable to attend to anything else, and even though I was seldom able to attend the eldest prince in person, no rough rebukes of my performance were made. Nonetheless, without comprehending the depths of the situation, he became somewhat put off. Jealous persons of vile nature seized upon this opportunity to stir up the quick-natured prince's anger, and parties formed, determined to wound me by representing many falsehoods as the truth.

Clever painters, never having seen the shy phoenix, paint its picture nonetheless.

Through the strange workings of fate, the emperor himself heard of this situation. On the eleventh of Khurdad [June 2], my mind was disturbed by an awareness of this. Abandoning everything, I withdrew and shut my doors to friend and stranger alike. What the ancients had said—and which I refused to heed—to wit, that servitude may lead to high position, but friends, overcome with jealousy, will rise up as enemies, I finally believed. No matter how many summons to court were issued and attempts made to lure me back to my former position, I replied, saying, "Since by a quirk of fate the emperor's all-knowing mind has been adversely affected by the reports of old enemies, it would be appropriate to leave me to myself until my shoulders are relieved of the burden of life. Ever since I attained awareness, my heart has been disinclined to the world. Royal patronage embroiled me in the world, like it or not. If my former involvement is desired, let the world

237

بدگوهر بآتشکده درشوم تا عیار چهره برافروزد. حسدپیشگان دستانسرا از آن سر تافته جز بگواه دل برننهادی. خدیو عالم ازین گفت‌وگو اگرچه لختی ببدگوهری اینان پی برد لیکن مرا سبکسری افزایش داشت. ناگاه ایزدی یاوری درونی شورش‌را چاره‌سگال آمد. بسر دردادند. اگر بآشتی گاه جهانیان آرام‌جائی دارد و در هر چندی بدان نزهتگاه گذاره افتد چندین چرا می‌خروشد و چگونه سررشتهٔ شناسائی از دست بشد؟ زبان بدخواه بستگی نپذیرد. او باندازهٔ شناخت راه نیکوئی سپرد. شگرفکاری ایزدی خواهش است. باین و آن چه بر میبندد؟ لختی بخود آمد و آگهی‌را در باز شد. از آنجا که بر راستکاری خویش و دوربینی گیتی‌خداوند چشم برنمیگشود طبیعت بر خرد درازدستی کردی و گاه بنیستی خویش دربازیدی و زمانی آوارگی آسیمه‌سر داشتی. ناگاه وارستهٔ آگاهدل‌را گذاره شد و بی‌صوری شناسائی حال برگذارده بآرامش برنشست. گفت «بر شهریار دورنگاه تهمت کمبینی منه! بینش و گرانباری تو دلنشین. خاطر بدگوهران بدست می‌آر. چه در سر افتاد که واژون میروی و نابهنگام میخروشی؟ اگر در خوابی نمودار شهریاررا گراندل نیابی دلآمیز گفتِ مرا بپذیر و نارسائی خویش بگو!» گفته همان شب پیدائی گرفت و شورش دل کمی پذیرفت. درین هنگام از زایچهٔ خویش برخواندم. درین سال خدیو عالم از ناراست گفتار زمانیان لختی آزرده گردد و در کمتر زمانی پرده از روی کار برداشته آید. یکبارگی آشوب دل فرو نشست. شهریار پایه‌شناس چون برخواند نقش پیشین خواهش بزدوده بوالا درگاه رفت و از گوناگون عاطفت سبکدوش آمد.

lord sit in judgment and hold an investigation so that the truth about me may be known to all the world and my detractors may be shamed. If the enmity of hordes of men is swept from the mind and no account is taken either of old grudges or of recent spite, and if the facts are investigated, good men of the age will see that the falsehoods circulated to wound me have resulted from my divine worship. Let me, like Siavush, and my detractor have a trial by fire together so that an assessment may be made: story-fabricating jealous persons would turn away from any such thing and would not set their hearts on anything but proof. Although the world lord suspected their evil nature from this speech, nonetheless it increased my lightness of head. Suddenly divine assistance came to remedy my internal distress, and the following came into my mind: "If you possess a quiet place in the peace of the people of the world, and if you go from time to time to that place of beauty, why do you cry out so? How have you lost the thread of acquaintance? The tongues of detractors can never be stopped. You have set out on the road of goodness according to your knowledge. Strange are the workings of the divine will. Why do you connect one with the other?" I came to myself slightly, and a door of awareness was opened. Since I had expectation neither of my own right action nor of the world lord's farsightedness, nature overwhelmed wisdom, and sometimes I gave myself over to annihilation, and other times I was distracted by thoughts of exile. Suddenly I came across a liberated person of enlightened mind, and without physical acquaintance I told him my story and calmed down somewhat. "Impute not shortsightedness to your farsighted monarch," he said. "He knows of your heavy burden. Win over your detractors. Why have you taken it into your head to proceed upside-down and to cry out in an

که شنیدی که برانگیخت سمندِ غمِ عشق
که نه اندر عقبش گردِ ملامت برخاست[۴۸]

هفدهم رای پترداس‌را بدیوانی پایه برآوردند و فرمان شد که بسان مظفر خان و راجه تودرمل او و خواجه شمس الدین بیاوری یکدیگر در انجام این کار برکوشند. در کمتر زمانی مهمّات پنجاب بخواجه بازگردید. همانا غرض چهره برافروخت و شهریاررا از ژرف‌نگهی بازداشت. ۱۱۹

بیست و هفتم کلیار[۴۹] بهادر بسجود قدسی آستان روشن‌پیشانی گشت و بشاهی نوازش سربلند آمد و بخاطب بهادر خان نامور گردید. او از سران سپاه توران است. عبدالله خان هری بدو داده بود. چون اورا واپسین خواب درگرفت و بایریانِ[۵۰] آن دودمان از ناهنجاری پور او پراکنده شدند او بتیزدستی خودرا بقندهار رسانید و از آنجا بوالا درگاه آمد و کام دل برگرفت.

untimely fashion? If you do not find the image of your monarch displeased in a dream, accept my conciliatory words and speak of your own immaturity." What he said happened that very night, and the turmoil in my mind subsided a bit. At that point I took a reading from my horoscope, and it said that during this year the world lord would be angered by false reports but that the truth would soon be discovered. All at once the turmoil in my heart calmed down. When my appreciative monarch summoned me, I went to court, my former desire completely erased, and I was relieved of all burdens by various shows of favor.

> *Have you ever heard of anyone spurring on the steed of the*
> *grief of love without stirring up the dust of blame in his*
> *wake?*

On the seventeenth [June 7], Rai Pitar Das was promoted to the rank of *divan* and ordered to form a partnership with Khwaja Shamsuddin—after the manner of Muzaffar Khan and Raja Todar Mal—to discharge the duties of the office. Shortly thereafter the administration of the Punjab was assigned to the khwaja, and thus the ulterior motive was disclosed and the monarch was relieved of the necessity of holding an investigation.

119

On the twenty-seventh [June 17], Gulyar Bahadur paid homage by prostrating himself at the imperial threshold, and he was rewarded with regal favor and given the title of Bahadur Khan. He was a commander in the army of Turan. Abdullah Khan had given him Herat. When Abdullah Khan passed away and the retainers of that dynasty were distressed by the immoderation of his son, Gulyar Bahadur got himself to Kandahar and from there to the imperial court, where he got his heart's desire.

غرّهٔ تیر حسن خان که از دیرین بندگان بود برنجوری درگذشت و خواجگی محمد صالح نبیرهٔ خواجه عبدالله مرواریدرا که چندگاه صدارت داشت در دهلی روزگار بسر آمد. مهربانی خدیو عالم تیمار پس‌ماندگان او فرمود.

پنجم جگت سنگه و هاشم بیگ و دیگر سپاه شمالی کهسار سعادت بار یافتند و پاداش نیک‌پرستاری برگرفتند و تلوک[۵۱] چند راجهٔ نگرکوت‌را بدرگاه آوردند. ببخشش و بخشایش سرافرازی یافت.

و از سوانح بتازگی دلنشین شدن نهفته‌دانی گیتی‌خدیو. در زندگی ۱۲۰
عبدالله خان مرزبان توران چون از بی‌آزرمی پور او آگهی رسید فرمودند «اگر از تبه‌کاری باز نایستد از جوانی و دولت بهره نگیرد و زود بگو نیستی فرو شود.» و چون پدرآزاری فراپیش گرفت بر زبان قدسی رفت «شگفت که فرو شدن او بدیر کشید.» درینولا آن کجگرا بنیستی‌سرا در شد و جاوید نفرین اندوخت. چون روزگار عبدالله خان بسر آمد اوزبک خان عم‌زادهٔ او سمرقندرا گرد برگرفت و محمدباقی بپاسبانی برنشست. ناگزیر باخسی بازگردید و توکل[۵۲] بیازش بخارا آمد و از آوازهٔ آمدن عبد المؤمن ناساخته‌کار برگشت. حصارنشینان بیرون شده درآویختند و او زخمی بدر رفت و بهمان زخم از عالم بشد. و پس از ده روز عبد المؤمن با فراوان لشکر رسید و در سمرقند باورنگ فرماندهی برنشست و محمدباقی‌را بوکالت برگزید و قل بابارا که وکیل پدر بود و پسر از راستگوئی او برنج اندر، از راه هری بیوفا نوکران او گرفته آوردند و بدیرین کین جان بشکرد. و آرندگان‌را نیز از پس فرستاد و بسیاری‌را در آن رستاخیز جانی گزند رسید. و از آنجا بتاشکند شد و دستم سلطان عم خودرا با دو پسر که از دیرگاه پیغوله‌نشین بود زندگی بسر آورد و بیازش اوزبک سلطان

On the first of Tir [June 22], Hasan Khan, an old servant, passed away of an illness, and so also did Khwajagi Muhammad Salih, Khwaja Abdullah Murwarid's grandson who had been for some time the comptroller of Delhi. The emperor kindly offered his condolences to the bereaved.

On the fifth [June 26], Jagat Singh, Hashim Beg, and others in the army of the northern mountains were admitted to court, where they were rewarded for their fine services. They brought Tilok Chand, the raja of Nagarkot, to court, and he was shown forgiveness and reward.

The world lord's prescience is shown once again 120

When the emperor learned of the disobedience of the son of Abdullah Khan, the warden of Turan, he said, "If he does not mend his evil ways, he will be deprived of life and fortune and will soon sink into the pit of nonexistence." Then, when the son continued his abuse of his father, the emperor commented, "It is amazing that it has taken so long for him to die." Then the reprobate did die, having earned everlasting perdition. When Abdullah Khan's days came to an end, his nephew Özbeg Khan laid siege to Samarkand. Muhammad Baqi undertook the defense of the city, and Özbeg Khan had to return to Akhsi. Then Tükäl launched a campaign to Bukhara, but upon hearing of the approach of Abdul-Mu'min, he returned without achieving anything, for the defenders of the fortress sallied forth and engaged in battle, from which he escaped with a wound of which he later died. Ten days later Abdul-Mu'min arrived with many soldiers, and he assumed the throne in Samarkand, choosing Muhammad Baqi as his deputy. Qul Baba, who had been his father's deputy and by whom the son had been offended by his

اخسی‌را گرد برگرفت. پس از سه روز آن قلعه‌نشین ببیماری درگذشت. سپس بسمرقند و بخارا بازگردید. از هواگرمی شبانگاه ره سپردی. چندی بکمین برنشستند. نهم نزدیک ضامن تیردوز گردانیدند و ماوراء النّهر طوایف الملوک شد.

دهم آصف خان ناصیه‌سا آمد. چون خاطر از انتظام کشمیر لختی فراهم شد اورا باسپ یام برخواندند. در سه روز کوه و دشت درنوردیده بوالا درگاه رسید و بخسروانی نوازش چهرهٔ بختمندی برافروخت.

بیست و چهارم بهاول انکه رخت هستی بربست. او دخت رای جوکا ۱۲۱
پرهار است. در زمان فردوس‌مکانی از شرقی دیار پدر اورا بپرستاری جنّت‌آشیانی فرستاد. صورت و سیرت او دلپذیر افتاد. چندی در شبستان دولت سربلندی داشت. چون مریم‌مکانی‌را خواستگاری شد اورا بجلال گوینده پیوند دادند. گیتی‌خدیورا نخست شیر او داد و بشایستگی روزگار گذرانید. جهان‌سالاررا از جدائی او دل بسوخت و از بخشاینده دادار آمرزش درخواست.

سی و دوم جگناته سعادت کورنش اندوخت. از شاهزاده سلطان مراد دستوری گرفته بیورت خود آمد و بی‌فرمان بدرگاه والا رسید و چندی بار نیافت. درین روز بر ساده‌لوحی او بخشوده نوازش رفت.

truthfulness, was arrested by his faithless liege men in Herat and brought in, and Abdul-Mu'min, harboring a longtime grudge against him, put him to death. Those who had brought him in were sent back, and many lost their lives in the ensuing tumult. From there Abdul-Mu'min went to Tashkent, where he put to death his uncle Dastam Sultan and his two sons, who had long been kept in a dungeon. Then he laid siege to Özbeg Sultan in Akhsi. After three days holed up in the fortress, Özbeg Sultan died from illness. Then Abdul-Mu'min returned to Samarkand and Bukhara, traveling by night because of the hot weather. Several were lurking in ambush. On the ninth [June 30], near Zaamin, he was shot, and central authority broke down in Transoxiana.

On the tenth [July 1], Asaf Khan prostrated himself. Since the emperor's mind was somewhat relieved by his organization of Kashmir, he had been summoned by post horse. Crossing mountains and plains, he arrived within two or three days to a warm welcome.

On the twenty-fourth [July 15], Bhawal Anäkä passed away. 121
She was the daughter of Rai Joka Parhar. During Firdaus-Makani [Babur]'s time her father sent her from the east to Jannat-Ashyani [Humayun]'s harem. Her countenance and conduct were pleasing, and for a while she enjoyed prominence in the harem. When Humayun married Maryam-Makani, he married her to Jalal the singer. She was the first to give milk to the world lord, and she passed her days in propriety. The emperor was grieved by her loss and asked the deity for mercy upon her soul.

On the thirty-second [July 23], Jagannath was honored to perform a salute. Having received leave from Prince Sultan Murad, he went to his territory and then went to court without

درین سال پیتن[53] دکن گشایش یافت. باستانی شهریست بر ساحل دریای گوداوری. بکوشش میرزا علی بیگ اکبرشاهی گشوده آمد و غنیم آویزش نموده راه گریز سپرد.

۱۲۲ درینولا بزابلی کشاورز سترگ بخشش رفت. بیست و پنجم امرداد هشت یک خراج کابل و مضافات آن تا هشت سال بخشودند و فراوان مردم‌را نشاط درگرفت.

سی و یکم میرزا کیقبادرا پسر بزاد. او بزرگ پور میرزا حکیم است. گیتی‌خداوند بدخت عاقل‌حسین میرزا برادر محمدحسین میرزا پیوند فرمود. درین هنگام فرزند روشن‌اختر فرّخی آورد. کشورخدیو بزم نشاط برآراست و بهرمز نامور گردانید.

غرّهٔ شهریور آصف خان‌را بکشمیر بازگردانیدند و بسا اندرز آویزهٔ گوش هوش شد.

نهم مولانا شاه‌محمد شاه‌آبادی بعدم فلونی درگذشت. از عقلی و نقلی کلام آگهی داشت و بارادت کیهان‌خدیو کام دل برگرفت.

هیژدهم سرمست پور دستم خان نقد زندگی بسپرد. از باده‌پیمائی در جوانی روزگار او بسر آمد.

۱۲۳ سی و یکم شیر بیگ یساول‌باشی ببنگاله دستوری یافت تا از آن ملک آگهی آورد و از گزیده فیلان امرا برخی بارمغانی برگزینند. و درین سال و مه دیگر بار بر ساده‌لوحی مظفّرحسین میرزا قندهاری بخشودند. چون ترکان نابخرد باز دست ستمگری برگشودند از روزبازار داوری نقدی قرار دادند و اقطاع او بخالصه بازگردید. او دستوری حجاز گرفته راهی شد. در نخستین منزل از سختی کار و کم‌نیروئی سراسیمه گردید و از سبکسری شرمسار آمد. اورنگ‌نشین پایه‌شناس بخشوده باز خواند. غرّهٔ

orders, where he was not received for a time. On this day his stupidity was forgiven, and he was shown favor.

During this year Paithan in the Deccan was conquered. It is an ancient city on the banks of the Godavari River. It was conquered through the efforts of Mirza Ali Beg Akbarshahi, and the foe took flight after engaging in battle.

Around this time clemency was shown to the farmers of Zabul. 122
On the twenty-fifth of Amurdad [August 17], one-eighth of the taxes of Kabul and its dependencies were forgiven for eight years, to the delight of many people.

On the thirty-first [August 23], a son was born to Mirza Kay-Qubad, Mirza Hakim's eldest son whom the world lord had married to the daughter of Aqil Husain Mirza, the brother of Muhammad Husain Mirza. At this time a son born under a favorable star brought good auspices, and the world lord held a celebration and named the child Hurmuz.

On the first of Shahrewar [August 24], Asaf Khan was sent back to Kashmir after having been given much good advice.

On the ninth [September 1], Maulana Shah Muhammad Shahabadi died from a lack of philony.[40] He was learned in both the traditional and rational sciences and was a disciple of the emperor.

On the eighteenth [September 10], Sarmast, the son of Dastam Khan, passed away. His life came to an end during his youth from drinking too much.

On the thirty-first [September 23], Sher Beg Yasawulbashi was 123
sent to Bengal to bring news of that territory and to choose some of the officers' finest elephants as a gift.

Also during this time the stupidity of Muzaffar Husain Mirza Qandahari was forgiven again. When the unwise Turks once again

مهر بسجود قدسی آستان سر برافراخت.

یازدهم قلعهٔ پونار[54] گشایش یافت. از نامور قلاع برار است. بر تلی اساس یافته سه طرف آن رودبار، هرگز پایاب نشود. بهادر الملک و برخی رادمرد گرد برگرفتند. نصیب الملک از کم‌آذوقی بیدار شد و کلید سپرده بنیایشگری درآمد.

بیست و ششم خواجه اشرف‌را روزگار بسر شد. او پسر خواجه عبد الباری است، بدو پشت پور خواجه احرار. پس از گذارش تورانی پیام رنجور شد و رخت هستی بربست.

۱۲۴ بیست و نهم سالباهن و روپ سعادت بار یافتند. شاهزاده سلطان مراد بفرمان طلب آهنج آستانبوس در سر گرفت. سران لشکر از دکان‌گرمی و مزاجدانی نگذاشته عرضه داشتند «برآمدن شاهزاده ازین ملک سرمایهٔ برهم‌زدگی است. سپس هرچه فرمان شود پذیرفته آید» و خانخانان بازگردیدن خودرا و برآمدن شاهزاده برگذارد. افسرخدیورا پسند نیامد و بر قدسی خاطر گران آمد.

سی‌ام جشن شمسی وزن شد و جهان‌سالاررا بدوازده چیز برسختند. دل‌شکفتگی جهان‌را درگرفت و تهیدستان آرزومندرا روزی فراخ گردید. درین روز شاهقلی خان محرم از دار الخلافه آگره آمد و بنوازش روزافزون بلندپایگی گرفت.

درین سال و ماه پرتاب‌سنگه پور راجه بهگونت‌داس‌را شگرف سودائی بر دماغ ریخت و بجانشکری خویش روی آورد. جمدهر بر گلو زد و زنگی دشوار شد. بفرمایش والا کارآگهان زخم بردوختند و بگیرا دم بهی پذیرفت.

began exercising tyranny, they were relieved of their authority and Muzaffar Husain's fief reverted to crown demesne. He was given leave to go to the Hejaz, but at the first station he became nervous over the difficulty of the task and his unpreparedness for it and regretted his hot-headedness. The monarch forgave him and called him back, and on the first of Mihr [September 24] he prostrated himself at the imperial threshold.

On the eleventh [October 4], the fortress at Paunar, one of the renowned fortifications of Berar, was conquered. It is situated on a hill, and it is surrounded on three sides by a river that is never fordable. Bahadurulmulk and some warriors surrounded it. Nasibulmulk, aware of his lack of provisions, turned over the key and pleaded for terms.

On the twenty-sixth [October 19], Khwaja Ashraf passed away. He was the son of Khwaja Abdul-Bari, and he was descended at a remove of two generations from Khwaja Ahrar. After delivering a message from Turan he fell ill and died.

On the twenty-ninth [October 22], Salbahan and Rup attained 124
the felicity of admittance to court. Prince Sultan Murad, in response to a summons, had in mind to set out to pay homage, but the leaders of the army kept him from going, well knowing his temperament, by saying, "For the prince to leave this territory would insure chaos. Anything else commanded will be done." The Khankhanan reported his return and the prince's setting forth. This did not please the emperor and weighed heavily on his mind.

On the thirtieth [October 23], the solar weighing was held, and the world leader was weighed against twelve items. Happiness enveloped the world, and sustenance for the poor was expanded. On this same day Shahquli Khan Mahram came from Agra and was received at court.

۱۲۵ و از سوانح گشایش قلعهٔ گاویل. ازو گزین‌تر دژی در برار نباشد. درو خوشگوار آب فراوان و نشیمنگاه مرزبان. از آن باز که این ملک بر قلمرو افزود از کجگرائی سران سپاه دست چیرگی نشد. درینولا میر مرتضی گشاد آن‌را بافسون‌سرائی بر خود گرفت. در آن نزدیکی بنگاه ساخت و لختی شکوه جاوید دولت برخواند. از کم‌آذوقی دلآویز گفتار او پذیرفتند. نهم آبان وجیه الدین و بسواس‌رای کلید سپردند و منصب و اقطاع و خواسته برگرفته بپرستاری درآمدند.

دهم نزدیک پاتهری سی و پنج ماده فیل صحرائی نمودار شد. شیر خواجه سپاه‌را فراهم آورد و همه‌را دستگیر ساخت. شگرف آنکه صد و پنجاه کروه چراگاه نشان دهند.

یازدهم اجمیر در اقطاع میر شریف آملی قرار گرفت و بسربراهی آن دستوری یافت.

دوازدهم خانخانان بوالا درگاه آمد و بسجود قدسی آستان سربلندی یافت. شهریار مهرباندل بر کجگرائی او بخشوده نزد خود برخواند، بو که باندرزسرائی راستکاری فراپیش گیرد. روز دیگر قلیچ خان بزمینبوس سعادت اندوخت. از خدمت شاهزاده سلطان‌دانیال لختی سرگران شده جدائی گزید. ازدادپژوهی بار یافت.

Raja Bhagwant Das's son Pratap Singh's mind was afflicted by a strange attack of melancholia, and he made an attempt on his own life by stabbing himself in the throat with his dagger. His life was in great danger, but by imperial command expert physicians stitched up the wound, and by virtue of the emperor's healing breath he recovered.

The fortress at Gawil is conquered 125

There is no more splendid fortress in Berar. It contains abundant sweet water, and it is the seat of the ruler. After that territory was annexed to the empire there was no concern that the leaders of the army would go astray. Recently, however, Mir Murtaza took it upon himself to win the fortress by charm. He built himself a compound nearby and displayed something of imperial splendor. Because of lack of provisions the defenders gave in to his attractive offers. On the ninth of Aban [November 1], Wajihuddin and Baswar Rai turned over the keys, and when their requests for ranks, fiefdoms, and other things were granted, they came into obedience.

On the tenth [November 2], thirty-five wild female elephants appeared near Pathri. Sher Khwaja assembled his soldiers and captured them all. It is amazing that they are said to have grazed over one hundred fifty leagues.

On the eleventh [November 3], Ajmer was placed in fief to Mir Sharif Amuli, and he was dismissed to administer that area.

On the twelfth [November 4], the Khankhanan came to court to pay homage. The emperor had kindly forgiven his misconduct and summoned him, thinking that perhaps he could be reformed by good advice. The next day Qilich Khan was happy to prostrate himself. He had become somewhat unhappy in service to Prince

۱۲۶ و از سوانح آمدن ایلچی فرمانفرمای ایران. گذارده آمد چون ضیاء الملک و ابوناصر بدانجا رسیدند شاه عباس از روشن‌ستارگی بسان شایسته فرزندان بنیایشگری برنشست و پاافراز شاهنشاهی‌را که با ایلچیان بود افسر بختمندی گردانید. دستورنامۀ جهان‌سالار برستاند و بکارکرد آن سعادت اندوخت و منوچهر بیگ‌را که از خاصان اوست با نیایشنامه و گزین ارمغانی روانۀ درگاه ساخت. بیست و سیوم دولت بار یافت و بخسروانی نوازش سر برافراخت. صد و یک اسپ گزیدۀ عراق (در آن میان اسپی بود پنجساله از دریای گیلان برآمده جز دو سه مو بر کاکل و دم نداشت، بخوش‌سخنی و کردار بی‌همتا، در راه بمرد) و گزین قسراق (یکی‌را پنجهزار روپیه ارج برنهادند) و سه صد پارچه قماش (همه دستباف اوستادان نامور) و پنجاه کارنامۀ غیاث نقشبند و نادر قالیها (جفتی از آن در ایران سه‌صد تومان ارز داشت) و گزین تکیه‌نمدها و شگرف پائینچه‌ها و رومی اوتکه‌ها و توشکهای مرصّع و گوناگون تخم و نه بز مرغز که صوف و خارا از پشم او برسازند و دیگر تنسوقات و پانصد ترکمان بشگرف پوشش بپیشگاه حضور آورد و فراوان عراقی تکاور درین قافله بود.

درین روز راجه باسورا بزرگ شاهزاده بکورنش رسانید و لغزش او بخشوده آمد.

Sultan Danyal and had separated himself from him. In all justice he was given an audience.

An ambassador comes from the ruler of Iran 126

It has been reported that when Ziya'ulmulk and Abunasir arrived in Iran, Shah Abbas was fortunate enough to adopt the stance of a dutiful son and place his forehead on an imperial carpet the ambassadors had taken with them, and he took the emperor's letter and acted accordingly. Minuchihr Beg, one of his elite, was sent off with a letter and choice gifts. He was admitted to court on the twenty-third [November 15] and was warmly welcomed by the emperor. Among the gifts and presents he brought were 101 fine Persian horses (among them had been a five-year-old horse from the Caspian Sea that had no more than two or three hairs on its forehead and tail and was unrivaled for obedience and performance, but it had died on the road); fine fillies, one of which was worth 5,000 rupees; 300 pieces of brocade, all woven by famous masters; fifty masterpieces by Ghiyas Naqshband and rare carpets, one pair of which cost 300 *tomans* in Iran; choice coverlets, beautiful trousers, Anatolian boots, jewel-studded cushions; various seeds; nine *marghuz* goats, from the hair of which angora wool is made; other presents; 500 Turcoman [horses] with amazing equipage. There were also many Persian horses in the caravan.

On this day Raja Basav was brought by the eldest prince to salute the emperor, and his misconduct was pardoned.

چالش همایون رایات بگشایش احمدنگر

۱۲۷ شاهنشاهی بسیچ آن بود که فیروزی جنود بسرکردگی بزرگ شاهزاده بتوران شتابد و آن موروثی ملک بقلمرو درآید. چون آن نونهال دولت ازدستانسرائی برخی هندپرست دل بدین ننهاد اندیشه آن شد که هرگاه دیگر فرزندان بسجود قدسی آستان ناصیهٔ بختمندی برافروزند از پیشانی هرکه این خواهش بیشتر برتابد او بدان یورش نامزد گردد. درین هنگام هرزه‌لایان ناتوان‌بین برگذاردند «شاهزاده سلطان مرادرا بسیچ آستانبوس در سر نیست» و ناسزا گفتارها بزبان این و آن دادند و شاهزاده دانیال‌را که از الله‌آباد پیشتر شتافته بود نکوهیده روش وانمودند. شهریار دوربین یورش جنوبی دیار از راه دار الخلافه آگره فراپیش گرفت. اگر گذارده راستی فروغ دارد نخست بچاره‌گری آن دل باید برنهاد و سپس بگشایش دکن که از دیر باز فیروزی سپاه بدانسو رفته و از غرض‌پرستی در انجام آن کار درنگ میرود، سپس اگر روزگار یاور افتد بتوران‌زمین چالش رود. و چون چهاردهم سال است که پنجاب بقدسی قدوم آبادی دارد و گروهاگروه مردم‌را فراوان دلبستگی، بدین یورش دل نمینهادند. گاه شورش تاریکیان بی‌سر و بن‌را دستمایهٔ بازداشت میساختند و زمانی آشوب سرتابان شمالی کهسار. از گرم‌بازاری مدارا لختی درنگ افتاد و از آنجا که ایزد توانا بایست جاوید دولت‌را از هنگام برنگذارند پیشین آهنج نیرو گرفت و بیست و ششم آبان پس از یک ساعت و دوازده دقیقهٔ شب پنجشنبه فیل‌سوار خرامش شد. مریم‌مکانی و دیگر بیگمان و بسیاری پردگیان اقبال و سلطان خرّم‌را در دار الملک لاهور گذاشتند. خواجه شمس الدین بخدمتگذاری والا درگاه و سربراهی آن صوبه و میر مراد

IMPERIAL BANNERS SET OFF TO CONQUER AHMADNAGAR

It had been the emperor's thought that his victorious troops would go to Turan under the command of the eldest prince and annex that hereditary territory to the empire. When the prince was dissuaded by some India-loving fabricators of tales, the emperor decided that when his other sons came to pay homage he would assign the task to whichever of them seemed to desire it the most. Around this time jealous blatherers said that Prince Sultan Murad did not intend to come to pay homage. Attributing unworthy speeches to the tongue of this one and that one, they portrayed Prince Sultan Danyal, who had already set out from Allahabad, in very bad light. With this, the farsighted monarch initiated a campaign to the south via Agra. If what had been reported was true, he would deal first with that and then conquer the Deccan, to which troops had gone long ago but in the conquest of which great delay had occurred on account of selfish interests and motives; afterward, if the time was auspicious, he would go on campaign to Turan. Since this was the fourteenth year in which he had graced the Punjab with his presence and many of his men were attached thereto, they were displeased by the prospect of such a trip. Sometimes they sought to detain the emperor by speaking of the chaos created by the unruly Tarikis, and other times they used the rebels in the northern mountains as excuses. So fervent were they in their pleading that there was some delay in setting out; however, inasmuch as the omnipotent deity does not allow what is necessary for the empire to lapse, the emperor's previous determination gained strength, and on the twenty-sixth of Aban [November 18], after the elapse of one 127

ببخشیگری و ملک خیرالله بکوتوالی نامزد گردیدند. سی‌ام در نخستین منزل ابوالقاسم نمکین از کشمیر آمد و دولت بار یافت. سیزدهم آذر نزد گوبندوال دریای بیاه بفیل گذشتند و فیروزی سپاه براه پل. درین روز منزل ارجن‌کور از قدوم شاهنشاهی تازه فروغ برگرفت. پدر بر پدر پیشوای برهمن کیش است و فراوان نیایش دارد. چون آرزوی او از روی عقیدت بود پذیرفتند.

۱۲۸ درینولا قلعهٔ میل‌گده[۵۵] برار گشایش یافت. مسعود خان حبشی داشت. وسکه جل‌گانو بحیله‌سازی برگرفت. نخست زه‌وزادرا درون فرستاد و بدان بهانه برخی بوم‌نشین‌را بانجا برد و چیره‌دست آمد. شاهزاده سلطان مراد سندرداس‌را با چندی نامزد فرمود و او گرد برگرفت. نوزدهم دژنشینان بزینهار کلید سپردند.

و درین سال ولی بیگ پور پاینده خان از بنگاله آمد. بسجود قدسی آستان سربلندی یافت. از پیشکش او بیست و دو فیل گزیده بود.

۱۲۹ و از سوانح گشایش نرناله[۵۶]. همان زنگی‌نژاد داشت. افسون کاراگهان درنگرفت. بکوشش رای گوپال دونکر خان گوند یکجهتی گزید و برخی عیال آن دژنشین که فرود آمده بود برگیراند. ناگزیر بنیایشگری درآمد. چون شاهزاده بتماشای گاویل بیرون شد نزد آن قلعه گذاره افتاد و آن دژبان آمده دید. بیستم باولیای دولت سپرد. در بلندی و استواری و فراخی و عمارت‌فزونی کم‌همتا. شاهزاده بر فراز آن برآمد و از آنجا بشاهپور بازگردید.

hour and twelve minutes of the eve of Thursday, the emperor mounted an elephant and set forth. Maryam-Makani, the other ladies, and many of the inmates of the harem—as well as Sultan Khurram—were left in Lahore. Khwaja Shamsuddin was also left to serve the court and administer the province; Mir Murad was made *bakhshi;* and Malik Khairullah was assigned as *kotwal.*

On the thirtieth [November 22], at the first stopping place, Abu'l-Qasim Namakin came from Kashmir and was admitted to an audience.

On the thirteenth of Azar [December 5], the emperor crossed the Beas near Gobindwal on an elephant, and the army crossed by bridge. On that day Arjun Kaur's quarters were graced by the advent of the emperor. For generations the Kaurs had been leaders of the Brahmanical sect, and he was humble in his entreaty. Since his wish for the emperor's presence was sincere it was granted.

At this time the fortress of Melgarh in Berar was conquered. It 128 was held by the Abyssinian Mas'ud Khan, and he had also seized Sika Jalgaon by stealth. First he sent his family inside, and on that pretext he took some local rulers there and took it over. Prince Sultan Murad assigned Sundar Das and some others. They surrounded the fortress, and on the nineteenth [December 11] the defenders came out under amnesty and turned over the keys.

Also during this year Payanda Khan's son Wali Beg came from Bengal and prostrated himself at the imperial threshold. Among his presents were twenty-two fine elephants.

The conquest of Narnala 129
Narnala was held by Human, who was of Zanzibarid descent. The enticements of diplomats made no impression. Through the offices of Rai Gopal, Dungar Khan of Gond joined forces

و درین روز قلعهٔ مانپورْ بدست آمد. لختی میرزا خان گرد گرفته بود. چون گزین کوشش نرفت شاهزاده اورا نزد خود برخوانده نذر خان‌را با برخی فرستاد. زنکو نانو، هیبت راو، علی خان، گرز رای و برخی چند بار برآمده آویزش نمودند و از آذوق‌کمی بزینهار سپردند.

بیست و یکم نزدیک لودهیانه رودبار ستلج فیل‌سوار برگذشتند و فیروزی جنود از راه پل گذاره شد. دیگر روز میرزا شاهرخ بسجدهٔ نیایش کام دل برگرفت. فرمان والا بطلب رفته بود. غرّهٔ شهریور از شاهزاده سلطان مراد دستوری گرفت و لختی در مالوه برآسود و از آنجا بوالا درگاه رسید.

۱۳۰ بیست و ششم سهرند مخیّم سرادقات اقبال شد. ابوسعید عملگذار آنجا از دیر باز نشیمنی چند برافراخته بود. آرزوی قدسی قدوم کرد و پذیرفته پایان روز بدانجا فرود آمدند. چون آگهی شد که بدستآویز ستمگری برافراشته است درنگ‌را در آن منزل سزاوار ندیدند و با آنکه خیمه و خرگاه بر پا نبود و شب تاریک، بصحرا رفته برآسودند. بامدادان سیر دلگشا باغها فرمودند و عشرت و عبادت فراچنگ آمد.

درین روز چلبی بیگ بآستانبوس رسید و نوازش یافت. نیاگان او از رئیسان تبریز اند. در خردسالی بدانش‌اندوزی نشست. در قزوین پیش خواجه افضل ترک که در فهم و فطرت یگانهٔ روزگار بود و در شیراز نزد مولانا میرزا جان که در حکمی علوم کم‌همتا، فراوان بهره برگرفت. چون حال او و نقبای نساب بهمایون عرض رسید منشور طلب با فراوان خواسته فرستادند. او بدین دولت کامیاب خواهش آمد و پسین‌را کهنسالی و بنگاه‌دوستی بازداشت.

with the imperials and turned over some of the defender's family who had left the fortress. There was little he could do but entreat. When the prince went out to inspect Gawil, as he was passing near the fortress the keeper of the fortress came out to pay his respects. On the twentieth [December 12], he turned it over to the representatives of the empire. In loftiness, impregnability, vastness, and appurtenances it has few equals. The prince went up to the top and then returned to Shahpur.

On the same day the fortress of Manpur was taken. Mirza Khan had invested it for a while, but since his efforts were wanting, the prince recalled him and sent Nazr Khan and some others. Zangu Nanu, Haibat Rao, Ali Khan, Gurz Rai, and some others came out and fought, but because of lack of provisions they surrendered it under amnesty.

On the twenty-first [December 13], the emperor crossed the Sutlej on an elephant near Ludhiana, and the army crossed by bridge. The next day Mirza Shahrukh was received, having come in response to a summons. On the first of Shahrewar [August 24], he had received leave from Prince Sultan Murad, rested a while in Malwa, and then proceeded to court.

On the twenty-sixth [December 18], imperial camp was made 130
in Sirhind. Abusa'id, the tax agent of the area, had long ago prepared quarters. He requested that the emperor come, and, the invitation accepted, the emperor stopped there at the end of the day. However, since it was learned that Abusa'id had prospered through tyranny, the emperor did not think it appropriate to tarry there. Although there were no tents set up and the night was dark, he went out into the countryside to rest. The next morning he toured the delightful gardens and engaged in pleasure and worship.

۱۳۱ و از سوانح بخشش ده دوازده پنجاب. چون لاهور چندی تختگاه شد کارپردازان سلطنت از گران‌ارزی ده دوازده بر دستمزد جهانبانی افزودند. چون آگهی شد که از کوچ رایات اقبال ارزشها بنخستین پایه بازگردید شهریار دادگر افزوده‌را بخشود و که و مه‌را گران‌دوش بخشش گردانید.

چهارم دی، حیدری پور خانخانان بسوخت. در سرائی پس از باده‌پیمائی غنوده بود. آتش درگرفت. از بیهشی نیارست بیرون شد.

پنجم، میرزا مظفرحسین خویش از قنوج آمد و بسجود قدسی آستان کام دل برگرفت. چون آگهی رسید که از میگساری راه دادگری نمیسپرد برای رهنمونی نزد خود برخواندند.

هفتم، ماه بانو همشیرهٔ خان اعظم میرزا کوکه درگذشت. او کوچ خانخانان است با آگهی و پارسائی روشناس. در انباله رنجوری او افزود و در آنجا بازداشتند. و آن دو امیر چندروزه دستوری گرفتند. در آن سال و مه نقد زندگی بسپرد. شهریاررا دل بدرد آمد و آمرزش درخواست.

On this day Chalabi Beg came to kiss the imperial threshold. His fathers were headmen of Tabriz. In his youth he had studied in Qazwin with Khwaja Afzal Turk, unique in his day for his understanding and innate intelligence, and in Shiraz with Maulana Mirza Jan, who had few peers in the philosophical sciences. When his condition and that of his relatives was reported to the emperor, an edict of summons was issued with many enticements. He accepted the invitation willingly, but his relatives were prevented from coming by old age and love of homeland.

One-sixth of the impost on the Punjab is forgiven 131

Since Lahore was for some time the residence of the emperor, the imperial administrators imposed an additional one-sixth levy on account of scarcity of goods. When it was learned that with the departure of the imperial retinue prices had returned to their former level, the just monarch forgave the increase, and a burden was lifted from the shoulders of great and humble alike.

On the fourth of Daimah [December 26], the Khankhanan's son Haidari was burned. He had gone to sleep in a tent after drinking. The tent had caught fire, and he was unable to get out.

On the fifth [December 27], Mirza Muzaffar Husain came from Kannauj and prostrated himself at the imperial threshold. When it had been learned that he drank too much to treat people with justice, the emperor had summoned him to give him some good advice.

On the seventh of the month [December 29], Mah Banu, the sister of Khan A'zam Mirza Koka, passed away. The wife of the Khankhanan, she was known for her awareness and piety. Falling

۱۳۲ هشتم، رستم میرزارا در شکارگاه زخم رسید. باشه پور رایسال بدرختی برنشست. همراهان میرزا برگرفتند. برخی راجپوت بآویزه برجوشید. میرزا بآهنگ آرامش آن اشوبگاه رفت. ناگهانی شمشیر بدست رسید و از کاراآگهی آن بی‌راهه‌روان‌را بسته برایسال فرستاد. شهریار دوربین بر بردباری و مردمی او آفرین فرمود.

نهم ابوالقاسم نمکین‌را در بهار اقطاع دادند و بپاسبانی آنجا دستوری یافت. درین روز شیخ سلطان‌را از حلق کشیدند. در گروه عمامه‌داران می‌زیست. آرزوی عملگذاری اورا کالیوه ساخت. تهانیسر که بنگاه او بود بدو سپردند. از بدمستی دنیا کهین کینه‌هارا تازه برساخت و بجانگزائی نیکوان برخاست. چون دادخدارا بدان شهر گذاره شد و لختی ستمگاری او خاطرنشین گشت بسزای کردار خود رسید.

نوزدهم دار الملک دهلی خیمه‌گاه شد. دیگر روز خواهش شیخ فرید بخشی‌بیگی پذیرائی یافت. مراسم پیشکش و نثار بجای آورد و لختی پذیرفته آمد. از آنجا کشتی‌سوار بر تربت جنّت‌آشیانی رسیدند و آداب زیارت گوهر بزرگی برافروخت. درینولا ایالت دهلی بمیر عبد الوهّاب بخاری بازگردید. چون پیدائی گرفت که شاهم خان شهررا بچندی آزور سپرده خود بتن‌آسانی می‌زید و زیردستان‌را بیدادی آزرده دارد اورا بعتابگاه داشته برگرفتند و آن سیّدرا از گوشه‌نشینی برآورده بدان خدمت برگماشتند و بپایهٔ پانصدی برآوردند.

ill in Ambala, she had been left there and both Khan A'zam and the Khankhanan were given several days' leave, but in the end she passed away. The emperor was much aggrieved and prayed for mercy on her soul.

On the eighth [December 30], Rustam Mirza was wounded 132 on the hunting field. Raisal's falcon perched on a tree, and the mirza's companions seized it. Some Rajputs started a fight, and the mirza went to calm things down. Without warning a sword hit him in the arm, but he managed to bind the miscreants and send them to Raja Raisal. The farsighted emperor praised him for his forbearance and courage.

On the ninth [December 31], Abu'l-Qasim Namakin was given a fief in Bihar and sent there to assume his duties.

On the same day Shaikh Sultan was hanged. A member of the clergy, he had been overwhelmed by a desire to be a tax official, and Thanesar, his home, had been turned over to him. Intoxicated by the world, he renewed old grudges and harassed good people. When the emperor passed through the city and was informed of his tyranny, he paid for his actions.

On the nineteenth [January 10, 1599], the emperor reached Delhi, and the next day Shaikh Farid Bakhshibegi's invitation was accepted. Rituals of presentation of gifts were carried out, and some of the offering was accepted. From there the emperor boarded a boat and visited Jannat-Ashyani [Humayun]'s tomb. At this time the governorship of Delhi was given to Mir Abdul-Wahhab Bukhari. When it became clear that Shahim Khan had turned the city over to greedy persons and was living in luxury while his men tyrannized their underlings, he was chastised and relieved of his post and the sayyid was taken out of retirement and assigned that office with the rank of 500.

فروغ یافتن دار الخلافه آگره بقدسی قدوم شاهنشاهی

۱۳۳ گیتی‌خداوند دو ماه و بیست و یک روز داددهان چالش فرمود. از هر سرزمین تازه فیضی برگرفت و سه روز برای مردم‌آسودگی مقام شد. گروهاگروه مردم پذیرا شده گوناگون نشاط اندوختند و نثارها برافشاندند. شهریار پایه‌شناس هر یک‌را بنمطی خاص دل بدست آورد. در والا نشیمنهای قلعه همایون نزول شد. بهر گوشهٔ بزمی آراسته گشت و در هر ناحیتی جشنی انتظام گرفت.

بیا کـه رایتِ منصـورِ پادشـاه رسیـد
نویـدِ فتح و بشـارت بمهر و ماه رسیـد
سپهر دورِ خوش اکنون زند که ماه آمـد
جهان بکامِ دل اکنون رسد که شاه رسید[57]

سگالش آن بود که بشهر در نشده همان جنوبی یورش فراپیش گیرند. از آنجا که خاطر والا از دیرآمدن شاهزادگان نگرانی داشت و یافه‌درایان بیصرفه‌گو نو نو داستانها برمیطرازیدند عنان بازکشیده بژرف‌نگهی نشستند و شاهزادگان‌را بتازگی برخواندند. از آنجا که نگارندهٔ شگرفنامه همواره دریافتهٔ خویش‌را بی‌اندیشهٔ فلان و بهمان عرضه میدارد و بهدید دولت‌را بشیوازبانی برمیگذارد فرصت‌طلبان کجگرا غرض‌آلود وانمودند و بدستانسرائی اینان بیست و پنجم بآوردن شاهزاده سلطان مراد دستوری یافت. فرمان شد اگر امرای دکن نگهداشت آن ملک بر خود گیرند با

THE CAPITAL AGRA IS ILLUMINATED BY THE IMPERIAL ADVENT

The world lord had been traveling, dispensing justice and receiving a new grace from every place, for two months and twenty-one days, with only three days of stops for the people to rest. Hordes came out to greet him in joy and to scatter coins in his path, and the grateful emperor won over the hearts of every one of them in a different and special way. He took up residence in the exalted apartments of the royal citadel while celebrations were held in every quarter. 133

Come, for the emperor's victorious banner has arrived. The glad tidings of victory have reached the sun and moon.
The celestial sphere now revolves happily because the moon has come. The world has attained its wishes because the king has arrived.

The plan was to continue on the southern campaign without entering the city, but since the emperor was worried because the princes were so late in arriving, and because talkers of nonsense were continually making up new stories, he pulled in his reins to investigate the situation and summon the princes anew.

Inasmuch as this writer always reported his findings without concern for anyone and couched what was best for the empire in the best style, wayward opportunists represented me as having selfish motives. Through their machinations I was sent on the twenty-fifth [January 16] to bring Prince Sultan Murad. My orders were as follows: "If the officers in the Deccan accept the responsibility of holding that territory, come to court with

شاهزاده بدرگاه آید، ورنه آن گرامی فرزندرا روانه سازد و خود با دیگر سران پمیان یکجهتی بربندد و بهدید میرزا شاهرخ‌را یاور گرداند. ازین رو میرزارا علم و نقاره داده دستوری مالوه شد که در اقطاع خود سامان سپاه نماید و چون بدکن باز خوانند خودرا زود رساند. درین روز میرزا رستم‌را رایسین و آنحدود جایگیر کرده رخصت دادند و شهباز خان‌را اجمیرسو فرستادند تا امرای رانارا مالشی بسزا دهد و بهر یکی از بندگان گزین اسپ و خاصه خلعت دادند و نگارندهٔ شگرفنامه‌را فیل مست برافزودند.

۱۳۴ بیست و هشتم ایلچی کاشغر رسید. شهریار کاردانان‌را با برخی تنسوقات فرستاده بود. از راه‌ناایمنی نیارستند رفت. محمد خان ازین آگهی در خود بالید و سپاسگذاری یاد کرد. میر امام‌را با ارمغانی روانهٔ درگاه ساخت و در راه یغمائی شد. با نیازنامه رسید و نوازش یافت.

درین روز سعید خان از بهار آمد و بسجود قدسی آستان پیشانی برافروخت.

غرّهٔ اسفندارمذ قلعهٔ لوهگده دولت‌آباد دکن گشایش یافت. میرزا علی بیگ اکبرشاهی نزدیک یک ماه گرد برنشست. دژنشینان بی‌یاور از کم‌آبی و کم‌آذوقی زینهاری شده کلید سپردند.

۱۳۵ سیوم میر عارف اردبیلی در دار الخلافه آگره نقد زندگی سپرد. گویند او پور سام میرزای صفوی است. ریاضتگر و تجرُّدگزین بود. ازو شگرف کارها برگذارند.

یازده منزلگاه میرزا کوکه‌را فرّخی بخشیدند و مادرش‌را که در سوگواری ماه‌بانو بجانگدازی افتاده بود بدلآمیز پرسش غمزدائی فرمودند. در مردنگاه دخت لختی اورا درنگ رفت و درین هنگام رسید و بجان‌داروی مهربانی زندگی یافت.

the prince; otherwise, send the prince while you and the other commanders cooperate to help Mirza Shahrukh do what he thinks is best. To this end the mirza is hereby given a banner and drums and assigned to Malwa to muster troops from his fief. When he is recalled to the Deccan, get yourself back here fast."

On this day Mirza Rustam was given a fief in Raisen and that area and dismissed, and Shahbaz Khan was sent to Ajmer to chastise the Rana's officers. To each of the court servants a fine horse and royal robe were given, and to that a must elephant was added for this writer.

On the twenty-eighth [January 19], an emissary arrived from 134
Kashgar. The emperor had dispatched diplomats thither with gifts, but because of the unsafe roads they had been unable to get there. Muhammad Khan had taken pride in the fact [of emissaries having been sent] and expressed his gratitude by sending Mir Imam to court with presents. However, he had been waylaid along the way, but he managed to arrive with a letter and was shown favor.

On the same day Sa'id Khan came from Bihar to prostrate himself at the imperial threshold.

On the first of Isfandarmudh [February 21], the fortress of Lohgadh at Daulatabad in the Deccan was taken. Mirza Ali Beg Akbarshahi had besieged it for nearly a month. The hapless defenders came out under amnesty on account of lack of water and provisions and turned over the keys.

On the third [February 23], Mir Arif Ardabili died in Agra. He 135
was said to be the son of Sam Mirza Safavi. He was an ascetic and lived in retirement, but amazing things were told of him.

On the eleventh [March 3], Mirza Koka's residence was graced by the emperor, and the mirza's mother, who was in agony in her

۱۳۶ درینولا ایرانی وخشور برسید. چون فرمانروای توران را روزگار بسر آمد
شاه عباس یازش خراسان در سر گرفت و اتم سلطان خویشاوند عبدالله
خان را بشگرف آویزه برشکست و آن ملک برگرفت و میرزا علی بیگ
یوزباشی را با نیازنامه و برخی گزین بارگی و دیگر کالا فرستاد و دستمایهٔ
این گشایش یکجهتی والا درگاه برشمرد و داستان سپاسگذاری برخواند.
پانزدهم بسجود قدسی آستان سربلندی یافت و بخسروانی نوازش کام
دل برگرفت.

mourning for Mah Banu, was consoled by the emperor's conde-
scension. The emperor came upon her while she was tarrying
at her daughter's grave, and she was revivified by his life-giving
kindness.

At this point an ambassador arrived from Iran. When the ruler   136
of Turan passed away, Shah Abbas took it in his head to invade
Khurasan. He defeated Atam Sultan, a relative of Abdullah Khan,
in a large-scale battle and seized the territory. He sent Mirza Ali
Beg Yüzbashi with a letter and some fine horses and other goods
since he considered the conquest to be a result of the imperial
court's support and he wanted to express his gratitude. On the
fifteenth [March 7], the ambassador attained the honor of pros-
trating himself at the imperial threshold, and he was granted his
fondest wish by being regally and warmly received.

آغاز سال چهل و چهارم الهی از جلوس مقدّس شاهنشاهی، یعنی سال آبان از چهارم دور

۱۳۷ روز یکشنبه بیست و سیوم شعبان سنهٔ هزار و هفت پس از سه ساعت و سیزده دقیقه خورشید کیهان‌افروز بحمل پرتو انداخت و کهن روزگاررا نوی بخشید. ایزدی فیض‌را در باز گردید و پژمرده گیتی تازه‌روئی گرفت. افسرخدیو اورنگ‌را بسپاسگذاری برآراست و بر فراز داد و دهش برنشست.

جـهانِ پـیر بـرنا شـد دگـر بار　　بنفشه‌زلف گشت و لاله‌رخسار
زمین از بس گل و سبزه چنان بود　　که گوئی پـر ستاره آسـمان بود

تا هنگامِ شرف خرّمی بر خرّمی افزود و که و مه‌را دلشکفتگی درگرفت. روز نوروز شاهزاده سلطان دانیال سعادت بار یافت و بسجود قدسی آستان روشن‌پیشانی شد. صوبهٔ الله‌آبادرا بدادگری و کاراگهی آباد گردانید و بشاهنشاهی فرمان باده‌پیمائی که از اندازه برگذشته بود واهشت. چون قلعهٔ باندهو بآن نونهال دولت نامزد شد و بتماشای آن رفت و از آنجا بحاجی‌پور، دلپت اجینیه که از جااستواری و سامان‌فزونی سرتابی داشت آمده دید و گزیده فیلان پیشکش آورد و از کمخردی آهنگ گریز نمود. اورا برگرفته بدرگاه آورد. پس از چاره‌سازی این بومی بنخچیرافکنی و مالش سرتابان لختی پیشتر چالش رفت. و چون از دستانسرائی غرض‌پرستان آگهی یافت دست از همه بازداشته بوالا درگاه بازگردید. بیست و هفتم اسفندارمذ از آن کنار جون نیایش برگذارد و دستوری بار نیافت. سرآغاز

The Forty-Fourth Year after the Imperial Accession: Aban Year of the Fourth Duodecennial Cycle

After the elapse of three hours and thirteen minutes of Sunday 137
the twenty-third of Sha‘ban 1007,[41] the world-illuminating sun shed its rays on Aries and bestowed newness upon the age. The gates of divine effulgence were opened, and the withered world took on a fresh countenance. The world lord mounted the throne in gratitude and dispensed justice and beneficence.

The aged world became young again: its tresses turned violet
and its cheeks became like tulips.
The earth was so filled with roses and verdure that you would
think it was a sky filled with stars.

Until the exaltation there was rejoicing and celebration, and everyone was happy.

On Nauroz day Prince Sultan Danyal attained the felicity of being received and polished his forehead by prostrating himself at the imperial threshold. He had caused the province of Allahabad to flourish with his justice and administration, and by imperial order he had given up drinking wine, in which he had indulged to excess. Since the fortress of Bandho had been assigned to him, he had gone there and then to Hajipur. Dalpat Ujjainiya, who was in rebellion on account of his impregnable position and vast riches, came there to pay his respects and present valuable elephants, but he was on the point of fleeing unwisely. The prince had him arrested and brought him to court.

همایون جشن برخوانده نوازش فرمودند. از گزین پیشکش او دویست
و شش فیل نامور بود. نه از آن خاصگی پایه برگرفت. جهان‌سالاررا از
دیدار گرامی فرزند دل برشکفت و یافه‌گذاران فتنه‌دوست سر بجیب
شرمساری درکشیدند. کیچک خواجه، افتخار بیگ، حسن‌قلی، ولی بیگ
و بسیاری همراهان دولت کورنش اندوختند.

۱۳۸   درین روز لاله پور راجه بیربر از بنگاله آمد. اورا باندرزگذاری برخی
امرا فرستاده بودند و اگر نامور فیلی یابد همراه آورد. فرموده بجای آورد.
شانزده گزین فیل برگذارند.

ششم رام سنگه پسر مدهکر بناصیه‌سائی روشن‌جبین گشت. از دیر
باز بشورافزائی میزیست. از رسیدن همایون رایات بیدار شده راه بندگی
سپرد و نوازش یافت.

یازدهم آصف خان بسجود نیایش سربلندی اندوخت. بفرمان والا در
بیست روز خودرا از کشمیر رسانید و بخسروی نوازش سر برافراخت. درین
روز راجه راج‌سنگه دولت بار یافت. در لشکر دکن بود. بخواهشگری او
منشور طلب رفت و کاربند آمد. و نیز چتر بهوج بدان سعادت رسید.
پدر او جگمن از بومیان مالوه است. چون رخت هستی بربست روی نیاز
بدرگاه والا آورد و جانشین او ساخته راجگی دادند.

After tending to this barbarian, he had gone forward, hunting and chastising the unruly. Once he was apprised of the rumors spread by self-interested parties, he abandoned everything and returned to court. On the twenty-seventh of Isfandarmudh [March 19], he sent his respects from the other side of the Jumna, but he was denied audience. At the beginning of the royal celebration he was summoned and shown favor. Among the finery he offered were 206 named elephants, nine of which were elevated to the rank of imperial pachyderms. The emperor was delighted to see his son, and troublemaking rumormongers were put to shame. Kichik Khwaja, Iftikhar Beg, Hasanquli, Wali Beg, and many of the prince's comrades were also allowed to salute the emperor.

On the same day Raja Birbar's son Lala came from Bengal after 138
having been sent to advise some of the commanders there—and if he found a worthy elephant he was to bring it. He carried out his orders and presented sixteen fine elephants.

On the sixth [March 26], Madhukar's son Ram Singh paid homage. He had long been a troublemaker, but when the imperial banners arrived he woke up and adopted a more servile stance, for which he was rewarded.

On the eleventh [March 31], Asaf Khan prostrated himself before the emperor. By imperial command he had gotten himself from Kashmir in twenty days, and he was warmly received. On the same day Raja Rajsingh was given audience. He had been in the Deccan army, but he had been summoned at his own request. Chittar Bhoj was also admitted to audience. His father, Jagman, was a native of Malwa, and when he passed away Chittar Bhoj turned humbly to the court and was given the title of raja as his father's successor.

۱۳۹ درینولا کهیرله گشایش یافت. از گزین قلعه‌های برار است و برزخی میان آن و گوندوانه. شاهزاده سلطان مراد برخی‌را بسرکردگی شیخ ابراهیم برگماشت. گرد برگرفتند و شگرف آویزشها رفت. چون آذوق لختی کمی پذیرفت سیّد حسین و بسواس‌رای و دیگر دژنشینان از خواب سرکشی برآمدند. سیزدهم امان گرفته کلید سپردند و بپاداش آن منصب و جایگیر یافتند.

چهاردهم سمانچی خان و میر شریف آملی و شیخ عبد الرحیم از تیول خود رسیدند و بزمینبوس مژگانی سعادت اندوختند.

نوزدهم جگت سنگه از ناگور بوالا درگاه آمد و نوازش یافت.

بیست و سیوم قاسم بیگ تبریزی بواپسین خواب غنود. در نظر و تألُّه فراوان رنج برده بود و بسا دلآویز گفتار صوفی بر زبان داشت.

۱۴۰ بیست و پنجم ایلچی بدخشان رسید. چون ماوراء النّهر طوایف الملوک شد در آن کهسار یکی از فرومایگان خویش‌را محمدزمان پور میرزا شاهرخ وانمود و دیگری خودرا همایون پسر میرزا سلیمان و یکدیگررا دیده ولایت‌را دو بخش گردانیدند. نخستین نیایشنامه با نعمت الله روانهٔ درگاه ساخت و زر کامل‌را شاهنشاهی سکّه برزده با چند اسپ پیشکش فرستاد و چگونگی برآمدن خویش از شورش کابل و شرمساری از سرگذشت قاسم خان گذارده بود. هرچند بسیاری نپذیرفتند و بساختگی برگرفتند آمده نوازش یافت.

هشتم اردی‌بهشت نورای احدی بیاسا رسید. در پیشخانهٔ شریف ارمنی باده پیمود و با یکدیگر درآویختند و بخانهٔ او رفته جان بشکرد و بادافراه برگرفت.

At this time Kherli, a fine fortress in Berar that forms the   139
border between Berar and Gondwana, was conquered. Prince
Sultan Murad had sent several under the command of Shaikh
Ibrahim. They had surrounded the fortress and engaged in
pitched battles. When their provisions began to run out, Sayyid
Husain, Biswas Rai, and the other defenders awoke from their
sleep of rebelliousness and, asking for amnesty on the thirteenth
[April 2], turned over the keys, in return for which they were
granted ranks and fiefs.

On the fourteenth [April 3], Samanchi Khan, Mir Sharif Amuli,
and Shaikh Abdul-Rahim came from their estates to pay homage.

On the nineteenth [April 8], Jagat Singh came to court from
Nagore.

On the twenty-third [April 12], Qasim Beg Tabrizi passed away.
He had gone to great lengths in the study of speculative philoso-
phy and theology and had many Sufi maxims ready on his tongue.

On the twenty-fifth [April 14], an emissary arrived from   140
Badakhshan. When central authority broke down in Transoxiana,
a commoner in the mountains of Badakhshan pretended to be
Muhammad Zaman the son of Mirza Shahrukh while another
called himself Mirza Sulaiman's son Humayun. These two
met and divided the region between themselves. The first one
dispatched a letter to court with Ni'matullah, had Kabul gold
struck as imperial coinage, and sent several horses as gifts. In
the letter he explained how he had escaped from the chaos of
Kabul and apologized for the Qasim Khan episode. Although
not many accepted his claim and most thought it was false, the
ambassador was shown favor.

On the eighth of Urdibihisht [April 28], an *ahadi* named Nura
was executed. While he was drinking with Sharif the Armenian,

۱۴۱ و از سوانح گشایش ناسک. دو ماه ازین پیشتر شاهزاده سلطان مراد بهرجیو و برخی سپاه خاندیس‌را بدانسو نامزد فرمود و امینی و کارآگهی آن لشکر بعظمت خان بازگردید. او دلهای سران‌را بهم پیوند داد و گزین آویزشها رفت. دهم فیروزی سپاه چیره‌دست آمد. یازدهم نگارندۀ شگرفنامه نزدیک برهان‌پور رسید. بهادر خان مرزبان خاندیس در چار کروهی اسیر پذیرا شد و قدسی فرمان و خلعت‌را بآئین بندگان سعادتگرا برگرفت و سجود نیایش بجایِ آرود. هرچند خواهش نمود که روزی چند بایستد نپذیرفت. بامدادان از برهانپور دوردستی گذشته فرود آمد. پایان روز تندبادها برخاست و سخت بارید. دیگر روز ناگزیر درنگ نمود. بهادر خان آمده همگی روز بسر برد. چون بسیاری سخنان تلخ‌نمای شیرین اثر گفته بیورش دکن رهنمون شد، او از تن‌آسانی بعذرسرائی برنشست و کبیر خان پور خودرا با دو هزار سوار روانه ساخت. خواست که مرا بخانۀ خویش برد و بمیزبانی پردازد. پاسخ رفت اگر همرهی میگزید پذیرفته میشد. چون این راه بسته دید برخی کالا و خواسته بارمغانی فرستاد. چنان برگذارده شد با ایزد بیهمال پیمان رفته که تا چار چیز فراهم نشود از کس برنستاند. نخست دوستی، دوم آنکه دهش‌را بزرگ نشمرد، سیوم خود بداده آرزومند نبود، چهارم احتیاج خویش. گرفتم سه طراز پیدائی دارد. چهارمین‌را چه چاره برسازد؟ شاهنشاهی نواخت نقش خواهش بزدوده و زر و سیم بار در بار از کارآگهی فرا گرفت. از شگرفی گفتار بشگفتی در شد.

they had gotten into a fight. Then Nura had gone to Sharif's house and killed him, but he paid the price for his action.

Nasik is conquered

141

Two months prior to this, Prince Sultan Murad had sent Baharji[42] and some of the Khandesh force to Nasik, with Azamat Khan as treasurer and head of operations. He had won over the hearts of his officers, and they fought bravely in battle. On the tenth [April 30], the imperial army emerged victorious.

On the eleventh [May 1], this writer arrived on the outskirts of Burhanpur and met Bahadur Khan, the ruler of Khandesh, four leagues from Asir. He accepted the imperial edict and robe of honor humbly and prostrated himself, and although he urged me to stop for a few days, I declined. The next morning I traveled far from Burhanpur before stopping. Toward the end of the day violent winds arose and it rained hard. The next day I was forced to stay where I was. Bahadur Khan came and spent the entire day with me. Although many words of bitter aspect but sweet effect were employed in urging upon him the Deccan campaign, he was much too accustomed to his comforts and excused himself, sending in his stead his son, Kabir Khan, with two thousand cavalry. He wanted to take me home to entertain me, and I replied that if he had agreed to accompany me I would have accepted. When he saw that this way was not open to him, he sent some goods and other things as gifts. I told him I had vowed to God that I would not take anything from anyone unless four conditions were met: first, love; second, that I would not consider the gift great; third, that I not be desirous of what was given; fourth, that I myself be in need. I took it that three of the conditions were met, but what of the fourth? Imperial favor had erased all trace of desire

سپری شدن روزگار شاهزاده سلطان مراد

۱۴۲ هزار افسوس که بادهٔ این خمخانه دردآلود است و نبات این شکرستان هلاهل‌اندود. مستی این نشاط بزم‌را خمار اندوهگینی در پی، و هشیاری این سوررا بُخار ناکامی در سر. کرا ازین سرگذشت جانفرسا جگر خون نیست؟ و کدام دیده ازین خونابه جگرگون نه؟ این تودهٔ خاک گذشتنی است و گذاشتنی، و این تیره مغاک نیفروختنی و انباشتنی. پیوندها همه گسیختنی است و تلخ آبها همه کشیدنی. نیرنگی کهن روزگار برگوید یا تواناتریِ دست تقدیر برگذارد؟

شایسته‌کار و آزرم‌دوست بود. با گشاده‌دلی فراخدستی داشت و با آهستگی رادمردی. دریوزهٔ دلها رفتی و از گردآلودگان روشن‌درون همّت خواستی. از بدگوهری خودکامان خویشتن‌بین لختی بسرگرانی افتاد و برخی سران سپاه بکارشکنی دل نهادند. از احمدنگر ناکام بازگردید و بدراز غم در شد. گوهر هوشمندی‌را آن تابش نماند و سررشتهٔ دل بدست آوردن قدری از دست رفت و مداهنه‌را از مدارا نیارست بازشناخت. چون پور او درگذشت یکبارگی جوهر خرد تیرگی پذیرفت و بدمسازی طبیعت‌پرستاریان نابخرد بباده‌پیمائی نشست. می‌افزونی بصرع آورد و دل بچاره‌گری نمینهاد. چنین درد جانکاه‌را برنهفتی و خورش کم گواریدی. سیزدهم آبان پیشین سال بدیدن گاویل روانه شد. پس از تماشای آن بایلچپور رفت و در آنجا تب کرد. چون فراز نرناله[۵۸] برآمد افزایش گرفت و شکم‌درد افزود و نیرو و حس کمی پذیرفت. نهم دی بشاهپور باز آمد و پزشکان بچاره‌گری برنشستند. لختی بهی روی داد و از آوازهٔ رسیدن شاهنشاه والاشکوه بدار الخلافه آگره و طلب او بدرگاه مقدّس بفرخنای

from me, and moreover I received gold and silver in abundance from one who was aware of everything. He was stunned by the amazingness of my speech.

PRINCE SULTAN MURAD'S DAYS COME TO AN END

A thousand pities that the wine of this vat is laced with dregs 142
and the plants of this sugar plantation are coated with bitter poison. The intoxication of this pleasure banquet is followed by a hangover of sorrow, and the enjoyment of this festival ends in the smoke of failure. Who does not suffer anguish from this agonizing life? What eye is not reddened by these bloodstained tears? This pile of earth is to be passed over and left behind. This dark cavern is not to be lighted or stopped up. All bonds are to be severed, and bitter waters are to be quaffed. Shall I recite the trickery of the ancient world, or should I report the omnipotence of the hand of destiny?

The prince's actions were worthy, and he loved honor. With his openheartedness he was openhanded as well, and with his gentleness he was also a brave warrior. He always sought to win the affection of others, and he sought the psychic assistance of hermits and dervishes. He was annoyed by the vileness of egotistical, conceited people, and some military commanders set their hearts on undoing his plans. From Ahmadnagar he returned unsuccessful and went into a prolonged depression. The gem of his intelligence had lost its luster, and he had somewhat lost the means to win over hearts, for he was no longer able to distinguish sycophancy from mollification. Then, when his son died, his

اندوه در شد چه از شرمگینی باده‌شیفتگی دل آستانبوس ننهادی و امرا بدیگر روش وانمودی. چون از آمدن نگارندهٔ اقبالنامه آگهی رسید نهم اسفندارمذ بسوی احمدنگر کوچ فرمود. همگی سگالش آنکه این یورش‌را دستمایهٔ نارفتن سازد. و نوروزی جشن این سال‌را نزد تمرنی برآراست. شانزدهم اردی‌بهشت نزدیک دیهاری بر ساحل پورنا بیست کروهی دولت‌آباد صرع سختی گرفت و بیست و دوم در آن بیهوشی بعلوی عالم شتافت.

فغـــان ز آفـتِ این رنج‌ســـازِ راحت‌ســوز
فغـــان ز گـردشِ این جان‌شکارِ جورپـرست
که صـورتی که بعمـری نگاشت خود بسـترد
که گوهری که بسی سال سُفت خود بشکست[59]

۱۴۳ که و مه‌را دل بسوخت و آشنا و بیگانه‌را ماتم درگرفت. چون از بیماری آگهی شد خدیو عالم جالینوس روزگار حکیم مصری‌را روانه ساخت و آصف خان نیز نامزد شد که در راه درنگی نرود. فرستادگان این سرگذشت شنوده از راه بازگردیدند. گیتی‌خداوندرا بنازم که با فزون دلبستگی خویشتن‌را از پراکندگی نگاهداشت و درونی غم‌را چاره‌گر آمد. بنیروی اسبهبدی جهان معنی آرامش گرفت و هوشداروی بیهُشان آماده گردانید.

mind was utterly clouded, and he began to drink in the company of foolish, self-indulgent men. Excessive drinking led to epilepsy, and he refused all treatment. While he hid his pain and agony, he ate little. On the thirteenth of Aban [November 5, 1598] of the previous year he went to see Gawil, and after inspecting it he went to Ellichpur, where he came down with a fever. When he went up to Narnala, the fever grew worse, the pain in his stomach increased, and his strength and sensation decreased. On the ninth of Daimah [December 31, 1598], he returned to Shahpur, where the physicians treated him. He got a little better, but with the news of the emperor's arrival at Agra and his summons to court he went into a depression because he was so ashamed of his drinking that he dared not show his face at court, although the officers attributed this to other causes. When he learned of the writer's arrival, he decamped for Ahmadnagar on the ninth of Isfandarmudh [March 1, 1599], thinking that this trip would excuse him from going to court. He held the Nauroz celebrations for this year near Timurni. On the sixteenth of Urdibihisht [May 6] near Dehari (?) on the banks of the Purna, twenty leagues from Daulatabad, he suffered a severe epileptic attack, and on the twenty-second [May 12], still unconscious, he passed away.

Alas for the calamity bestowed by this giver of pain, this
robber of comfort. Alas for the revolution of this life-
ensnaring servant of cruelty.
It has erased a picture it took a lifetime to draw; it has crushed
a pearl it took many years to pierce.

Everyone was saddened, and all went into mourning. When   143
informed of the prince's illness, the world lord dispatched

کیقباد از فرو شدن جگرگوشهٔ خود شکیبائی درباخت و خویشتن‌را به بی‌آرامی سپرد. لقمان حکیم بپزشکی روی آورد و از گیرا دم مداوا برساخت. اندرزنامهٔ برنوشت و چنان برگذارد «رفتن عنصری فرزند ازین تیره خاکدان بقدسی عالم اندوه‌مایهٔ دانا نگردد و پیوستن‌را گسیختن نشمرده دلتنگ نزید. مرا غم آن فرو گرفته مبادا پور خردرا که صبر نام دارم روزگار سپری گردد و پیمانه پر شدن خاکی‌نهاد سرمایهٔ نیستی آسمانی‌نژاد آید.» این دلآویز پیام از شادخواب بیخبری درآورد و بایست وقت فراپیش نهاده بدل‌آبادی کوشید و زمانه فرّخی‌را سپاس گذراند.

شهریار روزگار کار حکیم آموزگار میکند. با چندین بار وابستگی آزاد میزید و هنگام ماتم‌نشینی داروی سوگواران برمیسازد.

the Galen of the age, Hakim Misri, and Asaf Khan to proceed without delay. When they were apprised of the event, however, they returned. How proud am I of my lord, who, despite such overwhelming affection, did not allow himself to be distressed and assuaged his grief inwardly! By virtue of his strength as commander-in-chief of the world of intrinsic meaning he calmed himself and served as a panacea for those who would have lost their senses.

Kay-Qubad lost all composure when he lost his dear son and gave himself over to frenzy. His wise physician Luqman treated him with healing words, for in his book of advice he says the following: "The departure of a physical son from this dark dustheap to the blessed realm is not a source of sorrow to the wise, and such a one neither considers it a breaking of bonds nor lives in sorrow. May I not be afflicted with grief for the death of the child of wisdom, which is called fortitude, and may the death of the earthly body not be a cause for the extinction of the heavenly spirit." This compassionate message brought him out of his slumber of unawareness and, proceeding with what was necessary at the time, he strove to rebuild his fortitude and gave thanks for happier times.

The emperor of our age often plays the part of the teaching physician. Despite so many burdens of involvement he lives free and administers medication to the bereaved in times of mourning.

انتظام یافتن فیروزی سپاه دکن بشگرفی اقبال روزافزون

نگارندهٔ گوهرین نامه چون دستوری یافت برخی بزرگان بکارشکنی ۱۴۴
برنشستند و بدستانسرائی اینان بسا دیرین همراهان جدائی گزیدند. ناگزیر بنگهداشتن تازه سپاه دل برنهاد. از بخت‌یاوری فراوان لشکر فراهم آمد. هرچند هواخواهان نکوهش وام برگذاردند دست از آن باز نداشت و چشم بر شورشی گشاده بود چون بسی گروهی اردوی شاهزاده رسید تیزرو پیکان نگاشتهای میرزا یوسف خان و دیگر کارپردازان دولت آوردند. برگذارده بودند شاهزاده‌را شگرف رنجوری فرو گرفته جریده خودرا رساند، بو که دگرگونگی بدسگالان چاره پذیرد و که و مه از آوارگی باز ماند. از دستان‌فروشی بزرگان والا درگاه دل‌افسردگی داشت. هرچند همراهان در بازداشت دیوافسانه‌ها برخواندند بشتافتن گرم‌تر شد. همگی اندیشه آنکه نقد زندگی در کار ولی‌نعمت بسپرد و لختی سپاس دولت‌رسیدگی بزبان کردار برگذارد. نوزدهم از دیول‌گانو با چندی تیزتر راند و شامگاه بدانجا رسید. آن دید که هیچ کس مبیناد. کار از چاره برگذشته و گروهاگروه مردم آسیمه‌سر و جوق جوق رهسپر آوارگی. سران سپاه‌را اندیشه آنکه بازگردیده شاهزاده بشاهپور رسانند. برگذاردم در چنین آشوبگاه که که و مه‌را دل‌نزاری فرو گرفته و شگرف شورشی برخاسته با غنیم‌نزدیکی و بوم‌بیگانگی بازگردیدن بگزند خویش در بازیدن است. درین گفتگو آن گلدسته پژمرده و شورش بلندی‌گرا شد. چندی از تبه‌سگالی و برخی بپاسبانی بنه‌وبار و لختی بیتاقداری فرزندان جدائی گزیدند. بایزدیاوری ازین شماری برنگرفته دل بسرانجام سپاه و بایست وقت برنهاد و نعش‌را با درونی‌پرستاران روانهٔ شاهپور گردانید

THE VICTORIOUS ARMY OF THE DECCAN IS PUT IN ORDER BY THE MYSTERIOUS WORKINGS OF EVER-INCREASING GOOD FORTUNE

When the writer of this volume was dismissed, some high-ranking officers set about to foil his plans, and through the rumors they spread many of my longtime companions deserted me. There was little I could do but set about recruiting a new company, and as good fortune would have it, many soldiers gathered around me. Although my supporters warned me of the inadvisability of debt, I refused to discontinue and kept my eyes open for trouble. Arriving within thirty leagues of the prince's camp, a fast messenger brought letters from Mirza Yusuf Khan and other imperial commanders. They informed me that the prince was critically ill and that I should get myself there as soon as possible—perhaps the alienation of malevolents could be dealt with and everyone could be kept from deserting. I was rankled by the rumors spread by the great at court: no matter how my friends attempted to prevent me from going, I proceeded at an even faster pace. My only thought was I would entrust my life to my patron and express my appreciation for past favors with the tongue of action. On the nineteenth [May 9], I set out at a gallop from Deulgaon with a few men, arriving that evening. There I saw what no one should ever see! Things were beyond remedy, and the men were deserting in droves. The commanders thought they would turn back and take the prince to Shahpur. I said that in the midst of such chaos, when everyone had lost heart and such tumult had arisen, to turn back, with the foe nearby and in the midst of strangers, would only be to our own detriment. In the

144

و آن سفرگزین‌را در آنجا بامانت سپردند. لختی تورانی از اردو بیرون شده فتنه‌افزائی در سر گرفتند. هرچند اندرزگوئی رفت نخوت افزود. درین هنگام سپاه پس‌مانده که افزون از سه هزار سوار بود دررسید. گفتار مرا فروغ دیگر شد و کجگرایان آرم‌ستیز بسخن‌نیوشی گوش دل برنهادند، لیکن خرد و بزرگ‌را خواهش بازگردیدن در سر. داستان فرو شدن منعم خان خانخانان و برهم‌زدگی بنگاله و برآمدن شهاب الدین احمد خان از گجرات و شورش آن ملک و مانند آن بگوناگون روش برگذاردند. چون نیایشگری خاص با ایزد بیهمال بود و چشم از فروغ اقبال شاهنشاهی نورآگین، نپذیرفت. جهانی بگرانی در شد و بسیاری خشم گرفته جدائی گزیدند. بحقیقی کارساز روی دل آورد و بسیچ پیش رفتن در سر افتاد.

۱۴۵ بیست و هفتم بگشایش دکن کوچ کرد و ازین پیشروی دلهارا نیروی دیگر شد و لختی بپاسداران سرحد و دیگر نگهبانان ملک اندرزنامه‌ها فرستاد و تنگدلان‌را دستیاری نمود. آنچه خزینهٔ شاهزاده بود و از کالا آنچه سزاوار فرستادن درگاه والا نبود و هرچه با خود داشت و بوام توانست بهمرسانید برافشاند. در کمتر فرصتی رفتگان بازگردیدند و هنگامه گرمی پذیرفت. همگی قلمرو شاهزاده‌را بگزین روشی پاسبانی شد مگر ناسک که از راه‌دوری و ناایمنی آگهی دیرتر رسید و آوازهٔ درگذشتن شاهزاده و ناامیدی از کارپرداز ملک پاسبانان آنجارا پراکنده ساخت و از کوته‌بسیچی فرستادگان اگرچه آن ملک گرفته نشد لیکن بسیاری جا بر قلمرو افزوده آمد. هرچند دمسازان والا درگاه عرایض مرا برخواندند و چنین سرگذشت‌را بتبه‌سگالی برنهفتند، از آنجا که بایزدی درگاه نیایشگری داشت و توجه گیتی‌خداوند روزافزون، سربراهی فیروزی سپاه

midst of such discussion the prince died, and the chaos got worse. Some left out of pure spite, others departed to take care of their belongings, and a few went to protect their children. Trusting in God's protection, I took no notice of this and set about administering the army and doing what had to be done. I sent the body with the inner servants to Shahpur, and there they placed him for safekeeping. A few Turanis got out of the camp and took it in their heads to make trouble. No matter how strenuously advice was given, their headstrongness only increased. At this point the part of the army that had remained behind, more than three thousand cavalry, arrived. My words took on new meaning, and the wayward began to listen, although everyone was desirous of turning back. They spoke of the loss of Mun'im Khan, the ensuing chaos in Bengal, the emergence of Shihabuddin Ahmad Khan from Gujarat, the turmoil there, and such things, but since I trusted in the deity and kept my eye on the splendid good fortune of the emperor, I refused to accept their proposals. Many grew angry and left in a rage. I turned my heart to the one true effecter, and the idea of proceeding entered my mind.

On the twenty-seventh [May 17], I set forth to conquer the 145
Deccan, and with this advance hearts were reinforced. Letters of advice were sent to the wardens of the marches and other guardians of the territory, and support was offered to the weak of heart. I got together what remained of the prince's treasury, all the goods that were not worth sending to the imperial court, everything I had with me, and whatever I could borrow, and I distributed it. It was not long before those who had run away returned and our numbers were swelled. All the prince's realm was then well protected except for Nasik, which was so far away and the road so unsafe that it took a long time to get word

که اندیشهٔ زمانیان بر نتافتی بگزین روشی دست داد و دور و نزدیک بشگفت در شد. ایزدی سپاس از نیروی امکان بیرون است. از منِ ناتوان چه آید؟

نه من مانده‌ام خیره در کارِ او　　که گفت آفرینی سزاوارِ او[۶۰]

لیکن بخیال‌پرستی لختی بنیایشگری پرداخت و سراپا سپاسگذار آمد. گاه این در دل که نهفته‌دانی کشورخدا بتازگی دلنشین که و مه آمد بی‌تکادو من و سفارش این و آن مرا از خاکستان گمنامی برگرفت و از پیغولهٔ دانش‌اندوزی برآورده بوالاپایگی رسانید، و گاه این اندیشه که سگالش مرا بی‌منّت این و آن فراز کردار برآورد و طنزسرایان بارگاه‌را زبان‌خاموشی و دل‌پشیمانی درگرفت، و گاه این در خاطر که باقتضای حسد ناتوان‌بینان کجگرا بر منِ یکجهت زبان نعمت برگشودند و از درگاه والا دور انداختند و کارساز حقیقی سرمایهٔ بلندپایگی ساخت و اینان‌را بجاوید شرمندگی برنشاند و ازین که بی‌آویزهٔ مردآزما این دشوار بآسانی گرائید طبیعت چندان شادمانی نیندوخت بنام ایزد که صفوتگاه دل‌را این دشوارپسندی تیره نمی‌سازد و یازش خانگی دشمن گزندی نمی‌رساند.

through. News of the prince's demise and despair on the part of the administrator of the realm had upset the guards there, and it was due to the shortsightedness of those sent there that the whole realm was not taken, although many places were annexed to the empire. Although members of the emperor's court read my dispatches and maliciously concealed this adventure, since I was relying on the divine court and the emperor's attention, I led the victorious army better than anyone might have expected, and everyone, far and near, was amazed. It is impossible for anyone to render appropriate thanks to the divine, much less me.

It is not only I who am dumbfounded by his works. Who can make praise appropriate to him?

Nonetheless, fooling myself, I indulged in humble gratitude. Sometimes it occurred to me that it was in order to show the emperor's prescient ability to everyone that, without any effort on my part or anyone's recommendation, he raised me from the dustheap of oblivion, took me out of a pit of study, and promoted me to high position; and other times I thought that, without obligation to this or that, he had put my suggestions into practice so that silence and regret would attend the hearts of jokers at court; still other times it came to my mind that, out of envy, jealous persons had plotted to praise me to get me away from court, but the effecter of all had raised me to a high level and put them eternally to shame. For that this difficulty had been easily overcome without engaging in courage-testing battle, my nature rejoiced in the name of God, who does not darken the purity of the heart with such difficulty to please and does not allow a domestic enemy to cause harm.

۱۴۶ و از سوانح فرو شدن معصوم کابلی. از آن باز که بناسپاسی کالیوه شد و در بنگاله گرد شورش برانگیخت بناکامیها افتاد و چون بدلخراش سیلی روزگار از خواب درنیامد زمانه برنجوریها درانداخت. سی‌ام بنیستی‌سرا در شد و هنگامهٔ خاوری ناسپاسان بیفسرد.

سیوم خرداد مهین پرستاری از شبستان دولت آهنگ قدسی عالم نمود. دوازدهم از لاهور آگهی آمد. پردگیان شاهی مشکورا غم درگرفت و فرزند آن پرده‌نشین شاهزاده خانم‌را حال دگرگون گشت و بدلدهی و اندرزسرائی جهان‌سالار لختی آرامش پدید آمد.

درینولا ستونده گشایش یافت. چون راقم شگرف نامه پس از فرو شدن شاهزاده سلطان مراد بکارسازی سپاه و نگاهبانی ملک و گرفتن ناگشوده جاها پرداخت سندرداس‌را با بسیاری بگشودن قلعهٔ تلتوم[۶۱] نامزد کرد. او از کارآگهی برخی بوم‌نشین‌را بخود یاور گردانید. یکی از اینان دژبان‌را بیورت برخوانده آن خدمتگذاررا آگاه ساخت. تیزدستان پیوسته دل بگشایش بستند. درونیان لختی درآویخته زینهاری شدند. بیست و هفتم کلید سپرده کام دل برگرفتند.

۱۴۷ سی‌ام مریم‌مکانی بدار الخلافه آگره رسیدند. چون دو جنوبی یورش لختی درنگ رفت دلآویز نامه فرستاده آرزوی گرامی دیدار فرمودند و سلطان خرّم و بسیاری شبستانی پرستاررا بهمرهی برخواندند. چون نزدیک رسیدند بزرگ شاهزاده با برخی سران پیشواز رفته سعادت اندوخت و در آن روز افسرخدا پذیرا شده مراسم بزرگداشت بجا آورد. تا امروز سانحهٔ ناگزیر شاهزاده سلطان مرادرا کسی بهمایون عرض نیارست رسانید و عرایض نگارندهٔ اقبالنامه‌را بدیگر آئینی برمیگذاردند. آن مهین بانو آگاه ساخت و جهانی بسوگواری برنشست. گیتی‌خدیو به نیروی اسبهبدی

Ma'sum Kabuli dies

146

Ever since he was chastised for his ingratitude and stirred up trouble in Bengal, he failed miserably, and when he was not awakened by such a slap in the face from fate, he was destined for illness. On the thirtieth [May 20], he passed away, and the heyday of the eastern ingrates came to an end.

On the third [May 24], a great lady of the imperial harem set out for the other world. On the twelfth [June 2], the news came from Lahore. The ladies of the royal harem were much aggrieved, and the lady's secluded daughter, Princess Khanim, was disconsolate, but with the emperor's condolences she calmed down somewhat.[43]

Around this time Satonda was conquered. When this writer undertook the administration of the army, protection of the territory, and the taking of unconquered places after the prince's death, Sundar Das was sent with many to conquer the fortress at Taltum. He cleverly got some locals to help him. One of them invited the castellan to his territory and informed Sundar Das. The warriors set their sights on conquest, and although the defenders engaged in a desultory battle, they pleaded for amnesty. On the twenty-seventh [June 17], they turned over the keys and got what they wanted.

Maryam-Makani informs the emperor of the death of Sultan Murad

147

On the thirtieth [June 20], Maryam-Makani arrived in Agra. Since there had been delay in both of the southern campaigns, a letter had been sent requesting that she come. Sultan Khurram and many of the ladies were told to accompany her. When they were near, the eldest prince and some grandees went out

جهان معنی شورش طبیعت برنشاند و چاره‌سازی غمزدگان مشکو فرمود. دم گیرای آن ایزدپرست کارگر آمد و بی‌آرامان جانکاه‌را شکیبائی بدست افتاد.

فهرستِ مکارم باد کردارِ تو عالم‌را   تاریخِ معالی باد آثارِ تو عالم‌را
کارِ تو بعون الله از عینِ کمال ایمن   مهرِ ابدی بادا بر کارِ تو عالم‌را

فرستادن شاهزاده سلطان دانیال بدارائی دکن

۱۴۸ تیمار زیردستان فرمانپذیر و مالش بدکاران سرتاب مهین ازیدی پرستش اورنگ‌نشینان دادگر است و دادار بیهمال از فرماندهان جز این دو کار بزرگ نخواهد. لله الحمد شهریار دادخدا در شناسائی این دو کردار والا پایه دارد و اندوه و شادی از خسروانی بسیچ بازنگیرد. با دردناکی گذشتن گزین پور و غمخوارگی گروهاگروه سوگواران بآسایش زیردستان جنوبی دیار توجّه برگماشت. قدسی خاطر آن میخواست که بزرگ شاهزاده‌را بدین خدمت والاپایگی بخشند. بهنگام دستوری از رهنمونی تبه‌بسیچان ببارگاه والا نیامد. از آنجا که ملک‌پاسبانی درنگ برنتابد شاهزاده سلطان دانیال‌را در آن فرّخ ساعت نامزد فرمودند و شب دوم تیر گرانبار اندرز رخصت یافت. کشورخدیو نخستین منزل‌را از فروغ والا قدوم نوراگین ساخت و شب همانجا بوده نوازشگری و پندگذاری تازگی گرفت و ببخشش سراچهٔ سرخ که بجز شاهنشاه دیگری برنیفرازد برنواختند. و قدسی فرمان براقم شگرفنامه آمد. خواهش آن بود که اورا نزد خود

to greet her, and that very day the world lord was received and went through the rites of respect. Until this day no one had dared to mention the prince's demise to the imperial person, and this writer's letters were misrepresented. The grand lady broke the news, and everyone went into mourning. The world lord, in his capacity as commander-in-chief of the world of intrinsic meaning, kept the upheaval of his nature under control and tended to the grief-stricken members of the harem. His healing breath worked, and the disconsolate regained a modicum of composure.

May your conduct set an example of nobility to the world; may
your deeds serve as a history of exaltedness for the world.
May your labor, by God's help, be secure from the evil eye;
may your deeds be seen with eternal love by the world.

PRINCE SULTAN DANYAL IS DISPATCHED TO GOVERN THE DECCAN

The first God-given duty of just monarchs is to care for obedient underlings and to chastise unruly maleficents, and the deity expects nothing other than these two great things from rulers. Thank God, our monarch holds an exalted position in the discharge of these two duties, and neither grief nor joy keeps him from a princely frame of mind. Despite the painful death of his son and the consolation of so many bereaved, he turned his attention to his subjects in the south. His regal mind wanted to appoint the eldest prince to this service, but when he was summoned he did not come to court, having been led into such conduct by immoral persons. Since the rule of an empire cannot

148

برخوانیم، لیکن چون شاهزاده‌را بدانسو فرستادیم چندی بصوری جدائی دل برنهد و بسربراهی مهمّات ملکی و مالی آن نونهال اقبال بنشیند. مرا که از سرآغاز آگهی جوش وارستگی روزافزون و از شگرفکاری نیلی سپهر دنیا در افزایش، درینولا که روشنی گوهر برافزوده بودند از سخنسازی بدگوهران و روائی نادرست گفتار رستگاری از بار هستی خواهش رفتی. چون لختی بایزدیاوری بلندینامی اندوخت و صوری دستگاه‌را پایه برتر نهادند و درین کشاکش روحانی و نفسانی منشور والا رسید و هر دو آهنجرا مایه‌ده آمد. از دوری آن سرچشمهٔ آگهی آسیمه‌سری درگرفت و از اندیشهٔ آبادی بخویش آمد و همان کاررا پیش گرفته بانتظار قدوم آن گوهر کان شهریاری برنشست.

۱۴۹ درینولا روزگار سیّد قاسم بارهه بسر آمد. شاهزاده سلطان مراد اورا درین یورش پیشتر فرستاده بود و بسیاری رادمرد آزمونکار همراه ساخته. چون آن برهمزدگی روی داد جریده باز آمد و براقم شگرفنامه پیمان بربسته کامیاب خواهش بازگردید و چندی آباد جا برگرفت. ششم نزد قصبهٔ کنهر دولت‌آباد بامتلا درگذشت.

هشتم نگارندهٔ شگرفنامه میرزا خان‌را با بسیاری بناسک روانه ساخت و میرزا یاررا که بدانسو فرستاده بود نوشت که زود بلشکر پیوندد. اگرچه از رنجوری او گزین سامان نشد لیکن از غنیم چندان گزند نرسید.

پانزدهم مادر شاهزاده سلطان پرویز بعلوی عالم شتافت و پردگیان والا مشکورا بغم انداخت. بچاره‌سازی شهریار دیده‌ور برخی بصبر گرائیدند و چندی‌را بگلشن‌سرای رضا خرامش شد.

brook delay, Prince Sultan Danyal was immediately appointed, and on the eve of the second of Tir [June 23] he was sent off with much good advice. The world lord went out himself as far as the first station and spent the night there to renew his advice. He even honored him with the bestowal of the red tent, which no one other than the emperor had used. An imperial command was also issued to this writer, saying, "We wanted to summon you to ourselves, but when we have dispatched the prince thither, you must endure physical separation for a while and take upon yourself the execution of administrative and fiscal affairs on his royal behalf." Ever since the beginning of my enlightenment I had been more and more desirous of liberation, and I was more and more amazed by the mysterious workings of the world, but now that the luster of the pearl had been increased, I was more desirous than ever of being liberated from the burden of existence on account of the fabrications of evil persons and the currency of false accounts. When, with God's help, I acquired some renown and my physical power was promoted to a higher level, the imperial rescript arrived while I was in the midst of this spiritual and psychic struggle. It increased both intentions. Far from that source of enlightenment, I was beset by anxiety, but constructive thought brought me around, and I proceeded with my work and waited for the arrival of the prince.

Around this time Sayyid Qasim Barha died. Prince Sultan 149 Murad had sent him forward on this campaign, and he had many tried warriors with him. When chaos erupted he returned by himself, swore an oath to me, the writer of this work, and returned having obtained what he wanted. He took several flourishing places. He died on the sixth [June 27] near the town of Kunhar (?) in Daulatabad.

۱۵۰ هفدهم راجه مانسنگه بسجود قدسی آستان ناصیهٔ بختمندی برافروخت و گزین پیشکش بنظر همایون درآورد. از آن میان پنجاه الماس گران‌ارز. آرامش‌افزای بنگاله بود و فرمان داشت هرگاه خاطر از ملک واپردازد بدرگاه بازگردد. و چون در آن دیار لختی ایمنی روی داد این سعادت اندوخت و نوازش برگرفت.

بیست و هشتم قلیچ خان از جونپور رسید و دولت بار یافت. شاهزاده دانیال بپاسبانی آن صوبه گذاشته بود. خاطر از آن فراهم آورده بوالا درگاه آمد.

۱۵۱ دوم امرداد برخوردار پور عبد الرحمنِ مؤیّد بیگ زندانی شد. دلپت اجینیه‌را رها ساخته کامیاب خواهش دستوری بنگاه دادند. بکین آنکه پدر او در آویزهٔ آن بومی نقد زندگی سپرد در صحر با برخی سرگشتگان برو ریخت و آن بوم‌نشین از کارآگهی بدر رفت. گیتی‌خداوند نکوهش فرمود و اورا ببندخانه برنشاند. دادخدا میخواست که بسته بدان بومی فرستد، لیکن بدستیاری برخی رهائی یافت.

۱۵۲ چهارم شیخ عبد الرحمن‌را بدولت‌آباد فرستاد. کارساز حقیقی چون راقم شگرفنامه‌را بآرامش دکن برگماشت هر سو کارآگهی نامزد کرد تا بدم‌گیرائی و فراخ‌دستی و رادمردی چارهٔ سرتابان برسازد. درین هنگام دژنشینان دولت‌آباد برگذاردند اگر درست پیمان ایمنی بخشد و جائی برای بنگاه داده آید، کلید سپرده پرستاری گزیده شود، لیکن برخی حبشی و دکنی درین نزدیکی میباشند فوجی بمالش اینان نامزد گردد. ازین رو پور خودرا که شایستگی از جبین او برتابد دستوری داد و هزار و پانصد سوار ازْ خود و بهمین شماره دیگر سپاه همراه گردانید.

On the eighth [June 29], this writer sent Mirza Khan with many warriors to Nasik and wrote to Mirza Yar, who had been sent there, that he should soon join the forces. Although he had been too ill to muster many troops, he had not suffered much from the enemy.

On the fifteenth [July 15], Prince Sultan Parvez's mother passed away, and the ladies of the harem were plunged into grief.[44] By the emperor's condolences they were somewhat consoled and accepted their lot.

On the seventeenth [July 6], Raja Man Singh paid homage, 150 displaying fine gifts before the emperor, among them fifty valuable diamonds. Having restored order in Bengal, he had been ordered to return to court when his mind was at ease with regard to the province. Since a modicum of security now prevailed there, he had taken the opportunity to return to court.

On the twenty-eighth [July 19], Qilich Khan came from Jaunpur to pay homage. Prince Danyal had been assigned governor of that province, and since Qilich Khan was relieved, he came to court.

On the second of Amurdad [July 24], Abdul-Rahman, son of 151 Muayyad Beg, was imprisoned. Dalpat Ujjainiya had been set free and granted his desire to return to his land. In revenge for his father, who had lost his life in battle with Dalpat, Abdul-Rahman and some hooligans waylaid Dalpat in the wilderness, but he managed to escape the attack. The emperor ordered Abdul-Rahman chastised and sent him to prison. He had wanted to have him bound and sent to Dalpat, but through the intervention of some persons he was set free.

On the fourth [July 26], Shaikh Abdul-Rahman was sent to 152 Daulatabad. When the emperor assigned this writer to bring calm to the Deccan, he assigned a competent administrator to

درینولا آصف خان بدیوانی کل سربلندی یافت. گیتی‌خدیو همواره در کار ملک ژرف‌نگهی بکار برد و از گزیر وقت درنگذرد. چون رای پترداس دست پاره‌ستانی برگشود و بدل‌آزاری برنشست، یازدهم اورا بباندهو فرستادند و نامبرده‌را بدین والا پایه برآوردند. قلیچ خان‌را میرمال ساختند و رفته رفته دست ازین باز کشید.

۱۵۳ بیست و ششم میرزا شاهرخ بلشکر دکن پیوست. چون از درگذشتن شاهزاده سلطان مراد شگرف شورشی برخاست نگارندهٔ شگرفنامه اورا بکوشش نزد خود برخواند. میرزا آهنج تیزروی نمود لیکن هرزه‌لایان نگذاشتند و ارجوفه‌های عامّه که در چنین هنگام برسازند سرباری شد. چون ایزدی خواهش آن بود که این ناآزمودهٔ بی‌یاوررا بکارآگهی روشناس گرداند و ناتوان‌بینان‌را بتیره روز شرمسازی برنشاند، با آنکه چشمداشت از یکجهتی میرزا آن بود که اگر فرمان نبودی در کارافتادگی بیتابانه خودرا رسانیدی بنادرست گفتار این و آن از آمدن باز ماند و هرچند فرمان عتاب‌آمیز پیهم رسید از عذرسرائی برهگرائی نیامد. چندانکه حسین‌را بسزاولی فرستادند او کام و ناکام روانه ساخت و دران سال بفیروزی سپاه رسانید. پذیرا شده بمنزل آورد و از پیوستن چنین مردانهٔ پارساگوهر دل بشکفت.

سیوم شهریور ملک خیرالله‌را روزگار بسر آمد. او عسس دار السلطنه لاهور بود و بشایستگی این خدمت بجای میآورد. روزی در خلوتگاه نامور دزدی‌را که در بند بود نزد خود برخوانده پژوهش دزدیده میکرد. آن بدکیش بدستانسرائی چندی همراهان‌را بدرون آورد و خدمتگران اورا بیرون فرستاد و در آن تنهائی کار او بانجام رسانیدند و پسر او نیز در آن آشوب درگذشت.

every quarter to deal with the refractory through persuasiveness, liberality, and courage. At this point the wardens of the fortresses in the Deccan sent word that if a true promise of quarter were granted and they were given places to live, they would turn over the keys and pledge allegiance; however, there were several Abyssinians and Deccanis in the vicinity who were preparing forces to attack them. Therefore I sent my son, from whose brow competence radiated, with fifteen hundred horsemen and a like number of other troops.

Around this time Asaf Khan was appointed to the office of chief *divan*. The emperor always employs insight in administrative affairs and never fails to do what is necessary at the time. Since Rai Pitar Das had begun to take bribes and harass people, he was sent to Bandho on the eleventh [August 2], and Asaf Khan was assigned to that exalted post. Qilich Khan was made chief financial officer.

On the twenty-sixth [August 17], Mirza Shahrukh joined the 153
Deccan forces. When the awful chaos broke out in the wake of the prince's death, this writer had summoned him to help. He had intended to set out with all speed, but blatherers had not let him, and the common prattle that was being bantered about at such a time also contributed to his delay. Since the deity had willed that this untested one gain a reputation for competence and that my jealous detractors should be put to shame, although it would have been expected of Mirza Shahrukh's loyalty that, even if there were no direct command, he would have gotten himself there during such an intolerable mess, he delayed on account of the false reports of this and that person, and no matter how many threatening commands he received one after another, he refused to stop making excuses and get underway. Only when

۱۵۴

و از سوانح فرو نشستن شورش بیر. فراخ ملکی بدین شهر گراید، هزار و یک ده آباد دارد، هر یکی بسان شهری. یکماه پیش از آنکه شاهزاده‌را روزگار بسر آمد شیر خواجه با برخی رادمرد برگرفته بود. چون شاهزاده درگذشت بیشتری ارکان دولت بواگذاشتن آن برکوشیدی. از آنجا که گشوده الکارا بی‌جهت واهشتن غنیم‌را دلیر ساختن است نپذیرفت. چون کارها بشایستگی گرائید ناتوان‌بینی بسیاری‌را کالیوه ساخت و مخالف‌را که از پانزده هزار افزون بود بر آن داشتند که هنگام بارش که دریا لبریز گردد شیر خواجه‌را بردارند. سرآغاز ریزش در آن نزدیکی فراهم شدن گرفتند. همگی سگالش آنکه «فیروزی جنود زیاده از سه هزار نیست. چون دریا برجوشد و کمک نیارد رسید دست یازش برگشائیم.» ازین آگهی بامرائی که پیوستن اینان آسان بود نامه‌ها فرستاد و در یاوری نمودن سخت برکوشید. برخی از ناشناسائی و گروهی از تباه‌سگالی درنگ کردند. چندانکه ریزش افزایش گرفت و دریا بطوفانی جوش برخاست پانزده هزار حبشی و دکنی با شصت فیل و دیگر ساز پیکار نزد بیر آمدند. شیر خواجه که در رادمردی و کارپژوهی یکتائی دارد فوجها برآراست و خود طرح شده از کارنشناسی و آتشخوئی رودها و شکستها گذشته پیشتر شتافت. هرچند کارآگهان غنیم‌فزونی و سودمندی احتیاط و نشیب و فراز پیش دادن برگذاردند بگوش درنیاورد. از آن ره سپردن نابهنجار فوجها لختی بپراکند و غنیم آراسته دررسید. هراول که راجپوتان بودند بشایستگی درآویختند و کارنامه‌های مردانگی بجای آورده چیره‌دست آمدند. قول و برانغار و جوانغار بنیکوخدمتی دست نیافت. درین میان گروهی که برغنجی بودند اوّل زور آورد. جگروپ پور جگناته، گوپال‌داس راتهور، سلطان بهاتی، محمد امین چولی و بسیاری بشایستگی جان‌نثاری نمودند و فوجها

Husain was sent as a sergeant-at-arms to make him set forth, like it or not, did he join the imperial forces. I met him and took him to my quarters, and I was delighted that such a pious and courageous man had joined us.

On the third of Shahrewar [August 25], Malik Khairullah passed away. He had been the watchman of Lahore, and he had discharged his duties with distinction. One day, in his private quarters, in order to investigate a theft, he summoned to his presence a thief who had been arrested. The miscreant managed to persuade Khairullah to let his comrades in and send his servants away. While he was thus alone, the thief and his band killed him, and his son also perished in the fray.

Unrest in Beed is put down 154

154

A vast territory is dependent upon this city, and it contains a thousand and one flourishing villages, each of which is as large as a town. A month before the prince passed away, Sher Khwaja and some brave warriors had taken it. When the prince died, most of the ministers of state thought it should be abandoned, but since to abandon conquered territory for no reason is to embolden the enemy, their suggestion was not approved. Then, when things were proceeding satisfactorily, jealousy aroused many who provoked the enemy, who numbered more than fifteen thousand, to remove Sher Khwaja when the rains began, at which time the river would overflow. With the beginning of the rainy season the foe began to assemble in the vicinity, and they thought that the imperial forces were no more than three thousand. Once the river overflowed and help could not get through, they would strike. Apprised of this, Sher Khwaja sent letters to the officers who could easily join him and urged them to assist him. They all

پراکندگی پذیرفت. غنیم از پی درآمده رو بشهر نهاد. شیر خواجه پس از گذاره شدن بآویزش درآمد و بشگرف کارزار روبروی خودرا برداشت. وفادار خان و جمعی کارآگهان از برانغار پیوستند. یعقوب بیگ، کوچک علی بیگ و چندی گوهر دلاوری برافروختند. چون بازگردید ناوردگاهرا پر از فروشدگان یافت و از چیرهدستی غنیم آگاه شده بدرازنای غم درافتاد و ناگزیر شهر سو تیزروی فراپیش گرفت. و در آن نزدیکی سخت آویزه روی داد. زخمی بدرون شد و پیوست این بهادر الملک با گروهی گندآور دررسید و کارنامهٔ آویزش نموده بشهر جا گرفت و شکستیافتگانرا تازه نیرو پدید آمد. او از ده دوازده کروهی با آنکه خواجه ازو لختی سرگران بود بیتابانه خودرا رسانید. هرچند شنود که خواجهرا روزگار سپری شده عنان برنتافت و باندیشهٔ فرو شدن تیزتر راند. سعید عرب و برخی همراهان شگرف مردانگیها بجای آوردند. از اقبالنیرنگی آنکه امروز و فردای آن غنیم از واماندگی دستدرازی نکرد و بدرست ساختن شکست و ریخت خویش پرداخت. اگر بهمان گرمی دستدرازی کردی کار بس دشوار شدی. درونیان شهررا کوچهبند گردانیدند و از هر سو هنگامهٔ آویزش گرم بود.

delayed, some out of incompetence and others in utter malice. As the rains increased and the river rose in a churning maelstrom, fifteen thousand Abyssinians and Deccanis with sixty elephants and implements of war converged on Beed. Sher Khwaja, who was unequaled in bravery and strategy, arrayed his ranks and took his place in the reserve. Through incompetence and impetuosity he crossed the rivers and broken ground and proceeded forward. No matter that his advisers warned him of the enemy's superior numbers and the necessity for precaution in proceeding across the uneven ground; he refused to heed. While proceeding across the difficult terrain, his forces lost some of their cohesion, and the foe arrived in full array. The vanguard, composed of Rajputs fighting worthily and performing deeds of valor, gained the upper hand, but the center and right and left wings did not perform well. Gopal Das Rathaur, Sultan Baha'i, Muhammad Amin Chöli, and many others perished valiantly, and the troops were scattered. With the foe on their heels, they set out for the city. Sher Khwaja then entered the fray and removed his opposition in an amazing battle. Wafadar Khan and others arrived from the right wing. Ya'qub Beg, Küchik Ali Beg, and some others fought valiantly. When Sher Khwaja turned back, he found the battlefield littered with the fallen, and as he realized that the enemy had taken the field, he sorrowfully set out in haste for the city. A pitched battle took place in the vicinity and he gained the city wounded. Immediately thereafter Bahadurulmulk arrived with a troop of warriors to perform courageously in battle. They also gained the city, which gave heart to those who had suffered defeat. Although he was not on good terms with Sher Khwaja, Bahadurulmulk had come speedily from ten or twelve leagues away, and although he had heard that the khwaja had been killed, he never pulled in

۱۵۵ چون آگهی آمد انجمن رازگوئی برساخت و از که و مه چاره واپژوهید. از تبه‌سگالیها و نکوهیده‌رأیها بشگفت‌زار افتاد. از غیر واپرداخته بدریوزهٔ دل بکارساز حقیقی رو آورد. چهارم شهریور در گرمی بارش جریده رو بدان سو نهاد و اردو و توپخانه و فیلخانه‌را بمیرزا شاهرخ و خواجه ابوالحسن سپرد تا از پی بجالناپور آوردند و شیخ عبد الرحمن‌را از دولت‌آباد نزد خود برخواند. اندیشه آنکه تا کنار گنگ شتابد و سپاه فراهم آورد. اگر یکی از بندگان سعادتگرا بگذاره شدن و بآویزه شتافتن دل برنهد اورا فرستد و خود بر ساحل باشد تا کار پیش صورت گیرد و از پس خاطر فراهم آید، ورنه خود بچاره‌گری پردازد. چون این یورش باور نمی‌افتاد از خاصگی مردم هم کم کس برآمد. ناگزیر در پنج کروهی دایره کرد و خود با چندی سوی آهوبره گام فراخ برزد بدان اندیشه که میرزا یوسف خان‌را درین کار سرگرم سازد. بیست کروه درنوردیده سرآغاز شب بدو پیوست و پنج روز در یورت او بسر برد. اگرچه نخستین روز ازو ناامید شده بود، لیکن میرزا علی بیگ و لشکر دولت‌آباد و دیگر رادمردان فراهم آمدند. بوام خواسته برگرفته بسرانجام سپاه پرداخت و جمعی بکنار گنگ فرستاده گذررا بدست آورد. میرزا علی بیگ گرد کردن لشکر و آویزه‌را بر خود گرفت و هرکه میرسید بدلآسا از پی روانه میساخت. و چون لختی از لشکر دل واپرداخت خود نیز از پی گام برداشت، همگی آهنج آنکه چون سگالشها یکتائی ندارد مبادا آویزش بشایستگی هره نیفروزد. همان بهتر که خودرا در آن ناوردگاه رساند. چون امرا بر ساحل گنگ یکی پی دیگری رسیدند از جوش در نیارست گذشت. شیخ عبد الرحمن چون بکنار دریا پیوست ایزدی تأیید موجه برزد و دریا یکبارگی پایاب گشت. فیروزی نوید شنوده سجود نیایش بجای آورد و

his reins and proceeded even faster at the thought of the khwaja's death. Sa'id Arab and some of his companions performed conspicuous deeds of valor. To their own misfortune the enemy did not take advantage of their opponents' desperate situation and tended instead to their own losses. If they had pursued them with the same zeal, things would have been really bad. Those inside the city blockaded the streets, and there were battles and skirmishes at every point.

When I was made aware of this situation, I held council to 155
sound out opinions, but I was left dumbfounded by the silly and inane suggestions that were made. Ignoring everyone else, I turned to the real effecter in my heart. On the fourth of Shahrewar [August 26], in the midst of the downpour, I turned my face in that direction and entrusted the camp, artillery, and elephants to Mirza Shahrukh and Khwaja Abu'l-Hasan to bring to Jalnapur. I summoned Shaikh Abdul-Rahman from Daulatabad, thinking I would hasten to the Godavari and muster the army there. If one imperial servant would cross and go into battle, I would send him and remain on the bank myself to direct forward operations with an easy mind over the rear. Otherwise, I would have to do it myself. Since the success of the operation was not believed in, few of the elite came out. There was nothing I could do but make camp five leagues away and proceed myself, with several others, toward Ahubarra, thinking I would be able to get Mirza Yusuf Khan involved in the operation. After proceeding twenty leagues I joined him as night was falling and spent five days with him. Although the first day I had rather despaired of him, Mirza Ali Beg, the army of Daulatabad, and other warriors joined us. Taking out a loan, I busied myself outfitting the army and sent a division to the banks of the Godavari to take the crossing. Mirza Ali Beg

155

سواره از آن آب دشوارگذار برگذشت. کهن‌سالان آن مرز تقدیرشگرفی‌را بطلسم‌کاری برگرفته بشگفت در شدند. بیستم بر ساحل گنگ رسید و همان روز فیروزی نوید شنوده عنان بازکشید. هیژدهم چون فیروزی سپاه گذاره شد برخی غنیم که نزدیک ساحل بود بکمتر آویزۀ قراول راه گریز سپرد. مخالف‌را از شنود گذشتن لشکرها از آن طوفانی آب و رسیدن راقم شگرف‌نامه از پی دل برشکست. نوزدهم از گرد قلعه برخاسته سراسیمه راه احمدنگر فراپیش گرفت. ازین مژده نیایشگریها بجای آمد و شادی انجمن‌ها برساخت. قلعه‌نشینان نوزده روز در تنگنای غم بودند. اگرچه در نخستین روز بسیاری رادمردرا همّت یاوری نکرد، لیکن درین هنگام شهربند کارنامه‌های دلاوری بجای آوردند. با تبه‌حالی و ناامیدی از پاور جنگ هرروزه شکیب‌ربای بود. مردم بگوشت اسپ روز گذرانیدی و اسپان بکاه نی‌بست خانه‌ها. نزدیک بود که بهادران زه‌وزاد خودرا ازهم گذرانده بجان‌نثاری درآیند و بمردانگی فرو شوند. با دگرگونگی همراهان و کمی خرج و دشواری کار دادار بیهمال چنین نقش دلفریب برانگیخت و جهانی بشگفت درآمد. سگالش آن بود امروز که سپاه نظام الملکی آسیمه‌سر و بسا رادمرد فراهم، بگشایش احمدنگر چالش رود، لیکن آهنج همراهان یاور نیفتاد. شگفت آنکه همان واگذاشتن بیررا در میان نهادند. برخی از کجگرائی جدائی گزیدند و شورشی دیگر پدید آمد. با بردباری و مدارا چاره برساخت. از آنجا که سپاه بیر سختی کشیده بود و از هرزه‌سرائی مردم تنگدل خواست که بپاسبانی آن شیخ عبد الرحمن‌را برگذارد. شیر خواجه از سعادت‌سرشتی پیشین سگالش بزدوده چنان وانمود. چون این کاررا آغاز برنهادم همان بهتر که بانجام رسانم، لیکن چندی در شاهگده بیاوری برنشینند و اگرچه بیر سنگین قلعه دارد لیکن گلین

volunteered to assemble the troops and to do battle, and I talked everyone who arrived into going after him. After easing my mind over the troops, I set out after him, my intention being that, since there was no consensus of thought, God forbid the battle not be conducted properly. It would be better for me to get myself to the battlefield. When the officers arrived one after another at the banks of the Godavari, it was too swollen to cross. When Shaikh Abdul-Rahman reached the riverbank, by divine assistance the waves whipped up and all of a sudden the river became fordable. Sensing this tiding of victory, he gave thanks and crossed the difficult river on horseback. The aged of the region took this instance of destiny as magical and were astonished. On the twentieth [September 11], I reached the bank of the Godavari, and that very day there came news of imperial victory and reins were pulled in. When the imperial troops crossed on the eighteenth, some of the enemy who were near the bank took flight after a minor skirmish with the scouting party. The enemy lost heart upon hearing the news of the imperial troops' crossing of the stormy waters and my arrival. On the nineteenth [September 10], they decamped from around the fortress and ran off in disarray to Ahmadnagar. With this news celebrations were held. The defenders remained in dire straits for nineteen days. Although on the first day many of the warriors did not perform to expectations, during the siege many feats of valor were performed. In their wretched state and without hope of assistance, the battles they fought every day reduced their fortitude. They maintained themselves with horse flesh, and the horses had to eat the straw from huts. They were at the point of killing their families and giving up their own lives in valor, but despite the alienation of comrades, the smallness of expenditure, and the difficulty of the labor, the deity provided such a wonderful

شهربندی نیز اساس یابد. ازین رو بدو باز گذاشته شد و خدمتگزینان آنجارا بمنصب‌افزونی و خلعت و اسپ و درخور خواسته سرگرم ساخت و خود برای دل‌جمعی اینان بر ساحل گنگ بنگاه کرد. بالهی عنایت بزرگ شورش فرو نشست و سرتابان هر سو بلابه‌گری درآمدند. ایزدی سپاس‌را هنگامه گرم‌تر ساخت و بنیایشگری شاهنشاهی اقبال برنشست. در قلعهٔ شاهگده کهن درخت نیم شگفت آورد. تنهٔ او دو شاخ دارد، یکی شیرین و دیگری تلخ. نخستین‌را در تنومندی و چارهٔ برص و جز آن کارگر دانند. ببارگاه والا عرض داشت و بقدسی فرمان لختی از هر دو روانه گردانید.

۱۵۶ درینولا بایزد یاوری رسیدن خزینه پیهم چهرهٔ دولت برافروخت. چون بسیاری‌را اقطاع نبود و جاگیر برخی شایستهٔ نظام نداشت بار خواهش برگشودند. گیتی‌خداوند ازین آگهی فرمان داد تا خزانهٔ گجرات پایه پایه رسانند و از پیشگاه حضور بیش از سه لک روپیه بهُندی روانه شد (بضمّ ها و نون خفی و کسر دال هندی و سکون یای تحتانی). درین مرز و بوم آئین چنانست. چون خواهند که زر بی‌گزند راه و رنج بار بدوردستها رود بخواسته‌داری بسپارند. او نگاشتهٔ بردهد و بجائی که خواهد حواله کند و او بدیدن آن دستنگار زر برگذارد. و شگرف آنکه مهر وگواه در میان نباشد. آن برنوشته‌را بدان نام خوانند و از دگرگونگی جا و حال گاه برابر بدست افتد و گاه سود بیکی بازگردد. کیهان‌خدیو از کارشناسی زررا بامرای حضور بخش فرمود و فرمان رفت هرکدام بدان روش رساند. در کمتر فرصتی گفته بکردار آمد و فیروزی سپاه‌را نیروی دیگر شد.

thing, leaving the world in amazement. It had been thought that today, with Nizamulmulk's troops in disarray and many warriors in attendance, we would proceed to conquer Ahmadnagar, but our comrades lacked determination. Even more amazing, they reintroduced the topic of abandoning Beed. Some waywardly deserted, and turmoil broke out again. With forbearance and pleading I managed to deal with the situation. Since the troops at Beed had suffered difficulty and were despondent over the blathering of cowards, they requested that Shaikh Abdul-Rahman be assigned as commander. Sher Khwaja, through the felicity of his nature, had changed his mind and said, "Since I began this labor, it would be better for me to see it through to the end. However, let them stay in Shahgadh for assistance, and although Beed had a stone fortress, it should have a mud wall too." Therefore it was assigned to him, and those providing service there were given promotions, robes of honor, horses, and appropriate money, and to reassure them I made camp on the banks of the Godavari. By divine favor a great tumult had been calmed, and the refractory on every side were reduced to blathering. I thanked the divine and was grateful to the emperor's good fortune. In the fortress of Shahgadh there was an amazing old neem tree. Its trunk was forked, and one branch bore sweet fruit and the other bitter. The sweet was good for strengthening the body and was useful for leprosy and other things. I wrote a letter to the court and by imperial command sent some of both.

Around this time by divine assistance treasuries arrived one 156
after another. Since many had no estates, and some people's fiefs were insufficient for the military they had to raise, they were in want. More than three lacs of rupees came from the emperor in *hundis*. The *hundi* is customary in these parts. When it is desired

بیست و یکم روزگار دخت قلیچ خان بسر آمد. آن مهین بانو در مشکوی شاهزاده سلطان دانیال از گزین پرستاران بود. نزد گوالیار درگذشت و شاهنشاهی اندرز سوگواران‌را بشکیبائی آورد.

درین روز قلعهٔ تلتوم که از گزین قلاع برار است گشوده آمد. راقم شگرفنامه سندرداس‌را بگشایش آن فرستاد. او بدان نزدیکی پای همّت افشرد و سترگ آویزشها رفت. شبی دژنشینان‌را شاد خواب غفلت درگرفت. بزینه بر شدند. قتلو خان دژبان بدر رفت و دیگر سرتابان رو بایلی نهادند.

برافراختن همایون رایات بصوب مالوه

۱۵۷ چون شاهزاده سلطان دانیال‌را بگشایش دکن روانه گردانیدند و در راه لختی درنگ رفت، افسرخدیو بسیچ شکار مالوه در سر گرفت تا آن گرامی فرزند بانجام فرموده تیزتر شتابد. ششم مهر دار الخلافه آگره بقلیچ خان سپرده پس از چهار ساعت و بیست و چهار دقیقه بر شبدیز اقبال برآمدند و بسگالشی آباد و دلی آزاد یورش دکن فراپیش گرفتند. سلطان خسرو، سلطان پرویز، سلطان خرّم و بسیاری پردگیان‌را بهمرهی برگزیدند. درین روز بزرگ شاهزاده‌را دستوری صوبهٔ اجمیر دادند. شهریار بزرگ‌مهر هر زمان عاطفت‌را پایه برتر نهد، او از باده‌پیمائی و بدهمنشینی سود از زیان باز ندانند. ازین رو چندی بار ندادند. بسفارش مریم‌مکانی دولت کورنش یافت و در هنجارروی و خدمتگذاری تازه پیمان بربست. کشورخدا اورا بمالش امرای رانا فرستاد و بسا اندرز بینش‌افزا بر زبان گوهرآمود گذشت.

to send money to distant parts without the danger of the road or the trouble of transportation, the money is turned over to a *khwastadar*. He gives a letter of credit in return, which can be cashed in wherever you want with a person who will give money in return for the sight of the handwriting. What is amazing is that there is no seal or testimony at all. The letter of credit is called by that name. Sometimes, owing to the difference of place and situation, the amount comes out even, and sometimes someone makes a profit. The emperor competently distributed gold to officers of court and ordered each of them to dispatch it in this manner. In a very short time his order was carried out, and the imperial forces were reinforced.

On the twenty-first [September 12], Qilich Khan's daughter passed away. That great lady was one of the finest members of Prince Sultan Danyal's harem. She died near Gwalior, and the bereaved were consoled by the emperor's advice.

On this day the fortress of Taltum, one of the finest installations in Berar, was conquered. This writer had sent Sundar Das to take it. He performed valiantly and fought bravely. One night he caught the defenders unaware and got up on ladders. Qutlu Khan the warden escaped, but the other rebels surrendered.

THE IMPERIAL BANNERS ARE UNFURLED IN THE DIRECTION OF MALWA

When Prince Sultan Danyal was sent to conquer the Deccan and 157
there was a bit of delay along the way, the emperor decided to go hunting in Malwa so that his son would move more swiftly in executing his command. On the sixth of Mihr [September

راجه مانسنگه و شاهقلی محرم و بسیاری امرا بهمراهی نامزد گشتند و بخواهشگری راجه پور او جگت سنگه‌را پاسبانی بنگاله دستوری شد.

و از سوانح فرو شدن عیسی. او بزرگ بومی بنگاله بود. از هوشمندی ۱۵۸
لختی بهره‌ور، از بخت‌غنودگی بآستانبوس نرسید. درین هنگام که گیتی‌خداوند بجنوبی دیار چالش فرمود راجه مانسنگه از کارنشناسی یتاقداری بنگ‌را آسان برشمرد و با آنکه خود در صوبهٔ اجمیر باشد ایمنی آن ملک بر خود گرفت. از تقدیرشگرفی آن شوریده بومی رخت هستی بربست و خاربن شورش برکنده آمد.

نوزدهم خانخانان‌را نزد شاهزاده سلطان دانیال فرستادند. چون شهریار مهراندوز آگهی یافت که راقم شگرفنامه از دوری والا درگاه بس تنگدل میزید آن بزرگ نوئین‌را که از سرگذشت دکن لختی از نظر افتاده بود برنواخت و در نیکوپرستاری تازه پیمان برگرفت. از دوم منزل دستوری یافت و فرمان شد چون شاهزاده بدانجا رسد نگارندهٔ اقبالنامه آهنگ سجود قدسی آستان فراپیش گیرد. ازین آگهی نشاطها اندوخت و نیایشگریها بجای آمد.

بیست و دوم در میان راه بمنزلگاه خانخانان فرود آمدند و تا پایان روز عشرت اندوختند. در پیشکش او اسپی بود که با فیل درآویختی و شگفت آوردی.

28], Agra was turned over to Qilich Khan, and after the elapse of four hours and twenty-four minutes the emperor mounted the steed of fortune and set forth on a Deccan campaign with resolute mind and stout heart. He was accompanied by the princes Khusrau, Parvez, and Khurram, and many of the ladies of the harem. On this day the eldest prince was assigned to the province of Ajmer. Every time the compassionate emperor showed him greater favor, he, as a result of wine drinking and bad companionship, failed to distinguish between profit and loss. Therefore for a time he was not given audience. At Maryam-Makani's request he was allowed to pay his respects, and he renewed his promise to conduct himself properly and to serve well. The emperor sent him with much good advice to chastise the Rana's commanders. Raja Man Singh, Shahquli Mahram, and many officers were assigned to accompany him. At the raja's request his son Jagat Singh was assigned as governor of Bengal.

Isa dies

158

He was an aristocrat native to Bengal, and he was blessed with a fair amount of intelligence. However, through his own misfortune, he never came to pay homage. At this point, when the emperor was going on campaign to the south, Raja Man Singh incompetently underestimated the difficulty of governing Bengal and, although he himself was in Ajmer, took responsibility for the safety and security of Bengal as well. By the mysterious workings of destiny, the restive Isa died and the thorn of rebellion was uprooted.

On the nineteenth [October 11], the Khankhanan was sent to Prince Sultan Danyal. When the kind prince learned that this writer was suffering from being away from court, he reinstated

۱۵۹ بیست و ششم جگت سنگه درگذشت. چون ببنگاله رخصت شد نزد دار الخلافه آگره بسامان راه میپرداخت. ناگهان واپسین خواب درگرفت و الوس کچهواهه بدرازنای غم افتاد. خسروی پرسش ناسور سوگواران‌را مرهمی کرد. پور خردسال او مهاسنگه‌را برنواخته بجای او فرستادند و جهانی‌را چمن‌زار امید شاداب شد.

درینولا گشایش قلعهٔ نرناله[۶۲] نشاط آورد. در باستان مرزبان برار تلتوم‌را در پایان ملک خود اساس نهاده بود و حاکم احمدنگر آن‌را در گشایش نخستین پور قتلو خان که هر دو بدست او بود سندرداس‌را فراچنگ افتاد و از آن باز آرزوی بندگی در سر داشت. درین روز بماینجی اعتبار خان پرستاری گزیده کلید سپرد و دلپت راو و دولت خان و دیگر دژنشینان کام دل برگرفتند.

چهارم آبان جشن شمسی وزن افسرخدیو برآراسته شد و بدوازده چیز برسختند و بارگاه بخشش و بخشایش فراخ برزدند.

پنجم همایون موکب نزد دهول‌پور رسید و بباغ صادق خان لختی برآسودند. زاهد پور او بنثار و پیشکش سرمایهٔ سعادت برگرفت.

the grandee, who had fallen from grace somewhat over the Deccan affair. At the second stopping place he was sent with orders that when the prince arrived there, this writer should go to court to pay homage. I, of course, rejoiced over this.

On the twenty-second [October 14], the emperor stopped along the way at the Khankhanan's quarters and enjoyed himself there until the end of the day. Among the Khankhanan's presentations was an amazing horse that could fight an elephant.

On the twenty-sixth [October 18], Jagat Singh died. When 159
he was given permission to leave for Bengal he went to Agra to make preparations for his journey, but he died suddenly, and the Kachhwaha tribe was plunged into grief. The emperor's condolences were like balm on the wounds of the bereaved. His small son, Maha Singh, was kindly sent to his land, giving hope to many.

Around this time the conquest of the fortress at Narnala brought rejoicing. Long ago the ruler of Berar built Taltum at the bottom of his kingdom, and when the ruler of Ahmadnagar took it he gave it to his eldest son, Qutlu Khan, so that both places were under his control. It fell to Sundar Das, and after that he desired to pledge allegiance to the empire. On this day, through the mediation of I'tibar Khan, he pledged allegiance and turned over the keys, and Dalpat Rao, Daulat Khan, and others who were defending the fortress, got what they wanted.

On the fourth of Aban [October 26], the emperor's solar weighing ceremony was held, and after he was weighed against twelve items, the gates of generosity and liberality were flung open.

On the fifth [October 27], the emperor's retinue arrived in the vicinity of Dholpur and he rested for a while in Sadiq Khan's garden. Sadiq Khan's son Zahid was honored to present gifts.

۱۶۰ درینولا راقم سپاسنامه پردگیان شاهزاده سلطان مرادرا بووالا درگاه روانه ساخت. چون روزگار او بسر آمد چندی‌را که همراه بودند بشاهپور فرستاد و همه‌را یکجا ساخته کارآگهان‌را بتیمارداری برگماشت. تحویلدار و مشرف و داروغه‌را فراهم آورد و کالارا یک یک برنویسانید. از راه‌ناایمنی و زرکمی فرستادن اینان لختی بدرنگ افتاد. درینولا که خاطر فراهم آمد پانزدهم روانه ساخت و نعش آن سفرگزین‌را نیز همراه گردانید. چون بدگوهران بسیچ پیکار در سر داشتند و آوازهٔ آویزه گرم بود از چهارصد فیل نیمه‌را نگاهداشت. رای درگا، میرزا فریدون و دیگر منصبدار و احدی‌را بدرقه ساخت و از سترگ باری سبکدوش گشت. در مالوه بووالا درگاه رسیدند. بقدسی فرمان آن ایزدی آمرزیده‌را بدهلی بردند.

شانزدهم نزد گوالیار همایون نزول شد و دیهیم‌خدا فراز دژ برآمد و شب همانجا بسر برد. راج سنگه دژبان نیایشگری بجای آورد و فرّخی مایه برگرفت. بامدادان فرود آمده خانهٔ شیخ عبدالله خان‌را بقدسی قدوم جاوید روشنی بخشیدند.

۱۶۱ بیست و ششم میر عبد الحی میرعدل‌را نزد بزرگ شاهزاده فرستادند. چون آگهی آمد که در راه درنگ میرود اورا باندرزگذاری فرستادند و چون راجه مانسنگه در سوگ پور ناشکیبائی داشت اسپ و خلعت بنوازش او همراه گردانیدند و دلآویز پندهای آرامبخش برگذاردند.

غرّهٔ آذر روزگار شهباز خان بسر آمد. او بسیماب‌خوری شیفته بود. چون سال از هفتاد برگذشت دست و کمر بدرد آمد و لختی بهی یافت. در شهر اجمیر همان بیماری بازگردید و تب افزود. از چاره‌گری پزشکان تندرستی روی داد و در آن سال و مه ناگهان درگذشت. در هر گونه

At this time the writer dispatched the ladies of Prince Sultan Murad's harem to the imperial court. When he passed away, I sent some of those who were accompanying him to Shahpur so that they could all be in one place and under the protection of administrators. I appointed a *tahwildar,* an overseer, and a *darugha,* and I had a thorough inventory made of all goods, but to send them farther was held in abeyance on account of the lack of safety on the roads and for lack of money. Now, with my mind more at ease, I sent them off on the fifteenth [November 6] with the late prince's body. Since malevolents were contemplating doing battle and rumors of conflict were rampant, I kept half of the four hundred elephants. I assigned Rai Durga, Mirza Faredun, and other officeholders and *ahadis* as their escort and was relieved of a great burden. They joined the emperor's retinue in Malwa, and by imperial command the prince's body was taken to Delhi. 160

On the sixteenth [November 7], the imperial retinue stopped near Gwalior, and the emperor went up into the fortress to spend the night. Rajsingh, the warden, paid homage. The next morning the emperor came down and graced Shaikh Abdullah Khan's quarters with his presence.

On the twenty-sixth [November 17], Mir Abdul-Hayy Mir Adl was sent to the eldest prince. Since it had been learned that there had been some delay on the road, the emperor dispatched him to deliver good advice. Since Raja Man Singh was disconsolate over the death of his son, the emperor sent him a horse and robe of honor with consoling advice. 161

On the first of Azar [November 22], Shahbaz Khan passed away. He was addicted to the consumption of quicksilver. After he was over seventy he had pains in his hands and back, but he recovered somewhat. The illness reappeared in Ajmer, and his

پرستاری و سربراهی سپاه کم‌همتا بود. اگر تقلیدپرستی واهشتی و زبان‌را بهنجار برگشودی طراز فروهیدگی برگرفتی.

۱۶۲ درینولا راقم شگرفنامه احمدنگرسو روانه شد. چاند بی‌بی بهادر نبیرهٔ برهان‌را بسری برداشته دران حصار میبود و آن استوار جارا پناه خود می‌اندیشید و لختی سپاه بدو نیایشگر. و بیرون ابهنک خان زنگی با بسیاری شورش‌افزا. اگرچه آن خردسال‌را مرزبان می‌پنداشت، لیکن در کمین آن پارسا زن می‌بود. آن بانو پیوسته با فیروزی سپاه زبان لابه‌گر فرستد و هم با دکنیان دوستی داستان سراید. بنگارندهٔ گوهرین نامه نیز همان روش پیش گرفت. پاسخ برگذارد اگر از پیشبینی و روشن‌اختری خودرا بووالا درگاه بربندد چه بهتر؟ هر پیمانی که رود پاس آن بر خود گیرد، ورنه بیفروغ کردار سخن در میان نهادن سزاوار نبود و راه آمدشد پیام ناسودمند. چون بدگوهری بیرونیان بر ملأ افتاد و خیربسیچی اینکس فختی فراگرفت هواخواهان فرستاده دوست پیوند استوار کرد و در عهدنامهٔ دستنگار خود درست سوگندها برنوشت و برگذارد چون ابهنگ خان مالش یابد کلید قلعه سپرده آید، لیکن بیر به تیول من قرار گیرد و دستوری شود تا لختی بدانجا رفته برآساید و هرگاه خواهد بووالا درگاه شتابد و بهادررا بپرستاری افسرخدیو روانه کند. از دگرگونگی بسیچها و دلنزاری همراهان لختی درنگ رفت.

۱۶۳ چون نشستن در شاهگده بدرازی کشید و برخی جدائی گزیدند و آوازهٔ آمدن شاهزاده فرو نشست، ابهنگ خان‌را تبه‌سگالی در سر افتاد. شمشیر الملک پور میان خان‌را که پیشتر حکومت برار داشت از زندان برآورده اعتبار افزود و لشکری همراه ساخت تا از دولت‌آباد بدان سرزمین درآید. و چون زه‌وزاد سپاه در آن آباد بوم است هرآینه در فیروزی جنود پراکندگی راه یابد، بو که درین هنگام دستبردی توان نمود. چون از دیر باز ازین

fever increased. Although he recovered with the treatment of physicians, he died quite suddenly on the above date. He was without peer in every respect of raising and commanding troops. If he had given up his traditionalism and spoken in a civil manner, he would have been a model of praiseworthiness.

At this point this writer set out in the direction of Ahmad- 162 nagar. Chand Bibi, having elevated Burhan's grandson Bahadur to the rulership, was living in the fortress there, thinking that its impregnability would provide her with a refuge as long as she had a few soldiers loyal to her. Outside, Abhang Khan Zangi was in revolt with many. Although he recognized the child as ruler, he was lying in ambush for the pious lady. For her part, the lady constantly sent pleas to the imperial army and, at the same time, proclaimed her friendship to the Deccanis. She adopted the same manner with this writer, who replied to her as follows: "If, in foresightedness and good fortune, you attach yourself to the imperial court, what could be better? Keep every promise you make; otherwise, words without action are useless and there is no sense in keeping up a correspondence." When the evil intentions of those outside became apparent and she was persuaded of my goodwill, she sent some of her supporters to conclude an amicable agreement. In a pact written in her own hand she swore solemn oaths and said, "When Abhang Khan is defeated, the keys to the fortress will be turned over. However, Beed must be my fief and I should be allowed to go there to rest for a while. Whenever you wish I will go to the imperial court and send Bahadur as a servant to the emperor." Owing to the alienation of thoughts and the timidity of companions, there was some delay.

After some had deserted on account of the long stay in Shah- 163 gadh and rumors of the prince's coming had died down, Abhang

ناسزا اندیشه آگهی داشت میرزا یوسف خان‌را با بسیاری بچاره‌گری آن گذاشته بود. میرزا آسان برشمرده بشاد خواب ناپروائی در شد و او بولایت برار درآمد و شگرف شورشی برخاست و بسا پاسداران آن ملک‌را پای از جا رفت و گروهی نارسیده بغمخواری بنه‌وبار رفتند. بیاوری کارآگهان بسیچ احمدنگر و مالش بیرونی بدگوهران و عیارگیری گفتار چاند بی‌بی در سر افتاد و دوازدهم روانه شد و دلاوران هر سورا نزد خود برخواند. چون منزلی چند سپرده آمد مخالف از هر جا بازگردیده باحمدنگر فراهم گشت. درین میان مژدهٔ فرو شدن شمشیر خان نشاط آورد. میرزا یوسف خان از آن شورش ببیداری گرائید و بتیزروی از پی درآمد و میرزا خان و میرزا لشکری و عادل خان و سندرداس و چندی دیگررا پیشتر روانه ساخت. آن بدگوهر یازش ایلچپور داشت. پیش‌فرستادگان دررسیدند. ازین آگهی آسیمه‌سر گام سرعت برزد و اینان برهنمونی برخی بوم‌نشین عنان باز کشیدند. شب هفتم آذر در منزلگاه او از هر سو بتیر درگرفتند. لختی آویزش رفت. ناگاه جانشکر تیری بدو رسید. هنگامهٔ بدگوهران پراکندگی پذیرفت و کوس شادی بلندآوازه گشت.

۱۶۴ بیست و هفتم همایون رایات نزد بهلسه فرود آمد. میرزا رستم از اقطاع رسید و بسجود قدسی آستان ناصیهٔ بختمندی برافروخت.

Khan began to have evil thoughts. He released Shamsherulmulk, Mian Khan's son who had formerly held the rule of Berar, from prison, promoted him, and gave him troops to take from there to Daulatabad. Since the soldiers' families were there, there was naturally consternation among the imperial army lest there be an attack. Since he had known of this dishonorable plan for a long time, Mirza Yusuf Khan was stationed there with many soldiers to deal with the situation. The mirza, underestimating the difficulty, paid little attention while he (Abhang) entered Berar. A great unrest broke out, and many of the protectors of the territory were dislodged while others were left to grieve over their possessions before they ever got there. Thanks to the assistance of aware persons he started thinking about Ahmadnagar, chastising the maleficents outside, and assessing Chand Bibi's promises. He set out on the twelfth [November 3] and summoned the brave from every direction. After he had traversed several stations the foe retreated from every place and gathered in Ahmadnagar. At this juncture the good news of the death of Shamsher Khan brought rejoicing. Mirza Yusuf Khan woke up to the turmoil and set out at a fast pace in his wake, and Mirza Khan, Mirza Lashkari, Adil Khan, Sundar Das, and some others were sent ahead. The maleficent was going to attack Ellichpur. The vanguard arrived. With this he quickened his pace while they, at the suggestion of some locals, pulled in their reins. On the eve of the seventh of Azar [November 28], he was attacked in his quarters from every direction and there was a scuffle. Suddenly a fatal arrow hit him, and the maleficents scattered and the drums of rejoicing were sounded.

On the twenty-seventh [December 18], the imperial retinue 164 stopped near Bhilsa. Mirza Rustam came from his estates to pay homage.

درینولا نگارندهٔ گرامی نامه از بسیج احمدنگر عنان باز گرفت. پنجم دی بمونگی‌پتن رسید و میخواست آب گنگ گذاره شود. امر عالی شاهزاده سلطان دانیال پیهم رسید. کارپژوهی او دلنشین دور و نزدیک، خواهش آنست که احمدنگر پیش ما گشایش یابد. خویشتن‌را از آن آهنج باز دارد. پس ازین در راه درنگ نخواهد رفت.

نهم کشورخدا بر فراز بارگی بر شد و جهانی‌را شادی درگرفت. چند روز شکم‌پیچش بیازردی و بر سکهپال چالش رفتی. بعنایتی که ایزدرا بر جهانبان است نزد شجاولپور تندرستی روی داد و نیایشگریها بجای آمد.

۱۶۵ درینولا تازه شورشی بفیروزی سپاه درافتاد. چون شاهزاده ببرهانپور رسید بهادر خان از قلعه فرود نیامد و از سعادت ملازمت سر باز زد. بسیچ مالش آن تبه‌سگال در سر گرفت. میرزا یوسف خان‌را که آهنگ پتن داشت نزد خود برخواند و از دید آن دیگر مردم بدان سو روی نهادند و بسیاری از راقم شگرفنامه برخصت جدائی گزیدند. غنیم که بر خود میلرزید ازین بیجا درنگ و پراکندگی سپاه چند بار شبخون آورد و ناکام بازگردید. همواره بچراگاه دست‌درازی نمودی. رادمردان بآویزه دل برنهادند و بشایستگی درآویختند. از ایزدی پاس و فیروزی پی در پی ناسپاسان بپراکندند و ابهنگ خان نیایشگری و لابه‌گذاری فراپیش گرفت.

۱۶۶ پانزدهم بهمن نزد اُجّین جشن قمری وزن شد و بهشت چیز آن فزون از اندازه‌را برسختند. بخشش‌را صلای عام دردادند و گروهاگروه مردم‌را کام دل برآمد.

At this time the writer pulled in his reins from thoughts of Ahmadnagar. On the fifth of Daimah [December 26], I arrived in Mungi-Paitan, and I intended to cross the Godavari. A command arrived from Prince Sultan Danyal, informing me that he desired that the conquest of Ahmadnagar be in his presence and I was therefore to restrain myself from any such thought. There would be no further delay in his arrival.

On the ninth [December 30], the emperor mounted a steed to the delight of all. He had been suffering from stomach cramps for several days and had been traveling in a litter. Thanks to the favor the deity rains down upon the people of the world, a recovery was staged near Shujawalpur and thanks were offered.

At this time new turmoil broke out among the imperial forces. 165 When the prince arrived in Burhanpur, Bahadur Khan did not come down from the fortress and refused to pay homage. The prince then determined to chastise him. He summoned Mirza Yusuf Khan, who was on his way to Paithan, and, seeing that, the others set out in that direction, with many having obtained leave to depart from this writer. The foe, who was trembling for himself, took advantage of this unwonted delay and the disorder among the troops and launched several surprise attacks, but he was repulsed in failure at every attempt. He continually aggressed upon grazing grounds. The warriors determined to do battle and engaged worthily. Thanks to divine and imperial protection the ingrates were driven back time and again, and Abhang Khan started begging and pleading.

On the fifteenth of Bahman [February 4, 1600], the emper- 166 or's lunar weighing ceremony was held near Ujjain, and he was weighed against eight items. A general invitation was given to enjoy imperial bounty, and droves of people's wishes were granted.

بیست و پنجم شکم‌رنجوری گیتی‌خداوندرا لختی بیازرد و پس از چهار روز بتندرستی گرائید. که و مه بسپاسگذاری برنشست و نشاط‌انجمنها آراسته گشت.

چالش فرمودن کیهان‌خدیو بگشایش اسیر

۱۶۷ بیست و نهم نزد اُجّین والا بارگاه برافراخته شد. سگالش آن بود که چندی در مالوه عشرت شکار اندوخته آید تا فیروزی سپاه بچستی و چالاکی دل بگشودن احمدنگر برنهد. چون آگهی رسید بهادر خان مرزبان خاندیس چشم بر دژاستواری و سامان‌فزونی انداخته شاهزاده‌را ندید. و آهنگ گشایش و مالش در سر دارد، فرمان شد «همان یازش احمدنگر فراپیش گیرد. همانا ندیدن او از سرتابی نیست و آن بسیچ دارد که نخست مارا کورنش کند، ورنه بمغز کار رسیده بچاره‌گری آن همایون رایات نزد برهانپور برافراشته آید.» آن نونهال اقبال فرمان پذیرفته روانه شد. بهادر خان گزین پیشکش برگذارد و پور خود کبیر خان‌را بر برخی مردم بپرستاری همراه ساخت. از بارگاه خلافت نخست خواجه مودود بنصیحتگری رفت. او چهار فیل نادرخور فرستاده در ندیدن نادرست گفتار برگذارد. سپس میر صدر جهان باندرزگوئی نامزد شد، پس پیشرو خان. آن دژنشین از خردغنودگی بواژون سگالش افتاد. چون نیاگان اورا بفرمانپذیری و خدمتگذاری روزگار بسر آمد شهریار پایه‌شناس از دور برنواخته ملک‌را بدو بازگذاشت. از بخت‌تیرگی بلشکر دکن نرفت و شاهزادگان‌را ندید. جهان خدیو هر بار لغزش‌را گزین محمل

On the twenty-fifth [February 14], the emperor complained of stomach pain, but after four days he recovered. Everyone offered thanks, and celebrations were held.

.

THE WORLD LORD ORDERS A CAMPAIGN TO CONQUER ASIR

On the twenty-ninth [February 18], the imperial court tent was unfurled near Ujjain. It was his intention to enjoy himself hunting for a while in Malwa until the imperial forces should quickly decide to conquer Ahmadnagar. Learning of this, Bahadur Khan, the ruler of Khandesh, cast a glance at the impregnability of his fortifications and the vastness of his supplies and refused to pay homage to the prince. With thoughts of conquest and chastisement in his head, the emperor said, "Let the campaign against Ahmadnagar proceed. His refusal to go see the prince is not out of rebelliousness: he intends to pay homage to us first. If not, he will be dealt with, and to deal with him the imperial banners will be unfurled near Burhanpur." The prince obeyed the order and proceeded. Bahadur Khan offered fine gifts, sending his son, Kabir Khan, with some of his men, to serve at court. From the caliphal court first went Khwaja Maudud to give advice, but in reply four elephants were sent along with some silly excuses for not coming to pay homage. Then Mir Sadr-i-Jahan was sent with good advice, and then Peshrau Khan. Holed up in his fortress, the ruler stupidly fell into wrong thinking. Since his fathers had died in allegiance and fealty, the emperor had kindly shown him favor from a distance and allowed him his territory. It was his own misfortune that he had not gone on the campaign to the Deccan

167

برمی‌انگیخت. درینولا که همایون رایات نزدیک رسید و پندسرائی درنگرفت ناگزیر بمالش آن بدگوهر و باز ستدن ملک یازش رفت. از راه دیپالپور و دهار رو ببرهانپور آوردند.

یازدهم اسفندارمذ
سالباهن پور مندی
شیخ فرید بخشی‌بیگی
هاشم بیگ
قرا بیگ
قاضی حسن
میرزا یوسف
باز بهادر
مقیم خان
بهادر خان
تولک خان
میرزا برخوردار
الغ بیگ بدخشی
رحیم هروی
میر جلال
قزل ابدال
علاءالدین حسین
بکرماجیت
لکهمن سین
بهنگن خان
برخی سادات بارهه
بسیاری رادمردرا
بگرد گرفتن اسیر دستوری دادند.

۱۶۸ بیست و یکم فتح الله شربتدار درگذشت. درست‌خرد پسندیده‌خدمت بود. از نیک‌پرستاری بپایۀ امانت برآمد و از خودکامی بباده‌پیمائی افتاد. اورا بدکن فرستادند، بو که دوری رنج دوای او برسازد. از سعادت‌سرشتی دست از آن بازکشید و سخت رنجور شد چندانکه پزشکان نومید گشتند. شهریار مهرباندل اورا نزد خود برخواند و بچاره‌گری لختی بهی یافت. بسیر مندو رفت و ناگهانی درگذشت.

or paid homage to the princes. Every time the world lord had made excuses for his faux pas, but now that the imperial retinue was nearby and he was not listening to good advice, a campaign had been launched to chastise him and take back the territory. The emperor set out for Burhanpur via Depalpur and Dhar.

On the eleventh of Isfandarmudh [March 2], the following were dispatched to lay siege to Asir:

Salbahan son of Mandi	Ulugh Beg Badakhshi
Shaikh Farid Bakhshibegi	Rahim Harawi
Hashim Beg	Mir Jalal
Qara Beg	Qizil Abdal
Qazi Hasan	Ala'uddin Husain
Mirza Yusuf	Bikramajit
Baz Bahadur	Lakhman Sen
Muqim Khan	Bhangan Khan
Bahadur Khan	some of the Barha sayyids
Tüläk Khan	many other warriors
Mirza Barkhordar	

On the twenty-first [March 12], Fathullah Sharbatdar passed away. He was a man of correct mind and pleasing service, and on account of his unfailing allegiance he attained a rank of trust. However, in his success he fell into drinking habits. The emperor sent him to the Deccan, thinking that the distance might serve as a treatment for his affliction. He did actually stop drinking, but he became so ill that the physicians gave up all hope of recovery. The emperor kindly summoned him back, and he recovered somewhat. He went on a tour of Mandu and died suddenly.

168

بیست و سیوم کنار نربده همایون نزول شد. بامدادان بآب باری نشاط اندوختند.

بیست و ششم از آن رودبار گذشته در زمین بیجاگده بارگاه اقبال برزدند و نوروزی جشن درین فرخنده مرز عشرت آورد.

On the twenty-third [March 14], imperial camp was made on the banks of the Narbada. The next morning the emperor enjoyed swimming.

On the twenty-sixth [March 17], the river was crossed, the imperial court tent was set up in the land of Bijagadh, and Nauroz celebrations were held there.

آغاز سال چهل و پنجم الهی از جلوس مقدّس شاهنشاهی، یعنی سال آذر از دور چهارم

۱۶۹ شب دوشنبه چهارم رمضان سنهٔ هزار و هشت هلالی پس از هشت ساعت و چهل دقیقه خورشید کیهان‌افروز بحمل پرتو انداخت و نهم سال از چهارم دور فرّخی نوید آورد. جهان از دم بهار و نسیم صبحگاهی برنائی نشاط در سر گرفت و ایزدی سپاس‌را روزبازار دیگر شد که سپهر نیرنگسازرا هر زمان تازه گردشی دهد و زمینیان‌را نو نو طرازی برسازد. کوته‌نگهی نقش‌آرائی یکبار نبیند و نمودار هر باررا نو پندارد. نی نی رنگ چندگی‌را نمایشی بیش نیست. شگرفکاری تقدیر یکی‌را هزار نماید و بگوناگون روش چهره برگشاید.

آن دل که ز نورِ شوقِ اکبر میتافت — در حق‌طلبی چو شمعِ انور میتافت
چون نیک نگاه کرد یک حضرت دید — کز هر چیزی بنوعِ دیگر میتافت[۶۳]

شهریار والادانش لختی دل بآرایش نهاد و با کمال یکرنگی بهار از خزان باز شناخته بمیزبانی نورسیدگان برنشست و چون یورش فراپیش بود بصوری پیرایه کمتر پرداختند.

پنجم فروردین کوچ شد، لیکن چون بسیاری در بازداشت گیتی‌خداوند برمیکوشیدند نزد کرگانو بیچاگده درنگ رفت.

۱۷۰ دهم فروردین راقم نگارین‌نامه در آن سرزمین بسجود قدسی آستان ناصیهٔ بختمندی برافروخت و از شاهنشاهی دیدار کام دل برگرفت. چون شاهزاده از برهانپور برگذشت فرمان والا رسید که سپاه‌را بمیرزا شاهرخ

The Forty-Fifth Year after the Imperial Accession: Azar Year of the Fourth Duodecennial Cycle

On the eve of Monday, the fourth of Ramadan 1008,[45] after the 169
elapse of eight hours and four minutes, the world-illuminating sun cast its rays on Aries, and the ninth year of the fourth duodecennial cycle brought glad tidings of rejoicing. With the breath of spring and the morning breeze of youth, the world had thoughts of exhilaration, and gratitude to the divine reached new heights because he gives a new revolution every time to the sorcery-working celestial sphere and rejuvenates the people of the world anew.

A heart that shines with the light of the greatest longing shines
in the search for the truth like a brilliant candle.[46]
When it looks closely it sees only one majesty that shines
through everything in a different manner.

The omniscient emperor set his heart on decoration and, distinguishing spring from autumn with perfect equanimity, served as host to the new arrivals. Since there was a campaign ahead, he made do with fewer physical decorations.

March was made on the fifth of Farwardin [March 23], but since many endeavored to hold the world lord back, a halt was observed in Khargone in Bijagadh.

On the tenth of Farwardin [March 28], this writer prostrated 170
himself at the imperial threshold in that land. When the prince passed through Burhanpur an order reached me to turn the army

سپرده رو بدرگاه نهد. دل بپرواز آمد و شگرف شادی درگرفت. نزد میرزا رفته انجمن برساخت و فرمان برخواند. چون از روارو مردم ببرهانپور لختی پراکندگی راه یافته بود میرزا با سران لشکر سر باز زد و عرض داشتند که «آرامش این آشوبگاه یارای ما برنتابد.» با دلی پژمان ببنگاه بازگردید و بانتظار برنشست. چون چندی برگذشت و روزگار برآرامید و شاهزاده نزدیک‌تر شد، میرزا شاهرخ و میر مرتضی و خواجه ابوالحسن و دیگر کارآگهان یتاقداری اردو بر خود گرفتند. خزانه و توپخانه و دیگر کالا سپرد و بفرمایش والا فیلخانه همراه گرفت.

۱۷۱ دوازدهم اسفندارمذ روانه شد. هفدهم نزد آهوبره⁶⁴ شاهزاده‌را دریافت و سه روز نگاهداشتند. درین میان دیگر یرلیغ والا رسید که چون ببرهانپور رسد اگر بهادر باندرزسرائی او همراهی گزیند نوید بخشایش پیشین لغزشها داده با خود آورد، ورنه لشکر و فیلخانه‌را در آن نزدیکی گذاشته تیزتر پیوندد تا در پیش آمدن و گجرات‌سو رفتن کنگاشی رود. چون بدان آباد مصر رسید بهادر آمده دید و پند نیوشیده بهمرهی دل برنهاد. چون بخانه بازگردید بکجگرائی در شد و ناسزا پاسخ برگذارد. بقدسی فرمان لشکر و فیلخانه‌را گذاشته گام فراخ برزد و بفرّخ ساعتی بر والا درگاه ناصیه برسود و بخسروی نوازش سر برافراخت و این بیت بر زبان گوهربار گذشت.

over to Mirza Shahrukh and go to court. My heart fairly took wing as I rejoiced over this. I went to the mirza and read him my orders. Since he had been somewhat distressed by the desertion of men to Burhanpur, he blamed the officers and said, "It is beyond our capability to maintain order in the midst of this chaos." I returned to my quarters with a heavy heart and sat in expectation. After some time had passed and things had settled down—the prince having arrived nearer—Mirza Shahrukh, Mir Murtaza, Khwaja Abu'l-Hasan, and other competent men accepted the responsibility of protecting the camp. I turned over the treasury, artillery, and other things and joined the imperial elephants, as ordered by the emperor.

I set out on the twelfth of Isfandarmudh [March 3]. On the 171
seventeenth [April 4], I met the prince near Ahubarra, and he kept me there for three days. Meanwhile several other edicts arrived saying that when I reached Burhanpur, if Bahadur listened to advice and joined me, I could promise him pardon for his former offenses and bring him with me. Otherwise I was to station the soldiers and elephants in the vicinity and get myself to court as fast as possible in order to consult on the matter of going forward or going to Gujarat. When I reached that flourishing place, Bahadur came out to meet with me and, heeding advice, decided to join. When he returned home, however, he began to waver and sent an inappropriate reply. In accordance with my instructions, I stationed the soldiers and elephants and proceeded quickly, arriving at court at an auspicious hour to pay homage and receive a regal welcome. This line of poetry came from the emperor's lips like a rain of pearls:

فرخنده شبی باید و خوش مهتابی   تا با تـو حکایت کنم از هـر بابی

چون همایون رایات نزدیک رسیده بود و فیروزی سپاه بگشایش احمدنگر شتافته بهدید در پیش رفتن شد. بیست و یکم برهانپور بقدسی قدوم فرّخی برگرفت. از آگره تا این شهر دویست و بیست و شش کروه در صد و نود و پنج روز بشصت و نه کوچ درنوردیدند.

۱۷۲ بیست و دوم خان اعظم، آصف خان، شیخ فرید و راقم شگرفنامه‌را بگرد گرفتن اسیر و مورچال برنشاندن فرستادند. در کمتر زمانی فرموده طراز کردار گرفت و بسیاری فیروزی سپاه‌را درین خدمت گذاشتند. آن لشکر که بسرکردگی شیخ فرید بخشی‌بیگی بگشایش اسیر روانه شده بود از مردم‌کمی و غنیم‌فزونی دوربینی بکار برد و در سه کروهی عنان بازکشید و برخی ناتوان‌بین برنگ دیگر وا نموده شهریاررا لختی گران ساختند. چون نگارندهٔ گوهرین‌نامه دولت بار یافت حقیقت برگذارد و قدسی خاطر از گرانی برآمد. درین روز پاسبانی خاندیس راقم شگرفنامه بازگردید.

بیست و سیوم دو جا مردم برنشاند. از یکسو گرامی برادر شیخ ابوالبرکات‌را با برخی کارآگهان فرستاد و دیگر رو شیخ عبد الرحمن پور خودرا. بهمّت الهی بندگان در اندک فرصتی گردنکشان مالش بسزا یافتند و بسیاری بفرمانپذیری عشرت اندوختند و سپاه خاندیس بندگی برگزید و کشاورزرا دلآسا شد و بکشت‌وکار پرداختند.

An auspicious evening and beautiful moonlight are needed for
me to speak to you on every topic.

Since the imperial banners had arrived nearby, and the imperial army had gone to conquer Ahmadnagar, it was decided to proceed. On the twenty-first [April 8], Burhanpur was graced by the emperor's arrival. From Agra to here was a distance of two hundred twenty-six leagues, which had been traversed in one hundred ninety-five days in sixty-nine marches.

On the twenty-second [April 9], Khan A'zam, Asaf Khan, 172
Shaikh Farid, and this writer were dispatched to surround Asir and to man the trenches. The order was carried out in a short time as many soldiers were put to work at this labor. The contingent led by Shaikh Farid Bakhshibegi, which had gone to conquer Asir, viewing with foresight their own inferior numbers and the superiority of the enemy, had pulled in their reins three leagues away, although some jealous persons had misrepresented this and caused the emperor's displeasure. When this writer was honored with an audience I explained the truth of the situation and relieved the emperor of his annoyance. On this day the governorship of Khandesh was assigned to this writer.

On the twenty-third [April 10], I stationed men in two places. I sent my dear brother Shaikh Abu'l-Barakat with some competent men in one direction, and I sent my son, Shaikh Abdul-Rahman, in the other. Thanks to the psychic help of divine servants the rebels were adequately chastised in a short time, and many chose to pledge obedience. The army of Khandesh chose servitude, and the farmers were persuaded to tend to their business of agriculture.

۱۷۳ هفتم اردی‌بهشت مظفر حسین میرزارا بللنگ[۶۵] فرستادند. چون در آن نزدیکی فولاد خان حبشی و روپ رای و ملک شیر و چندی سران خاندیس بندگی داستان برمیگذاردند رای درگا، رای منوهر، خواجگی فتح الله، میر زاهد، میر گدائی، میر عبد الحی و بسیاری‌را بسرکردگی میرزا بدانسو دستوری شد. اگر اندرزسرائی درگیرد روانهٔ والا درگاه سازد و خود بگشایش آن دژ پای همّت بیفشرد، ورنه مالش بسزا دهد از شگرفی اقبال روپ رای فرو شد و بادافراه کجگرائی یافت. او در یوم‌نشینان خاندیس بگندآوری و مردم‌فزونی نامور بود. و پیشتر از آنکه فیروزی سپاه بدان نزدیکی رسد فولاد خان ببسیچ قدسی آستان جدا شد. راقم شگرفنامه چون در پتن بود اورا بفرمانپذیری رهنمون شد و استوار پیمان بربست. درین هنگام اندرزنامه فرستاده اورا برخواند و منشور والا در دلدهی او نگارش یافت. او بدین دستآویز از هنگامهٔ ناسپاسان بیرون شد. مسعود بیگ صد فیل شاهنشاهی بگجرات میبرد. او نیز پیوست. روپ رای بدگوهر کم دانسته بیازش فولاد خان شتاب آورد. چون گفتار او در بازگشت درنگرفت آویزش در میان آمد. از اقبال‌یاوری زخمی رو بگریز نهاد. فیل و دیگر کالای او یغمائی شد و در کمتر زمانی راه نیستی سپرد و نیکپرستاری فولاد خان بروی روز افتاد.

۱۷۴ درینولا بنگاله لختی برشورید. راجه مانسنگه از ناشناسائی با آنکه در صوبهٔ اجمیر باشد پاسبانی آن ملک بر خود گرفت و فتنه‌اندوزان‌را دولتخواه پنداشته در آن دوردست بخودکامی گذاشت. عثمان و سجاول و دیگر افغانان آشفته‌رای که پرستاری نمودی سر بشورش برداشتند. مهسنگه و پرتاپ‌سنگه چارهٔ آن آسان برشمرده باهنگ آویزش برآمدند. هیژدهم در بهدرک هنگامهٔ نبرد گرمی پذیرفت و چشم‌زخمی بفیروزی سپاه رسید. اگرچه بنگاله از دست نرفت لیکن برخی جا برگرفتند.

On the seventh of Urdibihisht [April 25], Muzaffar Husain Mirza was sent to Laling. Since in that vicinity Fulad Khan Habashi, Rup Rai, Malik Sher, and several other Khandesh commanders were making overtures of servitude, Rai Durga, Rai Manohar, Khwajagi Fathullah, Mir Zahid, Mir Gada'i, Mir Abdul-Hayy, and many others were sent there under the command of the mirza. If persuasion was effective, he should send them to court and then exert himself in the taking of the fortress; otherwise, he should chastise them appropriately. By the mysterious workings of fate, Rup Rai died and paid the price for his waywardness. He was renowned among the people of Khandesh for his puissance and the vast numbers of his men. Before the imperial army arrived in the vicinity, Fulad Khan had separated himself from him with thoughts of paying homage to the emperor. While this writer was in Paithan I had persuaded him to accept obedience and made a firm pact with him. Now I sent him a letter and summoned him, and an imperial rescript was penned to encourage him. On this account he left the ingrates. Mas'ud Beg was taking a hundred imperial elephants to Gujarat. He too joined. The evil Rup Rai, thinking him undermanned, hastened to intercept Fulad Khan's progress. When his suggestion to turn back was not heeded, there was a battle. With the assistance of fortune he escaped from the battle wounded, but his elephants and other goods were plundered, and it was not long before he died and Fulad Khan's allegiance was made manifest. 173

At this time unrest occurred in Bengal. Raja Man Singh, although he was in Ajmer, had foolishly undertaken the governorship of Bengal and, mistaking troublemakers for loyal supporters, had left them to their own devices in that distant territory. Usman, Sajawal, and other unruly Afghans who were pretending 174

۱۷۵ درینولا مظفر حسین میرزا راه کجگرائی سپرد. گیتی‌خداوند از پیشین لغزشها شماری برنگرفته بچندین نوازش سربلندی بخشید. او از بدسرشتی بباده‌پیمائی افتاد و گوهر خردرا تابش نماند. روزی با خواجگی فتح الله درآویخت و درشت گفت‌وگو تیرگی افزود. در آن سال چهار کروهی للنگ[۶۶] امرا بدیدن آن قلعه رفته بودند. او قابو دانسته با چندی راه آوارگی سپرد و از سپه‌دورنگی کسی از پی نرفت. دلپت پور رای‌سنگه ببهانهٔ پژوهش جدا شد و از بدگوهری ببنگاه خود شتافته بشورافزائی نشست. خواجه ویس پس از سه روز بجست‌وجو برآمد. چون آن بدگوهر گجرات‌رو گام فراخ برزد از اقبال‌نیرنگی همراهان پایه پایه جدائی گزیدند. نقش خواهش واژگون برآمد و کار بناکامی افتاد. ناگزیر میان سورت و بگلانه بوارستگی پوشش در شد. درین سراسیمگی خواجه رسید و پنجم خرداد دستگیر ساخت.

درین روز راجه پرتاپ زمیندار بگلانه بسجود قدسی آستان سربلندی یافت و بخسروانی نوازش کام دل برگرفت و بپایهٔ سه‌هزاری برآوردند و بعلم و نقاره سربلندی بخشیده دستوری بنگاه دادند.

۱۷۶ درینولا بهادر خان در پوزشگذاری و زینهارپژوهی درآمد. چون لختی از پندارغنودگی برآمد بدستاویز برخی دورویان درگاه مادر کلان و پور خرد خودرا با شصت فیل روانه ساخت و برگذارد «ازین لغزش سترگ بیمناکی سراپای خاطر گرفته از سعادت آستانبوس باز میدارد. آرزو آنست که چندی مرا بخدمتگری غایبانه واگذارند تا هراس برخیزد و بدستاویز نیکوپرستاری بووالا درگاه ناصیه برساید. دخت خودرا بمشکوی سلطان خسرو میسپارم و فراوان کالا و خواسته پیشکش میفرستم.» همگی اندیشه آنکه چون آذوق گران‌ارزی دارد بدین لابه‌گری گیتی‌خداوند

to be subservient reared their heads in rebellion. Maha Singh and Pratap Singh underestimated the difficulty of the situation and went out to do battle. On the eighteenth [May 6], battle broke out in Bhadrak, and the imperial forces were struck by the evil eye. Although Bengal was not lost, some portions were taken.

At this time Muzaffar Husain Mirza began to misbehave. The 175 emperor, taking no notice of his former offenses, showed him an extraordinary amount of favor in several regards, but in his ill-natured make-up he took to drinking and the gem of his intelligence lost its luster. One day he had a quarrel with Khwajagi Fathullah and wound up cursing. At that time, four leagues from Laling, the officers went to inspect the fortress. Thinking this was his chance, he and several others deserted, and the hypocrisy rife in the ranks was such that no one went in pursuit. Raisingh's son Dalpat departed on the pretext of looking for him and went home, where he started stirring up trouble. Three days later Khwaja Wais went out in search of him. When the wayward mirza hightailed it in the direction of Gujarat, by the mysterious workings of fate his companions dropped away from him one by one. His plan thus foiled, he was left in failure. There was nothing he could do but try to hide between Surat and Baglana, but in the midst of his confusion the khwaja arrived, and on the fifth of Khurdad [May 24] he was arrested.

On the same day Raja Pratap, the zamindar of Baglana, paid homage. He was shown regal favor and promoted to the rank of 3,000. He was awarded the privilege of a banner and drums and given leave to depart for home.

At this time Bahadur Khan apologized and sought amnesty. 176 Having awoken from his slumber of foolishness, and on the advice of some hypocrites at court, he sent his grandmother and

بخشوده کوچ خواهد فرمود. پاسخ رفت: «جز دیدن ازو پذیرش نیابد. بدستآویز درست پیمان از بیمزدگی برآید و بخدمتگذاری شتابد.»

درینولا ابراهیم ببادافراه رسید. چون سربراهی خاندیس براقم شگرفنامه بازگردید بگشایش قلعهٔ پیپل‌دول[۶۷] و جامود[۶۸] سندرداس و بسیاری‌را فرستاده بود آن بدگوهر درآویخت و بایزد یاوری شکست یافته دستگیر شد. بسیاری گندآوران فیروزمند زخمی شدند و سندرداس برادمردی نقد زندگی سپرد. دهم آن شورافزا بپاداش رسید.

دوازدهم فولاد خان سعادت بار اندوخت و بخسروانی نوازش سربلندی گرفت. بپایهٔ هزاری برآوردند و آباد جاگیر تن شد.

۱۷۷ و از سوانح سپری شدن روزگار بیچه جیو. اگرچه مام خان اعظم میرزا کوکه است لیکن با گیتی‌خداوند مادری پیوندی داشت. شانزدهم بسخت رنجوری درگذشت و جهان‌سالاررا غم درگرفت. در سوگواری موی سر و بروت ستردند و هرچند کوشش رفت که جز فرزندان آن مهین بانو دیگری نسترد بندگان اخلاص‌سرشت پیروی کردند. شهریار پایه‌شناس تابوت اورا لختی بدوش خود برنهاد. با کهن‌سالگی برنا خرد بود. بس خیرسگال و مهربان‌دل.

young son with sixty elephants to deliver a message saying, "My mind is enveloped in fear because of my great offense, and this detains me from the felicity of kissing the imperial threshold. It is hoped that in my absence some will represent my servitude so that I may be delivered of my trepidation and be allowed to rub my forehead at the exalted court as a good servant. I am entrusting my daughter to Sultan Khusrau's harem, and I am sending abundant goods and money as gifts." It was his plan that, with foodstuffs being so expensive, such pleading would induce the emperor to pardon him and depart. The reply that was sent was this: "Nothing is acceptable but an interview with you. Only by means of a true promise will you be delivered of your trepidation, so hasten to proclaim your servitude."

At this time Ibrahim received his just deserts. When the governorship of Khandesh was assigned to this writer, I dispatched Sundar Das and many others to take the fortresses of Pipaldol and Jamod. The vile Ibrahim went out to do battle, and by divine assistance he was defeated and captured. Many victorious warriors were wounded, and Sundar Das lost his life in valor. On the tenth [May 29], the rebel got his reward.

On the twelfth [May 31], Fulad Khan was honored with an audience, and he was regally rewarded with the rank of 1,000 and a flourishing fief.

Bicha-ji's days come to an end 177

Although she was Khan A'zam Mirza Koka's mother, she had a maternal bond to the emperor. On the sixteenth [June 4], she passed away after a severe illness, plunging the world lord into inconsolable grief. In his mourning he shaved the hair from his head and mustache, and no matter how much effort was made

هفدهم مظفر حسین میرزارا بدرگاه والا آوردند و بر کمبینی او بخشوده بزندانی دبستان برنشاندند. چون آگهی رسید که از پی آن غنوده‌بخت امیری گام جست‌وجو برنزده نکوهش فرموده رای درگا و رای منوهررا بدان نامزد کردند. خواجه ویس آن کجگرارا دستگیر ساخته نزد سلطان‌پور آورده بود. اینان نیز پیوستند. نزد چوپره، خواجه ناظر و عنبر حبشی و دیگر ناسپاسان خاندیس بآویزش برخاستند و بایزدیاوری آبرویشان ریخته آمد.

بیست و پنجم راقم شگرفنامه‌را بمنصب چهارهزاری سربلندی بخشیدند و بسیاری به تیره روز ناتوان‌بینی برنشست. درین روز صفدر خان بسجود قدسی آستان ناصیهٔ بختمندی برافروخت و بمنصب هزاری بلندپایگی یافت. او نبیرهٔ راجه علی خان و همشیره‌زادهٔ نگارندهٔ سپاسنامه است. گیتی‌خداوند از دار الخلافه آگره برخوانده بود تا نوازش فرماید. سپاه بوم‌نشین خاندیس بدو گروند.

۱۷۸ سی و دوم فیروزی سپاه فراز کوه ساپن بچیره‌دستی برگرفت. بس بلند و دشوارگذار است. دژنشینان اسیر برو برآمدی و گزند رسانیدی. قرا بیگ، میرزا یوسف، میرزا تولک، رحمت خان، شیخ علاءالدین، خواجه ابوناصر، میر قاسم بدخشی، عبد الرحیم، شهاب قندهاری، نظام الدین حیدر و برخی بآویزش پای همّت افشردند و پایه پایه غنیم‌را برداشتند چندانکه بقلعه در شد و شگرف فیروزی چهرهٔ دولت برآراست. در نگاهداشت آن قرا بیگ با برخی پا استوار کرد و لختی کار بر اهالی دژشین تنگ شد.

to prevent anyone other than the sons of that great lady from doing the same, the emperor's loyal servants imitated him. The appreciative emperor bore her bier on his own shoulders for a while. Despite her great old age she was young in wisdom, very benevolent, and kindhearted.

On the seventeenth [June 5], Muzaffar Husain Mirza was brought to court. The emperor had mercy on his shortsightedness and sent him to prison. When news had been received that no officer had gone in pursuit of him, the emperor had ordered chastisement and assigned Rai Durga and Rai Manohar to that task. Khwaja Wais captured the wayward mirza and brought him to near Burhanpur, where the others joined him. Near Chopra, Khwaja Nazir, Ambar Habashi, and other ingrates of Khandesh rose up in battle, but thanks to divine assistance they were disgraced.

On the twenty-fifth [June 13], the writer was promoted to the rank of 4,000, which caused many to seethe with jealousy. On the same day Saffdar Khan paid homage and was promoted to the rank of 1,000. He is the grandson of Raja Ali Khan and the nephew of this writer.[47] The emperor had summoned him from Agra to show him this favor. The native troops of Khandesh were loyal to him.

On the thirty-second [June 20], the imperial army took control 178
of the top of Sapan Mountain. It is a very high mountain and very difficult of access. The defenders of Asir had gone up there and were causing trouble. Qara Beg, Mirza Yusuf, Mirza Tüläk, Rahmat Khan, Shaikh Ala'uddin, Khwaja Abunasir, Mir Qasim Badakhshi, Abdul-Rahim, Shihab Qandahari, Nizamuddin Haidar, and others stood their ground in battle and little by little drove the enemy back until they entered the fortress and a

غرّهٔ تیر شاهم خان جلایر سعادت بار یافت. بدین یورش برخوانده بودند. سامان نموده از پی رسید و بخسروی نواخت سربلندی آمد.

۱۷۹ سیوم ناسک گشایش یافت. چون سعادت خان فرمانپذیری فراپیش گرفت راجو فرومایه پرستار او بدستانسرائی نوکران اورا بفریفت و فیل و دیگر کالا برگرفته بر آن ملک دست چیرگی برگشاد. ازین آگهی شاهزاده پنجهزار کس‌را بسرکردگی دولت خان بمالش او فرستاد و راجه سورج‌سنگه، سادات بارهه، رستم عرب، شمشیر عرب، شهباز خان، برهان الملک و بسیاری‌را همراه نوشتند. کارآگهان پیوسته گزین آویزش نمودند و از ایزدیاوری فیروزی چهرهٔ بختمندی برافروخت.

درین سال خواجه شمس الدین خافی‌را روزگار بسر آمد. اورا بسرانجام خالصهٔ پنجاب در لاهور گذاشته بودند. تا جزورا از کل باز ندانسته بگشاده‌پیشانی خدمتگذاری مینمود. در آن شهر درگذشت. در وارسیدگی و راستکاری و مردانگی از یکتایان روزگار بود و کارشناسی او فروغ کردار داشت. ناملایم[۶۹] اورا برنشوراندی. شهریار از رفتن این فروهیده مرد بغم در شد و از دادار بیهمال آمرزش خواست و پس‌ماندگان اورا درخور نوازش فرمود و آن خدمت بکهین برادر او مؤمن که بشایستگی روشناس است بازگردید.

۱۸۰ بیست و هفتم زینهاریان‌را بزندان برنشاندند. چون فیروزی سپاه احمدنگررا گرد گرفت سعادت خان، فرهاد خان، شجاعت خان، شرزه خان، عبد الستّار و بسیاری زنگی و دکنی پیمان گرفته دیدند. گرد شورش فرو نشست. دشمنان دوست‌نمارا مغز کالیوه شد. بکارشکنی اینان برنشستند و بآئین پخته‌کاران شاهزاده‌را برشوراندند و برهنمونی اینان بسیاری‌را برگرفت و فرهاد خان و چندی که بهمراهی میرزا خان در

great victory was achieved. Qara Beg and some others held the position, and it resulted in making things more difficult for the defenders of the fortress.

On the first of Tir [June 21], Shahim Khan Jalayir was received at court. He had been summoned to participate in this campaign. He had mobilized his troops and set forth, and he was rewarded with regal favor.

On the third [June 23], Nasik was conquered. When Sa'adat 179
Khan accepted obedience, his lowborn servant Raju deceived Sa'adat Khan's liege men and, taking elephants and other goods, seized control of the territory. Learning of this, the prince dispatched five thousand men under the command of Daulat Khan to crush him, and Raja Suraj Singh, the Barha sayyids, Rustam Arab, Shamsher Arab, Shahbaz Khan, Burhanulmulk, and many others were also assigned to accompany him. When these competent men clashed in battle, by divine assistance they achieved a great victory.

At this time Khwaja Shamsuddin Khafi passed away. He had been stationed in Lahore to administer the royal demesnes of the Punjab. Since he did not distinguish between details and general principles, he served cheerfully. He died in Lahore. In competence, honesty, and bravery he was almost without peer. His competence was always reflected in his action, and he was never upset by inappropriate behavior. The emperor was saddened by the loss of such a praiseworthy man and prayed for mercy on his soul. He also consoled those he left behind and awarded his office to his younger brother Mu'min, who was also known for his worthiness.

On the twenty-seventh [July 17], those who had been 180
given amnesty were put in prison. When the imperial troops

راه‌ایمنی خدمتگذار بودند راه گریز سپردند و آوازۀ پیمانشکنی شورش‌را تازه گردانید و هرکه آرزوی دیدن داشت عنان بازگرفت.

۱۸۱ و از سوانح ناهنجاری بزرگ شاهزاده. چون آن نونهال دولت‌را بمالش رانا فرستادند از تن‌آسانی و باده‌پیمائی و بدهمنشینی بسیاری در اجمیر بسر برد. سپس باودیپور شتافت و رانا از دیگر سو برآمده شورش افزود و مالپور و دیگر آباد جاها یغمائی گردانید. مادهو سنگه و گروهی‌را بدانسو فرستاد. او باز بکهسار در شد. درین بازگشت بر برخی سپاه شبخون آورد. رضاقلی، لاله بیگ، مبارز بیگ، الف خان پای همّت افشردند و ناکام بازگردید. و پیش از آنکه شاهزاده این خدمت‌را بشایستگی انجام دهد برهنمونی ناشایستگان بسیچ خودسری نمود. خواست خودرا بپنجاب رساند و لختی کام طبیعت برگیرد. ناگاه شورش افغانان بنگاله بلندآوازه شد و راجه مانسنگه بدانسو رهنمائی کرد.

۱۸۲ غرّۀ امرداد چهار کروهی دار الخلافه آگره آب جون برگذشت. مریم‌مکانی‌را ازین نافرمانی و بکورنش نیامدن شگفتی درگرفت و از مهراندوزی لختی از پی رفتند، بو که بمهین پندها راه سعادت برگیرد. ازین آگهی از شکارگاه بکشتی برنشست و بتیزروی دریا نوردید. آن مهین بانو آزرده‌دل بازگردید. او به الله‌آباد رفته جاگیرهای مردم برگرفت و خزانۀ بهار که از سی لک روپیه افزون بود برستاند و نام پادشاهی بر خود نهاد. گیتی‌خداوند از فزون مهربانی و دید سخنسازان همگی‌را باور نفرمود و بزرگان دولت نیز بدانسان همزبانی کردند. و چون فرمان فرستاده از بیراهی پژوهش رفت از پخته کاری بندگی‌داستان برسرائید و خودرا بی گنه وانموده بسیچ آستانبوس برگذارد.

surrounded Ahmadnagar, Sa'adat Khan, Farhad Khan, Shaja'at Khan, Sharza Khan, Abdul-Sattar, and many Zangis and Deccanis received a promise of amnesty and paid homage. The dust of turmoil settled down. Enemies who seemed like friends were confounded. They started to do these in, and in utter meanness they stirred the prince up. Guided by these, many were seized, and Farhad Khan and some others who had served with Mirza Khan to preserve safety on the roads took flight, and the rumor of promise breaking renewed the turmoil, and everyone who wished to pay homage pulled in his reins.

The eldest prince's contumacy 181

When the prince was sent to crush the Rana, he lingered over much in Ajmer, indulging himself in luxury and wine drinking and consorting with bad company. Then, when he went to Udaipur, the Rana emerged from the other direction and stirred up trouble, pillaging Malpur and other places. The prince sent Madhav Singh and a group in that direction, and the Rana went back into the hills, making surprise attacks on some of the soldiers as they were returning. Rizaquli, Lala Beg, Mubariz Beg, and Alif Khan performed valiantly, and he was forced to retreat in failure. Before the prince could complete this task appropriately, however, he was led astray into headstrongness by some vile persons. He wanted to betake himself to the Punjab to enjoy himself. Suddenly the Afghans' revolt in Bengal broke out, and Raja Man Singh suggested he go there.

On the first of Amurdad [July 22], he crossed the Jumna four 182
leagues from Agra. Maryam-Makani was stunned by his disobedience and his not coming to pay his respects, and in all affection she went after him a bit, thinking that he would reform himself

چهارم میرزا رستم‌را بدکن فرستادند. چون گشایش احمدنگر بدرنگ افتاد و از گران‌ارزی فیروزی سپاه لختی بتنگروزی نشست بدگوهران جابجا سر برداشتند. شاهزاده خواهش کمک نمود. بنابران باز بهادر، خان‌قلی، رحیم‌داد، پاینده بیگ و بسیاری‌را بسرکردگی میرزا دستوری شد بسا آگهی سخن‌آویزهٔ گوش هوش گردانیدند و یک لک مُهر بافتخار سپردند تا بدان نونهال دولت رساند.

۱۸۳ بیست و دوم خواجگی فتح الله با زاهد و میر عبد الحی و دیگر همراهان سعادت بار یافتند. چون بیازش للنگ رفتند دژنشینان از کم‌آذوقی زینهاری شده کلید سپردند. ملک شیر و برخی سپاه خاندیس‌را که دستآویز فرمانپذیری میجستند پیمان داده بدرگاه والا آورد و هر یک درخور نوازش یافت.

if given good advice. When he learned that she was approaching he boarded a boat directly from the hunting ground and set out in all speed downriver. The grand lady turned back much offended. The prince proceeded to Allahabad, where he seized people's fiefs, took possession of the Bihar strongbox, which consisted of more than thirty lacs of rupees, and gave himself the title of emperor. In his excessive affection, and attributing much to rumormongers, the emperor refused to believe much of this, and the ministers of state were in agreement with him. When a decree was sent and an investigation of his waywardness was made, the prince slyly called himself the emperor's slave, represented his innocence, and said that he had every intention of coming to pay homage.

On the fourth [July 25], Mirza Rustam was sent to the Deccan. When the campaign against Ahmadnagar had gone on overlong, and the imperial soldiers were suffering from a shortage of supplies, maleficents reared their heads everywhere. The prince requested reinforcements, and therefore Baz Bahadur, Khanquli, Rahimdad, Payanda Beg, and many others under the mirza's command were assigned, and much good advice was given. One lac of *muhrs* was entrusted to Iftikhar to deliver to the prince.

On the twenty-second [August 12], Khwajagi Fathullah was 183
received at court along with Zahid, Mir Abdul-Hayy, and others of his comrades. When they went to attack Laling, the defenders sought amnesty because of their lack of provisions and turned over the keys. Malik Sher and some others of the Khandesh army who were looking for an excuse to pledge their loyalty were given amnesty and brought to court, and every one of them was shown appropriate favor.

درینولا ناسک از دست اولیای دولت برآمد. فیروزی سپاه‌را در گشایش احمدنگر کوشش میرفت. لختی لشکر بیجاپور بپاس سرحد خویش آمده سترگ نگرانی داشت. غرض‌پرستان فتنه‌دوست بسگالش گرم‌بازاری آمدن اینان‌را بدیگر روش وانمودند. نزدیک بود که از گرد قلعه بر کناره شوند. اقبال یاوری نگذاشت، لیکن سپاه ناسک‌را بی‌هنجار طلبیدند. ناگزیر آن ملکِ برگرفته‌را واهشته بنکوهیده آئین بازگردید. چهاردهم باحمدنگر پیوست.

پنجم شهریور شاهم خان جلایر بشکم‌روی درگذشت. خداوند آن کهن‌سال دیرین‌پرستاررا آمرزش درخواست.

گشایش قلعهٔ احمدنگر باقبال شاهنشاهی

۱۸۴ فرمانروائی‌را که ملک‌فزونی نیایش و نیازمندی افزاید هرآئینه بی‌خواهش دولت بپرستاری برخیزد و خواسته با هزاران سنگ راه بپای تارک شتابد و بتازگی چهره‌افروز گذارده این سترگ فیروزی است.

بسیچ فرستادگان آن بود که پس از بارش دل بدین کار نهند. گیتی‌خداوند پیهم کوشش فرمود و همایون رایات سایهٔ شکوه ببرهانپور انداخت. ناگزیر رو بدان آوردند. چاند بی‌بی همان پیمان که براقم شگرفنامه بسته بود برگذارد و ابهنگ خان با فراوان زنگی و دکنی بر سر گریوه آمده آهنگ کارزار در سر گرفت. شب بیست و ششم فروردین روزافروز اقبال بشگرفی درآمد و گرد دوئی در سپاه دکن شورش افزود. بر زبان این و آن افتاد که برخی سران با فیروزی سپاه درساخته‌اند. آن

At this time Nasik was taken from the hands of the friends of fortune. The imperial army was endeavoring to take Ahmadnagar, and some of the soldiers of Bijapur had come to protect their borders, and they were in great trepidation. Troublemakers with petty interests, thinking they would have a field day, misrepresented their coming, and it almost resulted in pulling back from the siege of the fortress. The assistance of good fortune did not allow this to happen, however, but the Nasik force was unnecessarily requested. There was nothing they could do but abandon the conquered territory and return. They rejoined the main force on the fourteenth [August 4].

On the fifth of Shahrewar [August 26], Shahim Khan Jalayir died of dysentery. The emperor prayed for mercy on the soul of that aged veteran.

THE CONQUEST OF THE FORTRESS AT AHMADNAGAR THROUGH IMPERIAL GOOD FORTUNE

When a ruler's humility is increased by expansion of territory, 184
good fortune serves him without his asking for it, and whenever he wishes for a thing, no matter how many thousands of obstacles there are, fortune rushes to announce cheerfully that great victory is in store.

It had been the plan of those sent to wait until after the rains, but the emperor constantly urged them to strive on, and when the imperial banners cast their splendid shadow over Burhanpur, they had no choice but to turn their faces thither. Chand Bibi reaffirmed the promise she had made to this writer, and Abhang

سرگروه کجگرارا پای همّت از جا بشد و بی‌آویزش پراکند. بامدادان پخ برگذشته نزد احمدنگر خیمه‌گاه شد. و دوم اردی‌بهشت مورچالها جدا گردانیدند. نخست خاصگی پرستاران شاهزاده برگرفتند، سپس شاهرخ میرزا، خانخانان، میرزا یوسف خان، میر مرتضی، جگناته، شیر خواجه، میرزا علی بیگ، خواجه بیگ، میرزا افتخار خان، کیچک خواجه، محمدجان و دیگر رادمردان. چاند بی‌بی بتازه‌کاری پیمان برنشست. ازین آگهی جیته خان خواجه‌سرا با برخی درونی بدگوهران آن گزین بانورا جان بشکرد و بیاوری اعتبار خان و میر صفی و میرزا تقی و حاجی محمد توپ‌اندازی فراپیش گرفت و از درنگ‌دوستی برخی سران سپاه کار آسان بدشواری کشید. چند بار از قلعه بیرون شده درآویختند و ناکام بازگردیدند. بسخت‌کوشی شاهزاده نیکوپرستاران کارپژوه بخاکریزی دل برنهادند چندانکه خندق برآموده بدیوار پیوستند. پهنای آن از سی گز تا چهل و ژرفا هفت، دیوار از سنگ کبودآسا، ببلندی بیست و هفت. اگرچه بسیاری نقش نکوکاری داشت لیکن در مورچال خاصه و میرزا یوسف خان کوشش بیشتر میرفت. چند جا آهون برزدند و درونیان پی برده برانباشتند. شگرف آنکه از درون نقبی برکنده آتش دادند. در خاکریز بیفسرد و گزندی نرسید. و از آسیب آن سست‌پیوندی در برج قلعه راه یافت. ازین آگهی بخالی ساختنِ آن کوشش رفت. چون این شکافگاه در دامنه بود نیارستند یافت و صد و هشتاد من دارو برآمودند. ششم شهریور چاشتگاه برافروختند. بسیاری از آن برج که بلیلی منسوب است و سی گز دیوار بر هوا شد و از اقبال‌شگرفی سنگهای مخالف‌را خورد بشکست و پارچهٔ سنگی بسوی فیروزی سپاه نیامد. تیزدستان بدان راه در شدند و بسیاری خودرا از مورچال میرزا یوسف خان بدرون انداختند.

Khan came to the head of the valley with many Zangis and Deccanis with thoughts of battle in his head. On the eve of the twenty-sixth of Farwardin [April 13], ever-increasing fortune became amazing, and the dust of disunity clouded the army of the Deccan. Everyone was saying that some of the commanders had thrown their lot in with the imperial army. The leader of the wayward lost his determination, and they scattered without doing battle. The next morning the pass was negotiated, and camp was made near Ahmadnagar. On the second of Urdibihisht, battle stations were assigned: the first went to the prince's elite, then Shahrukh Mirza, the Khankhanan, Mirza Yusuf Khan, Mir Murtaza, Jagannath, Sher Khwaja, Mirza Ali Beg, Khwaja Beg, Mirza Iftikhar Khan, Kichik Khwaja, Muhammad Jan, and other warriors. Chand Bibi renewed her promise. When he learned of this, Jita Khan Khwajasara and some other evil men inside assassinated that lady. With the assistance of I'tibar Khan, Mir Safi, Mirza Taqi, and Hajji Muhammad, artillery fire began, and on account of procrastination on the part of some of the commanders a simple task became difficult. Several times they came out of the fortress and engaged in skirmishes, returning unsuccessfully. Encouraged by the prince, the warriors started throwing dirt into the ditch until it was filled and they gained the wall. The ditch was between thirty and forty cubits wide and seven cubits deep. The wall was of bluish stone, twenty-seven cubits high. Although there was much valiant action, there was more in the prince's trench and in that of Mirza Yusuf Khan. In several places breaches were made, but the defenders quickly discovered them and filled them in. Amazingly a tunnel was dug from inside and gunpowder lit, but it fizzled on the glacis and caused no harm. The only damage done was a slight crack in the tower.

هزار و پانصد از درونیان بدم تیغ درگذشت و برخی‌را بمیانجی آشنایان رهائی شد. بهادر پور ابراهیم نبیرهٔ برهان که اورا نظام الملک برساخته بودند بدست درآمد. گرانمایه جواهر و مرصّع آلات و شگرف کتابخانه و بسیاری کالا و خواسته و بیست و پنج فیل غنیمت اندوختند و توپ و باروت از شماره افزون. از اقبال‌نیرنگی بهنگام گرد گرفتن که موسم بارش بود ریزش نشد و خاکریز آسان بانجام رسید و دیگر روز فیروزیمندی باران درگرفت و سخت بارید. پس از چهار ماه و چهار روز گشایش یافت و کوس شادی بلندآوازه گشت. در دو روز آگهی ببرهانپور رسید و هنگامهٔ نیایش گرمی پذیرفت. فیروزی نامه‌ها بهر سو رفت و شادی‌را روزبازار پدید آمد.

۱۸۵ هشتم شورش کشمیر فرو نشست. چون همایون رایات بجنوبی دیار چالش فرمود برخی شوریدگان آن مرز ایبا[۷۰] چک پور حسین خان‌را بسری برگرفته آن نزهتگاه‌را غبارآمود گردانیدند. علیقلی پور محمدقلی و کلب‌علی و شاه بیگ نگدری و دیگر بندگان سعادت‌سرشت نزدیک پهاک‌نگر آویزش نمودند و فیروزمندی چهره برافروخت. و همچنین در کمراج گروهی بفتنه‌گری برخاستند. جمیل بیگ و چندی رادمردان در نیله‌گانو بسزا برمالیدند و آن عرصهٔ دلگشا آرامش پذیرفت.

There was an immediate effort to repair it, but since the crack was at the base they could not get to it. A hundred eighty maunds of gunpowder were poured in, and at midmorning on the sixth of Shahrewar [August 27] it was lit. Much of the tower, which was called Layli, and thirty cubits of the wall were blown up. Thanks to imperial fortune the explosion pulverized the facing rocks, and not a piece of stone came near the imperial army. The warriors rushed in through the breach, and many from Mirza Yusuf Khan's station got themselves inside. Fifteen hundred of the enemy were put to the sword, and a few were saved by the mediation of acquaintances. Bahadur, the son of Ibrahim and grandson of Burhan who had been made Nizamulmulk, was captured. Precious gems, bejeweled vessels, an amazing library, many goods and cash, and twenty-five elephants were taken in booty, as well as cannons and gunpowder beyond enumeration. By the mysterious workings of fate, the siege was begun during the rainy season but there was no rain, and so the glacis was easily gained. The rains began the day after the victory, and then it rained hard. The fortress was taken after four months and four days, and the drums of rejoicing were sounded. Within two days news arrived in Burhanpur, and thanks were given. Proclamations of victory were sent in every direction, and celebration enjoyed a field day.

On the eighth [August 29], turmoil in Kashmir died down. 185
When the imperial banners headed to the south, some troublemakers in Kashmir elevated Husain Khan's son Aiba Chak to the rule and plunged that delightful garden spot into turmoil. Muhammadquli's son Aliquli, Kalb Ali, Shah Beg Negüdäri, and other imperial servants did battle near Phaknagar and achieved a victory. A group also rose up in rebellion in Kamraj. Jamil Beg

دوازدهم امان الله پور سیف خان کوکه در برهانپور گذشت. آن شایسته برنا از دیدن زمانیان بباده‌پیمائی افتاد و هستی خودرا در آن کار درباخت.

۱۸۶ و از سوانح فرو شدن جلالهٔ تاریکی. نوحانی الوس بخرید و فروخت در غزنین آمدوشد نماید. پیشتر ازین هزاره کمین گرفته بر اینان تاخت آورد. پای افشرده هفت روز درآویختند و از تشنگی شکست یافته بازگردیدند و از آن سرگروه تاریکیان یاوری برجُستند. نهم بآئین بازرگان بغزنین درآمد. لختی نوکران شریف خان و رعیّت آویزش نموده کناره گرفتند. آن بدگوهر بفریبکاری برنشست و ببهانهٔ خرید فراوان کالا بستد. شانزدهم خواست که برگرفته‌را ببنگاه رساند. شادمان هزاره با دیگر مردم درآویخت و باندک آویزه چیره‌دست آمد. تاریکیان نافرجام راه پراکندگی سپردند و آن غنوده‌بخت زخمی بکوه رباط بر شد. مراد بیگ و چندی رسیده کار او بانجام رسانیدند. مایه‌دهِ بزرگ شورش بآسانی فرو شد. از دیر باز فراوان سپاه بمالش او نامزد میشد و چند سال است که زین خان کوکه با بسیاری رادمرد یازش او فراپیش دارد. از اقبال‌یاوری برخی ناروشناس کار او برساختند.

درین سال در برهانپور بهان پسر سجان سنگه‌را روزگار بسر آمد. او بوم‌نشین خاوری مرز است و بگندآوری نامور. دیرین پرستار اورا سودا کالیوه‌مغز گردانید. بهنگامی که او برهنه بود و دست‌افزار آویزه با خود نداشت ناگهانی شمشیری چند بدو رسانید و در کمتر زمانی از جانشکر زخمها رخت هستی بربست.

and some warriors crushed them in Nilagaon, and the garden of Kashmir calmed down.

On the twelfth [September 2], Amanullah, son of Saif Khan Koka, passed away in Burhanpur. The worthy youth had been led into drinking by the worldly and thereby proved to be his own undoing.

Jalala Tariki goes down 186

The Nohani clan traffic in commerce in Ghazna. Prior to this time they had lain in ambush for the Hazara and attacked them. They held their position and fought for seven days, but in the end they were defeated by thirst and retreated to seek assistance from the leader of the Tarikis. On the ninth [August 30], Jalala entered Ghazna dressed as a merchant. Some of Sharif Khan's liege men and the population did battle and retreated. The evil Jalala then took to subterfuge and bought a lot of goods on the pretext of commerce. On the sixteenth [September 6], he was going to take home what he had bought. Shadman Hazara and others clashed with him and overcame him after a minor skirmish. The Tarikis scattered, and the misfortunate and wounded Jalala went up on Mount Ribat. Murad Beg and some others came and finished him off, and thus the main perpetrator of such turmoil was easily dispatched. For a long time many troops had been assigned to crush him, and for several years Zain Khan Koka and many warriors had campaigned against him. Through the mysterious workings of fate a few men of no renown finished him off.

At this time Sujan Singh's son Bhan died in Burhanpur. A native of the eastern borders, he was known for his prowess. An old servant of his went mad, and, while he was naked and had no

۱۸۷ غرّهٔ مهر سادات خان بوالا درگاه آمد. چندی از دژنشینان اسیر پیامگذاری نمیرسید. بقدسی فرمان راقم شگرف‌نامه اندرزی چند ببهادر خان برنگاشت. او آن سیّدرا که یزنه و میرشمشیر او بود با ده فیل روانه ساخت. دولت بار یافت و همان پیشین گذارش عرضه‌داشت. از نادرستی پذیرفته نیامد و فرمان شد «آمده بازگردد که دژبان از غنودگی پند نپذیرد. زود باشد که روزگار از خواب درآورد و لابه‌گری سودی برندهد.» او برگذارد «بفراوان کوشش خودرا از آن تنگنا بیرون آورده‌ام و پرستاری والا درگاه دیرین آرزو.» چون گفتار او فروغ راستی داشت پذیرفته آمد و بپایهٔ هزاری برآوردند و پاسخرا شیخ پیرمحمد حسین از همراهان او برد.

سیوم آبان اکهیراج از احمدنگر رسید. قدسی منشور از بارگاه خلافت برده بود. شاهزاده برخی پرده‌نشینان نظام الملکی‌را با او روانه ساخت و هر یک‌را درخور نوازش رفت.

پنجم جشن شمسی وزن کیهان‌خدیو شد و بدوازده چیز برسختند. آگهی بزم پیرایش یافت و که و مه‌را آرزو برآمد.

۱۸۸ بیست و سیوم فیروزی سپاه بجنیر درآمد. آن آباد مصر بنگاه نیاگان نظام الملک است. دژ او بیر نام دارد. چون احمدنگر گشوده شد میرزا خان‌را بدانسو فرستادند و برهان الملک، عماد خان، حبیب خان، علی‌شیر خان و جمعی‌را همراه ساختند و بایزدی تأیید بی‌آویزه گرفتند. چندی نگذشته بود که هندیا بومی با برخی دیگر کم دانسته بپیکار آمد و بسزا مالش یافت. دژنشینان داستان فرمان‌پذیری و کلیدسپاری در میان آوردند.

weapon, the servant struck him several times with a sword, and shortly thereafter he died of mortal wounds.

On the first of Mihr [September 22], Sadat Khan came to court. 187 No message had been received from the defenders of Asir for a while, and by imperial command this writer wrote some advice to Bahadur Khan. He dispatched the sayyid, who was his *yäznä* and his master of the sword, with ten elephants. He was received and delivered the same message as before. Since it was patently untrue, it was not accepted, and the emperor said, "Let the emissary return. The warden of the castle is too fast asleep to accept advice, but the day will soon come when fate will awaken him from his slumber, and then pleading will not profit him." The emissary said, "With great effort I have extricated myself from that tight spot, and it has long been my wish to serve the imperial court." Since his words appeared to be true, they were accepted and he was given the rank of 1,000. The reply was taken by Shaikh Pir Muhammad Husain, one of his companions.

On the third of Aban [October 24], Akhairaj arrived from Ahmadnagar. He had delivered an imperial court edict. The prince had sent some of the ladies of Nizamulmulk's harem with him, and every one of them was shown appropriate favor.

On the fifth [October 26], the solar weighing ceremony was held, and the emperor was weighed against twelve items. A celebration of awareness was held, and everyone's wish was granted.

On the twenty-third [November 13], the imperial troops 188 entered Junnar, a flourishing metropolis that was the seat of the Nizamulmulk's ancestors. The fortress was known by the name of Bir.[48] When Ahmadnagar was conquered, Mirza Khan was sent there accompanied by Burhanulmulk, Imad Khan, Habib Khan, Ali Sher Khan, and others. By divine assistance they took it

هشتم آذر بتربت بیچه خرامش رفت. چون خان اعظم میرزا کوکه نعش اورا بدهلی میفرستاد شهریار پایه‌دان بدانجا رسیده آمرزش درخواست و از آنجا بلعل باغ لختی برآسود. چون پاس آن گلشن‌سرا بنگارندهٔ شگرفنامه بود لختی نیایشگری رفت و سعادتهارا در باز شد.

گشایش مالی گده به نیروی اقبال روزافزون

۱۸۹ اسیر گزین دژیست در استواری و بلندی بیهمال و در کمرگاه آن باختر و شمال‌سو نامور قلعهٔ مالی گده. هرکه خواهد بدان شگرف حصار در شود نخست بدین دژ گذاره رود. در بائب و شمال و ایسان مالی و آن‌را جونه‌مالی گویند، لیکن از دیوار او لختی مانده. و از خاور تا نیرت نیز کوهچه‌ها درگرفته جنوب‌سو بلند کوهیست کودهیه نام. و در نیرت بزرگ کوهیست ساپن خوانند. بدگوهران سرتاب همه جارا بتوپ و آدم استوار ساخته بودند. پسین پیشتر گشایش یافت. اندیشهٔ کوتاهبینان گشاد آن‌را برنتافتی. از گران‌ارزی و بنگاه‌دوری که و مه‌را دل‌نزاری فرو گرفته بود و زرفشانی دژنشینان برخی نزدیکان‌را از جای برد. یکی از درونیان با قرا بیگ پیوسته نهان راهی باز نمود که از آن بر دیوار مالی توان برآمد. از آنجا که کارپژوهان نبود گوش درنیاوردند. چون بعرض همایون رسید گذارنده‌را بسوادزدگی برآوردند و فرو شدن فراوان مردم برگذارده افسرخدیورا از دستوری باز داشتند. در هرچندی راقم شگرفنامه‌را بدیدبانی مورچالها میفرستادند. هرچند کوشش میرفت دل بکار نمی‌نهادند و از مدارای بی‌هنجار نکوهش و سرزنش نمیشد. هفدهم آذر باز بدان خدمت روانه گردانیدند. چون

without battle. Not long thereafter Handiya, a native of the place, and some others, thinking the garrison undermanned, came out to do battle and received a suitable chastisement. The defenders proposed capitulating and turning over the keys.

On the eighth of Azar [November 28], the emperor went to Bicha's tomb. Since Khan A'zam Mirza Koka had sent her body to Delhi, the emperor went there and prayed for mercy on her soul. Afterward he rested a bit in the La'l Bagh. Since the responsibility for the protection of that garden spot belonged to this writer, I made a humble entreaty, and the gates of felicity were opened.

MALEGARH IS CONQUERED BY THE FORCE OF EVER-INCREASING FORTUNE

Asir is a vast fortification without equal in fastness and height. 189
On its slopes on the western and southern sides is a renowned fortress called Malegarh. Anyone who wants to enter the amazing fortification must first pass through the Malegarh fortress. To the northwest, north, and northeast is Male, and they call it Juna Male, but a bit of its wall is incomplete. It is surrounded from the east to the southwest by hills, and to the south is a high mountain called Kodhiya. To the southwest is a large mountain called Sapan. Rebellious miscreants had blocked every direction with cannons and men. The last named place [Sapan] was the first to be conquered. The shortsighted could not conceive of taking it, and due to shortages of supplies and the distance of the main camp, everyone's courage failed, and the gold scattering of the defenders led some close ones astray. One of those inside got in touch with Qara Beg and told him about a secret way by which one could

لختی از مغز کار آگهی داشت دستوری گرفت. هر روشی که این خیرسگال برگزینند دیگران بدان گروند. چون در آنجا رسید از قرا بیگ پژوهش آن راه نمود و فراگرفته‌را نیروی دیگر شد. بخداوندان مورچال قرار داد که درین هفته بحقیقی کارساز رو آورده بدژگشائی خواهد دوید. چون آوای نقاره و کرنا بگوش رسد هر یک بزینه برآید و کوس‌را بلندآوازه گرداند. اگرچه کام و ناکام پذیرفتند لیکن بسیاری بدیوافسانگی برگرفت.

۱۹۰ شب هیژدهم که بس تاریک بود و ابر در ریزش، خاصگی مردم‌را جوق جوق ساخته فراز کوه ساپن برآمد. نیم‌شبان نخست قرا بیگ‌را با گروهی روانه ساخت و همچنین پایه پایه مردم‌را از مورچال و نوکران خود میفرستاد. پایان شب چندی از پیشین جوق بدان نهفته راه در شدند و دروازهٔ مالی برشکستند و بسیاری رادمرد بقلعه درآمده کوس و کرنارا بنوا درآوردند و از دیر رسیدن مردم لختی دژنشینان فراهم شده بکارزار ایستادند. ازین آگهی خود نیز از پی روانه شد و در آن کوه‌نوردی رهبررا لختی خطا رفت. در گرمی آویزش و بارش توپ صبحگاهی بطناب بر شد و اولیای دولت‌را که کار تنگ شده بود نیروی دیگر افزود. در کمتر زمانی ناسپاسان کجگرا بازگردیدند و بآسیمه‌سری راه اسیر سپردند و حقیقی کارساز سترگ فیروزی بخشید و این نیازمند کم‌نیرورا ببلندنامی برآورد. چون فروغ خورشید جهان‌را بگرفت دیگر مورچال‌نشینان از هر سو بدان یازش برخاستند. پیشرو خان، میر قاسم بدخشی، جگدیو تیزدستی نموده بر کودهیه برآمدند و آغا ملاّ با مردم آصف خان نیز بشایستگی از پی رسید و مردم شیخ فرید بخشی‌بیگی، بهادر خان، رحمت خان، سیام‌سنگه، پسران سمانچی خان و دیگر بهادران بچابکدستی بر جونه‌مالی برشدند. باقبال روزافزون بزرگ فتحی چهره برافروخت و بسیاری بشکنجهٔ ناتوان‌بینی در شد.

get up onto the walls of Male. Since there were no people to investigate, they did not listen. When it was reported to the emperor, it was attributed to madness and represented as meaning the loss of many men, and this kept the emperor from issuing an order [to proceed]. Every once in a while this writer was ordered to inspect the stations. No matter how much effort was made, they could not decide to act, and through misplaced conciliation there was neither praise nor chastisement. On the seventeenth of Azar [December 7], I was sent again on that service. Since I knew something about the affair, I accepted the charge to make every effort to persuade the others. When I arrived there I questioned Qara Beg about the road, which only confirmed what I had suspected. Then I decided with those in charge of the trenches to turn to the real effecter and take the fortress that very week. When the sound of drums and trumpets was heard, each of them would go up ladders and beat their kettle drums. Although they agreed, like it or not, many of them thought the plan was mad.

On the eve of the eighteenth [December 8], which was pitch 190
black and it was raining, the elite men were put into troops and sent up Mount Sapan. Around midnight I dispatched first Qara Beg and his group, and little by little I sent forth the men from the trench and my own liege men. Toward the end of the night the few of the first troop entered the fortress via the secret path, and they broke down the gate of Male. Many warriors got into the fortress and began beating their kettle drums and blowing trumpets. Because the men were late in arriving, some of the defenders assembled and were ready to fight. Learning of this, I too set out, but in scaling the mountain our guide made a slight mistake. During the heat of the battle and in the midst of a barrage of fire, we got up by ropes that morning to reinforce

صبحی بــمبارکی بـــرآمد   دیجـــورِ شبِ بلا سر آمــد
آورد ظفر ز شش جهت روی   دولت ز دو سوی تهنیت گوی

کجا نیرو که ایزدی سپاس برگذارد و بکدام دستمایه بدان در بازد؟ همان بهتر که بآئین نیازمندان گُنَهکار پیشانی دل‌را بسجود نیایش خراشیده دارد و بتقدیرشگرفی پی برده خویشتن‌را از دادارانبازی باز آورد.

۱۹۱ لله الحمد که نهفته‌یابی افسرخدیو بتازگی دلنشین خرد و بزرگ آمد و گوهر بینش‌را تازه فروغی برافروخت. از آنجا که در اندیشه ره نداشت که مرزبان خاندیس بروی گیتی‌خداوند در فراز کند دست‌افزار دژگشائی همراه نبود و پس از رسیدن بهزاران کوشش اگرچه توپی چند از نرناله۷۱ و گاویل و احمدآباد آورده بودند، لیکن از ناپروائی چندانی بکار نداشتند و با این حال همواره بر زبان گوهربار گذشتی «زود این دژ گشوده گردد» و بسیاری دلآسا داستان پنداشته بخواب در شدی.

those of our men who were in a difficult position. It was not long before the wayward ingrates pulled back and headed pell-mell for Asir. Thus the true effecter bestowed upon us a great victory, and this insignificant weakling achieved a name for himself. By the time the sun was up, the men of the other stations were attacking from every direction. Peshrau Khan, Mir Qasim Badakhshi, and Jagdeo fought their way to the top of Kodhiya, and Agha Mulla and Asaf Khan's men got there after them. Shaikh Farid Bakhshibegi's men, Bahadur Khan, Rahmat Khan, Syam Singh, Samanji Khan's sons, and other warriors fought their way over Juna Male. By virtue of ever-increasing fortune a great triumph was achieved, and many seethed in envy.

Morning dawned with blessedness; the morn after the night of calamity broke.
Victory showed its face in every direction; fortune offered congratulations on both sides.

How can one express one's gratitude to the deity? It would be better to scratch the forehead of one's heart by prostrating oneself in need after the manner of humble sinners, to discover the amazingness of destiny, and to refrain from equating oneself with the deity.

Thanks be to God that the emperor's foreknowledge and 191
prescience were once again proven to all. Since it had not been thought that the ruler of Khandesh would shut the door in the emperor's face, implements of siege had not been brought, and after arriving, even if a couple of cannons had been brought with great effort from Narnala, Gawil, and Ahmadabad, out of negligence they had not been much used. This notwithstanding, the

بیست و هفتم میر مرتضی از احمدنگر آمد و بدولت کورنش سربلندی یافت و بعلم و نقاره و آباد جاگیر پاداش نیکوپرستاری اندوخت.

بیست و نهم خانخانان بسجود قدسی آستان ناصیهٔ بختمندی برافروخت و بهادررا که بنظام الملکی برداشته بودند بووالا درگاه آورد. کبیر خان پور بهادر خان، خواجه ابوالحسن، کامل الملک، وزیر خان و چندی سران خاندیس که در یساق دکن بودند دولت بار یافتند و نوازشها برگرفتند.

۱۹۲ و از سوانح آمدن بهادر خان بدرگاه والا. همان روز که بایزدی یاوری مالی‌گده گشایش یافت از غنودگی درآمد و وخشوری نزد نگارندهٔ شگرفنامه فرستاد و گفتار زینهار و دیدن در میان آورد. نپذیرفته از پاسخ برخموشید و از فراوان زاری او فرستاده‌را بووالا درگاه روانه ساخت. بیست و سیوم آذر رام‌داس‌را نزد او فرستادند و چهارم روز مقرّب خان‌را که گزین پرستار او بود همراه آورد. خلاصهٔ پیام آنکه اگر دژ و اُلکا بدو بازگذارند و زندانیان رهائی یابند بفرق سر میشتابد. دیرین رسمیست یکی از فاروقیان مسندنشین گردد و دیگر برادران و خویشان در بند باشند و در نهانخانه‌ها با زه‌وزاد بسر برند. گیتی‌خداوند پذیرفت و جان و ناموس‌را زینهار داد. دیگر روز آن زنگی باز آمد و عرضه داشت «اکنون آرزوی او آنست که خان اعظم میرزا کوکه دست گرفته بدرگاه آورد.» پذیرش یافت. او تا مالی رفت و بهادر خان از اسیر فرود آمد. سی‌ام بر آستان اقبال ناصیه برسود و از گوناگون غم رهائی یافت. دو پسر خرد افضل خان و خداوند خان و بسیاری‌را دولت بار شد و در پیشخانهٔ شیخ فرید بخشی‌بیگی جا دادند و بچشم دیدبانی فرمان شد.

emperor continually said, "The fortress will soon be taken." Many thought this was but a consoling fable and went into a slumber.

On the twenty-seventh [December 17], Mir Murtaza came from Ahmadnagar and was honored to pay tribute. He was rewarded for his good service with the privilege of a banner and drums and given a fine fief.

On the twenty-ninth [December 19], the Khankhanan prostrated himself before the emperor, bringing to court Bahadur, who had been elevated to the office of Nizamulmulk. Bahadur Khan's son Kabir Khan, Khwaja Abu'l-Hasan, Kamilulmulk, Wazir Khan, and other leaders of Khandesh who had been in the assault on the Deccan were received at court and shown favor.

Bahadur Khan comes to court

192

The same day that Malegarh was conquered by divine assistance Bahadur Khan awoke from his slumber and sent an envoy to this writer to propose amnesty and appearance. Without accepting the terms, I remained silent in answer and because of his pleading dispatched the envoy to the imperial court. On the twenty-third of Azar [December 13], Ram Das was sent to him, and four days later he brought back Muqarrab Khan, his best servant. The gist of his message was that if the fortress and territory would be given back to him and those imprisoned set free, he would hasten to court—on his head if necessary. (It is an ancient custom that when a Faruqi became ruler his brothers and relatives would be detained and live in prisons with their families.) The emperor accepted and granted him amnesty for himself and his family. The next day the Zangi came back and said, "Now it is his wish that Khan A'zam Mirza Koka take him by the hand and lead him to court." This was granted. Khan A'zam

هفدهم دی شیخ عبدالله خان و راجه راج‌سنگه از گوالیار و میر شریف آملی از جاگیر خود و شیر بیگ از بنگاله آمده هر یک بخسروانی نوازش کام دل برگرفت.

چهارم بهمن جشن قمری وزن شد و کیهان‌خدیورا بهشت چیز برسختند. که و مه‌را آرزو بکنار آمد و نشاطرا بارگاه دیگر افراختند.

برگشودن اسیر بدستیاری والا اقبال

۱۹۳ در آذوق‌افزونی و توپ‌انبوهی و فراوانی یتاقدار و دیگر دست‌افزار پاسبانی بدینسان دژی نشان ندهند. شگرف آنکه هرچند سامان قلعه‌گیری نبود همّت در گشایش بستند. پس از چندی از گرد برگرفتن در آن دژ بیماری پدید آمد. هر روز گروهی بنیستی‌سرا در شدی. و چون ریزه رعیّت‌را چنین گزند رسیدی بزرگان دژنشین از گران خواب کج‌گرائی درنیامدی و زمان زمان نو حیله‌ها برانگیختی. از گرفتن مالی‌گده راه آمدوشد بستگی پذیرفت و لختی از خواب درآورد. آخرین داستان برهمونی برخی شاهنشاهی پرستار برین قرار گرفت بهادر بدرگاه والا جبین برساید. هرآینه گیتی‌خدیو ملک و دژ بدو باز خواهد گذاشت، ورنه چنان برگذارد که درونیان از گفت من بیرون اند. چون اندیشه بکردار آمد و آموخته‌را عرضه داشت نگارندهٔ شگرفنامه‌را دستوری شد تا بدان آمانی حصار دریازد. این دریوزه‌گر ایزدی درگاه الهی نیایش‌را پیشرو ساخته بدان رو آورد. اگرچه در پیش بردن مورچالهای خاصه از نزد کودهیه کوشش رفت و باوردن بزرگ توپها دستوری گرفت، لیکن پنهانی کارآگهان فراهم

went as far as Male, and Bahadur Khan came down from Asir. On the thirtieth [December 20], he prostrated himself before the emperor and obtained release from his various worries. His two small sons, Afzal Khan and Khudawand Khan, and many others were granted audience. They were housed in Shaikh Farid Bakhshibegi's forecourt, although an order was given for them to be kept under surveillance.

On the seventeenth of Daimah [January 6, 1601], Shaikh Abdullah Khan and Raja Rajsingh came from Gwalior, Mir Sharif Amuli came from his estates, and Sher Beg came from Bengal. They were regally received, and each obtained his heart's desire.

On the fourth of Bahman [January 23], the lunar weighing ceremony was held, and the emperor was weighed against eight items. Everyone's wish was granted, and there was great rejoicing.

ASIR IS CONQUERED WITH THE ASSISTANCE OF EXALTED GOOD FORTUNE

Rare is the fortress that can vie with Asir in having vast supplies, 193
a huge number of cannons, many watchmen, and all other appurtenances of defense. What is amazing is that, despite the lack of siege machines, the emperor was determined that it should be taken. A short time after the siege was laid, illness appeared within the fortress, and every day scores perished. Even when the pestilence affected the common citizens, the commanders of the fortress refused to awaken from their slumber of waywardness but kept on coming up with new stratagems. Only when Malegarh was taken and communications were blocked from there were they shaken into wakefulness. Finally, through the

193

آورده بافسون‌سرائی دژنشینان برنشست و بدلآویز سخنان دلهای اینان بسوی خود کشید. چنان برگذاردند که از بهادر نگاشتهٔ چند بنام فلان و بهمان برگیرند تا در سپردن بیوفائی غازهٔ بدنامی بر رو نکشد و در پاس مال و جان و ناموس قدسی فرمان آرزو کردند. پذیرفته شد. بهادر خان چندی در نوشتن ایستاد و نادرست گفتار در میان آورد و چون تنگ گرفته شد ناگزیر نگاشته بمهر خویش داد. والا منشوررا با آن نوشته‌ها بدرون فرستاد و بیم‌زدگان ستوه‌آمده‌را آرام پدید آمد. خود بر دروازه نشست و در چهار روز سی و چهار هزار کس با زه‌وزاد و مال بشایستگی فرود آمدند و خویشتن‌را بعافیت‌جا رسانیدند. پنجم بهمن اختیار خان، الغ خان حبشی، مرجان زنگی و برخی که مدار دژبانی بر اینان بود فرود آمدند و بگوناگون طرز دلها بدست آورده شد. هفتم پور خود شیخ عبد الرحمن‌را با برخی کارآگهان فراز قلعه فرستاد. درونیان بگزیده آئین پذیرا شده کلید سپردند و شگرف فیروزی چهرهٔ اقبال برآراست. پنجاه و سه تن از اعمام و برادران و فرزندان بهادر - برخی پیر و جوان و گروهی خردسال - فرود آمدند. همه‌را درخور دیده بدرگاه والا روانه ساخت. هفت کس پور مبارک خان که پیشتر مرزبانی خاندیس داشت داؤد خان، حامد خان، قیصر خان، بهرام خان، شیر خان، غزنی خان، دریا خان. اوّلین‌را دو پسر، فتح خان، محمد خان؛ دومین‌را یک پسر، بهادر خان؛ سومین‌را سه پسر، لطیف خان، دلاور خان، مرتضی خان. نخست‌را دو پسر، حبیب خان، ابراهیم خان. چهارمین‌را سه پسر، نظام خان، موسی خان، جلال خان. پنجمین‌را دو پسر، اسمعیل خان، احمد خان. ششمین‌را یک پسر، احمد خان. هفتمین‌را سه پسر، محمد خان، محمود خان، مظفر خان. هشتمین صاحب خان‌را که پیشتر گذشته بود دو پسر، طاهر خان و صدق الله.

mediation of some imperials, it was decided that Bahadur would prostrate himself before the emperor, and of course the emperor would give him back his land and fortress. Otherwise, Bahadur said, those inside the fortress would be beyond his control. When thought was put into action, this writer was ordered to take the terms to the fortress. This humble beggar at the divine court made divine praise his vanguard and headed thither. Although effort was made to push positions farther forward from Kodhiya and an order was given to bring the large cannons, in secret operatives charmed the defenders and won them over with their seductive words. They suggested that several letters from Bahadur should be taken to certain persons so that when the fortress was yielded they would not be labeled with disloyalty, and they desired an imperial decree ensuring them their lives, property, and honor. This was acceptable. Bahadur spent some time writing letters, filling them with lies; and since time was short, he had no choice but to seal them with his seal. An imperial writ was sent inside along with the letters, and those who had been in great trepidation breathed a sigh of relief. Bahadur himself sat over the gate, and over the course of four days thirty-four thousand persons came out with their families and possessions and betook themselves to places of safety. On the fifth of Bahman [January 24], Ikhtiyar Khan, Ulugh Khan Habashi, Marjan Zangi, and others who had been the mainstays of defense, came out and were won over by various means. On the seventh [January 26], I sent my son Abdul-Rahman and some administrators to the top of the fortress, and those who were there met him with great ceremony and turned over the keys. Thus was a great victory achieved. Fifty-three of Bahadur's uncles, brothers, and sons—some old, some young, and some

سکندر خان و ابراهیم فرزندان طاهر خان مذکور. همگی اولاد مبارک خان بیست و هشت کس. نژاد محمد خان که پیش از راجه علی خان حکومت داشت: حسن خان با دو پسر، قاسم خان و ابراهیم خان. شش پسر راجه علی خان: بهادر خان که پیشتر سعادت ملازمت اندوخت با پنج پسر (کبیر خان، محمد خان، سکندر خان، مظفر خان، مبارک خان)، دوم احمد خان با سه پسر (مظفر خان، علی خان، محمد خان)، سیوم محمود خان با دو پسر (ولی خان، ابراهیم خان)، چهارم طاهر خان، پنجم مسعود خان، ششم محمد خان. دخت‌زاهٔ مبارک خان دلاور خان. پسر او تاج خان، نواده فرید خان. ولی خان، نصیر خان، سیّد اسمعیل هر سه داماد راجه علی خان. محمد خان دامان چاند خان. علی خان داماد حسن خان. گیتی‌خداوند همه‌را بگرانمایه خلعت و گزین بارگی بنواخت و هرکدام‌را مهمان یکی از بندگان گردانید و فرمان رفت که همواره بکورنش سعادت اندوزند. اندیشه آنکه عیار گوهر برگرفته بمنصب سرافراز گردانند. خزانه و جواهر و دیگر خواسته و کالارا بگزیده روش پاسبانی شد. بایزدی عنایت کارِ پیش‌گرفته حُسنِ انجام یافت. دور و نزدیک بشگفت ماند. اگرچه مورچل فراوان بود، لیکن گزین ها مورچال خان اعظم میرزا کوکه و آصف خان و شیخ فرید بخشی‌بیگی. خرد و بزرگ خدمتگذاری درخور بجای آورد و پاداش اندوخت. حواله‌داران بهادر خان‌را با شماره‌دانان بر همان قلعه گذاشت و کاراگهان دولت‌را بهر جا نامزد گردانید و خاطر فراهم آورده بسجود قدسی آستان سربلند شد و بخسروانی نوازش سر برافراخت.

mere children—came out. They were all met with appropriate deference and sent to court.

Mubarak Khan, who had previously been the ruler of Khandesh, had seven sons:[49] (1) Daud Khan, (2) Hamid Khan, (3) Qaisar Khan, (4) Bahram Khan, (5) Sher Khan, (6) Ghazni Khan, and (7) Darya Khan. The first of these, Daud Khan, had two sons, Fath Khan and Muhammad Khan. The second, Hamid Khan, had one son, Bahadur Khan. The third, Qaisar Khan, had three sons, Latif Khan, Dilawar Khan, and Murtaza Khan. The first of these, [Latif Khan], had two sons, Habib Khan and Ibrahim Khan. The fourth, [Bahram Khan], had three sons, Nizam Khan, Musa Khan, and Jalal Khan. The fifth, [Sher Khan], had two sons, Isma'il Khan and Ahmad Khan. The sixth, [Ghazni Khan], had one son, Ahmad Khan. The seventh, [Darya Khan], had three sons, Muhammad Khan, Mahmud Khan, and Muzaffar Khan. The eighth, Sahib Khan, who had already died, had two sons, Tahir Khan and Sidqullah. Sikandar Khan and Ibrahim were the sons of the aforementioned Tahir Khan. Altogether Mubarak Khan's offspring numbered twenty-eight. The offspring of Muhammad Khan, who had ruled before Raja Ali Khan,[50] are as follows: Hasan Khan and his two sons, Qasim Khan and Ibrahim Khan. The six sons of Raja Ali Khan were (1) Bahadur Khan,[51] who had previously attained the felicity of paying homage, and his five sons, Kabir Khan, Muhammad Khan, Sikandar Khan, Muzaffar Khan, and Mubarak Khan; (2) the second son was Ahmad Khan, who had three sons, Muzaffar Khan, Ali Khan, and Muhammad Khan; (3) the third was Mahmud Khan, who had two sons, Wali Khan and Ibrahim Khan; (4) fourth was Tahir Khan; (5) fifth was Mas'ud Khan; and (6) sixth was Muhammad Khan. Mubarak Khan's daughter's son was Dilawar Khan, whose

۱۹۴ این کوه‌نشین نابخرد از یک لک جاندار بیشتر فراز دژ برده بود. از جانورانبوهی هوا دگرگون شد و شگرف بیماری آورد و بیست و پنج هزار رنجور درگذشت. از اقبال روزافزون در بارش لختی درنگ رفت و غلّه از هر سو فراوان رسید و آسایش‌مایهٔ فیروزی سپاه آمد و مورچلها پیشتر رفت و از دولت‌نیرنگی در توپ‌ریزش شباروزی بروشناسی گزند نرسید. جز الغ بیگ بدخشی و سیّد ابواسحق صفوی که ببندوق درگذشتند. نظر ببارش تیر اگر هر روز افزون از صد کس جان بسپردی هیچ دور نبود، لیکن ایزدی حمایت پاسبانی فرمود و سرمایهٔ حیرت کارآگهان گشت. و شگرف آنکه در آن نزدیکی که فتح چهره‌گشای دولت گردد دیوار قلعه که آسمانی کردی از شکوه افتاد. آوای توپ‌را گوش بدان مهابت برنگرفتی.

son was Taj Khan and whose grandson was Farid Khan. Wali Khan, Nasir Khan, and Sayyid Isma'il were sons-in-law of Raja Ali Khan. Muhammad Khan was the son-in-law of Chand Khan. Ali Khan was the son-in-law of Hasan Khan.

The emperor bestowed robes of honor and fine horses upon all of them and made each of them a guest of one of his courtiers. It was also commanded that they might continue to pay homage, for he thought that they could be assessed and appointed to appropriate positions. The treasury, jewels, and other monies and goods were placed under guard. By divine favor the task was completed, and everyone, near and far, was amazed. Although there were many entrenchments, the finest were those of Khan A'zam Mirza Koka, Asaf Khan, and Shaikh Farid Bakhshibegi. Everyone, grand and small, who had contributed to the success of the campaign was appropriately rewarded. Bahadur Khan's *hawaladars* were stationed in the fortress with accountants, and imperial administrators were assigned to every place. His mind at ease, he prostrated himself at the imperial threshold and was elevated by regal favor.

The foolish mountaineer had taken more than a lac of animals 194 up into the fortress. There were so many animals that the air had become foul and a pestilence had broken out, of which twenty-five thousand sickened and died. Thanks to ever-increasing fortune there was a delay in the rains, so abundant grain arrived from every direction to the relief of the imperial troops. As the positions were pushed forward, by the mysterious workings of fate during the ceaseless pounding of the cannons not a person of note was injured other than Ulugh Beg Badakhshi and Sayyid Abu-Ishaq Safawi, who died of bullet wounds. In view of the rain of missiles, if more than a hundred had lost their lives every day

گیتی‌خداوند سرآغازِ درآمدِ برهانپور بنیایشگری خاص برنشست و اسم اعظم برخواندن گرفت و براقم اقبالنامه فرمان شد در هر ختم گوناگون حلوا در پیشگاه حضور آورد و سررشتهٔ تقدیرنیرنگی نگاهدارد. پاس آن شگفت افزود. سرآغاز نخستین ختم مظفر حسین میرزارا گرفته آوردند و همچنین در هر بار فیروزی نوید سامعه‌افروز شد از فتح احمدنگر و بنیستی‌سرا در شدن سرگروه تاریکیان و گشایش مالی‌گده و بدست آمدن اسیر. هرکه در بی‌غرضی و خداپرستی کشورخدیو نیک درنگرد بدینسان شگرفی‌را دور نشمرد و اندکی از بسیار داند. ۱۹۵

درینولا ایلچیان ببیجاپور و گلکنده و بیدر فرستادند. عادل خان مرزبان بیجاپور نخست گرانمایه لعل فرستاده نیایشگری نمود و همچنین قطب الملک و ملک برید نیازمندی فراپیش گرفتند. همگی خواهش اینان آنکه چندی از بارگاه خلافت بدلدهی نامزد گردند. چون در شورش فرو شدن شاهزاده و آویزهٔ بیر و گرد گرفتن احمدنگر هرچند نظام الملکیه از اینان یاوری خواستند سررشتهٔ دولتخواهی وانهشته گوش بدان ننهادند و بسیاری اولیای دولت در بازگشت همایون رایات سبب‌پژوهی داشتند آرزو پذیرائی گرفت.

دوازدهم شریف سرمدی‌را نزد عادل خان و مسعود بیگ‌را پیش قطب الملک و مؤمن‌را نزدیک ملک برید فرستادند و بهین اندرزها بزبان خامه و وخشور گذارش یافت.

it would not have been surprising. However, divine protection spread its wings, to the amazement of those of experience. What is even more amazing is that about the time that victory would show its face, the wall of the fortress, which was sky-high, fell. The sound was louder than that of any cannon.

When he first entered Burhanpur, the emperor undertook a 195
special form of worship and began to recite the Greatest Name. This writer was ordered to bring him various sweets at the end of each cycle and to keep my eye on the wondrous workings of destiny. By doing so my amazement increased. At the beginning of the first cycle Muzaffar Husain Mirza was captured and brought in, and it continued like this, with the announcement of a great triumph every time: the conquest of Ahmadnagar, the death of the leader of the Tarikis, the conquest of Malegarh, and the taking of Asir. No one who looks carefully at the emperor's impartiality and worship of the divine will be astonished by such things, even though he will have realized only a little of much.

At this point emissaries were sent to Bijapur, Golconda, and Bidar. Adil Khan, the ruler of Bijapur, first sent a valuable ruby with subservience, then Qutbulmulk and the king of Barid took up stances of humility. It was their desire that several persons be appointed from the caliphal court to reassure them. During the turmoil after the death of the prince and during the battle of Beed and the siege of Ahmadnagar, no matter how much the Nizamulmulkids requested assistance from them, they did not forget their allegiance and paid no attention, and since many friends of fortune were active on their behalf during the return of the imperial banners, their wishes were granted.

On the twelfth [January 31], Sharif Sarmadi was sent to the Adil Khan, Mas'ud Beg was sent to Qutbulmulk, and Mu'min

۱۹۶ و از سوانح سپری شدن روزگار میرزا جانی بیگ مرزبان تتهه. از صوری دانش لختی آگهی داشت. در پارسی شعر و نظم و موسیقی تواناdست. از آن باز که بدرگاه والا آمد اخلاص از پیشانی گفتار و کردار او تابان بود و شناسائی و آهستگی از نشست و برخاست او پیدا، لیکن از خردی باز شیفتهٔ باده بود. شگرف آنکه ازو ناهنجاری سر برنزدی و در کارکرد و گفت پاسبان خود بودی. بکنج خانه ساغرکشی از اندازه بیرون بردی و از نابودن اندرزسرا عنان برنگرفتی.

چه خوری چیزی که از خوردنِ آن چیز ترا
نی چو سروی بنماید بمثل سرو چو نی
گر کنی بخشش گویند که مَی کرد نه او
ور کنی عربده، گویند که او کرد نه می[۷۲]

آن صافی‌آب زلال زندگی برآلاید و آن عشرت‌مایه جان کاستگی بردهد. از می‌فزونی رنجور شد و برعشه و سرسام کشید. سیزدهم ازین کاروانی سرا رخت بربست و آشنا و بیگانه‌را دل بسوخت. گیتی‌خداوند از قدردانی الکای اورا به پور او میرزا غازی غایبانه بازگذاشت و منشور والا و گرانمایه خلعت فرستاد.

۱۹۷ و از سوانح خرامش نمودن حکیم مصری بعلوی عالم. در صوری دانش و معنوی شناسائی طراز یکتائی داشت. طبابت‌را بدان پایه میدانست که اگر پزشکی‌نامه‌ها برافتادی از یاد برنوشتی. دلآویز گفتار صوفی نیک اندوخته بود. شکفتگی و فرخندگی جبین او برگذاردی و از مهربانی او خویش و بیگانه نشاط اندوختی. از هر گونه بیمار رو درنکشیدی و گشادپیشانی چاره برساختی.

was sent to the king of Barid. Much good advice was sent with them to be delivered both orally and in written form.

Mirza Jani Beg, the ruler of Thatta, passes away   196

He had a modicum of formal learning and was competent in Persian prose and poetry and in music. After he came to the imperial court, his devotion was obvious in his words and conduct, and both knowledgeability and gravity were apparent in his every motion and movement; however, from his youth on he was addicted to wine. It is strange that he never committed a misdeed, but he was careful of his actions and words. He drank beyond all bounds in the privacy of his home, and without anyone to advise him, he never pulled in his reins.

> *Why do you drink something that makes a reed look like a*
>   *cypress to you and a cypress like a reed?*
> *If you are generous, they say it's the wine acting, not you; and*
>   *if you pick a fight, they say it's you acting, not the wine.*

That clear water pollutes the limpidity of life; that means of enjoyment debilitates the soul. From overindulgence in wine he fell ill and wound up suffering from trembling and delirium. On the thirteenth [February 1], he departed this life, leaving friend and stranger to mourn. In appreciation, the emperor assigned his territory to his son, Mirza Ghazi, in absentia and sent a decree and fine robe of honor.

Hakim Misri departs this life   197

He was without equal in formal learning and spiritual cognition. He knew medicine so well that if all medical texts were lost he

هـــمچو اوئی سزد معـــرّفِ او　　این زمان در جهان چو اوئی کو

اگرچه بهشتاد رسیده بود گرمی برنائی جوش برزدی. یکبارگی هوازدگی شد و مزاج اورا قبض برآشفت و تب شورش افزود. شانزدهم نیم شبان زمان زمان هوش رفتن گرفت. چون لختی بخود آمد راقم شگرفنامه‌را از حال آگهی فرستاد. ببالین او شد و از دیدن آن از خویش رفت. با آگهی و یادکرد الهی ازین آشوبگاه چشم پوشید و خرد و بزرگ بدراز غم افتاد.

خـــیز تا زار گـریـه بـرگـریم　　خوش بگریم و مویه درگریم
نـوحه‌های جـگرخـراش کـنم　　چون بپایان رسد ز سر گریم

شهریار پایه‌شناس‌را دل از جای بشد و آمرزش‌را طلبگار آمد.

۱۹۸ شب بیست و سیوم راقم شگرفنامه‌را بناسک نامزد فرمودند. از آن باز که زینهاریان در بند افتادند زمان زمان از ناپروائی کارسازان دولت فتنه میبالید و هرچند از اقبال‌نیرنگی احمدنگر گشایش یافت لختی کاررا بطرح واگذاشتند و گران‌ارزی فیروزی سپاه‌را از نیرو انداخت. خودکامان دکن فراهم شده سر بشورش برداشتند و علی پور شاه‌علی عم مرتضی نظام الملک‌را بسری برگرفتند و آن کوچه‌گرد بینوائی‌را دستمایهٔ کامروائی خود گردانیدند. اگرچه همگی حال بر شهریار پیدائی نگرفت، لیکن بدگوهری پور شاه‌علی و فتنه‌افزائی راجو بر زبانها افتاد. ازین رو خانخانان‌را بچاره‌گری نخستین احمدنگررویه نامزد کردند و نگارندهٔ خسروی نامه‌را ناسک‌سو. در آن سال دستوری یافت. بگزین خلعت و خاصگی تکاور و علم و نقاره سر برافراختند و رای رایسنگه، رای درگا، رای

could have rewritten them from memory. He also knew many Sufi aphorisms by heart. His countenance radiated cheer and auspiciousness, and friend and stranger alike shared in his kindness. He never turned away from any sort of sick person, and his cheerful demeanor was as effective as a cure.

It would take one like him to introduce him. Where is there anyone like him in the world now?

Although he had reached the age of eighty, he still had the vitality of a young man. However, he got a chill, his temperament cramped, and he developed a high fever. At midnight on the sixteenth [February 4], he began to lose consciousness, but when he came to he sent for this writer. I went to his bedside and was beside myself at the sight of him. He departed this noxious world fully conscious and thinking of the divine, and everyone was plunged into deepest grief.

Arise that I may weep bitterly. Let me sob and lament.
Let me recite agonizing laments, and when they are over, let me weep anew.

The appreciative emperor was much saddened and prayed for mercy on his soul.

On the eve of the twenty-third [February 11], this writer was 198
assigned to go to Nasik. Ever since those who were under amnesty had been imprisoned, there was trouble every so often owing to the laxity of the administrators, and although Ahmadnagar had been conquered through the mysterious workings of fate, to an extent things were put into abeyance and scarcity diminished

بهوج، هاشم بیگ، تولک، مقیم خان، فولاد خان، کامل الملک و بسیاری بندگان سعادت‌سرشت‌را همراه نوشتند. بامدادان گیتی‌خدیو بتماشای اسیر برآمد و در راه خان‌خانان‌را با دیگر بندگان بدان خدمت رخصت فرمود و چهار روز تماشای دژ و غنایم نموده ببرهانپور بازگردیدند.

و از سوانح سزا یافتن فتنه‌اندوزان بنگاله. گذارش یافت که گروهی افغانان آشفته‌رای پسر قتلورا دست‌آویز شورش گردانیده سر فتنه برافراشتند. چند بار مردم راجه مانسنگه لشکر کشیدند و شکست یافتند. میر عبد الرزاق معموری که بخشی فیروزی سپاه بود دستگیر شد. چون راجه بهمراهی بزرگ شاهزاده به الله‌آباد شد دستوری بنگاله گرفت. چندی در رهتاس بسامان ایستاد و از آنجا بمالش بدگوهران رو آورد. نزدیک شیرپور[۷۳] بدان گروه آزرم‌ستیز پیوست و هر دو لشکر قلعه ساخته روبرو نشستند. غرّهٔ استفندارمذ رده برآراسته آمد و لختی آویزش بسزا رفت. از اقبال‌نیرنگی نامور فیل غنیم تیردوز شد و درشوریده بفوج خویش یازش نموده بپراکند و بسیاری‌را نقد زندگی یغمائی گشت. چون روز بپایان شده بود چهار کروه تکامشی نموده عنان باز کشیدند. میر عبد الرزاق معموری طوق در گردن و زنجیر در پا بدست افتاد. اورا بدین روش بر فیل داشتند و یکی‌را برگماشته بودند که بهنگام شکست ازهم گذراند. ناگاه در آن زدوخورد بآسیب بندوق درگذشت و میر از جانی گزند رهائی یافت. بایزدی عنایت شورش فرو نشست و خدمتگذاران بنوازش سربلندی یافتند.

the imperial forces' strength. Self-willed persons in the Deccan gathered and reared their heads in rebellion, raising Ali, the son of Shah Ali, the uncle of Murtaza Nizamulmulk, to the rule and using that poor urchin as a means to their ends. Although not everything was apparent to the emperor, the malevolence of Shah Ali's son and the seditiousness of Raju were rumored by all. Therefore, the emperor first assigned the Khankhanan to go to Ahmadnagar to deal with the problem, and then he assigned this writer to go to Nasik. I was given leave to depart on the above-mentioned date and was awarded a fine robe of honor, a royal steed, a banner and drums, and Rai Raisingh, Rai Durga, Rai Bhoj, Hashim Beg, Tüläk, Muqim Khan, Fulad Khan, Kamilulmulk, and many other courtiers were assigned to accompany me. The next morning the emperor went out to see Asir, and along the way he gave the Khankhanan and the others leave to depart. After spending four days inspecting the fortress and the booty, he returned to Burhanpur.

Rebels in Bengal are chastised 199

It has been reported that a group of frenzied Afghans, using Qutlu's son as a means to stir up trouble, went into rebellion.[52] Several times Raja Man Singh's men assembled troops, but they were defeated. Mir Abdul-Razzaq Maʻmuri, who was *bakhshi* to the imperial army, was captured. When the raja went to Allahabad with the eldest prince, he obtained permission to go to Bengal. After spending some time in Rohtas equipping himself, he set out to crush the rebels. Near Sherpur he met the vicious bunch, and both sides built fortresses facing each other. On the first of Isfandarmudh [February 19], ranks were arrayed, and there was a skirmish. By the mysterious workings of fate the

۲۰۰ درین روز گیرا دم شاهنشاهی بینش سرمه برسود. پور شمس چک از بدگوهری گریخت بکهسار کشمیر رفته سر بشورش برداشت. گیتی‌خداوندرا بر زبان رفت «زود از فراز کوه سرنگون افتد و بادافراه ناسپاسی برگیرد.» درین سال و مه آن نافرجام از قلّهٔ کوه بپایان آمد و خورد بشکست.

پنجم فرمان مقدّس براقم شگرفنامه آمده «بر پور شاه‌علی فراوان مردم گرد آمده‌اند. سزاوار آنست که بازگردیده بدان سو روانه شود و باتّفاق خانخانان کاررا بشایستگی انجام بخشد.» چون بسیاری رادمرد همرهی گزید و اسباب گشایش ملک ناسک و مالش سرتابان آن سو بگزین روشی آماده شد، حسدپیشگان حیله‌پرداز شهریاررا بر بازگردانیدن این فدوی آوردند. ندانم که حال پیدائی نگرفت یا خاطرداشت از اندازه گذشت. لختی از شگرفی روزگار بشگفت در شد و بشاهی فرمان از قصبهٔ رانو[۷۴] بدان سو روانه شد.

هفتم حسن پور میرزا شاهرخ راه آوارگی سپرد. در احمدنگر با پدر میبود. از تنگدستی برآشفت و بیکی از کشمیریان ساخته بیراهه رفت.

foe's most renowned elephant was hit and turned in its frenzy on its own side, scattering them and killing many. When the day was over they were pursued for four leagues before reins were pulled in. Mir Abdul-Razzaq Ma'muri was captured and bound neck and foot. He was put on an elephant and someone was set over him to kill him in case of defeat. Suddenly, in the midst of the fighting, his guard was hit by a bullet and killed, and the mir escaped certain death. By divine favor the rebellion subsided, and imperial servants were rewarded.

On the same day the emperor's prescience was reconfirmed. 200
The son of Shams Chak had fled to take refuge in the mountains of Kashmir and was stirring up trouble. The emperor said, "It will not be long before he is toppled from the top of the mountain and receives his just deserts for ingratitude." On the abovementioned date the miscreant did indeed fall from the top of a mountain and was crushed to death.

On the fifth [February 23], the following imperial order came to this writer: "Many men have gathered around the son of Shah Ali. It would be appropriate for you to turn back and head in that direction, and you and the Khankhanan can deal with the situation." Since many good warriors had been selected and weapons for taking Nasik and crushing the rebels had been readied, jealous plotters had persuaded the emperor to have me turn back. I don't know whether the situation was not apparent to the emperor or whether he had been unduly influenced. I was amazed by the workings of the world, but by imperial command I turned back at Ranu[53] and headed in the direction I had been ordered.

On the seventh [February 25], Mirza Shahrukh's son Hasan ran away. He had been in Ahmadnagar with his father. Worried by his poverty, he fell in with a Kashmiri and went astray.

و از سوانح رسیدن شاهزاده سلطان دانیال بدرگاه والا. از آن باز که احمدنگر گشوده آمد آرزوی آستانبوس بیتاب داشت. بفرمان والا احمدنگررا بمیرزا شاهرخ و برخی بندگان سپرده روی نیاز آورد. دهم بسجدهٔ نیایش ناصیهٔ دولت برافروخت و بگوناگون نوازش سربلندی گرفت. اسیر با فراوان خواسته و کالا بخشش یافت و خاندیس‌را بدان نونهال اقبال داده دان دیس نام نهادند. ۲۰۱

سیزدهم دولت خان لودی بقولنج درگذشت. از گندآوری و کارآگهی فراوان بهره داشت. چندی پیش میرزا کوکه می‌بود و بسیاری نزد میرزا خان خانان. شاهزاده سلطان دانیال اورا ملازم خود گردانیدند و بپایهٔ دوهزاری برآوردند. چون بسجود قدسی آستان ره سپردند اورا بکمک میرزا شاهرخ باحمدنگر گذاشتند و در آنجا روزگار او سپری شد.

بیستم خواجگی فتح اللهٔرا ناسک‌سو فرستادند. چون سعادت خان از پیمانشکنی بر کناره شد آرزو داشت که بدستآویز فروهیدهٔ رو بدرگاه آورد. بنابران اورا بدان خدمت نامزد فرمودند. ۲۰۲

درین روز خواجه ملک‌علی بخشی اردو کام دل برگرفت. چندی از ستمگری بعتابگاه افتاد. این خدمت بابوناصر بازگردید. پشیمانی از حال او فراگرفته نوازش فرمودند.

بیست و دوم بهادر خان‌را بگوالیار فرستادند تا در آن زندانی دبستان لختی آگهی اندوزد و از مهربانی زه‌وزاد اورا همراه ساختند. ولی بیگ، سام بیگ، ابوناصر و برخی سپاه‌را همراه گردانیدند.

بیست و نهم میر جمال الدین حسین انجو دستوری بیجاپور یافت. چون عادل خان آرزو نمود که دخت خودرا بشبستان شاهزاده سلطان دانیال بسپرد میرزارا با ساز خواستگاری فرستادند.

Prince Sultan Danyal arrives at court 201

201

Ever since Ahmadnagar had been conquered, it had been the prince's fervent wish to pay homage. By imperial order he turned Ahmadnagar over to Mirza Shahrukh and others and set out for court. On the tenth [February 28], he prostrated himself before the emperor and was shown much favor. He received Asir and a great deal of cash and goods, and Khandesh was given to him and renamed Dandesh.

On the thirteenth [March 3], Daulat Khan Lodi died of colic. He was a very grave and competent man. For a while he was with Mirza Koka, and he was with Mirza Khan the Khankhanan for a long time. Prince Sultan Danyal attached him to his retinue and promoted him to the rank of 2,000. When the prince set out to pay homage he stationed him with Mirza Shahrukh in Ahmadnagar, and there he passed away.

On the twentieth [March 10], Khwajagi Fathullah was sent to 202
Nasik. When Sa'adat Khan stopped breaking his promises he wanted somebody to take him to court, and therefore he was dispatched on that mission.

The same day Khwaja Malik Ali, the camp *bakhshi*, got his wish. For some time he had been imprisoned for tyranny and his office had been assigned to Abunasir. When repentance was seen in him the emperor showed him favor.

On the twenty-second [March 12], Bahadur Khan was sent to Gwalior that he might reform himself in prison. The emperor was kind enough to allow his family to accompany him. Wali Beg, Sam Beg, Abunasir, and some soldiers were assigned to escort him.

On the twenty-ninth [March 19], Mir Jamaluddin Husain Inju was sent to Bijapur. Since the Adil Khan had expressed a wish to entrust his daughter to Prince Sultan Danyal's harem, the mir was sent to carry out the betrothal.

آغاز سال چهل و ششم الهی از جلوس مقدس شاهنشاهی، یعنی سال دی از دور چهارم

درین هنگام که روزگار بفرمانپذیری افسرخدیو تازه‌روئی داشت و بارخدیو بسپاسگذاری سرگرم، آسمان بمشّاطگی برخاست و زمین بآراستگی برنشست. شب [سه]شنبه پانزدهم رمضان سنهٔ هزار و نه نوربخش نشیب و فراز حمل‌را فروغ دیگر بخشید و دهم سال از چهارم دور فرّخی آورد. ۲۰۳

بهار خاکِ جهان‌را بمشک معجون ساخت
سـحاب آبِ روان‌را بمی مطـرّا کـرد
درست گوئی با عشق ساخته است بهار
خـدای گـوئی عـشق از بـهار پیدا کـرد

بفرمایش جهان‌سالار بگزین طرزها آذین بستند و دلفریب نقشها بروی کار آمد. از تحویل تا شرف محفل‌افروزی بیکی از بندگان دولت بازگردید و نشاط هنگامه‌ها برآراسته شد.

هشتم فروردین رای پترداس‌را بوالا منصب سه‌هزاری برنواختند.

دهم تاتار بیگ باتالیقی سلطان خرّم نامزد شد. کارآگهی و پاسبانی بجای آمد و شایستگی سر برافراخت.

درین روز فیروزی نوید سپاه بنگاله آمد. چنانچه گذارش یافت ایزدی سپاس بگزین روشی چهره برافروخت و پایهٔ خدمتگذاران برتری گرفت.

یازدهم شیر خواجه و میرزا علی بیگ اکبرشاهی‌را که در دکن خدمتگری بجای آورده بودند علم و نقاره دادند و پاداش نیکوکاری برگرفتند.

The Forty-Sixth Year after the Imperial Accession: Dai Year of the Fourth Duodecennial Cycle

At this time, when the world cheerfully obeyed the emperor and 203
the emperor was expressing his gratitude, the sky arose to serve as handmaiden to the earth as she bedecked herself. On the eve of Tuesday, the fifteenth of Ramadan 1009,[54] the sun entered Aries, and the tenth year of the fourth duodecennial cycle began.

Spring kneaded the dust of the earth with musk; the clouds
refreshed the flowing water with wine.
Rightly you would say that spring befits love, for you would
think God has manifested love through spring.

At the emperor's command elaborate decorations were made for celebrations of all sorts. From the new year until the exaltation a party was given by some member of the retinue every day.

On the eighth of Farwardin [March 27], Rai Pitar Das was promoted to the rank of 3,000.

On the tenth [March 29], Tatar Beg was assigned to be Sultan Khurram's *ataliq* in view of his competence and worthiness.

On the same day came news of an imperial victory in Bengal. As has already been reported, gratitude to the deity was expressed in the best manner, and the ranks of imperial servants were elevated.

On the eleventh [March 30], Sher Khwaja and Mirza Ali Beg Akbarshahi, who had been serving in the Deccan, were awarded banners and drums as a reward for their good service.

۲۰۴ سیزدهم میرزا یوسف خان بدولت بار یافت و از فراوان غم رستگار آمد. چون هنگامهٔ پور شاه‌علی گرمی پذیرفت و راه احمدنگر بستگی، لختی از شاد خواب درآمده بچاره‌گری برنشستند. میرزا رستم و میرزا یوسف خان و بسیاری‌را فرستادند که از گنگ گذشته نزد شاه‌گده برنشینند تا راه ایمنی پذیرد و دست تبه‌سگالان از یازش ملک کوتاه گردد. بایست وقت آن بود که فیروزی سپاه بدهار در شدی و آن شورش‌مایه‌را برافکندی، لیکن فتنه‌دوستان نگذاشتند. میرزا ازین آگهی آزردگی داشت. نه نیرو که وا یافته برگذارد و نه یارا که کاری برسازد. همواره آرزوی آستانبوس برمیگذارد و دل‌افسردگی از دکن گذارش مینمود. شهریار دادگر آرزو پذیرفته جریده نزد خود برخواند.

درین روز اکهیراج ناگهانی درگذشت. در الوس کچهواهه بس شایستگی داشت.

چهاردهم جگناته‌را بوالا پایه پنجهزاری برآوردند و میر خواجه پور سلطان خواجه‌را بپانصدی برنواختند.

۲۰۵ شانزدهم بهادر خان گیلانی شکست یافت. اورا با کم ساز ناورد در تلنگانه گذاشته بودند. عنبر جیو با بسیاری دکنی و زنگی برو ریخت. او لختی درآویخته یکسو شد. چون آگهی‌را بغرض‌پرستی درپیوستند آن حبشی تبه‌سگال بفراهم آوردن خودسران روزگار شد و هنگامهٔ ناسپاسی برآراست.

درجشن شرف شاهزاده سلطان دانیال گزین بزمی برآراست و گرانمایه جواهر که در گشایش احمدنگر بدست آمده بود بنظر همایون درآورد و پذیرش یافت. اگرچه سنگریزهٔ چند که از سپهرنیرنگی گران‌ارزی دارد برافشاند، لیکن والاگوهر اخلاص‌را که بکالبد ارج نگنجد ببازار درآورد.

On the thirteenth [April 1], Mirza Yusuf Khan was given audience, and he was relieved of many worries. When the trouble stirred up by Shah Ali's son was at its height and the road to Ahmadnagar was blocked, he awoke somewhat from his slumber and set out to deal with the situation. Mirza Rustam, Mirza Yusuf Khan, and many others were dispatched to cross the Godavari and station themselves near Shahgadh to ensure the safety of the roads and to keep the insurgents from pillaging the territory. The imperial troops should have entered Dhar and overthrown the rebels, but seditious persons had not let them. The mirza was distressed by this, and he had neither the power to report what had happened nor the ability to do anything about it, but he kept communicating his desire to pay homage and to report his distress over the Deccan. The just emperor granted his wish and summoned him alone. 204

On this same day Akhairaj died suddenly. He was a worthy member of the Kachhwaha clan.

On the fourteenth [April 2], Jagannath was promoted to the exalted rank of 5,000, and Sultan Khwaja's son Mir Khwaja was promoted to 500.

On the sixteenth [April 4], Bahadur Khan Gilani was defeated. 205
He had been stationed with few battle supplies in Telingana. Ambar-ji and many Deccanis and Zangis attacked him. He had fought a bit and retired from the field. When they joined awareness with the worship of self-interest, the vile Abyssinian (Ambar) started gathering together all the headstrong people of the day and having a field day of ingratitude.

On the day of exaltation Prince Sultan Danyal held a feast. A valuable jewel that had been taken during the conquest of Ahmadnagar was offered to the emperor and was accepted.

درین روز شهریار بزرگ‌مهر مظفر حسین میرزا و افراسیاب‌را از زندان برآورده برنواخت و که و مه‌را ازین عاطفت شگفتی درگرفت و درین روز منوچهر و میرزا علی ایلچیان ایران دستوری یافتند که پیشتر رفته در دار السلطنه لاهور آماده گردند. وخشوری از والا درگاه با ارمغانی از پی خواهد رسید. چون پیوندد رهگرای آن ملک شوند.

۲۰۶ و از سوانح آوارگی علی پور ولی خان. از امرای پیشین برید، نزد بیجاپور باندیشهٔ بزرگی روزگار گذرانیدی. چندی اورا برخوانده بشهر بیدر پنهان داشتند. درین هنگام که مؤمن از بارگاه خلافت باندرزگذاری رفت علی بسگالش پذیرا شدن از قلعه برآمد و در شهر برآسود. بیستم ناسپاسان زرپرستار اورا بدرون برده شور افزودند. علی ناگزیر با زه‌وزاد از راه ناروان بگلکنده شتاب آورد. بدنهادان از پی درآمدند. مادر و برخی نزدیکان اورا دستگیر ساختند و از بدگوهری جان بشکردند. از آنجا که بوالا درگاه لابه‌گری او فروغ کردار نمیگرفت روزگار چنین برمالید و جهانی‌را چشم عبرت گشوده آمد.

درین روز جانش بهادر بشکم‌درد رخت هستی بربست. از گزین سپاهیان است. در رام‌پوری بود.

بیست و دوم خاوری سرتاب فرمانپذیری گزید. چون راجه مانسنگه‌را فیروزی دست داد از کارشناسی با برخی تیزدستان تکامشی نمود و تا مهیش‌پور نزدیک بُشنه و جسر عنان باز نکشید. افغانان بدکیش استوار جائی برنشستند. چون همه سو خلاب داشت و بآسانی بدو دست نمیرسید جابجا کارآگهان برنشاند و در ملک‌گشائی و بوم‌آبادی همّت برگماشت.

Although he scattered several chunks of gems that had value, he brought to the market the precious gem of devotion, which is beyond all assessment.

The same day the emperor released Muzaffar Husain Mirza and Afrasiab from prison and showed them great favor to the amazement of all. Also on this day Minuchihr and Mirza Ali, emissaries from Iran, were ordered to go forward and get themselves ready in Lahore, and an ambassador from the imperial court bearing gifts would follow them. Once he joined them, they could set out for Iran.

Wali Khan's son Ali becomes a wanderer   206

Formerly a commander in Barid, he had been living in Bijapur in hopes of attaining something great. Some people summoned him and hid him in the city of Bidar. At this time, when Mu'min went from the caliphal court to advise, Ali came out of the fortress, thinking he had been found acceptable, and relaxed in the city. On the twentieth [April 8], money-worshiping ingrates took him inside and rebelled. Ali was forced to hasten with his family via Narwan to Golconda with the rebels on his heels. His mother and some of his close relatives were captured and viciously killed. Since his pleadings with the court had never resulted in action, he ended his days thus, serving as an example to everyone.

On the same day Janish Bahadur died of a pain in his stomach. He was a fine soldier and was in Rampuri.

On the twenty-second [April 10], the eastern rebels chose to submit. When Raja Man Singh achieved a victory, he competently went out with some others in pursuit as far as Mahishpur near Bushna and Jessore. The evil Afghans had taken refuge in a well-fortified place, and since there were marshes on all sides

۲۰۷ بیست و دوم شجاع پور معصوم خان کابلی و سعید پسر لاچین و دیگر مردم بزینهار آمده دیدند و فیلان و گزین کالا گذرانیدند. از آن پس که معصوم خان‌را سپهر گردش بسر آمد قلماقی زرخرید مظفر خان بنیروی شمشیر نام برآورد و باز بهادر لقب نهاده همه تورانی ناسپاس‌را با خود یاور گردانید. درینولا از اخترروشنی اینان‌را با پسر خود پیشتر فرستاد و خود پیمان استوار ساخته آمد. راجه بهر یک درخور نیکوئیها نمود و شورش آن دیار کمی پذیرفت.

بیست و سیوم دوازده گزیده بتگچی باشراف خاصگی اسپان نامزد گشت و بهر یکی پاسبانی هزار بارگی بازگردید.

بیست و ششم جرجودهن نبیرهٔ راجه رامچندرا بپایهٔ راجگی برآوردند و دژبانی باندهو بدو داده برنواختند و بهارتهی‌چندرا باتالیقی آن خردسال برگماشتند.

۲۰۸ درینولا نگارندهٔ گوهرین نامه بچارهٔ پور شاه‌علی روانه شد. گذارش یافت این کاررا بزرگتر وانموده ازناسک بازداشتند. پایان اسفندارمذ پیشین سال نزد برن‌گانو بخانخانان پیوست. ناگاه آگهی رسید. ونکو بومی از مالش عادل خان بیجاپوری نزد احمدنگر آمد. اگرچه داستان فرمانپذیری برخواند لیکن از دست‌بازی او ایمن نیست. بزرگ بومییست از الکای احمدنگر، پنجهزار سوار و دوازده هزار پیاده بدو گراید. در آن سال نزد جالناپور دلآسای او ناگزیرتر دانسته خود بدانسو جدائی گزید و مرا بچاره‌گری پور شاه‌علی پدرود کرد.

بیست و هفتم بر ساحل گنگ رسیده شد. میرزا رستم، میر مرتضی، بهادر الملک، میرزا لشکری با بسیاری نوکران میرزا یوسف خان شجاعت خان و دیگر بندگان که پیشتر بهمین کار نامزد بودند پیوستند.

that prevented easy access, the raja stationed guards around and turned his attention to the conquest of territory and improvement of the land.

On the twenty-second [April 10], Ma'sum Khan Kabuli's son 207
Shuja' and Lachin's son Sa'id came under amnesty with some others and paid homage, presenting elephants and fine goods. After Ma'sum Khan's days passed, a Qalmaqi slave of his named Muzaffar Khan attained renown for himself through his sword, called himself Baz Bahadur, and won over to himself all the Turanian ingrates. At this point he sent them forward with his son, and he himself reconfirmed his promise and came. The raja showed them all appropriate favor, and the turmoil there died down.

On the twenty-third [April 11], twelve chosen secretaries were assigned to oversee the royal stables. Each was put in charge of a thousand steeds.

On the twenty-sixth [April 14], Raja Ram Chand's grandson, Jurjodhan, was elevated to the rank of raja and made warden of the fortress at Bandho. Bharti Chand was made the child's *ataliq*.

At this time this writer set out to deal with Shah Ali's son. 208
It has already been reported how this task was represented as so important that I had to turn back from Nasik. At the end of Isfandarmudh of last year I joined the Khankhanan at Varangaon. Suddenly news arrived that Wanku had been attacked by the Adil Khan of Bijapur and had come to the vicinity of Ahmadnagar. Although he was proposing to pledge allegiance, there was no assurance that he was not playing a game. He is a great landlord in Ahmadnagar territory and commands five thousand horsemen and twelve thousand foot soldiers. It was thought more imperative to win him over, so [the Khankhanan] set out in that direction, leaving me near Jalnapur to deal with Shah Ali's son by myself.

۲۰۹ بیست و نهم قلعهٔ گالنه گشایش یافت. از گزین قلاع الکای احمدنگر است. سعادت خان داشت. از دیر باز آرزوی بندگی در سر، چون خواجگی فتح الله بدان دژ نزدیک شد او بشایستگی آمده دید و آن آسمانی حصار بسپرد.

سیوم اردی‌بهشت دو لک مهر بشاهزاده سلطان دانیال بخشش یافت و نیروی ملک‌گشائی برافزودند.

چهارم علی‌مردان بهادر دستگیر شد. سرداری سپاه تلنگانه داشت. نزد پاتهری بیاوری شیر خواجه آمده بود. چون شکست بهادر خان گیلانی برشنود بدانسو بازگردید و از خیره‌سری بی‌گزین آمادگی رو بپیکار نهاد. بیشتری بی‌آویزه راه گریز سپرد. او پای همّت افشرده داد مردانگی داد و گرفتار آمد.

درین روز آگهی رسید که دتمن‌داس‌را روزگار بسر آمد. او پور رامداس است. بی‌دستوری از والا درگاه ببنگاه رفت و بدل‌آزاری زیردستان برنشست. بخواهش پدر فرمان شد نوکران شاه‌قلی خان اورا بدرگاه آوردند. آن شوریده‌سر بآویزه برخاست و جان سپرد. و از فرزندی پیوند آن گزین پرستاررا غم درگرفت. شهریار مهرباندل بپیشخانهٔ او رفته پرسش فرمود و درونی ناسوررا مرهم برنهاد.

On the twenty-seventh [April 15], we arrived at the banks of the Godavari. I was joined by Mirza Rustam, Mir Murtaza, Bahadurulmulk, Mirza Lashkari, and many of Mirza Yusuf Khan's and Shaja'at Khan's soldiers who had previously been assigned to this task.

On the twenty-ninth [April 17], the fortress at Galna was 209 conquered. It is one of the finest installations in Ahmadnagar territory, and it was held by Sa'adat Khan. Since he had long wanted to serve the emperor, when Khwajagi Fathullah passed near the fortress, he went out to pay homage and turned over the fortress.

On the third of Urdibihisht [April 22], two lacs of *muhrs* were given to Prince Sultan Danyal, and the power of expansion was reinforced.

On the fourth [April 23], Alimardan Bahadur was captured. He was the commander-in-chief of the forces of Telingana. He had come to the Pathri vicinity to reinforce Sher Khwaja. When he heard of Bahadur Khan Gilani's defeat, he turned back and foolishly headed into battle without adequate preparation. Most of his men fled without ever fighting. He held his ground and struggled valiantly before being captured.

On the same day news arrived that Datman Das had died. He was Ram Das's son. He had departed from court without leave to go to his homeland, where he harassed his underlings. At his father's request an order was issued for Shahquli Khan's liege men to bring him to court. He foolishly rose up in battle and lost his life, giving grief to his father. The emperor kindly summoned Ram Das to his forecourt and offered his condolences, which served as a balm to his inner wounds.

۲۱۰ و از سوانح فرستادن عبد الرحمن بتلنگانه. نگارندهٔ گوهرین نامه‌را سگالش آن بود که پور شاه‌علی‌را مالشی بسزا دهد. چون علی‌مردان بهادررا آن پیش آمد و تلنگانه از دست رفت و شورش بلندی‌گرا شد، خواست میرزا رستم‌را با برخی فیروزی سپاه بدانسو روانه سازد. او برهنمونی کجمنشان سر باز زد. ناگزیر پور خودرا بدین خدمت فرستاد. هزار و دویست سوار خود همراه ساخت و بهادر الملک، رستم عرب، شمشیر عرب و برخی بندگان شاهنشاهی‌را درین لشکر برنوشت و بشیر خواجه و چندی که در پاتهری بودند نیز دلآویز نامه‌ها فرستاده بآویزش سرگرم ساخت.

درین روز شیخ دولت سعادت بار یافت. او در فیروزی سپاه دکن نیکوپرستاری داشت. از ناپروائی کارسازان این ملک ستوه آمد و آرزوی والا درگاه نمود. پذیرفته برخواندند.

بازگشت همایون رایات بدار الخلافهٔ آگره

۲۱۱ پیشتر از گشایش احمدنگر اولیای دولت برخی از بنگاه‌دوستی و گروهی از گران‌ارجی و چندی از دکان‌آرائی سخت برکوشیدی که شهریار دادگر اسیر ناگشوده بازگردد. گیتی‌خداوند هر یکی‌را بپاسخی زبانبند میگردانید. درین هنگام که آن دژ برگرفتند در آن سگالش داستانسرائی افزودند. همگی بسیچ شاهنشاهی آنکه اُلکای احمدنگر از خس و خاشاک ناسپاسی رُفته آید و سپس بر بیجاپور و گلکنده و بیدر چیره‌دستی رود تا مرزبانان آن جایها پیمان فرمانپذیری استوار بربندند. درینولا نیایشنامه‌های

Abdul-Rahman is sent to Telingana   210

It was this writer's intention that Shah Ali's son should be prop-
erly chastised. When what happened to Alimardan Bahadur
happened, Telingana was lost, and tumult ensued. I wanted to
send Mirza Rustam there with some imperial soldiers, but he was
dissuaded from going by some contrary types. I was left with no
alternative but to send my own son to carry out the task, so I gave
him twelve hundred cavalry, assigned Bahadurulmulk, Rustam
Arab, Shamsher Arab, and some other imperial servants to the
campaign, and sent letters to Sher Khwaja and some others who
were in Pathri to persuade them to join the struggle.

On this day Shaikh Daulat was received at court. He had
performed well in the Deccan, but he had wearied of the care-
lessness of those in charge and put in a request for court, which
was granted, and he was summoned.

THE IMPERIAL BANNERS RETURN
TO THE SEAT OF THE CALIPHATE AGRA

Prior to the conquest of Ahmadnagar, members of court had   211
endeavored greatly to persuade the emperor to turn back before
Asir was taken. Some did this out of homesickness, others argued
on the basis of scarcity, and some were out to make a profit. The
emperor rejected their every plea and silenced them. Now that
the fortress had been taken they redoubled their efforts, although
it was on the emperor's mind that the land should be cleared
of the chaff of ingratitude and then a push should be made to
Bijapur, Golconda, and Bidar so that the rulers of those places
would reconfirm their pledges of subservience. At this point

اینان بدرگاه والا رسید و کوشندگان کوچ‌را گزین دستآویزی پدید آمد. در قدسی خاطر نبود که پیشتر از آمدن ایلچیان بازگشت فرمایند، لیکن از سخت‌کوشیِ که و مه یازدهم کوچ فرمودند و با روزبازار آگهی حال پیدائی نگرفت.

شب دوازدهم بسیاری ناپرسیده از راقم شگرفنامه جدائی گزیدند. از دیر باز بآوازهٔ شاهنشاهی کوچ مردم رو بهندوستان داشتند. چون خبر رفتن گرمی پذیرفت شگرف روارو پدید آمد. ناسپاسان دکن بشورش برخاستند و آویزهٔ هرروزه فراپیش آمد. جعفر پور میرزا یوسف خان درین بیراهه‌روی بدست دکنیان افتاد و نخوت‌مایهٔ اینان شد. و برخواندن شاهزاده پردگیان‌را از احمدنگر آشوب برافزود و میرزا رستم با سپاه میرزا یوسف خان بیراهه رفت. و شهریار ازین آگهی چندی از کورنش بازداشت. از آنجا که دل بایزدی نیایش درآویخته بود شماری ازین برنگرفت و همواره فیروزی روی داد.

۲۱۲ چهاردهم رای درگا و رای بهوج بدین لشکر پیوستند. رای رایسنگه و این دورا با بسیاری بهمرهی راقم شگرفنامه نوشته بودند. لختی‌را بخواهشگری درنگ افتاد و نخستین شورش بنگاه شنیده دستوری یورت گرفت. هرچند کارپژوهی نداشتند پیوستن اینان نیرو برداد.

پانزدهم میرزا شاهرخ بسجود قدسی آستان پیشانی برافروخت. شاهزاده اورا بپاسبانی احمدنگر گذاشته بود. چون خانخانان بدانجا رفت بفرمان والا رو بدرگاه نهاد و کام دل برگرفت. درین روز خواجگی محمد حسین بپایهٔ هزاری سربلندی یافت. کهین برادر قاسم خان است، در راستی و درستی کم‌همتا و ببکاول‌بیگی سعادت‌افروز.

letters of entreaty from them reached the court, and those who were trying to get the emperor to leave had more ammunition for their arguments. The emperor was not thinking of leaving before the arrival of emissaries, but finally, due to the endeavors of great and small alike, he decamped on the eleventh [April 30]. Despite the emperor's great awareness, the future was unclear.

On the eve of the twelfth [May 1], many left me without permission. For some time, with rumors of the imperial decamping, my men had been thinking about Hindustan, and once the news of the emperor's departure was confirmed there was an amazing stampede. The ingrates of the Deccan rose up in rebellion, and there were skirmishes every day. During the rush Mirza Yusuf Khan's son Ja'far fell captive to the Deccanis, and this only served to increase their pride. When the prince summoned the ladies from Ahmadnagar, the turmoil increased, and Mirza Rustam went astray with Mirza Yusuf Khan's troop. When the prince learned of this he banned him from paying homage for a while. Since my heart was firmly in allegiance, I paid no attention to any of this, and victory constantly showed its face.

On the fourteenth [May 3], Rai Durga and Rai Bhoj joined my 212
contingent. Rai Raisingh had been assigned to me with those two and many others, but he delayed a bit to make his wishes known, and as soon as he heard of unrest in his homeland he obtained permission to go there. Although they did not have much initiative, the addition of these lords increased our strength.

On the fifteenth [May 4], Mirza Shahrukh prostrated himself before the emperor. The prince had stationed him to protect Ahmadnagar, but when the Khankhanan went there, the mirza was ordered to court. Also on this day Khwajagi Muhammad Husain was promoted to the rank of 1,000. He is the younger

بیستم خرّم پور میرزا کوکه دستوری جونه گده یافت. چون آن ملک‌را باقطاع کوکلتاش دادند آنجا رخصت گرفت.

بیست و پنجم حسین بیگ شیخ‌عمری‌را که در بنگش نیکوپرستاری دارد بمنصب دوهزار و پانصدی برنواختند.

بیست و ششم بیست فیل و بهمین شماره هتنال و ده اسپ و لختی خواسته برای این فدوی از بارگاه خلافت آمد و سرمایهٔ فیروزیها شد.

۲۱۳ بیست و هشتم شاهزاده سلطان دانیال‌را از نزدیکی نربده دستوری برهانپور دادند. سگالش آن بود که آن نونهال دولت‌را بشکار فیل همراه برند. چون لختی پراکندگی جنوبی سپاه بهمایون عرض رسید بازگردانیدند. میرزا شاهرخ، میرزا رستم، میرزا یوسف خان، یوسف برخوردار، شهاب الدین قندهاری، مسعود خان حبشی و سه هزار ایماق بدخشی که نو از توران آمده بودند و بسیاری بندگان‌را همراه کردند و لختی روارو کمی پذیرفت.

درین روز قلعهٔ ترنبک[۷۵] بدست اولیای دولت درآمد. از گزین قلاع صوبهٔ احمدنگر است. سرچشمهٔ آب گنگ از درون او برجوشد و بزرگ پرستشکده برشمرند. سعادت خان داشت. چون از نیک‌اختری آمده دید و گالنه بسپرد فرستادگان‌را بدانسو برد و آن دژرا با پانزده نامور فیل که فراز آن داشت پیشکش شاهنشاهی برداد و جاوید سعادت اندوخت. سران سپاه از دلگرفتگی سامان دژبانی نکرده بازگردیدند. راجو با فراوان کس از پی رسید. جنگ‌کنان ره نوردیدی. هر بار که آویزش رفت فیروزی روی داد. راجه بهرجی و هاشم بیگ و فولاد خان و ملک شیر و سادات بارهه و عظمت خان نمایان کارها کردند و هرکدام باقطاع خویش رفت و آن شوریده‌سر بازگردیده بر آن قلعه چیره‌دست آمد.

brother of Qasim Khan, and in correctness and honesty he has few equals. He was assigned to the office of head taster.

On the twentieth [May 9], Mirza Koka's son Khurram was sent to Junagadh. When that territory was enfeoffed to the Kükältash, he was given permission to depart for there.

On the twenty-fifth [May 14], Husain Beg Shaikh-Umari, who had served well in Bangash, was promoted to the rank of 2,500.

On the twenty-sixth [May 25], I received from court twenty elephants, a like number of elephant-mounted cannon, and ten horses, along with a bit of cash, to help to achieve victory.

On the twenty-eighth [May 27], near the Narbada, Prince 213 Sultan Danyal received orders to proceed to Burhanpur. The emperor's plan was to take the prince along with him on a hunt, but when it was reported to the emperor that there was a bit of unrest among the southern forces, he had the prince turn back. Mirza Shahrukh, Mirza Rustam, Mirza Yusuf Khan, Yusuf Barkhordar, Shihabuddin Qandahari, Mas'ud Khan Habashi, three thousand Badakhshani tribesmen who had recently come from Turan, and many court servants were attached to him, and the stampede [of desertion] subsided somewhat.

On the same day the fortress at Trimbak fell to the friends of fortune. It is one of the finest forts in Ahmadnagar. The source of the Godavari River flows from inside it, and it is considered a major shrine. It was held by Sa'adat Khan. When, to his good fortune, he came to pay homage and turned over Galna, he took emissaries there and presented to the emperor the fortress along with fifteen renowned elephants he kept there. The commanders of the army were too put out to pay much attention to holding the fortress and pulled out. Raju and many men came in their wake and followed them, battling at their heels. Every time there was

۲۱۴ و از سوانح فیروزی یافتن شیخ عبد الرحمن. چون اورا بفرو نشاندن شورش تلنگانه فرستاد در کمتر زمانی شیر خواجه پیوسته بزم یکجهتی برآراست و کارآگهی‌را با مردانگی همدوش گردانیدند. پور شاه‌علی، فرهاد خان و دیگر حبشی و دکنی‌را روانه ساخت و هنگامهٔ ناسپاسان گرمی پذیرفت. فیروزی سپاه دل بایزدی تأیید بسته بشایستگی رده‌آرا شد:

قول:

شیخ عبد الرحمن	بجلی خان
میر هزار	یوسف ججهار
میر محمد امین مودودی	سیّد علی
میر عبد الملک	برخی منصبدار

هراول:

شیر خواجه	یعقوب بیگ
باز بهادر	خواجه باقی خان میر حاج
ظهیر الدین	حسن‌علی اندجانی
سیّد لاد	چندی کارآگاه
میرزا کوچک‌علی	
رحیم‌داد	
بابا یوسف‌علی	

a battle, they won. Raja Baharji, Hashim Beg, Fulad Khan, Malik Sher, the sayyids of Barha, and Azamat Khan made outstanding shows, but when they went to their estates the rebel returned and took control of the fortress.

Shaikh Abdul-Rahman wins a victory 214

When he was sent to crush the rebellion in Telingana, he was soon joined by Sher Khwaja, and together they performed with competence and bravery. Shah Ali's son sent Farhad Khan and other Abyssinians and Deccanis, and the ingrates were having a field day. The imperial soldiers put their trust in the deity and arrayed their ranks as follows:

Center

Shaikh Abdul-Rahman
Mir Hazar
Mir Muhammad Amin
Maududi
Mir Abdul-Malik
Bijli Khan
Yusuf Jujhar
Sayyid Ali
other officers

Vanguard

Sher Khwaja
Baz Bahadur
Zahiruddin
Sayyid Lad
Mirza Kuchik Ali
Rahimdad
Baba Yusuf Ali
Ya'qub Beg
Khwaja Baqi Khan Mir Hajj
Hasan Ali Andujani
others

برانغار:

حمید خان	غازی خان گکهر
حیدردوست	شیخ قطب
محمد حسین	آدم خان

جوانغار:

بهادر الملک	سعید خان عرب
بهادر خان گیلانی	میرزا عرب
محمد خان ترکمان	زال بیگ
سیّد کرم‌علی	بداغ بیگ
رستم خان عرب	دیگر رادمرد

نزد ناندیر از دریای گنگ گذشته ره سپردند. نزدیک رودبارِ مانجرا آن گروه نافرجام با فراوان سپاه دررسید. در قلب عنبر جیو با بسیاری بیباک؛ دست راست، فرهاد خان زنگی با جوقی؛ دست چپ، منصور خان حبشی با گروهی.

۲۱۵ روز یکشنبه ششم خرداد گذشت. نیمهٔ روز با یکدیگر درآویختند و شگرف آویزش چهرهٔ رادمردی برافروخت. باقبال روزافزون فیروزمندی روی داد و که و مه‌را شگفت درگرفت. پیشتر از آمادگی غنیم فیروزی سپاه فوجها برآراست و پس از فراوان درنگ آن گروه باطل‌ستیز بدان شورشی که آئین این دیار است دررسید. بسیاری‌را پای همّت از جای رفت و لختی پرتال یغمائی شد. دل‌آویختگان ایزدی تأیید پای بیفشردند.

Right Wing

Hamid Khan	Ghazi Khan Gakkhar
Haidar Dost	Shaikh Qutb
Muhammad Husain	Adam Khan

Left Wing

Bahadurulmulk	Mirza Arab
Bahadur Khan Gilani	Zal Beg
Muh'd Khan Türkmän	Budagh Beg
Sayyid Karam Ali	other warriors
Rustam Khan Arab	
Sa'id Khan Arab	

Crossing the Godavari near Nander, they proceeded. Near the Manjra River the ill-starred band appeared with many soldiers. In their center were Ambar-ji and many intrepid fighters; in the right wing was Farhad Khan Zangi with his troop; and in the left wing was Mansur Khan Habashi with a platoon.

On Sunday, the sixth of Khurdad [May 26], they crossed the 215
river. At midday they clashed, and manliness was tested in the heat of battle. By virtue of imperial fortune a great victory was achieved to the astonishment of all. The imperial troops had their ranks arrayed before the foe got ready, and after much delay the vicious troops attacked in what passes there for a formation. Many lost their courage, and some of the baggage was plundered, but those who put their trust in the deity stood their ground. Several times there were some amazing attacks and pull-backs on the part of both sides, and a bit of confusion crept into the ranks. At this point the center attacked beautifully: the foe could

چند بار از هر سو برداشتن و پس شدن شگرفی آورد و لختی در تزک پراکندگی راه یافت. درین هنگام قول بگزیدگی دررسید. غنیم شکیب از دست داده راه گریز سپرد. چهارصد کس از مخالفان در میدان افتاد و بسیاری زخمی بدر رفت. فیل و فراوان غنیمت بدست درآمد و از بخت‌یاوری روشناسی‌را جانی گزند نرسید. رستم خان و زال بیگ و بداغ بیگ و میر عبد الملک و میر حاج و سیّد علی‌را لختی زخم رسید و بهی اندوختند، لیکن اسپ بسیار بکشش رفت. چون روز اندک مانده بود لختی از پی رفته عنان بازگرفتند و بسپاسگذاری انجمن آراسته شد. اگرچه بیشتری شاهی بندگان آویزش نموده نیکوپرستاری بجای آوردند، لیکن شیر خواجه و بهادر الملک و حمید خان سخت‌تر کوشیدند. با آنکه غنیم از پنج‌هزار افزون بود و فیروزی سپاه سه هزار، بیاوری الهی عنایت چنین دشوار کار آسان برآمد.

۲۱۶ نهم که رایات همایون نزد نعلچه بود کیچک خواجه درگذشت. او از گزین پرستاران شاهزاده سلطان دانیال بود و بآزرم‌مندی روزگار میگذرانید.

دهم رای‌چند نصرت یافت. چون سپاه پاتهری بتلنگانه رفت برخی بدگوهران نظام الملکی بیازش تاخت بدانسو آمدند. صد سوار خودرا گذرانده سپاه‌را بسرکردگی آن گزین ملازم خویش فرستاد. بشایستگی درآویخت و فیروزمند آمد.

درینولا میرزا خان از جنیر برآمد. از گران‌ارجی فتوری در فیروزی سپاه رفت. هندیا بومی با سرور حبشی و محمد خان زنگی و دیگر کجگرایان هنگامه برساخت. از کم‌یاوری و گران‌ارجی و تهیدستی آویزش‌کنان راه احمدنگر سپرد. یازدهم خرداد بدان شهر رسیده دم آسایش گرفت.

not withstand the onslaught and took flight. Four hundred of the enemy fell in the field, and many escaped wounded. Elephants and much booty were taken, and fortunately not a single person of name received mortal injury. Rustam Khan, Zal Beg, Budagh Beg, Mir Abdul-Malik, Mir Hajj, and Sayyid Ali were slightly wounded, but they recovered. Many horses, however, were killed. Late in the afternoon some pursuit was made before turning back, and a gathering of thanksgiving was held. Although most of the imperial servants had fought hard and valiantly, Sher Khwaja, Bahadurulmulk, and Hamid Khan had striven more than anyone else. Although the foe numbered more than five thousand and the imperial troops were only three thousand, thanks to divine assistance such a difficult task was easily accomplished.

On the ninth [May 29], while the imperial banners were near 216 Nalchha, Kichik Khwaja passed away. He was a devoted servant of Prince Sultan Danyal's and had lived his life with honor.

On the tenth [May 30], Rai Chand achieved victory. When the Paithan forces went to Telingana, some Nizamulmulkid malcontents went there to launch an attack. Detaching a hundred of his horsemen, the prince sent the troop under the command of that fine member of his retinue. He fought well and won.

At this point Mirza Khan left Junnar. On account of scarcity of goods there was lassitude among the imperial soldiers, and the native Handiya, together with Sarwar Habashi, Muhammad Khan Zangi, and other waywards, created turmoil. With little reinforcement, inflation in prices, and poverty, [Mirza Khan] fought his way to Ahmadnagar. He arrived on the eleventh [May 31] and breathed a sigh of relief.

۲۱۷ درینولا بدخشان بفروغ شاهنشاهی خطبه روشنی گرفت. ناروشناسی خودرا همایون پور میرزا سلیمان وانموده آن کهساررا داشت. میرزا بدیع الزمان خواهرزادهٔ گیتی‌خداوند پور خواجه حسن با برخی از حصار رسید. سیزدهم درآویخته چیره‌دست آمد و آن بدگوهر در آویزه فرو شد. میرزا از سعادت‌سرشتی فیروزی‌را دستآویز نیکوپرستاری گردانید و منبر و زر و سیم‌را بگرامی نام افسرخدیو برآراست و عرضه‌داشت عذر پیشین کمخدمتی برگذارد. شهریار مهرباندل آمده‌را برنواخت و خواسته و دست‌افزار نبرد بیاوری فرستاد.

و از سوانح لابه‌گری نمودن پور شاه‌علی. در آن هنگام که رایات همایون در برهانپور بود کارآگهان بوالا درگاه فرستاده بندگی برگذارد. آنان که خواهش شاهی کوچ داشتند گذارده‌را بگران‌ارز فروخته فرمان مقدّس در دلآسا برگرفتند و با هربنس روانه ساختند. چون آوازهٔ کوچ گرمی پذیرفت فرستاده نزدیک بیر بسراسیمگی برنشست، نه بآئین دلخواه میبرد و نه پاسخ میگذارد. چون نگارندهٔ سپاسنامه بر ساحل گنگ رسید و بسیچ پیش رفتن در سر گرفت بپوزشگذاری نشست و فرستاده‌را نزد خود برخواند. و بسا نادرست گفتار در میان آورد. ناگاه شورش تلنگانه و گرفتار شدن علی‌مردان بهادر و پور میرزا یوسف خان و آوازهٔ کوچ فرمانفرما و گذاشته رفتن فراوان مردم از فیروزی سپاه در میان آمد. آن بدگوهر کمبین باز بسرتابی رفت و برخی اوباش‌را نزد اردو فرستاده شورش انداخت. از آنجا که چشم همّت بر کارساز حقیقی گشوده بود هر بار فیروزی نشاط می‌اندوخت. ناگاه آوازهٔ شکست بدگوهران تلنگانه جهان‌را فرو گرفت و باد از سر آن نخوت‌فروش بدر رفت. زاری و پوزشگری پیش گرفت و پیهم لابه‌گذاری نمود و گزین پاسخها شکیب‌ربای او

At this point Badakhshan was illuminated by having the *khutba* read in the emperor's name. An unknown calling himself Mirza Sulaiman's son Humayun held that mountainous region.[55] Mirza Badi'uzzaman, son of the emperor's sister and Khwaja Hasan, arrived with some men from Hissar. On the sixteenth [June 5], he engaged in battle and won, and the pretender went down in the battle. To his good fortune the mirza used his victory as a means to do good service and had the *khutba* read from the pulpits and coinage struck in the emperor's name. He also sent a petition apologizing for his lack of service in the past. The emperor treated the emissary kindly and sent the requested money and weapons. 217

Shah Ali's Son Makes an Entreaty

While the imperial banners were in Burhanpur, agents sent word to court that Shah Ali's son was making overtures of fealty. Those who were trying to get the emperor to leave sold this report for a high price and got in return a favorable imperial decree they sent off with Haribans. When rumors of decamping were rife, the emissary stopped near Beed in confusion, for he was able neither to proceed as he desired nor to take a reply. When this writer reached the banks of the Godavari, planning to go forward, I stopped to investigate the situation and summoned the emissary. He told me a lot of untrue things. Suddenly turmoil broke out in Telingana, Alimardan Bahadur and Mirza Yusuf Khan's son were captured, the emperor's departure was being rumored, and many men defected from the imperial army. The vicious, short-sighted [Shah Ali's son] rebelled again and sent a bunch of ruffians to create a ruckus in our camp. Inasmuch as my sight was firmly focused on the true effecter, we won the day every time. Suddenly news of the defeat of the Telingana rebels was heard

شد. شرمساری داستان برگذارد و بفراوان بزرگداشت فرستاده‌را با پور میرزا یوسف خان روانه ساخت. بیستم باردو پیوستند و ابوالحسن و تیما پورش و وفا خان و اعتمادیان او پور میرزا یوسف‌را سپردند و قرار یافت چون علی‌مردان بهادررا بیاورند و پیماننامهٔ بندگی بسخت سوگندها بسپارند سرکار اوسه و دهارور و برخی بیر بدو واگذاشته آید. روزافزون پرستاری فراپیش گیرد و از خدمتگذاری سر باز نزنند.

۲۱۸ سیم رای درگا و رای بهوج ناپرسیده راه بنگاه سپردند. از ناپروائی کارسازان ملک و واهشتن سررشتهٔ امید و بیم چنین بیراهه رفتند.

یازدهم تیر، حسن بیگ آنجهانی شد. هرسول[۷۶] دولت‌آبادرا پاسبان بود و بشایستگی بسر میبرد. شکم‌رنجوری بسختی کشید و رخت هستی بربست. ترک‌نژاد است از گروه بهارلو. از تواریخ بهره‌مند بود و لختی قافیه برسختی.

شانزدهم شاهنشاهی رایات از دریای چنبل برگذشت و چون رود در طوفانی جوش بود و کشتی بس کم، اردو فراوان رنج کشید. از آنکه رو ببنگاه داشتند چندان دشوار نیامد.

بیست و دوم جگناته بفرمان والا از برهانپور آمد و دولت بار یافت.

سی و یکم سرانداز خان‌را کوتوال احمدآباد ساخته دستوری دادند.

سیوم امرداد گیتی‌خداوند فراز رنتهنبور[۷۷] برآمد و جگناته بنثار و پیشکش سعادت اندوخت. درین روز شاهقلی خان محرم و مهتر خان بآئین پذیره از دار الخلافه آگره آمدند و سعادت بار اندوختند.

everywhere, and the wind went out of his sails. He took to plead-
ing and sent entreaties, but my replies made him impatient. He
acknowledged his shame and sent his emissary back with Mirza
Yusuf Khan's son and with a great show of respect. On the twenti-
eth [June 9], they arrived in the imperial camp, and Abu'l-Hasan,
his son Tima, and Wafa Khan and his minions turned over Mirza
Yusuf's son. It was decided that when they brought Alimardan
Bahadur and concluded a covenant of fealty with binding oaths,
he would be given the province of Ausa, Dharur, and part of Beed,
provided he serve well and never refuse any task.

On the thirtieth [June 19], Rai Durga and Rai Bhoj left for   218
their homes without permission. They went astray on account
of the carelessness of administrators and the abandonment of
the thread of hope and fear.

On the eleventh of Tir [July 1], Hasan Beg passed away. He
was in charge of protecting Harsul in Daulatabad, and he
performed worthily. After suffering severe stomach pains, he
departed for the other world. He was of Turkish descent and a
member of the Baharlu clan. He knew history and composed
some poetry.

On the sixteenth [July 6], the imperial banners crossed the
Chambal River. Since the river was in flood and there were few
boats, the camp suffered much trouble, but since they were
headed home, they did not mind the difficulty.

On the twenty-second [July 12], Jagannath came by imperial
command from Burhanpur and was received at court.

On the thirty-first [July 21], Sarandaz Khan was made *kotwal*
of Ahmadabad and given leave to depart for there.

On the third of Amurdad [July 24], the emperor went up to
Ranthambore, and Jagannath was honored to present his gifts

چهارم افسرخدیو از رودبار بناس[۷۸] برگذشت.

پنجم جگناته دستوری دژ یافت.

ششم لطفای شیرازی رخت هستی بربست. باخترشماری و باستانی سرگذشت و قافیه‌پیمائی آشنا بود و بطرفه‌گذاری در همایون محفل گذاره داشت.

نهم تقیا دولت بار یافت. او بخشی سپاه کابل بود. بقدسی فرمان آمده سعادت اندوخت.

۲۱۹ و از سوانح فرو نشستن شورش راجو. چون دولت خان‌را نابهنگام گردانیدند او دست چیرگی برگشاد و ناسک و برخی جا برگرفت و چون خواجگی فتح الله بدان سو رفت و ناساخته کار برگردید و از فیروزی سپاه بسیاری ناسپاس بدو پیوست، خیره‌سری کالیوه‌تر ساخت. درین هنگام که کارسازان ملک خواب ناپروائی داشتند و نگارندهٔ شگرفنامه لختی رنجور، آن بدگوهر از راه دولت‌آباد درآمد و تا جالناپور برگرفت. با آنکه بکاری دیگر نامزد بود و از آن شورش‌مایه لختی دور، از ایزدیاوری با ناتوانی مالش اورا فراپیش گرفت. پازدهم از کنار گنگ که نزد حسن‌آباد بنگاه برساخته بود در گرمی بارش روانه شد و میر مرتضی، وفا خان، میر هزار و برخی رادمردرا در آنجا گذاشت، مبادا پور شاه‌علی پیمان برشکند و از آن سو گرد شورش برخیزد. چون تیزتر بآهوبره رسید آن نافرجام لختی باور نکرد و چون دلنشین گردید بازپس رفت و جالناپور و آنسو که رو بویرانی داشت بآبادی گرائید.

and presents. On the same day Shahquli Khan Mahram and Mihtar Khan arrived from Agra and were received.

On the fourth [July 25], the emperor crossed the Banas River.

On the fifth [July 26], Jagannath was given leave to go to the fortress.

On the sixth [July 27], Lutfa of Shiraz passed away. He was well versed in astronomy, ancient history, and poetry, and he told amusing stories in imperial gatherings.

On the ninth [July 30], Taqi was received. He was the *bakhshi* of the Kabul army. By imperial order he came to pay homage.

Raju's revolt is put down   219

When Daulat Khan was inopportunely turned back, Raju took control and seized Nasik and some other places. Then, after Khwajagi Fathullah went there and returned without having accomplished anything, and when he (Raju) was joined by many ingrates from the imperial army, success went to his head. At this point, with the administrators of the land slumbering in inattention and this writer suffering from an indisposition, the vile Raju entered via Daulatabad and seized territory as far as Jalnapur. Although I had other orders and was far from the turmoil, my incapacity notwithstanding, I relied on divine assistance and focused my attention upon crushing him. On the eleventh [August 1], I set forth in the midst of the rains from the banks of the Godavari, where I had made a base camp near Hasanabad, stationing Mir Murtaza, Wafa Khan, Mir Hazar, and some other warriors there lest Shah Ali's son break his oath and stir up trouble from that direction. I reached Ahubarra more quickly than my miserable foe had thought I would, and when he was convinced that I was actually there, he pulled back so that

پانزدهم شیخ خلیل رهائی یافت. پور شیخ ابراهیم فتحپوری است. با آنکه از خردسالی نابیناست شطرنج و چوپر بشایستگی بازد و بسا کارکرد بینایان ازو سر برزند. آرزوی عملگذاری خالصه برد و نفسانی خواهش بزندان برنشاند. نیکوپرستاری نیاگ او پوزشگذار آمد و والا مهر شاهنشاهی رستگاری بخشید.

۲۲۰ شانزدهم راقم شگرفنامه بدولت‌آباد درآمد. چون آگهی رسید که راجو نافرجام در آن نزدیکی است بنه‌وباررا در آهوبره گذاشته بمالش او روانه شد. آن شوریده‌مغز خودرا بکهسار کشید و نزد حوض قتلو بسراسیمگی برنشست. چون فیروزی سپاه پایان گریوه فرود آمد از دولت‌آباد برگذشته ناسک‌سو رفت. بیست و دوم نگارندهٔ اقبالنامه پخ درنوردیده نزد آن آبگیر منزل گزید. سگالش آن بود که از پی رفته بسزا برمالد. گونه گونه بسیچی همراهان بازداشت.

بیست و سیوم بفتحپور همایون نزول شد و گرامی دیدار مریم‌مکانی نشاط افزود. آن مهین بانو آرزو داشت که پیشتر آمده چشم دل‌را فروغ افزاید، لیکن جهاندار پایه‌دان از آن آهنج بازداشت.

۲۲۱ بیست و چهارم فرزندان ونکو گرفتار شدند. گذارش یافت از مالش سپاه بیجاپور پناه باحمدنگر آورد و از خواهش‌فراخی و بدگوهری راه گریز سپرد. چون بوم خودرا خالی پنداشت بدانجا رفته بسرانجام خمیرمایهٔ شورش شد. همان پیشین مردم بجانگزائی او رو نهادند. بسخت‌کوشی بار خویشتن‌را نزد احمدنگر رسانید و بلابه‌گری و زینهارخواهی برنشست. خانخانان پذیرفته گرمخوئی‌را دستآویز گرفتاری اندیشید. از دوربینی لختی عنان کشیده باباجی بزرگ پور خودرا با برادرش دهار راو پیشتر فرستاد تا از سواد پیشانی سگالش برخوانند و عیار گفتار برگیرند. در آن

Jalnapur and that area, which were in danger of being devastated, began to recover.

On the fifteenth [August 5], Shaikh Khalil was released. He is the son of Shaikh Ibrahim Fathpuri. Although he has been blind from childhood, he plays chess and parcheesi well and can do many things as well as sighted persons. He had desired to be a tax gatherer on the royal demesnes, but his carnal desires had resulted in his being imprisoned. However, his father's good service was taken into consideration, and imperial kindness effected his release.

On the sixteenth [August 6], this writer entered Daulatabad.   220
When it was learned that the ill-starred Raju was in the vicinity, I put my baggage in Ahubarra and went out to crush him. He got himself frantically into the hills and sat in trepidation near Qutlu's reservoir. When the imperial army camped at the end of the valley, I crossed through Daulatabad, headed for Nasik. On the twenty-second [August 12], I crossed the pass and camped near the reservoir, thinking I would follow the miscreant and give him his just deserts. The conflicting opinions of my comrades, however, prevented me from doing this.

On the twenty-third [August 13], the emperor arrived in Fatehpur and rejoiced to see Maryam-Makani again. It was the grand lady's wish to go out to meet him, but the emperor respectfully kept her from making such a move.

On the twenty-fourth [August 14], Wanku's sons were arrested.   221
It had been learned that he had taken refuge from the Bijapur army in Ahmadnagar and then maliciously fled. Thinking his own land unprotected, he went there and started stirring up trouble. The same men as before set out to kill him, and only with great effort did he manage to get his baggage to Ahmad-

417

سال و مه چون بقلعهٔ آن گزین مصر درآمد سپه‌سالار پایبند گردانید و بسیاری‌را بدست درآورد.[۷۹] آن بومی روانه ساخت و خود نیز از پی برآمد. از سست‌بسیچیِ برخی و خامکاریِ گروهی، اگرچه دستگیر نشد، لیکن بیست و نه فیل و فراوان مال برگرفتند و آن تباه‌سرشت پیش پور شاه‌علی رفت. او از تبه‌سگالی بزندان برنشاند.

درین روز هاشم بیگ از دکن آمد و از نیک‌اختری همان روز کورنش یافت. و درین روز میر عبد الوهّاب از دهلی و بیگ محمد خوبانی از تیول خود رسیدند و کام دل اینان برآمد.

درآمدن همایون رایات بدار الخلافه آگره

۲۲۲ از گذشت دیپالپور شش کروهی اُجّین راه سارنگپور گذشته رنتهنبورسو[۸۰] چالش رفت. دویست و بیست و هشت و نیم کروه بچهل و هشت کوچ درنوردیدند و شصت مقام شد. همواره بندگان اخلاصگرا یکی پس از دیگری سعادت پذیره می‌اندوخت و دولت بار می‌یافت. نزد بیانه قلیچ خان و بسیاری پرستار بدین سترگ فرّخی کام دل برگرفتند.

سی و یکم که ساعت فرّخی برگرفت دار الخلافه آگره بقدسی قدوم خجستگی یافت و که و مه‌را بخواهش‌روائی دل برشکفت. درین روز نزد مندهاکر زین خان کوکه دولت بار یافت. او در خدمت تیراه بود. چون سرگروه تاریکیان‌را اقبال‌شگرفی ببادافراه رسانید و زابلی شورش فرو نشست بفرمان والا دار السلطنه لاهور بنگاه ساخت. درین هنگام نزد خود برخواندند. از پیشکش او گزین لعل بود.

nagar, where he started begging for quarter. The Khankhanan accepted his terms, but he suspected that the Khankhanan's willingness was only a pretext to capture him. Farsightedly he pulled in his reins and sent his eldest son, Babaji, and his brother Dhar Rao forward to sound out the Khankhanan's intentions. On the above-mentioned date, when they entered the fortress of that fine city, the commander-in-chief had them bound and captured many. This frightened the barbarian away, and the Khankhanan went out in pursuit. Even if the miscreant was not caught because of the mindlessness of some and the incompetence of others, twenty-nine elephants and much of his property were taken. The wretch himself went to Shah Ali's son, who maliciously threw him into prison.

On this day Hashim Beg arrived from the Deccan and was lucky enough to pay homage the very same day. Also on this day Mir Abdul-Wahhab came from Delhi and Beg Muhammad Khubani came from his estate, and both received their hearts' desire.

THE IMPERIAL BANNERS ARRIVE IN THE SEAT OF THE CALIPHATE, AGRA

After passing through Depalpur and taking the Sarangpur road 222
six leagues from Ujjain, the emperor proceeded toward Ranthambore. Two hundred twenty-eight and a half leagues had been traversed in forty-eight marches and sixty stops. Loyal servants paid homage one after the other and were received. Near Bayana, Qilich Khan and many others were delighted to pay homage.

On the thirty-first [August 21], at an auspicious hour the emperor entered the seat of the caliphate, Agra, and everyone's

۲۲۳ دوم شهریور پاینده خان نقد هستی سپرد. پور قتلق‌قدم خان است، از مردانگی و آگهی بهره‌ور. چون راقم شگرفنامه‌را نزد حوض قتلو لختی درنگ رفت دژنشینان دولت‌آبادرا بیمناکی درگرفت. توپ‌اندازی‌را دستمایهٔ رستگاری اندیشیدند. در آن سال و مه توپی بزرگ برگشادند. دو کس‌را هماندم جان بشکرد و بدین سره‌مرد چنان برگذشت که شکم بردرید و روده بیرون افتاد. از پردلی سررشتهٔ شکیبائی از دست نهشت و نیم‌شبان سپنجی جان بسپرد. بامدادان راجو لختی مالش یافت. آن بدگوهر بر آن بود که ناسک‌سو شتابد. برخی دورویان نافرجام اورا بازگردانیدند و از راه دیگر بدولت‌آباد گذشته ستاره و برخی جا یغمائی ساخت. نگارندهٔ گوهرین نامه در فروغ صبحگاهی از کوه فرود آمد و بیازش او رو آورد و از گریوه‌نوردی تیزروی نرفت. چون بسیاری بازگردیدن او برگذاشتند نزد چتواره[۸۱] خیمه برزد. پایان روز که مردم در فرود آمدن بودند آن بدسگال فوجها آراسته نمودار شد. دل بایزدی نیایش درآویخته بآویزه برآمد و بی‌آنکه رده‌آرائی شود برخی تیزدستان پیش رفته درآویختند و رای گوپال‌را گوهر رادمردی پیدائی گرفت. با آنکه مخالف از پنجهزار افزون بود و اولیای دولت نزدیک بسه هزار، و آن هم بی‌توزک، فیروزمندی رو داد و سترگ نشاط جهان‌را درگرفت. و چون روز بشب گرائیده بود تکامشی نرفت. هشتم آن فرومایهٔ سبکسر باز بسیچ پیکار در سر گرفت. این نیازمند ایزدی درگاه نیز برآمد. پیشدستان هراول اعتبار خان، عادل خان، رای گوپال درآویختند. او بآئین خویش جنگ در گریز فراپیش گرفت. میرزا زاهد، میرزا ناصر، میر گدائی از برانغار رسیده آویزش نمودند. اسپ آن بدگوهر از پا درآمد و بر زمین افتاد. چندی هواخواه بر بارگی گرفتند و بهزاران افت‌وخیز رهائی یافت. کچکنه و برخی رادمردان

wish was granted. On this day, Zain Khan Koka was received near Mandhakur. He had been on the Tirah campaign. When the leader of the Tarikis met his retribution and the unrest in Zabul died down, he relocated by imperial command in Lahore. Now the emperor had summoned him. One of his gifts was a fine ruby.

On the second of Shahrewar [August 23], Payanda Khan died. 223
He was the son of Qutlugh Qadam Khan. When this writer stopped near Qutlu's reservoir, the defenders of Daulatabad were gripped by fear and thought their salvation lay in using their artillery. On the above-mentioned date they unleashed a large cannon. Two people were killed on the spot, and a cannonball ripped through Payanda Khan, tearing his belly apart so that his guts spilled out. He was so brave that he did not lose his composure before he died during the night. The next morning Raju received a bit of retribution. He was trying to get to Nasik, but some two-faced wretches turned him back, so he took another road to Daulatabad, plundering Satara and some other places along the way. This writer came down from the mountain the next morning and set out to intercept him, hastening over the mountain passes. Since many had reported that he had turned back, I camped near Chatwara (?). Toward the end of the day, while the men were dismounting, the wretch appeared with his troops in full array. Putting my trust in the deity, I went out to fight, and several warriors went forward and clashed with the foe before our troops could be properly arranged. Rai Gopal performed very courageously. Although the enemy numbered more than five thousand, and we were around three thousand—and that without formation—we won a victory that gladdened everyone. Since night was falling, we did not go out in pursuit. On the eighth [August 29], the foolish wretch thought he would do battle again. Again I went out, and

برانغاررا نیز دست بکار رسید. سه کروه آویزش‌کنان نزد دولت‌آباد شدند و دژنشینان بیاوری آن بدکیش پیوستند. نزدیک بود که فیروزی گندآوران‌را پای از جا رود. درین هنگام نگارندهٔ اقبالنامه از پی رسید و هنگامهٔ غنیم بپراکند. چون روز بپایان شده بود برگردیده لختی فرود آمد. باز بدگوهران از هر سو ریختند. با آنکه توزک نمانده بود شگرف آویزش رفت و برخی فرومایه‌را خون بخاک درآمیخت و چندی دستگیر شد و فیروزمندی چهرهٔ دولت برافروخت و بایزدی سپاس برنشست. پس ازین آن سبکسر چندی خویشتن‌را نیارست نمود. در پناه دژ دولت‌آباد بآسیمه‌سری روزگار میگذرانید. پانزدهم با فراوان انبوه رسید و بکمتر آویزش راه پراکندگی سپرد.

۲۲۴ و از سوانح شورش تلنگانه. چون شیخ عبد الرحمن فیروزی یافت حمید خان، باز بهادر، بهادر الملک و چندی رادمردرا به یتاقداری گذاشته بازگردید. از آنجا که کارسازان ملک‌را شاد خواب ناپروائی فرو گرفته بود و نگارندهٔ گوهرین نامه از آن سرزمین لختی دورتر، عنبر جیو با بسیاری بدگوهران ملک برید سر بفتنه‌افزائی برداشت و سپاه آنجا با یاورکمی از غرور مردانگی پای آویزه افشرد. درین سال و مه بر ساحل مانجرا آویزش درگرفت. نزدیک بود که چیره‌دست آیند، لیکن بآسمانی سرنوشت شکست افتاد. بهادر الملک با برخی بسخت تکادو از گنگ برگذشته بپناه‌جا آمد و حمید خان و باز بهادر دستگیر شدند. آباد ملک تلنگانه باز از دست رفت و خیره‌رویان بدگوهر آرمیده جاهارا برشوراندند.

the warriors of the vanguard, I'tibar Khan, Adil Khan, and Rai Gopal, joined battle. As was his custom, Raju did battle by taking flight. Mirza Zahid, Mirza Nasir, and Mir Gada'i came out from the right wing and battled. The wretch's horse stumbled and fell to the ground. Several of his comrades got him mounted again, and he escaped only with great difficulty. Kichkina and some other warriors of the right wing got into the fray. They pressed forward for three leagues until they were near Daulatabad and the defenders came out to join the wretch. The imperials almost lost their ground, but just then this writer came upon them and spoiled the foe's domination of the field. Since daylight was over, we turned back and dismounted. Still the wretches were pouring in from all sides. Although we had broken our formation, we fought hard. Some of the wretches' blood was spilled, several were captured, and a victory was achieved, thanks to the divine. After this, the fool could not show himself for a while and holed up in the Daulatabad fortress in trepidation. On the fifteenth [September 5], he showed up with a great throng, but after only a bit of fighting he and his troops scattered.

Unrest in Telingana 224

When Shaikh Abdul-Rahman scored a victory, he stationed Hamid Khan, Baz Bahadur, Bahadurulmulk, and several others to protect the area and turned back. Since the administrators of the territory were slumbering in inattention and this writer was rather far from the area, Ambar-ji and many vile wretches from Barid reared their heads in insurgence. In response, the army there, despite the lack of assistance, was brave enough to stand their ground in battle. On the above-mentioned date, on the banks of the Manjra River, a battle took place. They almost won,

224

بیست و دوم تلسی‌داس از بنگاه خود آمده دولت بار یافت.

شب ششم مهر، زین خان کوکه درگذشت. کامروای میگساری بود. چون بدرگاه والا برخواندند لختی از آن دست بازکشید و برنجوری افتاد و فروغ چشم و دل کمی پذیرفت. همانا در پرستاری پیوند او سستی رفته بود. روزگار بادافراه آماده گردانید. شهریار آزرم‌دوست واپس‌ماندگان‌را نوازش فرمود و پور اورا بمنصب هفتصدی برنواخت.

و از سوانح ریخته شدن آبروی راجو دیگر بار. چهاردهم باز آن نافرجام ۲۲۵
بیازش پیکار هنگامه آراست و بکمتر آویزه راه گریز سپرد. شانزدهم آن تباه‌سرشت چند جوق شده نزد اردو آمد و تا رده آراستن هر گروهی خودرا بپناه کوهچهٔ کشید و برخی گردیده دولت‌آبادسو تیزروی پیش گرفت و بر زبانها افتاد که آن سبکسر میرود. خود بدانسو روانه شد و بمالش دیگران فوج فوج نامزد گردانید. بسیاری درآویخته برشکستند و چندی نارسیده بازگردیدند. برخی پیشدستان نگارندهٔ شگرفنامه بغنیم آویخته بشهر در شدند و بفیروزی برگشتند و پایان روز باردو بازگشت شد. میانهٔ راه آگهی رسید که آن بدکیش با چندی برهزنی رفته بود. محسن پور غازی خان که باردو میآمد آویزش نموده دستگیر شد. اکنون از دامنهٔ کوه بدولت‌آباد میرود. ناگزیر بدانسو عنان‌ریز شد. میرزا علی بیگ اکبرشاهی، قاسم خواجه، میرزا زاهد، تاش بیگ، رای گوپال پیشدستی نمودند و آویزه‌کنان بدولت‌آباد درآمدند. نزدیک بود که گرفتار گردد. بحیله‌سازی خویشتن بخندق درانداخت و بنه‌وبار او یغمائی شد. نزدیک پانصد اسپ و فراوان کالا غنیمت اندوختند. از اقبال‌نیرنگی در آن توپ‌بارش گزندی بفیروزی سپاه نرسید. چون این نیازمند الهی درگاه نزدیک شد بزرگ کمانی که تیر او ده نی بود برگشودند و هماندم بردرید و از زور آن لختی

but by heavenly destiny they were defeated. Bahadurulmulk and some others raced to cross the Godavari and take shelter, but Hamid Khan and Baz Bahadur were captured. The flourishing land of Telingana was lost once again, and with this the wretches stirred up trouble in places that had been pacified.

On the twenty-second [September 12], Tulsi Das came from his home and paid homage.

On the eve of the sixth of Mihr [September 27], Zain Khan Koka passed away. He was addicted to drink. When he was summoned to court he stopped drinking for a while, but he fell ill and lost the gleam in his eye and his heart. It was as though lassitude had beset his very allegiance, and destiny made him pay the price. The emperor consoled those he left behind and promoted his son to the rank of 700.

Raju is humiliated again

225

On the fourteenth [October 5], once again the wretched Raju arrayed his troops for battle, but after a bit of fighting he took flight. On the sixteenth [October 7], the ill-starred wretch came near the camp with several men, but by the time all our troops were arrayed he had taken refuge on a hill. After circling around for a while he set out fast in the direction of Daulatabad, and it was rumored that he was going. I set out in that direction and assigned contingents to deal with the others. Many engaged in battle and were defeated, and some turned back before reaching their destination. Some of my vanguard clashed with the foe and entered the town, returning in triumph. At the end of the day there was a return to camp. Along the way news arrived that the wretch and some others were engaging in banditry. Ghazi Khan's son Muhsin, who was on his way to camp, fought and was captured.

دیوار قلعه ریخت و دژنشینان بزینهارپژوهی آواز برداشتند. از روزکوتهی دوربینی عنان باز کشیده باردو آمد و آن فرومایه مالش یافته در پناه دژ بتنگروزی برنشست. فراوان کس ازو جدا شدند. از یاورکمی ببیمناکی درافتاد. اگر کارسازان ملک لختی بیاوری دل برنهادی آن خاربن فتنه برکنده آمدی.

۲۲۶ بیست و یکم نگارندهٔ شگرفنامه بسوی خانخانان روانه شد. چون عنبر جیو تلنگانه برگرفت و آهنگ پیش آمدن نمود پور شاه‌علی، فرهاد خان و بسیاری‌را بر سر شیر خواجه فرستاد. خانخانان از احمدنگر برآمد و آب گنگ برگذشته نزد جایگیر برنشست و پیهم نامه‌ها فرستاده مرا بیاوری برخواند. چون از ناپرداختن بکار ملک و درنگ نمودن باحمدنگر و کمک نفرستادن پوزش برگذارده بود پذیرفته بدانسو روانه شد و میرزا علی بیگ اکبرشاهی و سادات بارهه فرزندان حسن خان میانه و برادران و برخی رادمردان‌را بچاره‌گری آن نافرجام برگذاشت و از سپهرنیرنگی گرفتاری راجو که دم بدم بود بدرنگ افتاد.

Now the wretch was going from the foothills to Daulatabad. We galloped in that direction. Mirza Ali Beg Akbarshahi, Qasim Khwaja, Mirza Zahid, Tash Beg, and Rai Gopal got there first and battled their way into Daulatabad. He was almost captured, but by wiliness he managed to fling himself into the trench while his baggage was plundered. Nearly five hundred horses and a large amount of goods were taken in booty. By the strange workings of fate, during the salvo of gunfire none of the imperial soldiers was injured. When I got near they fired with a huge bow, the arrow from which was ten rods long. Instantly it tore through, causing some of the fortress wall to collapse, and with that the defenders cried out for quarter. With lack of foresight I pulled in my reins and entered the camp; and the vile wretch, having been chastised, took refuge in the besieged fortress. Many people deserted him. From having little in the way of assistance he fell into trepidation. Had the administrators of the area given us any assistance, the source of the trouble would have been rooted out entirely.

On the twenty-first [October 12], this writer set out to see the 226
Khankhanan. When Ambar-ji took Telingana and started pushing forward, Shah Ali's son sent Farhad Khan and many others against Sher Khwaja. The Khankhanan went out from Ahmadnagar, crossed the Godavari, and camped near his fief. Sending letters one after the other, he summoned me to reinforce him. Since I had filed my reports on the inattention to the administration of the area, the delay in reaching Ahmadnagar, and the failure to send reinforcements, I agreed and set out in that direction. I assigned Mirza Ali Beg Akbarshahi, the Barha sayyids, Hasan Khan Miyana's sons and brothers, and some other warriors to deal with the wretch, and through the mysterious workings of fate the capture of Raju, which was imminent, fell into abeyance.

سیم میر مراد جوینی[۸۲] درگذشت. اورا ببخشیگری سپاه پنجاب در لاهور گذاشته بودند. بتب‌لرزه روزگار او بسر آمد.

ششم آبان جشن شمسی وزن شد و افسرخدیورا در قدسی نشیمن مریم‌مکانی بدوازده چیز برسختند. نشاطرا بارگاه فراختر زدند و مستمندان بکام دل رسیدند.

نهم راجه راج‌سنگه از گوالیار آمده بسجود نیایش روشن‌پیشانی شد. درین روز شیخ حسین‌را بتولیت مشهد فیضبخش خواجه معین الدین (قَدَّسَ سِرَّهُ) فرستادند. خودرا از دختری نژاد خواجه میداند. از ناهنجاری چندی بزندانی دبستان برنشاندند و روزگاری پی‌سپر ناکامی دشت بود. درین هنگام نوازش فرموده بدیرین بنگاه فرستادند. تیمارداری گوشه‌نشینان آن قدسی تربت و سرانجام آشخانه بدو بازگردید.

۲۲۷ یازدهم رای رایسنگه بدرگاه والا آمده نوازش یافت. اورا بلشکر دکن همراه نگارندهٔ شگرفنامه نوشته بودند. چون آگهی رسید که دلپت پور او ببنگاه شتافته درازدستی دارد بچاره‌گری آن دستوری گرفت. آن شوریده‌سر لختی از خواب درآمد و خواهش نمود که پدررا بدرگاه والا بازخوانند و فرمان بخشایش اورا از هراس برآورد تا با پای تارک بوالا درگاه شتابد. پذیرفته اورا طلبداشتند. آن خودسر نیز گفته بکردار آورد و از جاوید زیان بر کناره شد.

شانزدهم قلیچ خان دستوری پنجاب یافت. چون در آن سرحد بزرگ امیری نبود آن گزین پرستاررا بدان خدمت نامزد فرمودند. آهنگ آن بود که کابل دارائی بشاهقلی خان محرم بازگردد. او پاسبانی هر دو جارا خواهش نمود. پذیرفته فرمان دادند.

On the thirtieth [October 21], Mir Murad Juwaini passed away. He had been appointed *bakhshi* of the Punjab army in Lahore. He died of fever and chills.

On the sixth of Aban [October 27], the solar weighing ceremony was held, and the emperor was weighed against twelve items in Maryam-Makani's quarters. Amid great celebration the poor received their hearts' desires.

On the ninth [October 30], Raja Rajsingh came from Gwalior and prostrated himself before the emperor. On this day Shaikh Husain was made supervisor of Khwaja Mu'inuddin's shrine. He considered himself a descendant of the khwaja through a daughter. He was imprisoned for a time for misbehavior, and for a long time he was unsuccessful. At this point the emperor restored him to favor and sent him to his old homeland, appointing him as supervisor of the residents at that holy shrine and chief of the soup kitchen.

On the eleventh [November 1], Rai Raisingh was received   227
at court. He had been assigned to this writer on the Deccan campaign. When it was learned that his son Dalpat had gone home and was being aggressive, he received permission to go deal with him. The fool woke up somewhat and pleaded that his father be recalled to court and that a decree of forgiveness relieve him of his distress so that he might hasten to court. This being acceptable, he was summoned. The headstrong son also did as he had promised, thus avoiding eternal damnation.

On the sixteenth [November 6], Qilich Khan was sent to the Punjab. Since there was no great commander in that province, he was assigned that task. It had been planned that the governorship of Kabul would go to Shahquli Khan Mahram, but [Qilich Khan] asked for responsibility for both, and his request was granted.

۲۲۸ درین سال و مه خواجگی فتح الله ناکام بازگردید. چون از ناسک ناساخته کار باز آمد شاهزاده دیگر بار بدانسو فرستاد. سعادت خان، فولاد خان، ملک شیر، سیّد علی، سیّد جلال و دیگر تیولداران داندیس و ندربارراً همراه نوشتند. سپاه از کوته‌بسیچی دیرتر فراهم شد. چون ببابل رسید راجو بیازش برخاست و اینان پای همّت نیارستند فشرد، لیکن آویزه‌کنان خودرا بقلعهٔ سونگر درآوردند. او لختی گرد بر گرفت. سپ.س واگذاشته دست یغما برگشود و در پانهری بر بنه‌وبار سعادت خان چیره‌دست آمد. فراوان مال اندوخت و از نیروفزونی بیازش قلعه بازگردید. درین هنگام آوازهٔ رسیدن عظمت خان با برخی سپاه بهرجی گرم شد و عنایت الله با برخی از برهانپور نزدیک رسید و بازگشت راقم شگرفنامه بدانسو نیز این و آن برمیگذارد. ناگزیر دست از حصار باز داشته دولت‌آبادسو رفت و گالنه برگرفت. خواجگی فتح الله به یعقوب بیگ شغالی و سعید بیگ بدخشی سپرده بود. چون قلعگی شد اینان‌را بیاوری برخواند. گماشتگان این دو کس از فرومایگی و زرپرستاری دو هزار هون برگرفته آن گزین دژرا از دست دادند.

۲۲۹ و از سوانح شبخون آوردن فرهاد خان و بناکام بازگردیدن. شیر خواجه، میرزا یوسف، میرزا کوچک‌علی، یعقوب بیگ، محمد خان، برهان الملک، ابوالحسن و بسیاری خدمتگذار در پاتهری فراهم بودند. چون نگارندهٔ گوهرین نامه نزد پرنور بخانخانان پیوست و هنگامهٔ فیروزی سپاه گرمی پذیرفت آن کالیوه زنگی که با بسیاری بدگوهر برابر شیر خواجه بود در اندیشهٔ دراز افتاد و در خود نیروی آویزش روز ندیده شب هیژدهم فرو ریخت و سخت درآویخته راه گریز سپرد.

On the same date Khwajagi Fathullah returned in failure. 228
When he pulled back from Nasik without achieving anything, the prince sent him back there another time. Sa'adat Khan, Fulad Khan, Malik Sher, Sayyid Ali, Sayyid Jalal, and other fiefholders of Dandes[56] and Nandurbar were assigned to accompany him. Due to a lack of planning it took rather a long time for the troops to assemble. When they reached Babul, Raju rose up in battle and they were unable to stand their ground. However, they did manage to fight their way into the fortress at Songar. Raju laid siege, but then he abandoned the siege and started pillaging, taking possession of Sa'adat Khan's baggage train in Pathri. Thus reinforced with a great deal of supplies, he returned to attack the fortress. At this point it was learned that Azamat Khan was on his way with some of Baharji's troops, that Inayatullah was nearby with troops from Burhanpur, and that this writer was sending various persons there. Pulling back from the fortress, Raju set out in the direction of Daulatabad and seized Galna, which Khwajagi Fathullah had turned over to Ya'qub Beg Shaghali and Sa'id Beg Badakhshi on condition that if he was besieged he would summon them to assist him. The appointees of these two, out of utter vileness and venality, accepted two thousand *huns* and abandoned the choice installation.

Farhad Khan launches a surprise attack, but he returns in failure 229

Sher Khwaja, Mirza Yusuf, Mirza Kuchik Ali, Ya'qub Beg, Muhammad Khan, Burhanulmulk, Abu'l-Hasan, and many others were together in Pathri. When this writer joined the Khankhanan near Parnur to swell the imperial forces, that foolish Zangi, who had many men opposite Sher Khwaja, thought

شب بیستم حسین قلیچ خان‌را بدخت آصف خان بیوگانی پیوند شد. دو لک و پنجاه هزار دام بکارسازی عروسی بخشش یافت.

بیست و نهم افسرخدا کشتی‌سوار منزل همشیرهٔ زین خان‌را فرّخی بخشید و بدلآویز گفتار از سوگواری برآورد.

۲۳۰ دوازدهم آذر دخت رامداس‌را بسیام‌سنگه پیوند دادند. شهریار مهرباندل بپیشخانهٔ پدر دختر رفته برنواخت و پنج لک دام بساز این کار بخشید.

هیژدهم شاهقلی خان محرم بشکم‌روی درگذشت. از مردانگی و راستکاری فراوان بهره داشت و با کهن‌سالی برنادلی. همواره سوار شدی و نشاط شکار اندوختی. خسروی نواخت پس‌ماندگان‌را بآرامش برد.

بیست و یکم انبه‌جوکا گشایش یافت. راقم اقبالنامه‌را آن خواهش بود که از پرنور با گروهی تیزدست بمالش فرهاد خان پیشتر شتابد. تبه‌سگالی برخی همراهان بازداشت. چون فیروزی سپاه پس از فراوان درنگ رودبار گنگ برگذشت بسخت‌کوشی با جوقی رادمرد یازش آن زنگی فراپیش نهاد. او بریلی گذاشته گریوه درنوردیده بانبه‌چوکا که گزین قلعه دارد برنشست و آن آباد جا بدست درآمد.

۲۳۱ درین روز سالباهن از والا درگاه رسید. پرم خاصه و دلآویز گفتار شاهنشاهی رسانید و ازین بهروزی نوید بر خود بالید و نیروی کار برافزود. بسیاری همراهان از کوته‌بسیچی سگالش پیش رفتن نداشتند. در آن سال و مه بفرمان کوشش باز آهنگ پیش نمود. دست راست میرزا زاهد و میر گدائی و برخی رادمرد، دست چپ بهادر الملک و کچکنه و چندی دیگر، در پیش شیر خواجه با جوقی نامور. چون از پخ برآمد بکمتر آویزه پیشدستان غنیم که از چهار هزار افزون بودند راه پراکندگی سپردند.

long and hard and realized that he did not have the strength to do battle by day, so he struck on the eve of the eighteenth [November 8] and then fled.

On the eve of the twentieth [November 10], Qilich Khan's son Husain was married to Asaf Khan's daughter. Two lacs and fifty thousand *dams* were given for the wedding.

On the twenty-ninth [November 19], the emperor boarded a boat to visit Zain Khan's sister. With his consoling words he brought her out of mourning.

On the twelfth of Azar [December 2], Ram Das's daughter was 230
married to Shyam Singh. The emperor went to the *peshkhana* of the father of the bride and gave five lacs of *dams* for the event.

On the eighteenth [December 8], Shahquli Khan Mahram passed away of dysentery. He possessed a large share of courage and honesty, and despite his old age he was young at heart. He rode constantly and enjoyed hunting. The emperor consoled those he left behind.

On the twenty-first [December 11], Ambajogai was conquered. It was this writer's desire to take a troop out from Parnur to chastise Farhad Khan, but the contrariness of some of my companions prevented me from doing it. After the imperial forces crossed the Godavari after much delay, it was decided to go after that Zangi with a troop of warriors. Abandoning Bareli, I went through the pass and stopped at Ambajogai, which has a fine fortress, and that flourishing place was taken.

On the same day Salbahan came from court to deliver a royal 231
shawl and advice from the emperor. With this good news I swelled with pride and gained strength of resolve. Many of my companions had been too shortsighted to think about going forward. On the above-mentioned date, having been ordered to endeavor,

اگرچه از شب‌نزدیکی تکامشی نرفت لیکن قلعه برگرفتند و آن آباد شهر یغمائی شد و فیروزی سپاه فراوان غنیمت اندوخت. و همان شب آگهی آمد پور شاه‌علی که قلعهٔ دهارورّرا پناه دانسته لشکر فراهم میکرد. بیتابانه بکوهستان اوسه[۸۳] در شد. بسیچ آن بود که بامدادان بتیزروی آن آسیمه‌سررا بسزا برمالد. از دورنگی برخی اندیشه بکردار نگرائید و در کمتر زمانی پسین لشکر نیز پیوست، لیکن پور شاه‌علی که راه نخوت میرفت لابه‌گذار آمد و پوزشنامه‌ها پیهم فرستاد.

۲۳۲ درینولا حمید خان و پور او یوسف رسیدند. پسین از آن چشم زخم تلنگانه بسخت کوشش برآمد و بکاراگهی لختی مردم گرد آورد و فراوان آویزش با سرتابان آنسو نمود و از کم‌نیروئی با صد و پنجاه کس بفیروزی سپاه پیوست. پدر او چون دستگیر شد پور شاه‌علی اورا بیکرنگی خویش برخواند. از نیک‌اختری نپذیرفت. اورا بچشم نگاه میداشتند. شبی پیاده برآمد و بیست و ششم برهنمونی بومیی پیوست و بگوناگون پرسش بکام دل رسید.

بیست و هشتم میرزا یوسف خان نقد زندگی بسپرد. چون بهر سو شورش برخاست شاهزاده میرزا رستم و میرزا یوسف و چندی‌را بیاوری فرستاد. چون بجالناپور رسیدند آن شایسته خدمت از درد دنبل درگذشت.

نهم دی جشن قمری وزن نشاط آورد و بخانهٔ مریم‌مکانی گیتی‌خداوندرا بهشت چیز برسختند و داد و دهش‌را روزبازار شد و که و مه‌را آرزو برآمد.

we went forward. The right wing consisted of Mirza Zahid, Mir Gada'i, and some warriors; in the left wing were Bahadurulmulk, Kichkina, and some others; in the vanguard were Sher Khwaja and a troop of renown. As we went through the pass, after only a minor skirmish the enemy's vanguard, which numbered more than four thousand, scattered. Although it was too near nightfall to go out in pursuit, they took the fortress and the city was pillaged with much booty falling to the imperials. That night it was learned that Shah Ali's son, who had taken refuge in the fortress at Dharur, was assembling troops. Impatiently I entered the Ausa hills, thinking that the next morning I would go out fast and crush the fool. Due to the hypocrisy of some my plan was not put into action. Shortly thereafter the rear troops also joined us, but Shah Ali's son, who had been so conceited, began to plead and send letters of apology.

At this point Hamid Khan and his son Yusuf arrived. The latter 232 had just managed to escape Telingana in safety. Intelligently he gathered some men and fought many battles with the rebels of that area, but he had so little force that he joined the imperials with a hundred and fifty men. When his father was taken prisoner, Shah Ali's son invited him to join forces with him, but fortunately for him he refused and was kept under watch. One night he got out on foot, and on the twenty-sixth [December 16] he was led by a local to the imperials.

On the twenty-eighth [December 18], Mirza Yusuf Khan passed away. When turmoil broke out on all fronts, the prince sent Mirza Rustam, Mirza Yusuf, and some others to help. When they arrived in Jalnapur, that good servant died of pain in the testicles.

On the ninth of Daimah [December 29], the lunar weighing ceremony was held in Maryam-Makani's quarters, and the

۲۳۳ و از سوانح بازگردیدن فیروزی سپاه بآشتی. برخی‌را از فتنه‌دوستی و گروهی‌را از کوته‌بسیچی و چندی‌را از ساده‌لوحی دیوافسانهٔ پور شاه‌علی بشاد خواب برد. چون بساحل مانجرا خیمه‌گاه شد آن دستانسرا در زاری افزود و فرو شدن میرزا یوسف خان و شورش راجو و فاروقی پسر خواهش اینان‌را یاور افتاد. قاسم نام که پدر او در نیکوبندگی فرو شد کارسازان ملک تیول اورا برگرفتند و از شکنجهٔ ناکامی براجو پیوست. او جوقی بدو همراه ساخته بگرد داندیس فرستاد و خود نیز از پی روانه شد. ناگزیر آشتی قرار گرفت بدین پیمان که باز بهادر و علی‌مردان بهادر و هزاره بیگ‌را روانه سازد و از فرمانپذیری سر برنتابد و لختی مال بدو گذاشته آید. یازدهم در پنج کروهی اردو اعتبار الملک و برادر تنیگ‌راو و برخی دیگر گرفتاران‌را آوردند. میر مرتضی ازین سو رفته پیماننامهٔ برگرفت و فرمان امان برداد.

درین روز بهگوان‌داس مستوفی در دار الخلافه آگره رخت هستی بربست. در بتگچیان بسیار کارآگاه بود.

۲۳۴ بامدادان بازگشت فیروزی سپاه شد. چون نزد رام‌پوری رسیدند گرفتن تلنگانه و پاسبانی آن بمیر مرتضی بازگردید. بهادر الملک، رستم عرب، شمشیر عرب، سعید عرب، برهان الملک و دیگر مردم‌را همراه نوشته بدانسو جایگیر کردند. هیژدهم میر رخصت یافت و قرار گرفت که خانخانان بیاوری سپاه پاتهری و تلنگانه نزد پرنور برنشیند و راقم شگرفنامه بمالش راجو بازگردد و میرزا رستم و راجه سورج سنگه و مقیم خان با برادران و راجه بکرماجیت و برخی‌را کمک نوشتند و میرزا علی بیگ و سادات بارهه و برادران جانش بهادر و عادل خان با برادران و چندی دیگر که در جالناپور بودند نیز بهمرهی نامزد گشتند و لختی خزانه و بارگی‌را نیز نام بردند. نوزدهم پدرود شد.

emperor was weighed against eight items. Generosity and liberality were elevated to new heights, and the wishes of great and small were granted.

The imperial army returns by truce   233

For various reasons of love of strife, shortsightedness, and stupidity, various persons had been lulled into complacency by tales of Shah Ali's son's ferocity. When camp was made on the banks of the Manjra, that fabricator increased his pleading, and the loss of Mirza Yusuf Khan and the rebellion of Raju and the Faruqi boy strengthened their desires. There was a man named Qasim, whose father had been killed in service, and the administrators of the land had taken his estate away. In his poverty he had joined Raju, who assigned him a troop and sent him to lay siege to Dandes, and Raju set out in his wake. There was nothing that could be done but arrange a truce on condition that he send Baz Bahadur, Alimardan Bahadur, and Hazara Beg and that he would be obedient, and some property would be assigned to him. On the eleventh [December 31], five leagues from camp, I'tibarulmulk, Tanig (?) Rao's brother, and some other captives were brought. Mir Murtaza went out from this side, obtained the pact, and gave the order for amnesty.

On the same day Bhagwan Das the *mustaufi* passed away in Agra. He was one of the most competent men of the clerical class.

The following morning the imperial army pulled out. When they   234
reached the vicinity of Rampuri, Mir Murtaza was assigned to take Telingana and hold it. Bahadurulmulk, Rustam Arab, Shamsher Arab, Sa'id Arab, Burhanulmulk, and others were assigned to accompany him and given fiefs there. On the eighteenth [January 7, 1602] the mir obtained leave, and it was decided that the

بیست و نهم لاله دستوری وارستگی گرفت. او بزرگ پور راجه بیربر است. از تندخوئی و خودکامی خرج از اندازه برگذراند و خواهش‌را فراخ‌تر ساخت. ناروائی بسبکسری برد و آن بسیچ در سر گرفت. خدیو عالم گسیل کردن او مداوای آسیمه‌سری برساخت.

۲۳۵ دوم بهمن نگارندهٔ گوهرین نامه ببرهانپور رسید و دولت ملازمت شاهزاده دریافت. چون بیازش راجو بجالناپور آمد تنگچشمان ناتوان‌بین بتبه‌سگالی افتادند ببهانه از کمکیان تیول برگرفته گرمی هنگامه‌را پای بیفشردند. اردو گذاشته تیزتر روانه شد بدان سگالش که از شاهزاده دستوری گرفته رو بدرگاه والا نهد و از آشوب ناتوان‌بینی لختی بر کناره زید. درین سال و مه میر مصطفی‌قلی از همایون بارگاه رسید و خسروانی نوازش رسانید. از آن میان دو اسپ خاصگی یکی برای راقم شگرفنامه و دیگری برای پور عبد الرحمن. و پایان این روز بیست اسپ دیگر از والا درگاه آمد. ازین پی در پی نواخت دلِ پژمرده برشکفت.

هشتم بعرض همایون رسید [که] برخی آزمند از باج‌ستانی دست باز نمیگیرند. پاسبانی قلمرو بچندی سیرچشم نیکسگال سپردند. دار الخلافه آگره بآصف خان و راه دکن و مالوه برام‌داس و راه گجرات بکلیان‌داس و راه لاهور بشیخ فرید بخشی. لختی شورش خواهش کمی پذیرفت و سپاس انجمنها برآراسته شد.

Khankhanan would stop near Parnur to reinforce the army of Pathri and Telingana while this writer went back to crush Raju. Mirza Rustam, Raja Suraj Singh, Muqim Khan and his brothers, Raja Bikramajit, and some others were assigned as reinforcements, and Mirza Ali Beg, the Barha sayyids, Janish Bahadur's brothers, Adil Khan and his brothers, and a few others who were in Jalnapur were also ordered to accompany me. A small treasury and horses were also given. We bade farewell on the nineteenth [January 8].

On the twenty-ninth [January 18], Lala obtained release from service. He was Raja Birbar's eldest son, and he was so hotheaded and self-indulgent that his grandiose desires had gone beyond all bounds. Failure had driven him mad, and he hatched the idea of retiring. The emperor decided to let his dismissal serve as a remedy for his derangement.

On the second of Bahman [January 21], this writer arrived 235
in Burhanpur and paid homage to the prince. When I went to Jalnapur to attack Raju, those seething with jealousy fell into evil thoughts of seizing estates from my helpers to shore up their pretentiousness. Leaving the camp there, I set out in all haste, thinking I would obtain leave from the prince to set out for court, where I could live on the sidelines, away from this torrid pit of jealousy. On the above-mentioned date Mir Mustafaquli arrived from the imperial court and communicated the emperor's favor to me. There were two regal horses, one for this writer and the other for my son Abdul-Rahman. At the end of the day another twenty horses arrived from court. From such successive shows of favor my withered heart blossomed again.

On the eighth [January 27], it was reported to the emperor that some greedy persons were still taking tolls. Protection of the realm was then turned over to several incorruptible persons

۲۳۶ دوازدهم دلپت پور رای رایسنگه بوالا درگاه آمد و پوزش پذیرفته بخشایش رفت.

سیزدهم دخت میرزا کوکه بسعدالله پور سعید خان بیوگانی پیوند دادند و خرّمی‌را روزبازار شد.

بیست و چهارم در شبستان شاهزاده از دخت خانخانان پسر بزاد و بکمتر زمانی آنجهانی شد.

بیست و پنجم شیخ موسی قادری‌را روزگار بسر آمد. محمود لنکاه با پور ناهر خان در قصبهٔ اُچه ملتان برو ریخت و آن رادمرد در آویزش نقد زندگی بسپرد. از عمامه‌داران خانقه‌پرست بود. بارادت کیهان‌خدیو امارت یافت و سعادت اندوخت.

درین روز محمد خان پور دولت خان‌را شگرف سودائی در سر ریخت و بسخت تکاپو خویشتن‌را بنیستی‌سرا انداخت. از برنائی شورش و خواهش‌چیرگی و دید ناملایم لختی آسیمه‌سر شد و کار بدیوانگی کشید و از چاره‌گری لختی بهی پذیرفت. درین سال و مه بیازش شکار برآمد و پایان روز از همراهان جدائی گزید. نزد قصبهٔ پال[۸۴] با کولیان درآویخته فرو شد.

۲۳۷ غرّهٔ اسفندارمذ راقم شگرفنامه‌را بناسک فرستادند. چون ملازمت شاهزاده دریافت و خواهش خویش در میان نهاد نپذیرفته همان مالش راجورا برخواستند. پاسخ رفت «از فرمانده سر برنمیتابد، لیکن آن گوهر اکلیل خلافت خود بکار ملک نمی‌پردازد و آن سترگ کارکردرا بچندی آزور تنگچشم واگذاشته‌اند. درین آشوب ناپروائی و ناتوان‌بینی چگونه کاری فرا پیش نهاده آید؟» لختی آگاه شد و کارسازی‌را بر خود گرفت و اسپ و خلعت داده بدانسو روانه ساخت. در نخستین منزل بخجسته قدوم خویش بلندپایگی بخشید و بخاصگی جمدهر و نامور فیل برنواخت.

of goodwill: the capital, Agra, went to Asaf Khan; the road to the Deccan and Malwa went to Ram Das; the road to Gujarat to Kalyan Das; and the road to Lahore to Shaikh Farid Bakhshi. The field day greed had been enjoying came to an end, and for this everyone was grateful.

On the twelfth [January 31], Rai Raisingh's son Dalpat came to court. His apology was accepted, and he was pardoned. 236

On the thirteenth [February 1], Mirza Koka's daughter was married to Sa'id Khan's son Sa'dullah amid great celebration.

On the twenty-fourth [February 12], the Khankhanan's daughter gave birth to a son in the prince's harem, but the child died shortly thereafter.

On the twenty-fifth [February 13], Shaikh Musa Qadiri passed away. Mahmud Lankah and Nahar Khan's son attacked him in the town of Uch in Multan, and during the ensuing battle he lost his life. He was one of those beturbaned persons who loved *khanaqahs*. He had received the rank of amir by being a devotee of the emperor.

On the same day Daulat Khan's son Muhammad Khan was afflicted with a strange madness that contributed largely to his own demise. He was imbalanced by the madness of youth, a lack of ability to control his desires, and an immoderate outlook, and these things finally led to madness, although he got better with treatment. On the above-mentioned date he went out on a hunting expedition and parted from his companions at the end of the day. Near the town of Pal, he tangled with some Kolis and was killed.

On the first of Isfandarmudh [February 19], this writer was sent to Nasik. When I paid homage to the prince and told him of my desire, he refused to grant my request since he was determined to crush Raju. I replied, "I cannot disobey my commander, 237

شب چهارم درونی پرستاری درگذشت. گنجینه‌داری بشایستگی میکرد و گیتی‌خداوندرا برو فراوان اعتماد.

چهاردهم گنگادهر دولت بار یافت. اورا باندرزگذاری سر جیو زمیندار چاندا فرستاده بودند. او درنیوشیده با چهارده فیل بازگردانید.

بیست و پنجم بهادر خان بسجود نیایش پیشانی برافروخت. از آن سرتابی و دستانسرائی که در اسیر سپردن بکار برده بود لختی بقلعهٔ گوالیار برنشاندند و والا مهر شاهنشاهی اورا برخواند.

but you, who are the gem in the crown of the caliphate, do not attend to administration of the territory and have resigned the administration to a group of greedy, jealous persons. During such chaos of inattention and jealousy, how can things be made to go forward?" Becoming somewhat aware and taking responsibility upon himself, he gave me a horse and robe of honor and sent me in that direction. At the first stopping place he honored me with a visit and presented me with a regal dagger and a renowned elephant.

On the eve of the fourth [February 22], a member of the harem passed away. She had executed the office of treasurer with distinction, and the emperor had relied on her extensively.

On the fourteenth [March 4], Gangadhar was received. He had been sent to deliver advice to Sarjiw, the zamindar of Chanda. He had heeded the advice and sent fourteen elephants.

On the twenty-fifth [March 15], Bahadur Khan prostrated himself before the emperor. For the rebelliousness he had displayed in turning over Asir he had been sent to Gwalior fortress for a while, and now the emperor had kindly summoned him.

خاتمه

بـنام ایـزد ای فـکرتِ تـیزرو   که دادی سخن‌را سرانجامِ نو
قلم یکدم از جنبش آرام یافت   سوادِ سیوم دفتر انجام یافت

از آنجا که فطرت یاور و ارادت درست و بخت بیدار و سعادت مساعد ۲۳۸
بود بنیروی جدپیشگی و هشیاردلی برخی سوانح قرن ثانی دولت جاویدطراز نگاشته آمد و بدستیاری روشنان ابداع همّت قدری سبکدوش گشت.

منوّر چو شد نیمه زین مهربست   مـرا نیمهٔ عالم آمد بـدسـت
دگـر نیمــه‌را گـر بُـوَد روزگار   چنان گـویم از طبعِ آمـوزگار
کـه خوانندگان‌را برآرد ز خواب   برقص آورد ماهیان‌را در آب

بس جویهای پیشانی فطرت بدامنِ امید ریخت تا نیم طُفرهٔ از دریای آگهی تراوش نمود. و چه بخارهای دل سرجوش زد تا سخن بدین نمط سامعه‌افروز آمد، بو که پذیرشِ دلها بلندنامی بخشد و مرا میزبان جاوید گرداند.

من از جانش برون دادم بپرواز   خدایش جای در جانها دهد باز

CONCLUSION

*In the name of the deity, O fast-paced thought, for you have
given speech a new conclusion.
The pen has rested from its movement with the end of the third
volume.*[57]

In that intelligence was aiding, will was correct, luck was good,   238
and felicity was propitious, through the power of seriousness and
awareness some of the events of the second thirty years of eternal
fortune have been written, and with the assistance of enlightened
ones of creative psyche the burden has been somewhat lightened.

*When half of this volume was illuminated, I acquired half the
world.
If time is granted for another half, I will speak from an
instructive nature
That will rouse readers from their sleep and make fish dance
in the sea.*

Much sweat has been spilled from the brow of native intelligence
into the lap of hope for half a drop to exude from the sea of aware-
ness. What fumes have risen from the heart for words to fill the
ear in this manner! Perhaps acceptance by hearts may bestow
fame and make me an eternal host.

*I brought it to flight from the soul. May God give it a place
among souls.*

زهی شگرفکاری حال و نیرنگسازی قلم! پای‌بند زندانکدهٔ بشریّت پرواز بسوی آسمان میکند و در ساختگی چارسوی معامله بسیچ نزهتگاه قدس مینماید. در عیارگیری زمینیان صیرفی نقد آسمانیان میگردد و در سپردن مراحل بندگی اسرار الوهیت میطرازد و در افت و خیز گلزار تعلّق ترانهٔ آزادی میسراید.

دیدهٔ ما بتماشایِ حقیقت باز است عقلِ کل میرمد از کوکبهٔ جرأتِ ما
سر فرو بُرده بجیبِ دو جهان مینگرم عشق از تارِ نظر بافت مگر کسوتِ ما

امید که رشتهٔ سوانح‌نگاری گسیخته نگردد و زمان زمان هنگامهٔ سپاسگذاری‌را فروغ دیگر پدید آید و بسیاری گرامی احوال بخامهٔ حقیقتگذار که شکاف آن مشرق دل است درآید و گنجینه‌دانِ سعادت برآموده ارمغانی آیندگان آگهی‌طلب آماده شود و شناسندگان گوهرجوی‌را چهرهٔ نشاط برافروزد.

الا تا درین سطحِ رنگین نظام سخن‌را ز معنی بلندست نام
نظامِ سخن از کلامِ تو باد طرازِ معانی بنامِ تو باد

Oh, how marvelous is the sorcery of the pen! It lets one chained to the prison of humanity take flight toward heaven; it allows one to contemplate the pleasure park of paradise from the illusory marketplace of human transactions; in evaluating the worth of worldlings it lets one assess the coin of heavenly beings; it lets one pen the mysteries of divinity while traversing the stages of earthly servitude; and it allows one to sing a tune of freedom while stumbling through the garden of worldly attachment.

Our eyes are open to the spectacle of reality. The prime
intellect shies away from the finial of our daring.
With my head tucked into the cowl of the two worlds I look.
Could it be that love has woven our garb from the warp of
speculation?

It is hoped that the thread of history writing will not be broken, that from time to time the celebration of gratitude will be made more splendid, that many fabulous reports will emerge from the truth-scribing pen, the cleft of which is the horizon of the heart, that when the treasure house of felicity is filled a gift will be ready for those who come in search of awareness, and that essence-seeking persons of awareness will smile in approval.

At this level of multicolored order the name of speech is exalted
by sublime meaning.
May the order of speech be from your words, and may the
embroidery of meaning be in your name.

آغاز سال چهل و هفتم الهی از جلوس مقدّس شاهنشاهی، یعنی سال بهمن از دور چهارم

۲۳۹ شب پنجشنبه بیست و ششم رمضان سنهٔ هزار و ده هجری، پس از هشت ساعت و چهل و دو دقیقه، سرچشمهٔ نوررا بحمل گذاره شد و یازدهم سال از چهارم دور فرّخی آورد.

نوروز شد و غم از جهان بر طرفست　　شبنم بر برگ همچو دُر در صدفست
بر تختِ جلال شاه می‌بخشد فیض　　دریاب که خورشید ببیت الشّرفست

بفرمان گیتی‌خدیو بارگاه اقبال‌را گلگنه بر رخسار کشیدند و نظرفریب آرایشها وانمودند. از نوروز گیتی‌افروز تا رسیدن سلطان خاوری بدرجهٔ شرف هنگامهٔ داد و دهش و روزبازار بخشش و بخشایش گرمی داشت. اعیان سلطنت و ارکان خلافت بگزین نوازشهای خسروانی مخصوص گشتند و فراوان پیشکش و نثار از بزرگان دولت رتبهٔ پذیرائی یافت. درین همایون جشن دل‌افروز شیخ ابوالفضل‌را بعطای بادپای خاصگی اختصاص بخشیده آن تکاور بابوالخیر سپردند که بعلامی رساند.

۲۴۰ و از سوانح تعیین فرمودن جمعی از بندگان بجهت مالش مرزبان مؤ و جمّو. آگهی آمد که باسو بومی مؤ از تبه‌سگالی حدود پتهان‌را تاخته و کشاورزان آن مرز و بوم‌را سخت بیازرده و برخی‌را بعنف و اشتلم بجایگاه خویش بوده. تاج خان میخواهد که بقصد دفع آن بدسرانجام متوجه گردد. و زمیندار جمّو نیز از تیره‌بختی دست یغما و تاراج بر دیهات پرگنهٔ مظفروال و بهلولپور دراز کرده. حسین بیگ شیخ‌عمری که این دو جا در

The Forty-Seventh Year after the Imperial Accession: Bahman Year of the Fourth Duodecennial Cycle

On the eve of Thursday, the twenty-sixth of Ramadan 1010,[58] 239
after the elapse of eight hours and forty-two minutes, the source of light moved into Aries, and the eleventh year of the fourth duodecennial cycle began auspiciously.

Nauroz came, and sorrow departed from the world.
Dewdrops on petals are like pearls in oysters.
The king on his throne of glory gives effulgence. See how the sun is in the house of nobility.

By order of the emperor the court was splendidly decorated. From Nauroz until the exaltation there were great displays of generosity and liberality. The grandees of the empire and ministers of state were singled out for regal favor, and many gifts and presents from the great were accepted. During the celebrations Shaikh Abu'l-Fazl was given a regal steed, which was entrusted to Abu'l-Khair to deliver to him.

A group of imperial servants is assigned to chastise the ruler of Mau and Jammu 240

It was learned that Basav, the ruler of Mau, had maliciously raided the borders of Pathan and harassed the farmers of the area, carrying some off by force to his territory. Taj Khan wanted to go out to repel him. The zamindar of Jammu had also been pillaging and plundering the villages of Muzaffarwal and Bahlolpur.

تیول او است از رهتاس کیفر آن بدسگال‌را آماده شده بآن جانب روی آورده. ازین جهت بقلیچ خان صوبه‌دار پنجاب فرمان شد [که] حسین قلیچ پور خودرا با جمعی از نوکران بفرو نشاندن آشوب بدگوهران بفرستد و سزاولان از پیشگاه خلافت دستوری یافتند که حسین بیگ شیخ‌عمری و تاج خان و احمد بیگ و سایر بنده‌های آن صوبه‌را بحسن‌قلیچ خان همراه سازند و خواجه سلیمان بخدمت بخشیگری این فوج معیّن گردید.

۲۴۱ و از سوانح توران‌زمین آنکه چون روزگار سپه‌سالار عبدالله خان سپری شد و پور او عبد المؤمن‌را از خودسری و بیمناکی بادهٔ زندگی ناگوار افتاد تخت‌نشین ملک ایران شاه عباس که همواره در کمین فرصت زیستی بیازش خراسان برآمد. هاشم خان و باقی خان و پاینده‌محمد خان خواهرزاده‌های عبدالله خان نبردآرا گشتند. شاه بر آن ولایت چیره‌دستی یافت. هاشم خان‌را در آن سترگ آویزه نقد زندگی یغما شد و آن دو شکسته‌رکاب و گسسته‌عنان از خراسان بدر شدند. پاینده خان‌را نیرنگی تقدیر بولایت قندهار آورد و آنجا بدست مردم شاه‌محمد خان اسیر گردید و انجام کار او در جای خود نگارش خواهد یافت. و باقی خان بتوران رفت. چون آن مملکت کارگیائی نداشت و جز او در الوس اوزبک کسی که باین کار سترگ قیام تواند نمود نبود، ناگزیر خانی برو قرار گرفت و پس از چندی لشکر بر تاشکند کشید. قلندر خان والی آنجا چون در خود نیروی آویزه ندید لابه‌گری پیش گرفت. باقی خان اورا ایل ساخته نواحی سمرقند و بخارا فروکش کرد و بدخشان‌را بولی‌محمد خان برادر خود داد. و شاه عباس پس از گرفتن خراسان یکچندی در هرات کام دل برگرفته باصفهان بازگردید. دوم سال با سپاه بسیار بارادهٔ گرفتن بلخ رهنورد گشته حوالی آن‌را معسکر ساخت. باقی خان که هنوز استقلالی در

Husain Beg Shaikh-Umari, in whose fief these two places were, had made himself ready in Rohtas to punish the two miscreants and had headed out in that direction. Therefore, Qilich Khan, the governor of the Punjab, was ordered to send his son Husain Qilich with some of his liege men to put down the unrest, and imperial sergeants-at-arms were ordered to make Husain Beg Shaikh-Umari, Taj Khan, Ahmad Beg, and other servants of the province join Husain Qilich Khan. Khwaja Sulaiman was appointed as *bakhshi* of this force.

Events in Turan   241

When Abdullah Khan died and life became intolerable for his son Abdul-Mu'min because of his headstrongness and trepidation, the monarch of Iran, Shah Abbas, who was waiting for just such an opportunity, set out on an expedition to Khurasan. Abdullah Khan's nephews Hashim Khan, Baqi Khan, and Payanda Muhammad Khan got ready for battle. The shah conquered the province. Hashim Khan was killed during a pitched battle, and the other two fled from Khurasan. Payanda Khan wound up in Kandahar, where he was taken prisoner by Shah Muhammad Khan's men (his end will be reported in the proper place).[59] Baqi Khan went to Turan. Since that land had no ruler, and aside from him there was no one of the Uzbek nation who could undertake that mighty task, the khanate was settled upon him, and shortly thereafter he led his armies to Tashkent. Since Qalandar Khan, the governor of Tashkent, did not have the strength to face him in battle, he pleaded for quarter. Baqi Khan accepted his fealty and then subdued Samarkand and Bukhara. He gave Badakhshan to his brother Wali Muhammad Khan. After taking Khurasan, Shah Abbas stayed in Herat for a while and then returned to Isfahan.

فرماندهی نیافته بود بهبود کار در نکردن جنگ صف دانسته برابر اردوی
شاه خیمه‌گاه کرد و خندق بر دور لشکر زده بچاره‌گری برنشست. چون
مدّتی برین وضع برآمد سران قزلباش از بسیاری توقّف و فقدان ناگزیر
و تلف شدن چاروا ستوه آمدند و شاه‌را از آن مهم برگردانیده بخراسان
بردند.

۲۴۲ درین هنگام شاهزاده سلطان دانیال عرضه داشت که رای رایان
بجهت خدمات دکن مقرّر گردد و لشکری بمالش زمینداران گدهه و آن
نواحی تعیین شود. پذیرفته آمد و رای رایان‌را فرمان شد که نخست بملک
گدهه که در تیول اوست رسیده خاطر از بند و بست آنجا فراهم آورد و
سپس خودرا بآن نوباوهٔ بوستان اقبال رساند.

و همدرین ایام شادمان و عبدالله فرزندان خان اعظم هرکدام
بمنصب هزاری سرافرازی یافتند و پس از چندی انور پور خان مذکوررا
که در سال ازین دو بزرگ بود بهمان منصب سربلندی ساختند. چون
بباده‌گساری افتاده بود و ببالین‌پرستی خوگر شده و در خدمت خدیو
عالم خویشتنداری ظاهر میکرد باین روش پاداش او سرانجام یافت:
ده سر اسپ که بخانخانان مرحمت شده بود بوکیل او حواله فرمودند و
چهل راس اسپ حوالهٔ خواجه لطیف گشت که بشاهزاده دانیال رساند.
پسران میرزا یوسف خان و رحیم‌قلی و پسر خانجهان از جایگیرهای خود
آمده ناصیهٔ بنگی بسجود قدسی آستان آراستند.

۲۴۳ و از سوانح فرو شدن جمیل بیگ پسر تاج خان بمردانگی. تاج خان
بفراهم آوردن کمک پرداخته تنبیه باسو مرزبان مؤرا پیشنهاد همّت
ساخت. چون بپرگنهٔ پتهان رسید توقّف ناکرده متوجه پیش شد و در
سرزمینی که میخواست منزل گزید. هنگام کوچ فوج غنیم نمودار کرد.

Two years later he set out with many soldiers, intending to take Balkh, and set up camp in the vicinity. Baqi Khan, who had not yet achieved total autonomy in his rule, thought it best not to do open battle, so he set up camp opposite the shah's camp, dug a trench around the perimeter of his camp, and sat pondering how to deal with the situation. After some time had passed, the leaders of the Qizilbash wearied of waiting, given the inevitable losses of supplies and animals they were incurring, and persuaded the shah to give up and return to Khurasan.

At this point Prince Sultan Danyal requested that the Rairaian[60]   242 be appointed to the Deccan and assigned to crush the zamindars of Gadha and that area. The request was granted, and the Rairaian was ordered to go first to Gadha, which lay in his fief, to consolidate that area and then present himself to the prince.

Also at this time Shadman and Abdullah, the sons of Khan A'zam, were promoted to the rank of 1,000. A while later Anwar, another of the khan's sons who was older than those two, was also promoted to the same rank. Since he had fallen into the habit of drinking and was accustomed to keeping to his couch, he did not show himself anxious to serve the emperor, so his reward was given in the following way: ten horses that had been given to the Khankhanan were turned over to his agent, and forty horses were turned over to Khwaja Latif to deliver to Prince Danyal.

Mirza Yusuf Khan's son Rahimquli and Khan Jahan's son [Rizaquli] came from their estates to pay homage to the emperor.

Taj Khan's son Jamil Beg dies valiantly   243

Taj Khan had been ordered to muster auxiliary troops and to concentrate his attention upon chastising Basav, the ruler of Mau. When he arrived in the district of Pathan, he went forward with-

جمیل بیگ‌را رگ غیرت در جنبش آمد و بی‌محابا با چندی خودرا بر غنیم زد. نخست فیروزمند شده سران فوج‌را بنیستی‌سرا فرستاد. سپس با دو فوج دیگر که از چپ و راست برو حمله آوردند درآویخته فراوان کوشش بظهور رساند و پای استقلال افشرده مردانه شربت واپسین نوشید و پنجاه کس با او رفیق آن جهان شدند.

رضاقلی پسر خانجهان بمنصب پانصدی صد سوار و اسلام‌قلی خان برادر شاهقلی خان محرم بمنصب پانصدی صد و پنجاه سوار سرافراز شدند. محمدقلی ترکمان‌را بعنایت فیل مرتبه افزودند. زاهد بیگ پسر صادق خان از دکن آمده بدریافت سعادت کورنش سربلند شد. علامی شیخ ابوالفضل بووالا پایهٔ پنجهزاری برآمده فراخور اخلاص و خدمت مشمول مراحم پادشاه پایه‌شناس گردید.

۲۴۴ از عرضداشت شاهزاده بلنداقبال سلطان دانیال آگهی شد که پسر شاه‌علی در حوالی احمدنگر فکر ترتیب اسباب فساد دارد و سر شورش و فتنه‌انگیزی میخارد. و عنبر جیو دو سه ماه پیش بجانب ولایت بیدر[۸۵] رفته بود. ملک برید حاکم آنجا بدفع او ابراهیم نامی‌را فرستاد. او با عنبر سخت درآویخته دلیرانه فرو شد و چهارده فیل و سایر اسباب بزرگی او بدست عنبر افتاد و ضمیمهٔ اسباب خودسری و نخوت او شد. و از آنجا بنوبلاس[۸۶] شتافته با مردم قطب الملک آویزهٔ قوی نمود و فیروزی یافته بر بیست و نه زنجیر فیل متصرف گشت. سپس بصوب تلنگانه روی آورد. چون میر مرتضی نیروی آویزه نداشت قلعه‌نشین شد و آن تیره‌روزگار بعضی از محال‌را متصرف شده جماعهٔ‌را بر دیگر پرگنات برار فرستاد. و ملک برید چارهٔ کار در لابه‌گری و چاپلوسی دانسته مبلغی نزد او روان کرد و درِ صلح زد. و بی‌اعتدالی آن تیره‌رای بجائی رسید که درین زودی

out stopping and then made camp where he wanted. As he was decamping enemy soldiers appeared. Jamil Beg's zeal was stirred, and he and some others hurled themselves without mercy on the foe. At first he was winning as he dispatched the leaders of the troop, but then he tangled with two other troops that were attacking him from the left and the right. He fought valiantly and held his ground, but in the end he went down together with fifty of his comrades.

Khan Jahan's son Rizaquli was promoted to the rank of 500/100, and Shahquli Khan Mahram's brother Islamquli Khan was promoted to the rank of 500/150. Muhammadquli Türkmän was honored with the gift of an elephant. Sadiq Khan's son Zahid Beg came from the Deccan to pay homage. Allami Shaikh Abu'l-Fazl was promoted to the exalted rank of 5,000 and was shown imperial favor appropriate to his devotion and service.

It was learned from a report from Prince Sultan Danyal that   244
Shah Ali's son was thinking about stirring up trouble in the Ahmadnagar vicinity. Two or three months previously Ambar-ji had gone to Bidar. Malik Barid, the ruler there, had sent someone named Ibrahim out to repel him. He and Ambar had clashed in battle, and he had gone down valiantly, and fourteen elephants and all his equipment had been captured by Ambar, and that had only increased his conceit and pride. From there he had gone to Naubalas (?), where he fought and won a pitched battle with the Qutbulmulk's men and captured twenty-nine elephants. After that he had gone to Telingana. Since Mir Murtaza did not have the strength to meet him in battle, he had holed up in the fortress while the ill-starred one had taken over a number of towns and sent people to other districts in Berar. Malik Barid, thinking the only way to deal with him was to plead and cajole, sent a large sum

با پسر شاه‌علی بپیوندد و هر دو باتّفاق هم خاک فتنه و فساد بر تارک بخت خویش بیزند. ازین آگهی مقرّر شد که علامی شیخ ابوالفضل با فوجی گران بجالناپور و آن نواحی متوجه گردد و خدمت احمدنگر و مالش راجوی مقهور و دیگر مفسدان بمشارٌ الیه مفوّض گردید، و ضبط ولایت برار و پاتهری و تلنگانه و استیصال پسر شاه‌علی و عنبر جیو بخانخانان بازگشت.

۲۴۵ و از سوانح عنان تافتن بزرگ شاهزاده از نواحی اتاوه بجانب الله‌آباد بموجب فرمان خدیو دوران. در ایّام نوروز خواهش آستانبوس ظاهر نموده عرضه داشته بود «دور از دولت حضور باطن‌را بی‌آرام می‌یابم.» چون فروغی از راستی نداشت پذیرفته نیامد. درینولا آگهی آمد که باندیشهٔ نادرست هزار سوار با خود بسوی آستان اقبال رهنورد است. فرمان قضامثال از پیشگاه سطوت و جلال شرف نفاذ یافت: «صلاح کار و فلاح روزگار خود در معاودت و بازگشت دانسته به الله‌آباد برود، و اگر شوق ملازمت اقدس گریبانگیر گشته است جریده بعتبهٔ اقبال شتابد.» از آنجا که مشرب اخلاص صافی نبود از وصول فرمان سررشتهٔ تدبیر گم کرده بحرمان قرین گردید. و از اتاوه عنان تصرف به الله‌آباد پیچید و در جواب فرمان عرضداشتی مشتمل بر انواع زاری و اظهار شرمساری و عذرهای نامسموع مصحوب میر صدر جهان بدرگاه والا ارسال داشت. مقارن آن فرمان دیگر از جانب سلطنت بشاهزاده صادر شد که «اورا صوبهٔ بنگاله و ادیسه مرحمت فرمودیم. خودرا بآن ملک وسیع رساند.» و براجه مانسنگه یرلیغ والا صادر شد که صوبهٔ بنگاله‌را بوکلای شاهزاده واگذاشته احرام طواف قدسی آستان بندد، لیکن شاهزاده صرفهٔ کار خود در خلاف حکم خدای مجازی دانسته بصوبه‌داری آن آباد ملک رضامند

to him and proposed a truce. The wretch's immoderation had reached such proportions that he would soon join Shah Ali's son and together they would stir up rebellion and unrest. After this report it was decided that Allami Abu'l-Fazl would go to Jalnapur and that area with a large troop, and so the responsibility for Ahmadnagar and the crushing of Raju and other miscreants were assigned to the aforementioned Abu'l-Fazl, and the consolidation of Berar, Pathri, and Telingana, as well as reducing Shah Ali's son and Ambar-ji to naught, was assigned to the Khankhanan.

The eldest prince turns his reins 245
from Etawah toward Allahabad by imperial command

During the days of Nauroz the prince had evinced a desire to pay homage and said, "Away from the felicity of the emperor's presence, I find myself inwardly disquieted." Since this did not ring true, the request was not granted. At this point it was learned that the prince and a thousand horsemen were headed toward the capital with incorrect thoughts. An imperial decree then went out, stating, "The best course of action would be for you to turn around and return to Allahabad. If you have an overwhelming desire to pay homage, come by yourself." Inasmuch as the prince's display of devotion was not sincere, the receipt of this message foiled his plan. From Etawah he turned his reins back toward Allahabad, and in reply to the imperial decree, he sent a letter to court filled with much pleading, displays of shame, and ridiculous excuses with Mir Sadr-i-Jahan. Then another order was issued to the prince, saying, "We have bestowed upon you the provinces of Bengal and Orissa, so betake yourself to those vast territories." An imperial decree was also issued to Raja Man Singh to turn the province of Bengal over to the prince's repre-

نگشت. برای رایان فرمان شد ما بین نرور و چندیری بنگاه ساخته ضبط آن حدود بهوشیاری و حزمکاری بجای آرد.

۲۴۶ خان اعظم میرزا کوکه بسترگ منصب هفت‌هزاری ذات و شش‌هزار سوار ممتاز گردید. هاشم خان بمنصب هزار و پانصدی سرافراز شد. شیخ دولت بختیار منصب دوهزاری یافت. پیشکش شاه بیگ خان حاکم قندهار بنظر گیتی خداوند گذشت.

با صبیهٔ خان اعظم بیوگانی پیوند شاهزاده خسرو مقرّر شد. حکم والا نفاذ یافت که سعید خان و عبدالله خان و میر صدرجهان مبلغ یک لک روپیه برسم شیربها بمنزل خان اعظم برند.

مبلغ پنجاه هزار روپیه بعلامی شیخ ابوالفضل انعام شد. پسران میرزا یوسف خان بسجود قدسی آستان جبین‌آرا گشته فراخور حالت مناصب یافتند. چون پریشانی و ناسامانی کدیور کابلستان بعرض خاقان جهان رسید همّت ملکبخش خراج یکسالهٔ کل[۸۷] ولایت مذکور بخشید و حکم شد کارپردازان آن صوبه تا هشت سال هر سال هشتم خصّهٔ مال تخفیف داده بتیولداران تنخواه نمایند.

منصب شمس الدین حسین پور خان اعظم که نایب صوبهٔ گجرات بود از اصل و اضافه دوهزاری مقرّر شد.

آگهی آمد که خداوند خان حبشی در سرکار پاتهری و پاتم غبار فتنه بلند کرده بود. خانخانان فوجی‌را بسرکردگی راجه سورج‌سنگه و غزنین خان جالوری بمالش او روان کرد. سعادت‌اندوزان بدان سو شتافته غنیم‌را شکست دادند و در امنیت آن حدود مساعی حمیده بتقدیم رسید.

sentatives and return to court. The prince, however, saw that his best interests lay in disobeying the command of his metaphorical lord and refused to accept the governorship of those provinces. A command was given to the Rairaian to establish a camp between Narwar and Chanderi and to consolidate those areas.

Khan A'zam Mirza Koka was promoted to the exalted rank of 246
7,000 *zat* and 6,000 *suwar*. Hashim Khan was promoted to the rank of 1,500. Shaikh Daulat Bakhtyar was promoted to 2,000. The presentations of Shah Beg Khan, the governor of Kandahar, were shown to the emperor.

Khan A'zam's daughter was affianced to Prince Khusrau, and Sa'id Khan, Abdullah Khan, and Mir Sadr-i-Jahan were ordered to take one lac of rupees as *shirbaha* to Khan A'zam's house.

Fifty thousand rupees were given to Allami Shaikh Abu'l-Fazl. Mirza Yusuf Khan's sons paid homage and were given appropriate ranks. When the distress and poverty of the farmers of Kabulistan were reported to the emperor, he forgave an entire year's impost on the province and ordered that every year for eight years a one-eighth reduction in taxes be given as an emolument to the holders of grants.

Khan A'zam's son Shamsuddin Husain, the vice-governor of Gujarat, was promoted to the rank of 2,000.

It was learned that Khudawand Khan Habashi had stirred up trouble in the districts of Pathri and Basim. The Khankhanan had dispatched a force under Raja Suraj Singh and Ghaznin Khan Jalori to crush him. The imperials hastened there and defeated him, and great strides were being taken to ensure security in the area.

و از سوانح فیروزمند شدن ایرج پور خانخانان و هزیمت عنبر جیو.

آگهی آمد که خانخانان چون رفتن عنبر بجانب تلنگانه و تاب نیاوردن میر مرتضی در قصبهٔ ناندیر و رسیدن او و شیر خواجه بموضع جهری و دست‌درازی مخالف در آن نواحی و اضطراب شیر خواجه و میر مرتضی ازین رهگذر معلوم کرد، ایرج پور خودرا با فوج عظیم از بنده‌های درگاه بدفع فتنه گسیل نمود. ایرج با میر مرتضی و شیر خواجه پیوسته آویزهٔ خصم بدنهاد پیشنهاد همّت ساخت. عبنر ازین آگهی بجانب دمتور رفت و از آنجا بطرف قندهار روانه شد. درین اثنا فرهاد حبشی با دو سه هزار سوار بعنبر پیوست و دلاوران لشکر منصور در هیچ جا عنان باز نکشیده نزدیک بغنیم رسیدند. چون مخالف پای ثبات افشرده بود سران لشکر فیروزی‌اثر بترتیب افواج پرداختند. قول ایرج با لشکر پدر خود و برخی منصبداران. هراول:

قاسم حسین خان	راجه سورج سنگه
شیخ ابوالفتح پور شیخ	بهادر الملک
معروف	شیخ ولی
شیخ مصطفی	پربت سین کهتریه
فتح خان لودی	مکندرای
اختیار خان	گردهرداس پسر رای‌سال
شیر خان	درباری
دیگر بهادران نصرت‌شعار	راگهوداس پور کهنگار
	شیخ مودود
	زاهد پور شجاعت خان

The Khankhanan's son Iraj gains a victory, and Ambar-ji is routed 247

When the Khankhanan learned of Ambar's going to Telingana, of Mir Murtaza's helplessness in Nander, of his and Sher Khwaja's arrival in Jahri, of the foe's aggressiveness in that area, and of Sher Khwaja's and Mir Murtaza's distress in this regard, he dispatched his son Iraj with a large force of imperials to ward off trouble. Iraj joined Mir Murtaza and Sher Khwaja and set out to do battle with the evil foe. Learning of this, Ambar went to Damtor (?) and then set out in the direction of Kandahar. At this point Farhad Habashi and two or three thousand cavalrymen joined Ambar. The imperials did not draw in their reins in any place until they were near the foe. Since the enemy had dug in, the commanders of the imperial army arrayed their ranks. In the center were Iraj and his father's troops and some high-ranking officers; in the vanguard were:

Raja Suraj Singh
Bahadurulmulk
Shaikh Wali
Parbat Sen Khattriya
Mukundrai
Raisal Darbari's son Gardhar Das
Khankar's son Raghu Das
Shaikh Maudud
Shaja'at Khan's son Zahid
Qasim Husain Khan
Shaikh Ma'ruf's son Shaikh Abu'l-Fath
Shaikh Mustafa
Fath Khan Lodi
Ikhtiyar Khan
Sher Khan
other imperial warriors

برانغار میر مرتضی و جمعی کارطلبان. جوانغار علی‌مردان بهادر و جوقی از مبارزان. عنبر نیز بارادهٔ پیکار و آهنگ کارزار تعبیهٔ افواج کرده معرکه‌آرا شد. نخست هراول غنیم آراسته فیلان پیش‌را برداشته بر هراول لشکر منصور زور آورد و آتش زد و خورد بلندی گرفت و از دود توپ و تفنگ روز روشن مشکی لباس شب درپوشید. بهادران تهوّرشعار خصم‌را بضرب بندوق و شیههٔ تیر بیجا ساختند. سپس بهادران قول حمله‌های مردآزما بروی کار آوردند. پیکارپرستان بنیروی اقبال جهانشاهی پای همّت پیشنهاده تیغ دو دستی زدند و از خون دشمن گلگونهٔ فیروزی بر چهرهٔ بختمندی کشیدند و مخالف تیره‌روز نیل عار فرار بر روی روزگار خود پسندیده پشت بمیدان کارزار داد. درین شگرف آویزه تردّد نمایان از دلاوران هراول و گُردان قول جلوهٔ ظهور داد. اگر مردم جوانغار و برانغار دست جرأت میگشادند مخالف‌را پای گریز نبود و البتّه عنبر و فرهاد اسیر میگشتند. درین اثنا بیست زنجیر فیل با سایر اسباب غرور و پندار مخالفان در تصرف اولیای دولت قاهره درآمد.

چون مژدهٔ این فتح شگرف از عرضداشت شاهزاده دانیال بمسامع جلال رسید سپاس ایزدی بجای آمد. سعادتمندانی که درین رزم نامور مصدر ترددات گشته بودند عنایت پادشاهی باضافهٔ مناصب و عطایای اسپ و خلعت پایهٔ فرّ[88] هر یکی برافزود. شاهزاده از جملهٔ فیلان مذکور ده زنجیر روانهٔ والا درگاه ساخت و ده نزد خود نگاهداشت باین سگالش که هرگاه بدولت ملازمت مستسعد گردد پیشکش نماید.

۲۴۸ و از سوانح فتح جمّو است. چون حسین بیگ شیخ‌عمری بموجب حکم قضاشیم قلعهٔ جمّورا محاصره کرد زمیندار نگرکوت و باسوی مقهور سایر مرزبانان و کوهیان پرگنهٔ لکهن‌پور و جسروته و مانکوت بکمک آن بومی

The right wing consisted of Murtaza and a troop of fighters, and in the left wing were Alimardan Bahadur and a troop of champions. Ambar also arrayed his ranks and got ready for battle. First the enemy's vanguard broke through the forward elephants and pressed the imperial vanguard as combat broke out and the smoke of cannons and firearms turned bright day to musky night. The brave champions displaced the foe with the fire of their muskets and the screams of their missiles. Then the warriors of the center made repeated attacks, and the imperial fighters pressed forward, wielding their swords with two hands. As enemy blood drenched the battlefield, the ill-starred foe disgraced themselves by turning their backs on the field and fleeing. In this great battle a valiant showing was made by the warriors of the vanguard and the champions of the center, and the men of the right and left wings were bold enough as well. The foe had nowhere to flee, and Ambar and Farhad were taken captive. Meanwhile, twenty elephants and all the material implements of the enemy's pride and conceit fell into the hands of the friends of fortune.

When the news of this great victory was reported to the emperor by Prince Danyal, thanks were given. The fortunate ones who had performed deeds of renown during the battle were rewarded with promotions and the gift of horses and robes of honor. The prince sent ten of the captured elephants to court and kept ten for himself, thinking that when he paid homage he would present the others.

Jammu is conquered 248

When Husain Beg Shaikh-Umari laid siege to the Jammu fortress as ordered, the zamindar of Nagarkot and the wretched Basav

فراهم آوردند و کوششهای بلیغ نموده ناکام برگشتند. و هنگام شب با بخت سیاه رهگرای دشت ادبار و گام‌فرسای بادیهٔ فرار شدند. رامگده و جسروته و جمّو و مانکوت و کوبست بنیروی اقبال والا گشایش یافت.

۲۴۹ از بنگاله گوناگون آگهی چهرهٔ نشاط برافروخت. نخست راجه مانسنگه بولایت دهاکه رسیده کیدا رای مرزبان‌را بداستان امید و بیم رهگرای نیکوبندگی گردانید. دیگر چون آگهی یافت که جلال کهکره‌وال با جمعی از تبهکاران بدمآل قصبهٔ اکره و مالیره‌را تاخته فراوان تشویش ببازرگانان و باشندگان آنجا رسانید، خواجه باقر انصاری‌را بگوراگهات نزد مهاسنگه فرستاد که باتّفاق هم این شورش فرو نشاند. چون مهاسنگه بکهکره پیوست جلال دریای مندری‌را پیش رو داشته با پنجهزار پیادهٔ جنگی و پانصد سوار نمودار گردید. مهاسنگه بی‌تأمّل اسپ بآب انداخت. چون از بلندی کنار رود برآوردن اسپان دشوار بود برخی همراهان او رخت هستی بآب نیستی دادند و بیشتری بنیروی اقبال برآمده آتش بخرمن زندگی مخالفان بزدند و آن کجگرای خاک ادبار بر فرق روزگار خود بیخته چون باد بدر رفت. مهاسنگه خاطر از مهم واپرداخته دفع فتنهٔ قاضی مؤمن که هم در آن ایّام در پرنیه تیره‌روزگاران بسیاررا فراهم آورده و گرد شورش برانگیخته بتاراج آن نواحی دست دراز کرده بود ناگزیر وقت دانسته عنان همّت بآنصوب تافت. آن برگشته‌بخت بر کنار آب کوسی قلعهٔ ساخته در فکر گریز بود. همین که از قرب افواج ظفرقرین آگهی اندوخت با زه‌وزاد در کشتی نشسته بآن طرف بدر رفت. مهاسنگه پانصد سوار بتکامشی او از آب گذراند و او در جزیرهٔ درآمد. فوج نصرتمندرا از جنگل‌انبوهی نشان بر قرار نمیماند. چابک‌خرامان نبردوست پراکنده شده از هر طرف بآن جزیره درمیآیند. مؤمن‌را نخست نظر بر چندی دلاوران می‌افتد و مجاهدان‌را

assembled all the rulers and hill lords of the districts of Lakhan-
pur, Jasrota, and Mankot to assist the wretch. They made great
efforts but returned in failure, taking flight by night. Ramgarh,
Jasrota, Jammu, Mankot, and Kobast (?) were all taken by the
might of good fortune.

Various pieces of good news came from Bengal. First, Raja   249
Man Singh reached the district of Dacca and persuaded the
ruler, Keda Rai, by offering hope and instilling fear, to cooperate.
Second, when it was learned that Jalal Khakrawal and a group of
maleficents had raided Akra and Malera and given much trou-
ble to merchants and the inhabitants, he (Raja Man Singh) sent
Khwaja Baqir Ansari to Maha Singh in Ghoraghat for the two of
them to put down the unrest. When Maha Singh came to Khakra,
Jalal appeared with five thousand foot soldiers and five hundred
horsemen on the other side of the Mandari River.[61] Without
pausing for reflection, Maha Singh spurred his horse into the
river, but the banks of the river were too steep to get the horses
out and many of his companions drowned, although enough got
out to defeat the foe, and the wayward leader escaped in humili-
ating defeat. His mind at ease in that regard, Maha Singh consid-
ered it necessary to deal with the rebellion of Qazi Mu'min, who
had also gathered a considerable following of rabble in Purnia
and had stirred up trouble by raiding and pillaging in the area,
and so he set off in that direction. The wretch, having made a
fortification for himself on the banks of the Kusi River, was think-
ing of fleeing, but as soon as he learned of the approach of the
imperials, he put his family and household in a ship and escaped
in that direction. Maha Singh had five hundred horsemen pursue
him on the other side of the river, but he escaped to an island.
The troops could find no trace of him due to the thickness of the

در شماره اندک فراگرفته و از دیگر مبارزان بیخبر گشته با برخی رزمجوی میشود و فوج پیش‌را برهم میسازد. مراد بیگ اوزبک و نورالدین محمد خویش محب‌علی خان از برهم‌خوردگی حسابی برنداشته با دل قوی و همّت درست غریب آویزشی میکنند. نورالدین محمد خان در راه اخلاص جان میبازد. درین هنگام بیم آن بود که گزندی بفوج فیروزمند رسد، اما از اقبال شاهنشاهی قاضی مؤمن از بارگی سرنگون می‌افتد و همان جا کشته میشود و بهادران مظفر و منصور میگردند.

۲۵۰ دیگر براجه آگهی رسید که عثمانِ ملعون با جمعی کثیر از دریای برم‌پتر گذشته و باز بهادر قلماق تهانه‌دار آن ناحیت‌را پای قرار از جای رفته و از آنجا در بهوال آمده. راجه در عرض شبانه‌روز ببهوال رفت و روز دیگر بر لب آب بهار (؟) محاربهٔ خصم بدفرصت‌را آماده گردید. و پس از درآویختن بسیاری افغانان تباه‌بسیچ‌را رهگرای نیستی‌سرا ساخته فراوان الجا از نواره و توپخانه بدست آورد و تهانه‌را بمردان کار استوار ساخته بدهاکه آمد و جمعی مبارزان‌را بگذشتن از آب ایچهامتی[۸۹] و مالش عیسی و کیدا مرزبان بکرم‌پور و سرهرپور امر کرد. افغانان تیره‌روزگار باتّفاق داؤد پور عیسی و زمینداران گذرهارا بند کرده آمادهٔ محاربه گشتند و روزی چند فوج منصوررا از عبور مانع آمدند. راجه از صورت کار آگهی حاصل کرده از دهاکه بشاهپور آمد. نخست جمعی‌را بکمک مبارزان پیشین تعیین نمود. چون از اندازهٔ طاقت آنها زیاده بود و جنگ قوی بر گذر آب رو داده چارهٔ کار در رسیدن خود دانسته درپیوست و بی‌محابا فیل‌سواره بآب درآمد و سایر مردم قوی‌دل گشته شناور دریای مردانگی شدند و از آب گذشته غنیم‌را برشکستند. گروه مخالف‌را پای ثبات بلغزش درآمد و راه ادبار فراپیش گرفت و راجه از عقب رفته‌ها

vegetation. When the warriors had scattered in search all over the island, Mu'min spied several soldiers and thought they were only a few, since he was unaware of the others, and came out with a few fighters and scattered the scouts. Murad Beg Uzbek and Nuruddin Muhammad, a relative of Muhibb Ali Khan's, thought nothing of the scattering and fought valiantly with stout hearts and determination. Nuruddin Muhammad Khan lost his life in devotion. At this point there was fear that some injury might befall the imperial troops, but thanks to the emperor's good luck Qazi Mu'min fell from his horse and was killed on the spot, and so the imperial warriors were victorious and triumphant.

Another piece of good news was that the accursed Usman and 250
many troops had crossed the Brahmaputra River. Baz Bahadur Qalmaq, the outpost commander of the area, had not been able to stand his ground and had gone to Bhawal. The raja got to Bhawal in twenty-four hours, and by next day he was ready to do battle with the miscreant on the banks of the Bihar River (?). In a pitched battle many Afghans were killed, and much booty in battleships and artillery fell into their hands. After returning the outpost to the officials he went to Dacca and ordered a troop of warriors to cross the Ichhamati River to crush Isa and Keda, the ruler of Bikrampur and Surharpur. The ill-starred Afghans, together with Isa's son Daud and the zamindars, blocked the crossings and got ready to do battle, effectively preventing the imperials from crossing for a few days. The raja, learning of the situation, went from Dacca to Shahpur. First he assigned a troop to reinforce the first troop. Since that was beyond their capacity and there had been heavy fighting at the river crossing, he decided that he would have to go himself. When he arrived he plunged mercilessly into the water on elephant back, and all the rest of his men took heart and

شبگیر کرده در برهانپوری و تره توقف گزید. شیر خان بومی آن سرزمین از سعادتمنشی راجه‌را دید و از آنجا بسرهرپور و بکرمپور شتافت. داؤد و سایر افغانان واژون‌طالع بحدود سنارگانو بدررفتند. راجه از غنیم خاطر فراهم نموده بدهاکه روی آورد.

۲۵۱ درینولا رای‌سال درباری‌را بمنصب دوهزار و پانصدی ذات و هزار و دویست و پنجاه سوار سربلند ساختند. از دیرین بنده‌های درگاه بود و نقش خدمت و جانسپاری درست داشت.

رای‌سنگه راتهور‌را که از کم‌مایگی خرد لغزشها ازو سر زده بود ببادافراه کردار یک چندی از کورنش محروم داشته بودند. درینولا چون رقم پشیمانی از صفحهٔ احوال او خوانده شد عفو جرم‌پوش پادشاه عذرنیوش کردهٔ اورا ناکرده انگاشت و حکم کورنش صادر گشت و نوازش پور اورا که همواره بر خلاف خواهش پدر زیستی مشروط برضاجوئی پدر داشته بر زبان حقایق‌ترجمان گذشت «تا از پدر که خدای مجازی است و رضامندی او مستلزم رضای خدای حقیقی است خشنودی حاصل نکند از عواطف خسروانی بهره نخواهد اندوخت.»

۲۵۲ از عرایض کارپردازان دکن بعرض رسید که شاهزاده سلطان دانیال محال جایگیر میرزا شاهرخ تغییر نموده ازین جهت میرزا دلشکسته گشته عزم طواف قدسی آستان دارد. بنابران بشاهزاده فرمان شد تغییر جایگیر مرزا ازو بغایت ناپسندیده نمود، باید که آن محال بمیرزا واگذارد. و یرلیغ عنایت‌نشان بنام میرزا زینت صدور یافت فراهم آوردن پراکندگیهای صوبهٔ مالوه برای صواب‌انتمای او بازگذاشته آمد. سرگرم خدمت باشد و بی‌طلب بجانب والا درگاه قدم نفرساید و بعنایت اسپ خاصه میرزارا سربلندی فرمودند.

began to "swim in the sea of manliness." Crossing the river, they defeated the enemy. One group of the foe lost its ground and took flight, but the raja went in pursuit and caught them during the night and then stopped in Burhanpuri and Tara. Sher Khan, the local ruler, was fortunate enough to pay homage to the raja, and from there he went to Surharpur and Bikrampur. Daud and the ill-starred Afghans escaped to the vicinity of Sonargaon. With his mind at ease concerning this foe, the raja set out for Dacca.

Raisal Darbari was promoted to the rank of 2,500 *zat* and 1,250 251 *suwar*. He was an old servant of the court, and he had served self-sacrificingly.

Raisingh Rathaur had been banned from court for a while as punishment for some foolish mistakes he had made. At this point true repentance was discerned in him, so the emperor pardoned him and ordered him to attend court. His son, who had constantly conducted himself at variance with his father's wishes, was shown favor contingent upon his obeying his father, and the emperor said, "Until he obeys his father, who is his metaphorical lord, and by so doing reaps the pleasure of his true lord, he will have no share of regal favor."

It was learned from administrators of the Deccan that Prince 252 Sultan Danyal had reallocated Mirza Shahrukh's fiefs, for which reason the mirza was annoyed and was going to set out for court. A letter was therefore issued to the prince saying that the change of the mirza's fief was extremely displeasing and his estates should be restored to him. An imperial edict was also issued to the mirza telling him that the task of putting the province of Malwa in order had been assigned to him. He should therefore gird his loins and not come to court without a summons. As a show of favor, a regal horse was bestowed upon the mirza.

نظم و نسق صوبهٔ ملتان بسعید خان بازگشت و مشمول عنایت بانصوب رخصت یافت.

پرتاب‌سنگه برادر راجه مانسنگه از بنگاله آمده دولت کورنش دریافت. بعرض رسید که عساکر منصور بر باسوی مردود مظفر آمد و قلعهٔ کولیر مفتوح شد. برامداس حواله گردید.

۲۵۳ و از سوانح دکن بمسامع قدسی رسید خانخانان از بن برکندن خار و بن راجوی فتنه‌جوی‌را پیشنهاد همّت ساخت و شاهزاده سلطان دانیال خیرگی یکی از فاروقیان در حوالی بابل‌گده معلوم نموده تردی بیگ خان و خواجه ابوالحسن‌را با فوجی بمالش او گسیل نمود. او از آنجا بدولت‌آباد گریخت و خواجه ناظر خواجه‌سرا درِ قلعه بر مبارزان فیروزی‌نشان بسته آغاز جنگ کرد. نصرت‌قرینان در محاصرهٔ قلعه لوازم اهتمام بجای آورده کار بر آن خیره‌سر تنگ نمودند. چون راه گریز مسدود یافت ناگزیر زینهاری شده بدولتخواهان پیوست.

بعلامی شیخ ابوالفضل فرمان شد جریده عازم درگاه اقبال‌مطاف گردد و لشکر خودرا با شیخ عبد الرحمن پور خود گذاشته اورا بنظم مهمّات پذیرد. بقراط دانش علامی فهّامی شیخ ابوالفضل مقتدای ارباب فضل چون عقیدت درست و اخلاص راسخ بخدیو صورت و معنی داشت درخور آن پایه پایه بر مراتب قرب و منزلت و مدارج دولت و شوکت برمیآمد. ناتوان‌بینان از دید احوال او شعلهٔ حسد در کانون ضمیر می‌افروختند و کینتوزی و غدراندوزی‌را فرصتجوی بودند. تا حمایت ایزدی شامل حال و عنایت سرمدی کافل اکمل آن پاکنهاد بود کار او ببلندی میگرائید و از هیچ رهگذر گزندی نمرسید. اما کینهٔ حسدپیشگان پیوسته تنومندی میگرفت. رفته رفته مزاج شاهزاده سلطان سلیم بتاخت‌زنی ترفندگذاران

The governorship of the province of Multan was assigned to Sa'id Khan, and he was given leave to depart for there after being inundated with regal favor.

Pratap Singh, Raja Man Singh's brother, came from Bengal to pay homage. He reported that the imperial troops had triumphed over Basav and taken the Kulir (?) fortress. He had turned it over to Ram Das.

News from the Deccan   253

It was reported to the emperor that the Khankhanan had concentrated his attention on eradicating the disruptive Raju. Prince Sultan Danyal, having learned of the emergence of one of the Faruqis in the vicinity of Babulgadh, dispatched Turdi Beg Khan and Khwaja Abu'l-Hasan with troops to crush him. He had fled from there to Daulatabad. The eunuch Khwaja Nazir had shut the fortress gates against the imperial warriors and started to fight. The imperials made valiant efforts in besieging the fortress, thereby reducing the fool to dire straits. With all avenues of escape blocked, he had to ask for quarter and join the imperials.

Allami Abu'l-Fazl was ordered to turn his troops over to his son Shaikh Abdul-Rahman and to come unencumbered to court as quickly as possible. Since the learned Shaikh Abu'l-Fazl was unquestioningly devoted and obedient to his lord, he set out immediately for court. Those envious of the shaikh's influence were lying in wait for an opportunity to take revenge on him, but as long as he was divinely protected and under the aegis of imperial favor, he kept rising in prominence and suffered no setback from any quarter. Nonetheless, the jealous seething of his detractors continued to escalate, and gradually the constant slander of him by his detractors stirred up Prince Sultan Salim against

471

بر آن پیشوای اهل دانش برشورید. چون اطوار شاهزاده ناملایمِ طبعِ خاقانِ ستوده‌سیر بود و پیوسته بر خلاف خواهش آن حضرت زیستی، بی‌توجّهی گیتی‌خدیو روز بروز افزون میشد. بداندیشان سرگرانی و ناخشنودی کشورخدا از سعایت شیخ وانموده دلنشین میکردند که «شیخ در ریختن آبرو و زدودن نقش اعتبار شما میکوشد» و ازین قسم مقدّمات چندان خاطرگزین شاهزادهٔ گرمخو که از دوام باده‌گساری و مستی شراب برنائی و کامگاری سرمایهٔ کارآگهی و هوشیاری درباخته بود ساختند که بر جانشکری آن یکتای روزگار کمر بست. در هنگامی که شاهزاده بی‌طلب میخواست که بدرگاه برسد و دیهیم‌خدا از باطن غیبدان بر سگالش او آگهی حاصل کرده آمدن نگذاشت خبر طلب شیخ از دکن بر سبیل ایلغار معلوم نمود. فرصت‌را غنیمت شمرد و برسنگهدیو بندیله‌را که از دیرین رهزنان بود و وطن در سر راه دکن داشت و از مدّتی در رکاب پادشاهزاده بسر میبرد فرمان داد «چون شیخ بشوق ملازمت اقدس جریده رهنورد است سر راه برو گرفته کارش بانجام رساند» و به بسا نوازش آن تبهکاررا امیدوار ساخته گسیل نمود و آن عوان نادان از هرچه زودتر بوطن آمده و جماعهٔ وحوش‌سیرت سباع‌خاصیت بندیله‌را با خود یکجا کرده در کمین فرصت نشست. شیخ چون فرمان گیتی‌خدارا کاربند شده از دکن گام سعادت برگرفت در اجین شنید که آن کج‌اندیش سر راه گرفته است. این سخن‌را وزنی ننهاده بهدید هواخواهان که میگفتند «ازینجا عنان تافته از راه گهاتی چاندا برویم» نپسندید. همانا از قرب زمان ارتحال سررشتهٔ تدبیر از کف رفته بود یا آنکه خاطر بگسیختن اخشیجی پیوند رغبت تمام داشت و دل از دریافت نیرنگیهای روزگار و دید اوضاع زمانیان سیر شده بود.

him. Since the prince's demeanor did not please the emperor's temperament and he continued to act contrary to the emperor's will, the emperor's disfavor increased daily. Malevolents represented the emperor's displeasure as emanating from the shaikh and convinced the prince that the shaikh was not only dishonoring him but also working to undermine his authority. By means of such things they convinced the hot-headed prince, who was constantly drunk on wine and intoxicated by youth and success to the point that he had lost his sobriety and awareness, that he should do away with the shaikh. After the prince wanted to go to court without a summons and the prescient emperor, knowing his intentions, refused to let him come, the prince learned that the shaikh had been ordered to go to court posthaste. Realizing that this was his golden opportunity, he ordered Bir Singh Deo Bundela, a former bandit whose home lay along the road from the Deccan and who had long been in the prince's retinue, to waylay the shaikh on his way to court and finish him off. Promising the miscreant much, he sent him off, and that ignorant villain raced as fast as possible to his homeland, gathered a group of wild and bestial Bundelas, and lay in wait. The shaikh, in obedience to the emperor's order, set out from the Deccan. In Ujjain he heard that the wretch (Bir Singh Deo) had blocked the road. Giving no weight to the report, he refused to heed his well-wishers' advice to turn aside and take the Ghati Chanda road. It was as though the approach of his slated time had made him lose his good sense—or perhaps he was tired of suffering the machinations of fate, weary of seeing the human predicament, and desirous of ending his physical existence.

۲۵۴ غرّهٔ ربیع الأوّل هزار و یازده هلالی مابین سرای بیر و انتری برسنگهدیو از کمینگاه برآمده نمودار گردید. آن هشیارخرام میدان آگهی بخاطر آزرده و پیشانی گشاده و دل پر توکّل و همّتی فراخ آمادهٔ پیکار گشت. گدائی خان افغان که از دیرین ملازمان و پروردهٔ احسان بود پیش آمده عنانگیر گردید و از سر نیکبسیچی و خیرسگالی ظاهر کرد که «دشمن بجمعیت فراوان ظاهر گشته از کم‌یاوری چیره‌دست نمیتوانیم آمد. آن سزاوار که من با چندی روبروی خصم شوم و شما بآهستگی راه بسپرید. تا خصم از کار ما واپردازد زمان دراز در میان می‌افتد و شما بانتری که ازینجا سه کروه است و در آنجا رای رایان و راجسگنه با دو سه هزار سوار فرود آمده‌اند بفراغت میرسید.»

۲۵۵ آن غیرتمند شجاعت‌آئین پاسخ برگذارد «فروهیدگان آزرم‌دوست‌را جان بناموس درباختن و بغیرتمندی و دلیری فرو شدن خوشتر است از روزگاری ببددلی بسر برد و عار بیجگری بر خود پسندیدن. در آئین رادمردان ازین نکوهیده‌تر چه باشد که بر حیات مجبولة الانصرام اعتماد نموده خصم‌را پهلو دهند و دل در جهان ناپایدار بسته جاوید نفرین اندوزند. اگر واپسین روز که هرآینه بی‌شایبهٔ شک و شبهه همه کس‌را در پیش است مرا همین روز است، چه چاره و کدام تدبیر؟»

دیگر بر زبان راند «بنده‌نوازی خدیو صورت و معنی مرا از پایهٔ طالب العلمی بعالی درجهٔ امارت و وزارت و گزین مرتبهٔ سرداری و سپه‌سالاری برآورده است. امروز اگر از من خلاف شناخت آن حضرت ظاهر گردد در عالمیان بچه نام نامزد گردم و در همچشمان چگونه روسفید توانم شد؟» این بگفت و متوجه غنیم گشت. گدائی خان از پیش شده باز بالحاح تمام گفت «سپاهیان‌را ازین نوع کارها فراوان روی میدهد. در

On the first of Rabi' I 1011 [August 19], between Sarai Bir and Antri, Bir Singh Deo sprang from ambush, looming before the shaikh. The wise shaikh, sensible of the injury done him but his countenance cheerful, his heart full of trust in the divine, and with great high-mindedness, got ready to do battle. Gada'i Khan Afghan, an old retainer and beneficiary of the shaikh's generosity, grabbed the shaikh's reins and said in benevolence, "A large group of enemies has appeared. We are too few to defeat them. It would be better for me to take a few men to face the enemy while you proceed slowly. It will take them a long time to get past us, and by then you will easily be able to reach Antri, which is only three leagues from here. The Rairaian and Rajsingh have two or three thousand cavalrymen there." 254

"It is better for noble men of peace to lose their lives with honor and bravery than to live amid distrust, branded with cowardice," replied the shaikh. "What could be worse in the code of chivalry than to place any reliance on ephemeral life and turn one's back on the enemy or to set one's heart on the impermanent world and earn everlasting damnation? If today is to be our last day—which, after all, is something that unavoidably and doubtlessly comes to everyone—what can be done about it?" Then he added, "My lord's favor and patronage elevated me from the level of student to the exalted rank of commander, vizier, and leader. If today I act contrary to appreciativeness to him, how will I be labeled by the people of the world and how can I appear honorable to my peers?" 255

So saying, he turned toward the foe. Gada'i Khan went in front of him and insisted, saying, "Soldiers are often faced with such situations. When battle with the enemy is inappropriate, to turn aside by pulling in one's reins in order to take revenge at another

وقتی که جنگ با خصم مناسب نباشد از یک سو شدن و عنان برتافتن و بار دیگر انتقام کشیدن خلل در ارکان شجاعت راه نمی‌یابد. هنوز فرصت باقی است. میتوان خودرا ازین مهلکه بکنار کشید.»

آن آمادهٔ سفر واپسین که قدم بر جان نهاده بود التفات بر کلمات دلسوزانهٔ او نکرده گفت «از پیش این دزد روناشُسته گریختن از من نمی‌آید.» هنوز سخن درمیان بود که برسنگهدیو مقهور رسیده آمد و آن والاهمّت توسن جرأت برانگیخته بر فوج مخالف زد و بزخم نیزه که بر سینه رسید از گلگون زندگانی جدا شده بر خاک هلاک افتاد. گدائی خان و چندی دیگر توفیق جانفشانی یافتند. افسوس از آن معدن دانائی و دریغ از آن بحر شناسائی. شمع شبستان علم و دانش فرو مرد و سرچشمهٔ فضایل و کمالات بیفسرد. فطرت‌را روز بد پیش آمد و دانش و بینش جگرریش شد. فهم و فراست‌را پیوند گسست و دوربینی و دقیقه‌شناسی رخت از عالم بربست. ۲۵۶

دریغا آسمانِ معرفت با خاک یکسان شد
ستونِ علم از جا رفت و کاخِ فضل ویران شد

چون این کیفیت غم‌افزا ببارگاه گیتی‌خداوند رسید شهریار پایه‌شناس مهربان‌را دل بدرد آمد که بزم‌افروز قدسی محفل و مصاحب آگاهدل‌را پیمانهٔ حیات لبریز گشت. نوئینان والامرتبه بدرازنای غم در شدند که صدرآرای بارگاه وزارت‌را رشتهٔ زندگی کوتاهی کرد. دانش‌اندوزان حکمت‌پژوه بغم‌اندوزی نشستند که مربّع‌نشین چاربالش فضل از جهان برخاست. هشیارمغزان بیدارباطن آه سرد برزدند که هنگامه‌گرم‌ساز

time does not detract from one's bravery. There is still time. You can still avoid this perilous pass."

Ready for his final journey, and prepared to give up his life, he 256
paid no attention to Gada'i Khan's compassionate advice and said, "I will not run away from a bandit who hasn't yet washed behind his ears." No sooner were the words out of his mouth than the wretched Bir Singh Deo came upon him, and the shaikh high-mindedly spurred the steed of bravery, charged the enemy troops, and was felled by an arrow wound to his chest. Gada'i Khan and several others also lost their lives valiantly. Alas for such a mine of erudition! The candle that illuminated the assembly of knowledge and learning was snuffed out, and a fountainhead of perfection dried up. It was a bad day for talent, it was agony for learning and insight. The bonds of comprehension and perspicuity were broken, and foresight and erudition departed from the world.

Alas, the heaven of knowledge came crashing to the earth, the pillar of learning slipped, and the castle of erudition crumbled.

When this horrible event was reported to the imperial court, the emperor was greatly aggrieved because the star of his blessed assembly and comrade in awareness had lost his life. Grandees of exalted rank were also plunged into grief because the life of him who ennobled the chief seat of the vizierate had been cut short. Wisdom-seeking scholars sat in mourning for the chief of literary excellence who had departed the world. Those of inner awareness sighed in regret because he who had given life to the assembly of awareness had gone to his final slumber. The general

آگهی‌را خواب واپسین درگرفت. عموم خلایق نوحه و زاری آغاز نهادند که پیشوای ارباب صلح کل و مزاج‌شناس زمانه‌را روزگار سپری شد. غم و غصّهٔ که خاقان قدردان‌را روی داد از اندازهٔ گفت بیرون است. از ثقات بگوش خورده که خدیو زمان دو پهر روزی بعشرت تماشای پرواز کبوتران مشغول بودند و بر سر پا ایستاده نظارهٔ بازیِ آن بدیع کرداران میفرمودند که شیخ فرید بخشی‌بیگی ازین واقعه آگهی داد. آنحضرت بی‌اختیار شهقه زده از خود رفتند و بعد از زمانی دراز بافاقه آمدند و چند روز متوالی از فدای آن مصاحب دانش‌آئین، نوئین اخلاص گزین، مخاطب بلندفطرت، مخلص صافی‌طبیعت، انیس مجلس خاص، همدم خلوتکدهٔ اختصاص، مستشار صایب‌رأی، هوادار راستی‌سرای دیده نمین و چهره غمگین داشتند، و هرگاه از آن قضیه یاد میکردند آه دردآلود کشیده دست بر سینه میمالیدند.

۲۵۷ شاهزاده از برای چنین لغزشی که ازو واقع شد بانواع ملامت و اقسام عتاب ملوم و معاتب گشت و در خاطر قدس‌مظاهر کدورتی تمام از شاهزاده جای گرفت چنانچه تا آخرین نفس آزرده بودند و با کمال تضرّع و ابتهال برو نبخشودند.

«وزیرِ شهنشاهِ حق‌جوی»، «ابوالفضل آگاهدل» این دو فقره هرکدام تاریخ خوب آن قدوهٔ ارباب دانش میشود که محرّر ارقام‌را در اثنای مسودّهٔ این اوراق رو داده.

برای رایان فرمان شد برسنگهدیو مقهوررا مستاصل بسازد و تا سر از تن او جدا نکند از پا ننشینند. راجه راجسنگه و رامچند بندیله و سایر زمینداران آن نواحی بیاوری مقرّر شدند. ضیاء الملک بخدمت بخشیگری این لشکر سربلند گردید و جمعی از منصبداران حضور بهمراهی او معیّن گشتند.

populace began to lament and mourn because the leader of the advocates of universal peace, he who held the pulse of the age, was gone. The grief and sorrow with which the emperor was afflicted were beyond telling. It has been heard from reliable sources that the emperor was enjoying watching his doves fly at the second watch. Suddenly he stood up to watch the flight of those marvelous creatures, and just then Shaikh Farid Bakhshi-begi made him aware of this event. Involuntarily the emperor cried out and fell unconscious. After a long time he came to and spent several days with his eyes wet and his countenance sorrowful, grieving for the fidelity of his learned companion, devoted grandee, intelligent friend, devotee of pure nature, comrade of his private sessions, confidant of the privy chamber, never-erring adviser, and honest supporter. Every time he thought of the event he drew a pained sigh and beat his hand on his breast.

For having committed such a grave mistake, the prince was 257 blamed and castigated in various ways, and a great animosity for the prince, which he maintained until his dying breath, lodged in the emperor's mind, and, despite the prince's pleading and entreaty, he never forgave him.

"Vizier of the truth-seeking emperor" and "Abu'l-Fazl of aware heart"[62] are two statements that are both excellent chronograms for the learned man's death, and they occurred to this writer while penning the draft of these pages.

The Rairaian was ordered to reduce the wretched Bir Singh Deo to naught and not to rest until he had severed his head from his body. Raja Rajsingh, Ram Chand Bundela, and the other zamindars of the area were assigned to assist him. Ziya'ulmulk was promoted to the office of *bakhshi* for this expedition, and a number of court officials were assigned to accompany him.

۲۵۸ و از سوانح رسیدن عرضه‌داشت نیاز میرزا بدیع الزمان همشیره‌زادهٔ میرزا محمد حکیم از بدخشان. در سال چهل و شش الهی نگاشتهٔ خامهٔ درستگذار علامی شده که او پس از چیرگی بر ولایت بدخشان خطبه و سکّه‌را بنام نامی خاقان جهان زینت داد و کاردانی با عرضداشت عذر پیشین کمخدمتی بدرگاه والا فرستاد و شهریار ناتوان‌نواز مهرباندل فرستادهٔ اورا با فراوان کالا و بسیاری اسلحه و یراق جنگ برگردانیده نیرو افزود. درینولا باز بوسیلهٔ عریضه خودرا مذکور همایون محفل ساخته خواهش لختی دست‌افزار جنگ کرد. خاقان کامبخش بیست شتر بار آلات جنگ و کالا مصحوب ملک محمد بدخشی که بداروغگی کان لعل بدخشان مقرّر گردید بجهت میرزا مرحمت فرمود و فرمان عاطفت‌نشان مشتمل بر انواع دلدهی شرف ارتفاع یافت.

۲۵۹ و از سوانح بسر آمدن روزگار خواجه سلیمان بخشی لشکر کوهستان پنجاب. جمعی‌را بر سر موضعی میفرستد و انتظار خبر میبرد. چون آگهی نمی‌یابد خود از پی فرستاده‌ها میرود و در هنگامی که آن جماعه بمخالف درآویخته بودند و از هر دو طرف تیر و تفنگ در کار، بآنها می‌پیوندد. درین اثنا تفنگی بشقیقه‌اش رسیده جان میشکرد.

بعرض اقدس رسید [که] شاهزاه دانیال یک چندی بنابر تأکیدات آن حضرت از میگساری باز آمده و جام بر سنگ زده و بر نخوردن شراب قسم بفرق فرقدسای خدیو صورت و معنی یاد کرده بود. درین اوان پیمان‌گسل شد باز بباده‌پیمائی افتاده و در خوردن آن آب آتش‌مزاج از حد اعتدال تجاوز نموده. فرمان اندرزنشان بآن نونهال سلطنت نافذ گشت «چرا بر برنائی و رعنائی خود رحم نمیکند؟ و از واقعهٔ بزرگ برادر خود شاهزاده سلطان مراد پندپذیر نمیشود؟ ازین آتش کردار برق‌خصلت

The arrival of a plea from Mirza Badi'uzzaman, Mirza Muhammad Hakim's sister's son, from Badakhshan 258

It has been reported by the Allami's truthful pen during the forty-sixth year that, after gaining dominance over Badakhshan, Mirza Badi'uzzaman put the *khutba* and coinage in the emperor's name and sent a letter to court apologizing for his past lack of service.[63] The emperor supplied his emissary with many goods and weapons and sent him back well equipped for battle. Now by means of another letter he caused himself to be remembered at court and requested a small supply of weapons. The emperor sent twenty camels loaded with implements of war and supplies with Malik Muhammad Badakhshi, who had been appointed overseer of ruby mines in Badakhshan. An imperial decree containing much encouragement was also sent.

The death of Khwaja Sulaiman, bakhshi of the Punjab Hill expeditionary force 259

He sent a troop to attack a certain place, and he was waiting for news. When no news came, he set out after the men he had sent and came upon them just as they were engaging in battle with the enemy and arrows and musket balls were flying in all directions. A musket ball hit him in the temple and killed him.

Reports of Prince Danyal

It had been previously reported to the emperor that Prince Danyal had stopped drinking for a while on account of the emperor's insistence and had smashed his drinking vessels, and he had taken an oath on the emperor's head not to drink any more. Now, however, he had broken his oath and taken to drinking again, and he was drinking to excess. An admonitory letter was sent to the prince,

استخوان کاخ انسانی‌را که گزین بنا برآوردهٔ یدالله است چه زیانها که متصوّر نیست؟ اگر جویای خشنودی آفریدگار حقیقی و خدای مجازی است، دل از همدمی آن مصاحب زیانکار برگرداند و از یک لحظه خرسندی که از آن می‌اندوزد طلبگار خسران جاوید نباشد.»

۲۶۰ از عرایض صوبه‌دار کابل و دیگر متصدیان مهمات آنجا: سر فتنه برافراختن احدداد بدنهاد در تیراه، و پیوستن الوس افریدی و پنی و اورک‌زئی و سوری با او، و رسیدن تخته بیگ که بجهت دفع خصومت یوسف‌زئی و اورک‌زئی در نگرکوت اقامت داشت ازین آگهی بپشاور و از آنجا متوجه تیراه شدن، و ایل گشتن الوس افریدی با او، و رفتن احدداد از تیراه بآهنپوش و آن نواحی و مالش دادن تخته بیگ جمعی از افاغنه‌را که باشارهٔ احدداد قلعهٔ ارخیل و دومندی‌را ویران ساخته در میان علی‌زئی نشسته بودند، و از آن پس تهاته نشاندن و رودبندی و آمده دیدن کلانتران الوس افریدی اورا، و پیوستن سران قبیلهٔ اورک‌زئی پس از گرفتن عهد و بستن پیمان باو، و برهم خوردن هنگامهٔ احدداد و گام ناکامی برگرفتن او بطرف چوهانه مفصل معروض عاکفان سدّهٔ اقبال گردید.

چون از حسین‌قلیچ پور قلیچ خان در پنجاب ترددات بلیغ بظهور رسید و تلوک‌چند مرزبان نگرکوت‌را ایل ساخت حسین‌قلیچ ببخشش خلعت و قلیچ خان بعطای پرم‌ترم خاصه و تلوک‌چند بومی بانعام پرم‌ترم دیگر سرافراز گشتند.

saying, "Why do you not have compassion on your own youth? Why do you not heed the example set by your elder brother Prince Sultan Murad? Can you not imagine what damage is being done to your body, a temple wrought by God, by this substance that acts like fire and lightning? If you seek to please your true creator and your metaphorical lord, abandon this destructive companion, and cease your quest for the eternal perdition that results from the one moment of pleasure you derive from it."

From reports from the governor of Kabul and other adminis- 260 trators of the area the following items were reported in detail to the emperor: the wretched Ahaddad had reared his head in rebellion in Tirah, and the Afridi, Pani, Urukzai, and Suri tribes had joined him. Tokhta Beg, who had taken up residence in Nagarkot in order to ward off the enmity of the Yusufzai and Urukzai, had learned of this and had gone to Peshawar and from there to Tirah, where the Afridis had surrendered to him. Ahaddad had gone from Tirah to Ahin Posh and that area, and Tokhta Beg had crushed a group of Afghans who had destroyed the fortresses of Arkheyl and Domandi at Ahaddad's order and were living in the midst of the Alizai. After that, he had stationed a garrison and blocked the rivers, and the chieftains of the Afridi had come to pay homage to him. The chieftains of the Urukzai tribe had joined him after oaths were extracted from them. Ahaddad's heyday had come to an end, and he had withdrawn in failure toward Chauhana.

Since Qilich Khan's son Husain Qilich had performed outstandingly in the Punjab and had brought Tilok Chand, the warden of Nagarkot, into submission, he was given a robe of honor, and Qilich Khan and Tilok Chand were each honored by the gift of a royal shawl.

۲۶۱

از شاهزاده سلطان سلیم چون تقصیر بزرگ بوقوع آمده بود و مزاج اقدس آشفتگی تمام داشت، هیچکس نیارستی درخواست لغزش نمود. مهین بانو روزگار مریم‌مکانی و خاتون شبستان عفّت گلبدن بیگم آرزوی بخشایش درمیان آوردند. از آنجا که شهریار قدردان‌را در پاس خاطر مریم‌مکانی و نگهداشت جانب گلبدن بیگم اهتمام تمام بود خواهش پذیرفته حکم بآمدن شاهزاده بقدسی آستان فرمودند و مقرّر شد که عفّت‌قباب سلیمه سلطان بیگم رفته شاهزاده‌را نوید بخشایش رساند و با خود بدرگاه اقبال بیارد. آن عصمت‌نقاب بجهت تسلی خاطر هراسان شاهزاده یک زنجیر فیل فتح لشکر نام و اسپ خاصه و خلعت مبارک از آن حضرت گرفته با خود برد.

و همدرین ایام فوجداری میوات بافتخار بیگ مقرّر گشت.

دوم آبان جشن شمسی وزن گیتی‌خداوند شد. بزم نشاط آرایش یافت و آن شاه سنجیده‌را بدوازده چیز برسنجیدند و آزمندان‌را سرمایهٔ بی‌نیازی فراچنگ آمد.

پیشکش قاسم خان از ماوراء النّهر رسیده پذیرائی یافت.

۲۶۲

شاه بیگ خان ناظم قندهاررا بمنصب پنجهزاری پایهٔ اعتبار برافزودند و حکومت غزنین از تغییر شریف خان باو بازگشت. و در باب ایمنی راه قندهار و غزنین تا آمدوشد بازرگانان بجمعیت خاطر باشد حکم بقدغن تمام نافذ گردید.

سالباهن توپچی بخطاب راجگی نام برآورد. او در تفنگ‌بازی بی‌همتا بود و از دوام خدمتگاری سربلندی گرفت.

از عرضداشت میرزا شاهرخ رنجوری و ناتوانی او ظاهر گردید. بینی‌داس پزشک بمعالجهٔ او دستوری یافت.

The ladies intercede on behalf of Prince Sultan Salim 261

Since a great offense had been committed by Prince Sultan Salim and the emperor was highly incensed, no one could intercede on his behalf. The great lady of the age, Maryam-Makani, and the elder lady of the harem, Gulbadan Begim, both requested pardon, and since the appreciative emperor was anxious to please the two ladies, he yielded to their request and issued a command for the prince to come to court. It was decided that Salima Sultan Begim would deliver the news of forgiveness to the prince and bring him to court. In order to assuage the prince's trepidation the lady took an elephant named Fath-i-Lashkar, a royal horse, and a robe of honor from the emperor.

At this time the command of troops in Mewat was assigned to Iftikhar Beg.

On the second of Aban [October 23], the solar weighing ceremony was held. At an elaborate celebration the emperor was weighed against twelve items, and those in need were relieved of want.

Qasim Khan's gift from Transoxiana arrives and is accepted 262

Shah Beg Khan, the overseer to Kandahar, was promoted to the rank of 5,000 and assigned the governorship of Ghazni with the transfer of Sharif Khan. An urgent order was issued concerning the safety of the Kandahar and Ghazni roads so that merchants could come and go with peace of mind.

The matchlockman Salbahan was given the title of raja. He was without peer in marksmanship and had always served well.

From Mirza Shahrukh's report it was learned that he had been ill. The physician Beni Das was ordered to treat him.

منوچهر وخشور کارگیای ایران‌را گرانبار عطا گسیل فرمودند و از متعلقات سواد اعظم هندوستان فراوان متاع مصحوب او ارمغانی کارفرمای آنجا شد. و هنگام رخصت منوچهر چهار لک دام دیگر بر انعامات سابق افزوده شد.

آگهی رسید ایرج پور خانخانان‌را با عنبر جیو سترگ آویزه روی داد و ۲۶۳
بنیروی اقبال جهانگشا فیروزمند آمده فیلان و سایر اسباب استکبار اورا متصرف گردید. خدیو بنده‌نواز در جلدوی این خدمت خطاب بهادری باو مرحمت فرمود. و جادون‌داس برادرزادهٔ رای بهاری چند رخصت یافت تا منشور عاطفت بشاهزادهٔ والاگوهر سلطان دانیال و خانخانان و ایرج بهادر رسانیده فیلانی که از غنیم بدست آمده با خود بدرگاه آرد و کمرخنجر مرصّع مصحوب او بشاهزاده مرحمت گردید.

و بشیخ عبد الرحمن پور علامی ابوالفضل فرمان شد که برای رایان پیوسته از برسنگهدیو مقهور کین پدر مغفور بکشد و جایگیر شیخ عبد الرحمن در صوبهٔ مالوه مقرّر گردید.

بالتماس شفیعان جرم بزرگ شاهزاده‌را خلعت خاصه و اسپ خاصگی ۲۶۴
مصحوب برهان الملک خواص مرحمت شد و بسا کلمات موعظت‌آمیز بزبان او حواله گردید.

شاهزاده دانیال الماسی بوزن بیست و هفت سرخ و لعلی بگرانی چهار مثقال برسم پیشکش ارسال داشت.

بابوالقاسم نمکین فرمان نافذ گشت میرزا غازی‌را با خسرو نام غلامی که معتمد اوست روانهٔ درگاه والا سازد.

هاشم خان و قاسم خان پروانه و حسین قلیچ از اقطاع خود آمده بشرف ملازمت اقدس جاوید سعادت اندوختند.

Minuchihr, ambassador from the ruler of Iran, was given leave to depart laden with gifts, and many presents for the ruler from various parts of the vast expanse of Hindustan were dispatched with him. As he was given leave to depart, another four lacs of *dams* over and above what he had been given before were awarded to him.

It was learned that the Khankhanan's son Iraj had fought a 263
large-scale battle with Ambar-ji, and by imperial fortune he had gained a victory and taken control of his elephants and the other implements of his conceit. As a reward for this service the emperor awarded him the title of Bahadur. Jadon Rai, Rai Bihari Chand's nephew, was sent to deliver a letter to Prince Sultan Danyal, the Khankhanan, and Iraj Bahadur and to bring to court the elephants that had been captured. A bejeweled girth dagger was sent with him as a gift for the prince.

Allami Abu'l-Fazl's son Shaikh Abdul-Rahman was ordered to join the Rairaian to take revenge on Bir Singh Deo for his father, and he was given a fief in Malwa.

At the request of those who had interceded on behalf of the 264
eldest prince, a robe of honor and regal horse were sent with Burhanulmulk Khawass, and he was given many words of good advice and admonition to deliver.

Prince Danyal sent as gifts a diamond weighing twenty-seven *surkhs* and a ruby weighing four mithkals.[64]

Abu'l-Qasim Namakin was ordered to send to court Mirza Ghazi and a slave on whom he relied named Khusrau.

Hashim Khan, Qasim Khan Parwana, and Husain Qilich came from their estates to pay homage.

۲۶۵ حکیم رکنا و حکیم حیدررا قاید توفیق زمان طالع گرفته از عراق بدار النّعیم هندوستان آورد و از دولت ملازمت پادشاه غریب‌پرور کامیاب مطالب گردیدند. نخستین پزشکی‌را با صوری دانش فراهم آورده بود و بقافیه‌سنجی میل تمام داشت و مضامین بلند در رشتهٔ نظم کشیدی. دومین در فنون حکمت صاحب دستگاه و از طبابت نیز آگاه و بر انشای نظم و نثر قادر و آراسته باطن و ظاهر بود.

عرضداشت بزرگ شاهزاده از نظر انور گذشت. خلاصهٔ مضون آنکه دو منزل مهد عفّت‌شعاررا پذیرا شد و سجدات مراحم خاقانی بجای آورد. و در آن عریضه خواهش تکاوری که ایرانی وخشور پیشکش کرده ظاهر ساخته بود.

خرّم پور خان اعظم بیست راس اسپ کچهی که از ولایت جونه‌گده برسم پیشکش ارسال داشته بود از نظر مقدّس گذشت.

۲۶۶ بعرض رسید که برسنگهدیو تباهکار در پناه جنگلها و دشوار دره‌ها درآمده قزاقانه میگردد و رای رایان چندین بار آن شوریده‌مغزرا مالشها بسزا داده. درینولا چون آگهی اندوخت که این سیهکار بقلعهٔ بهاندیر درآمد و پس از گرد گرفتن بهادران منقلا از آنجا بحصار ایرج درخزید و فیروزی جنود اورا نیز قبل نموده است. تیزتر ره نوردیده بنصرتمندان پیوست. آن سیه‌بخت از قلعه برآمده بر لب آب شورش افزود و جنگ تفنگ گرم گردید. رای رایان از آب رود گذشت و ازین جهت که کنار رودبار بلند بود مردم بدشواری برآمدند و زد و خوردی در میان آمد. آن بدکار منهزم گشته بقلعهٔ ایرج در شد. رای رایان بمحاصرهٔ آن پرداخت. چون کار نزدیک شد شبی دیوار قلعه‌را شکافته از طرف مورچال راجه راجسنگه بدر رفت. غالباً راجهٔ مذکور در دستگیر

Hakim Rukna and Hakim Haidar were led by their lucky stars to come from Persia to Hindustan, and they were honored to receive the patronage of the emperor. The first had learned medicine along with other formal subjects, and he had a great inclination for making rhymes and versifying sublime thoughts. The second was strong in the metaphysical sciences and was well versed in medicine. He too was competent in the composition of prose and poetry. 265

A letter from the eldest prince was shown to the emperor. A précis of the contents is as follows: he had gone out two stages to greet the lady (Salima Sultan Begim) and prostrated himself in thanks for the emperor's clemency. In the letter he also made a request for the steed the Iranian ambassador had presented.

Twenty Cutchy horses Khan A'zam's son Khurram had sent from Junagadh were shown to the emperor.

It was reported that the wretched Bir Singh Deo had taken refuge in the jungles and inaccessible valleys and was wandering about as an outlaw. Several times the Rairaian had given him well-deserved chastisements. Now it was learned that the blackguard had entered the Bhander fortress, but after it was surrounded by imperial warriors of the vanguard he had gone to the fortress at Erachh, where the imperials had put him under siege. He managed to get out of the fortress and stir up trouble on the riverbank, and there was a lot of gunfire. The Rairaian crossed the river, but since the riverbanks were very steep it was difficult to get out and there was hand-to-hand combat. Defeated, the wretch got back into the fortress at Irij, to which the Rairaian laid siege. One night the fortress wall was breached, and he got out in the direction of Raja Rajsingh's station. The raja probably did not make much of an effort to capture him. The imperial warriors went in pursuit and killed forty of the wretch's men, 266

کردن او مسامحت نمود. بهادران فیروزمند تکامشی نموده چهل کسِ آن مخذول‌را بنیستی‌سرا فرستادند و چون جنگل انبوه و لورکندهای بسیار در راه بود مبارزان از تعاقب باز ایستادند و آن شوریده‌سر جان بسلامت بدر برد.

۲۶۷ و از سوانح سپری شدن روزگار میرزا بدیع الزمان. از نابسامانی خواهش لختی اشیای قورخانه از درگاه والا نموده بود و خاقان مهربان خواسته‌را با فرمان استمالت مصحوب ملک محمد بدخشی فرستاد. پیش از رسیدن او باقی خان والی توران با لشکری گران ببدخشان آمد و میرزا با کم‌نیروئی دل بآویزه برنهاد و غنیم چیره‌دست آمده زنده برگرفت و از بی‌مهری جان بشکرد.

و از سوانح رسیدن پاینده خان برادر باقی خان بوالا درگاه. نگارش یافت پس از کشته شدن یتیم[۹۰] خان، باقی خان بتوران رفته کارگیائی آن ملک یافت و او در ولایت گرم‌سیر اسیر شاه بیگ خان گردید. درینولا اورا بدرگاه فرستاد. چون از نظر اقدس گذشت بمیرزا والی حواله شد. او بکین برادر خود بدیع الزمان که باقی خان ازهم گذرانید خون آن بی گناه ریخت.

۲۶۸ و از سوانح بسر آمدن روزگار مهد عفّت‌نقاب گلبدن بیگم عمّهٔ گیتی‌شهریار. چون هنگام رفتن ازین کاروانی سرا دررسید روزی چند تب عارض مزاج گشت و معالجهٔ پزشکان سودمند نیامد. دوشنبه ششم ماه رمضان سال هزار و یازده رو در نقاب عدم کشید. هشتاد و دو سال درین جهان ناپایدار ایزدی رضا فراهم آورد. خاقان جهان‌را غریب محبّتی بآن قدسی ذات بود. بمقتضای آداب‌دانی محفّهٔ آن سفرگزین ملک تقدُّس‌را بر دوش خود گرفته گامی چند بمشایعت برداشتند. و دلهای آزمندان بخیرات و مبرّات بدست آورده خرسندی روح پاک آن محمل‌آرای کشور

but since the jungle was so thick and there were so many gulches along the way, they ceased pursuing him and the wretch escaped in safety.

Mirza Badi'uzzaman dies 267

In his destitution he had requested some weaponry from the court, and the kind emperor had sent what he had asked for with Malik Muhammad Badakhshi along with much encouragement. Before the malik arrived, Baqi Khan, the ruler of Turan, invaded Badakhshan with many soldiers. The mirza, despite his lack of strength, had determined to do battle, and he was overwhelmed by the enemy and taken alive. They viciously ended his life.

The Arrival at Court of Payanda Khan, Brother of Baqi Khan

It has been reported that after Yatim Khan was killed,[65] Baqi Khan went to Turan and became ruler there and that [Payanda Khan] became a prisoner of Shah Beg Khan in Garmser. At this point he was sent to court. When he came before the emperor's gaze he was turned over to Mirza Wali. In vengeance for his brother Badi'uzzaman, whom Baqi Khan had killed, he shed the innocent man's blood.

Gulbadan Begim, the emperor's aunt, passes away 268

When the time came for her to pass out of this caravansary, she had a fever for several days and the physicians' treatment proved ineffective. On Monday, the sixth of Ramadan 1011 [February 17, 1603], she pulled the veil of nonexistence over her face. She had lived in a manner pleasing to God for eighty-two years in this ephemeral world. The emperor had a rare affection for her, and

بقا حاصل کردند. ملکهٔ روزگار مریم‌مکانی هنگام غلبات غمرات موت
که وقت بیخودی و فراموشی است بر بالین ایشان حاضر شده هرچند
بیگم جیو گفتند پاسخ نیافتند. چون از دیر باز یکدیگررا مهرآمیز خطاب
میفرمودند مرتبهٔ دیگر بآن خطاب و نام برخواندند. دیده بر روی مبارک
ایشان واکرده باین مصراع جانگداز لب گشودند (مصرع)

من زار بمردم عمرت بادا ارزانی

عرضداشت عفّت‌نقاب سلیمه سلطان بیگم بموقف عرض رسید.
داستان حسن عقیدت و اخلاص شاهزاده‌را بآب و تاب نوشته بودند
و نیز معروض داشته که «غبار وحشت و توهّمات از صفحهٔ ضمیر
شاهزاده پاک کرده‌ام. بزودی باتّفاق ایشان عازم طواف سدّهٔ اقبال‌مطاف
میگردم.»

as a show of respect he shouldered her bier and escorted her body for several paces. By winning the hearts of the needy through charitable acts and donations, he gained the pleasure of her pure soul. The queen of the age, Maryam-Makani, was present at her bedside at the moment of her death, but no matter how many times she said, "My lady," she got no response. Since they had addressed each other familiarly for a long time, she spoke to her again using that term of address, and she opened her eyes and spoke this affecting line of poetry:

I am dying in misery. Long may you live.

A letter from Salima Sultan Begim was read to the emperor. She had written, with great elaboration, of the prince's loyalty and devotion, and she said, "I have removed the dust of trepidation and fear from the prince's mind. Soon I will set out with him for the emperor's presence."

آغاز سال چهل و هشتم الهی از جلوس مقدّس شاهنشاهی، یعنی سال اسفندارمذ از دور چهارم

۲۶۹ روز جمعه هشتم شوال سنهٔ هزار و یازده هجری پس از سپری شدن دو ساعت و چهل دقیقه طاؤس آتشین‌پر حمل‌را آشیانه ساخت و دوازدهم سال از چهارم دور بعالمیان نوید شادمانی رسانید.

نوروز رسید و بوستان رنگین شد　　خورشید زمانه‌را پیِ تزیین شد
از بس که هوا تربیتِ آب نمود　　شورابه بچشمِ عاشقان شیرین شد

بفرمان خدیو دولت دولتخانه‌را از بستن آذین چهره رنگین کردند و تا هنگام پیوستن نوربخش عالم بدرجهٔ شرف بزم عیش و طرب سرورافزای خاطر خدیو گیتی‌پیرای گردید. از کامبخشی شهریار جهان جهانی‌را دامن امید برآمود. بزرگان روزگار بگذرانیدن پیشکشها سرمایهٔ سعادت جاوید بکف آوردند.

پرده‌گزین حریم عفّت سلیمه سلطان بیگم معروض داشته بود شاهزاده سلطان سلیم‌را با خود گرفته بصوب آستان اقبال زمین‌پیما شد.

۲۷۰ چون منهیان بعرض والا رسانیدند که شاهزاده دانیال از همدمی سراحی و ساغر پهلوتهی نمیکند و از دوام میگساری زار و زبون شده است، عاطفت آن معنی‌پزشک خواست که شیخ اللهدادرا بطلب او فرستند، بو که چون بدولت ملازمت کامیاب گردد بنوشداروی شاهنشاهی اندرز بیماری ازو دوری گزیند. شیخ الله‌داد از ارادهٔ کیهان‌خدیو بشاهزاده آگهی فرستاد. درینولا شاهزاده عرض داشت «چون بر طلب خود آگاه

The Forty-Eighth Year after the Imperial Accession: Isfandarmudh Year of the Fourth Duodecennial Cycle

On Friday, the eighth of Shawwal 1011 [March 21, 1603],[66] after 269
the elapse of two hours and forty minutes, the fiery-feathered peacock built its nest in Aries, and the beginning of the twelfth year of the fourth duodecennial cycle brought glad tidings of happiness to the people of the world.

Nauroz is here, and the garden has become colorful. The sun is looking to decorate time.
The air has so cultivated water that the bitter tears in the eyes of lovers are sweet.

By order of the emperor the palace was decorated, and there were celebrations and festivities until the exaltation. Imperial generosity filled laps of the hopeful with good things, and the grandees of the age presented gifts.

In a letter from the chaste lady Salima Sultan Begim she reported that she was bringing Prince Sultan Salim and they had set out for court.

Developments with Prince Danyal 270

When imperial messengers reported that Prince Danyal would not give up his constant companions, the flask and the cup, and that he was wasting away from drinking wine, the emperor affectionately wanted to send Shaikh Allahdad to summon him. Perhaps when he was in attendance upon the emperor, the elixir of impe-

شدم ازین جهت خانخانان‌را ببرهانپور خواندن مصلحت وقت نبود. بقصد ملاقات او گام فراخ برگرفتم تا اورا بایست وقت آموزم و صلاح کار وانمایم. و چون شیخ الله‌داد برسد بصوب قدسی آستان رهورد گردم.» ازین آگهی بخاطر غیب‌یاب پرتو انداخت که شاهزاده دلنهاد آمدن نیست و رفتن او از خاندیس بصوب دکن بهانه‌جوئی است. بنابران فرمان شد روانه شدنِ او نزد خانخانان حیله‌ایست برای نیامدن و نیامدنش از شراب‌شیفتگی و تن‌آسانی است و گرنه خانخانان‌را باندرزگوئی و پندگذاری او چه احتیاج؟ اگر دو باره چنین حرف نویسد آزردگی خاطر مقدس نسبت باو یکی هزار خواهد شد. و نیز فرمان شد که چند مراتب حکم بطلب خواجه فراست خواص که بسبب رنجوری در آنجا گذاشته شده است و فیلانی که در جنگ عنبر و فرهاد بدست آمده صادر گشته و از بی‌سعادتی در روانه ساختن آنها عذرها میگذراند و بتماشای آویزهٔ فیلانی که از نظر مقدّس نگذشته‌اند بی‌حکم معلی عشرت می‌اندوزد. این نکوهیده کردارها هرکدام دلیل سیه‌گلیمی و واژون‌طالعی اوست. باید که تمامی فیلان‌را با خواجه فراست ببارگاه فرستد.

منشور عنایت با پرم‌ترم خاصه بجهت سربلندی میرزا شاهرخ بمالوه روان شد و نامور اسپان با گزین خلعتها بسرافرازی امرای دکن مرحمت گردید.

راجه سورج سنگه بیافت نقاره کوس امتیاز در اشباه۲ نواخت. در ۲۷۱
دکن تردداتِ ارجمند ازو بظهور پیوسته بود. خدیو قدردان در جلدوی خدمات نقاره مرحمت فرمود.

rial advice could eliminate his disease. Shaikh Allahdad informed the prince of the emperor's desire. At this point the prince wrote, "When I was made aware of my summons, it was inappropriate to the situation for me to summon the Khankhanan to Burhanpur, so I set out to meet him and inculcate in him what was necessary to be done. When Shaikh Allahdad arrives, I will proceed to the imperial threshold." When the emperor was made aware of this, it occurred to his all-knowing mind that the prince did not intend to come and that his going from Khandesh in the direction of the Deccan was only a pretext. Therefore a message was sent to him telling him that his going to the Khankhanan was a pretext for not coming and that his not coming was due to his addiction to wine and luxury. What need did the Khankhanan have of his advice? If he wrote such a thing again, the emperor's anger with him would be multiplied a thousandfold. He was also told that he had been ordered several times to send Khwaja Firasat Khawass, who had been left there on account of illness, and the elephants that had been taken in the battle with Ambar and Farhad.[67] To his discredit the prince had made excuses over and over again for not sending them, and in the meantime, without imperial permission, he had been enjoying watching fights between elephants that had not been shown to the emperor. Each of these blameworthy acts was sufficient to show his wretchedness and misfortune. All the elephants should be sent to court with Khwaja Firasat.

An edict of favor, together with a regal shawl, was dispatched to Mirza Shahrukh in Malwa. Fine horses with valuable robes of honor were also sent as favors for the officers of the Deccan.

Raja Suraj Singh was awarded the privilege of drums because 271
he had performed outstandingly in the Deccan. As a reward for his services the emperor awarded him drums.

دوازدهم فروردین بیچه جان انکه مادر زین خان کوکه‌را زندگی بسر آمد. پادشاه مهرباندل وامانده‌های اورا در خانه‌اش رفته پرسید.

میرزا شاهرخ آرزوی آستانبوس ظاهر کرد. فرمان شد حکم بطلب شاهزاده دانیال شرف ارتفاع یافته اگر او یرلیغ مقدس‌را کاربند شده بقلاوزی بخت بصوب آستان اقبال گام بردارد آمدن او بوالا درگاه مناسب نیست چه آن ناحیه از دولتخواهان خالی میشود. و در صورتی که شاهزاده از خویشتنداری و بالین‌پرستی و بدهمنشینی و دوام مستی قرار برنیامدن دهد جمعیت خود در صوبهٔ مالوه گذاشته بجانب سدّهٔ سپهرمرتبه رهنورد گردد.

و برای رایان فرمان شد چون برسنگهدیو مقهور آوارهٔ دشت ادبار شده است با بنده‌هائی که با او یاور اند رو بسوی قدسی آستان نهد.

دوازده زنجیر فیل فرستادهٔ شاهزاده دانیال از نظر همایون گذشت. از آنجمله شاهرخ نام در حلقهٔ خاصه جای گرفت.

۲۷۲ و از سوانح آمدن شاهزاده سلطان سلیم بدرگاه والا. چون نزدیک بمرکز اقبال رسید عرض داشت «حضرت ملکهٔ جهان مریم‌مکانی دست مرا گرفته در پای سپهرفرسای حضرت اندازند.» خواهش پذیرفته آمد و حضرت مریم‌مکانی یک منزل پیش رفته بتازه دلدهی خاطر هولناک شاهزاده‌را خرسند ساختند و روز دیگر بدولتخانهٔ معلی آوردند. شاهزاده چهرهٔ عجز و شرمساری بر قدم خاقان جهان نهاد و بر بی‌سعادتی خود اعتراف نموده بهای‌های گریست. شهریار آگاهدل عذر ناپذیرفتنی بحسب ظاهر پذیرفته در آغوش مهربانی کشید، لیکن این لابه گذاری ناخشنودی باطن آن حضرت‌را چاره‌گر نیامد. دوازده هزار مهر نذر و نهصد و هفتاد و هفت فیل پیشکش شاهزاده از نظر قدسی گذشت. از جملهٔ آن سه صد و پنجاه فیل رتبهٔ پذیرائی یافت.

On the twelfth of Farwardin [April 1], Bicha Jan Anäkä, the mother of Zain Khan Koka, passed away. The emperor kindly went to her house and gave his condolences to those she left behind.

Mirza Shahrukh had requested to be allowed to pay homage. He was informed that a summons had been issued to Prince Danyal, and if he obeyed the summons and set out for court, it would be inappropriate for him to come too because then the region would be left unmanned by imperial supporters. If the prince in his self-indulgence, luxuriousness, bad companionship, and constant drunkenness were to choose not to come, the mirza could then station his troops in Malwa and come to court.

The Rairaian was informed that since the accursed Bir Singh Deo had become a wanderer in the desert of misfortune, he and those of his servants who were with him should set out for court.

The twelve elephants sent by Prince Danyal were shown to the emperor. One of them, Shahrukh by name, was sent to the imperial stable.

Prince Sultan Salim comes to court 272

When he was near the court he sent a message, saying, "Let Her Highness Maryam-Makani take me by the hand and cast me at the feet of the emperor." The request was granted, and H.H. Maryam-Makani went out one stage to alleviate the prince's fears. The next day she brought him to the palace. The prince placed his face on the emperor's foot in all helplessness and humility and confessed his unhappiness, weeping uncontrollably. The emperor took his inexcusable apologies at face value and embraced him, but this pleading did little to soothe the emperor's inner discontent. The prince's offering of twelve

بشاهزاده دانیال فرمان شد چون راجه سورج سنگه از دیر باز در آن صوبه است و آرزوی ملازمت اقدس میکند و ارادهٔ نظم مهمّات وطن نیز دارد گوبندداس بهاتی کارپرداز اورا با جمعیت او نزد خود نگاه دارد و اورا جریده بآستان دولت رخصت نماید تا از سعادت ملازمت بهره اندوخته در وطن بسر برد.

۲۷۳ پون نام فیل خاصه‌را که در خوش‌فعلی و تیزتگی طراز یکتائی داشت بزرگ شاهزاده خواهش نمود و از عنایات خاقانی بآرزوی خود رسید. شاهنشاه فراخ‌حوصله بجهت صید دل رمخوردهٔ شاهزاده دستار والا از سر خود برداشته بر فرق او گذاشت. این شگونی بود برای آن زیبندهٔ تاج و سریر. هرچند خاقان بعد از خود بر خلافت شاهزاده راضی نبود اما سری‌را که شایستهٔ اکلیل فرماندهی ساخته باشند بیخواست تاج دولت بر آن قرار میگیرد و همای سعادت سایه میگسترد.

شیخ عبد الرحمن پور و ابوالبرکات برادر علامی شیخ ابوالفضل مرحوم از دکن آمده ناصیهٔ سعادت بسجود بندگی روشن ساختند و پرسش پادشاه بنده‌نواز بر درونی زخمهای اینان که از واقعهٔ هایلهٔ شیخ مبرور داشتند مرهم بست و آبی بر آتش آن جگرتفته‌ها زد. سه زنجیر فیل و چهار قبضه شمشیر و هفت عقد مروارید و لختی آلات مرصّع پیشکش گردید و پایهٔ قبول یافت. پرم‌ترم خاصه بشیخ عبد الرحمن مرحمت شد.

هرهررای پور راجه بیربر عرضداشت شاهزاده دانیال آورد. معروض داشته بود «ترک باده‌پیمائی کرده‌ام. شش ماه است که بآن آرزو نبرده» و نیامدن خودرا عذرها گذارده بود.

چهار لک دام بمیرزا علی اکبرشاهی انعام فرمودند.

thousand *muhrs* and 987 elephants was shown to the emperor. Three hundred fifty of the elephants were accepted.

Prince Danyal was informed that since Raja Suraj Singh had long been in that province and desired both to come to court and to tend to affairs in his homeland, the prince should keep Gobind Das Bhati, the raja's agent, with him and send the raja by himself to court so that he might pay homage and then go to live at home.

The eldest prince made a request for a royal elephant named 273
Pun, which was without equal in ease of control and swiftness, and as a sign of favor the emperor granted his wish. In order to win the affection of the alienated prince, the emperor removed the turban from his head and placed it on the prince's. This was an auspicious sign for the prince. Whereas the emperor was not pleased at the prospect of the prince's succeeding him on the throne, the diadem will take its place, without his wishing for it, on a head that is worthy of the crown of rule.

Allami Shaikh Abu'l-Fazl's son Shaikh Abdul-Rahman and Abu'l-Fazl's brother Abu'l-Barakat came from the Deccan and rubbed their foreheads in servile prostration to the emperor, who provided balm for the inner wounds they suffered from the innocent shaikh's dreadful death. Three elephants, four swords, seven strands of pearls, and some bejeweled vessels were offered as gifts, and they were accepted. Shaikh Abdul-Rahman was awarded a regal shawl.

Raja Birbar's son Harhar Rai brought a letter from Prince Danyal. "I have given up drinking wine," it said, "and I have not had a desire for it for six months." He also offered excuses for not coming.

Four lacs of *dams* were awarded to Mirza Ali Akbarshahi.

۲۷۴ ابوالبقا اوزبک از توران آمده آئینهٔ بخت‌را بخاک آستان اقبال جلا داد.
از بزرگ امیران عبد المؤمن خان بود و ایالت مشهد داشت. چون روزگار
ولی‌نعمت او سپری شد بخدمت باقی خان تن درنداد و دم از وارستگی
زده و دشت‌پیمائی مکّه‌را دستاویز ساخته از توران برآمد و برهنمونی طالع
بسوی کعبهٔ اقبال و قبلهٔ آمال فراخ رو شد. پادشاه غریب‌نواز بمنصب
پانصدی ذات و یکصد و پنجاه سوار سرافراز ساخت.

قلیچ خان‌را که از دیرین بنده‌های درگاه بود بوالا منصب پنجهزاری
ذات و سوار برنواختند. حسین بیگ شیخ‌عمری‌را بیتاقداری صوبهٔ کابل
و بنگش پدرود کردند. مادهو سنگه بمنصب سه‌هزاری ذات و دوهزار
سوار فرق عزّت برافراخت.

۲۷۵ و از سوانح بنگاله آنکه زمیندار مگه[۹۱] با نوارهٔ بسیار آمده نخست
ببندر سنارگام رسید و قلعهٔ پرمهانی‌را که سلطانقلی قلماق مظفرخانی با
جمعی بنده‌ها در آنجا بود گرد گرفت. او رزمجویان از قلعه برآمده با
غنیم درآویخت و بنیروی اقبال روزافزون فیروزی اندوخت. سپس بر
قلعهٔ که احمد خسرپورهٔ یوسف کشمیری نگاه میداشت روی آورد. او
با جماعهٔ کشمیریان رده‌آرا شد. از یاورانش چندی فرو شدند و خود نیز
زخمی گشته هنگام شب از معرکه روی برتافت. راجه از چیرگی غنیم
آگاه شده ابراهیم بیگ اتکهٔ راگهوداس اسکرن دلپت رای و چندی‌را
با فوج بیاوری تعیین کرد. غنیم در هرچند روز بر تهاتجات میریخت
و چپقلشهای قوی با بهادران میشد. ابراهیم بیگ دل بر دفع او نهاد
و ترتیب اسباب نبرد کرده دلیرانه بجنگ پیش آمد و سخت درآویخته
آن بدگوهررا بسزا برمالید و فراوان کس‌را جان بشکرد. غنیم آب‌را از
آتش شمشیر مجاهدان پناه دانسته بکشتی درآمد و نواره‌را لنگر انداخته

Abu'l-Baqa Uzbek came from Turan and prostrated himself at the imperial threshold. He was one of Abdul-Mu'min Khan's great officers and had been governor of Mashhad. When his patron died he refused to serve Baqi Khan, and, speaking of retirement, he had used going to Mecca as a pretext to get out of Turan. Good fortune had brought him instead to the Kaaba of fortune and the *kiblah* of all hopes. The emperor appointed him to the rank of 500 *zat* and 150 *suwar.* 274

Qilich Khan, an old servant of the court, was promoted to the exalted rank of 5,000 *zat* and *suwar.* Husain Beg Shaikh-Umari was assigned to the governorship of Kabul and Bangash and bidden farewell. Madhav Singh was promoted to the rank of 3,000 *zat* and 2,000 *suwar.*

Events in Bengal 275

The Mugg zamindar came with many warships to the port of Sonargaon and blockaded the Trimuhani fortress, where Sultanquli Qalmaq Muzaffarkhani and a group of imperial servants were. Sultanquli fought his way out and engaged the enemy, and thanks to the power of daily increasing imperial fortune, he gained a victory. Then he turned toward the fortress held by Ahmad, the brother of Yusuf Kashmiri's wife. He arrayed his Kashmiri troops. Several of his helpers were killed; he himself was wounded and fled the field by night. Raja [Man Singh], being made aware of the enemy's success, assigned Ibrahim Beg Atäkä, Raghu Das, Asikarn, Dalpat Rai, and some others to assist. Every few days the enemy would pour down on the outposts and engage in pitched battles with the warriors. Ibrahim Beg, determined to deal with him and having seen to his weaponry, set out boldly to battle. In a pitched battle he gave the wretch his due and killed

هنگامهٔ توب‌اندازی و تفنگ‌افکنی گرم ساخت. مبارزان نصرتمند داد مدافعه داده برخی غراب ته‌نشین آب ساختند.

میرزا شاهرخ بفرمان گیتی‌خدا لشکر بتنبیه مرزبان بانسواله کشید و بکوشش بسیار آن بومی‌را آواره ساخته بر ولایت او دست یافت و چندی در آنجا پای آسایش دراز کرد. آن بی‌خان‌ومان ولایت مالوه‌را از یتاقدار خالی یافته در آن حدود شورش‌افزائی و ترکتازی پیش گرفت. میرزا ازین آگهی ولایت بدست آورده‌را واگذاشته بچاره‌گری بازگشت. چون بمالوه رسید مرزبان مذکور ببنگاه خود درآمد. میرزا موسم برشکال‌را مانع تصوّر کرده نتوانست دوباره بآن ملک رفت.

و از سوانح تنبیه یافتن میرزا حسن پور میرزا شاهرخ در نواحی قندهار. ۲۷۶
در اواخر سال چهل و پنجم الهی نگاشتهٔ خامهٔ راستی‌شعار علامی شده است که حسن میرزا از تنگدستی کالیوه شده با یکی از کشمیریان بیراهه رفت. تا این تاریخ اثری از آن پی گم کرده پیدائی نداشت. درینولا آگهی آمد که آن نکوهیده‌کردار نخست نزد کارگیای ایران شاه عباس رفت و هنگامی که شاه سفر آذربایجان پیش گرفت آن بدگوهررا نزد حسین خان حاکم هرات فرستاد. در آن ایّام چون لشکر اوزبک از ترکتاز ولایت مرو و ماروچاق و مرغاب دست باز میکشید حسین خان توهّمی بخود راه داده بشاه نوشت: «بودن پور میرزا شاهرخ در اینجا مناسب نمیدانم. » شاه باخراج او فرمان داد و حسین خان اورا ببدخشان گسیل کرد. آن تبهسگال چون در بدخشان مجال شورش‌انگیزی نمی‌یابد باحشام میگذرد و با هزاره می‌پیوندد و واقعه‌طلبان آن دو گروه برو گرد میآیند و بر شمالی کوهستان قندهار که ولایتیست وسیع بنگاه هزاره و پس از فتح قندهار فیروزی جنود از اوزبک بزور برگرفته دست یازش میگشاید.

many. The foe, thinking the water would give them refuge from the warriors' swords, got into their ships, let down their anchors, and engaged in heated artillery fire. The imperials defended themselves and sank several ships.

By the emperor's command Mirza Shahrukh led his troops to chastise the ruler of Banswara. Without much effort he drove the barbarian away, seized his territory, and stayed there for a while to rest. The homeless ruler, finding Malwa devoid of a guardian, stirred up trouble and launched raids there. When the mirza learned of this, he abandoned the territory he had taken and turned back to deal with him, but by the time he reached Malwa, the ruler had returned to his homeland. Imagining the rainy season as a stumbling block, the mirza could not reenter that territory.

Mirza Shahrukh's son Mirza Hasan is chastised at Kandahar 276

It was reported by the Allami [Abu'l-Fazl] toward the end of the forty-fifth year that Hasan Mirza, having been driven to extremes by poverty, went astray with a Kashmiri.[68] Until this date there had been no trace of him. Now it was learned that the wretch had gone first to the ruler of Iran, Shah Abbas, who had sent him to Husain Khan, the governor of Herat, when he set out on his Azerbaijan campaign. At that time, when the Uzbeks were raiding Merv, Maruchaq, and the Murghab area, Husain Khan allowed trepidation to influence him and wrote to the shah, saying, "I do not consider it appropriate for Mirza Shahrukh's son to be here." The shah then ordered him expelled, and Husain Khan sent him to Badakhshan. Since the malevolent did not find Badakhshan a fertile ground for stirring up trouble, he went to the tribes and joined the Hazaras, and many adventurers from those two groups

چون شورش‌افزای بسیار با خود داشت یتاقداران آن ولایت ستیزه با او از اندازهٔ نیروی خود افزون یافته بشاه بیگ خان آگهی میدهند. او از قندهار متوجه فرو نشاندن این آشوب میشود. آن خام‌خیال سیه‌مغز باندک زدوخورد رو بگریز مینهد. مبارزان اقبال از پی شتافته فراوان خون‌گرفته‌را که گردن بشمشیر میخارید جان میشکرند. او نیم‌جانی بسلامت بدر برده بکه۱ چقچران پناه میجوید.

اول مهر ماه الهی ضیاء الملک بمنصب هفتصدی ذات و سه صد سوار سربلند شد.

بالتماس شاهزاده سلطان سلیم لغزشهای راجه باسو زمیدار مؤ بخشیده شد.

تاتار بیگ سفرچی بمنصب هفتصدی سرافراز شد.

۲۷۷ و از سوانح دستوری شاهزاده سلطان سلیم بمالش رانا. در سال چهل و پنجم رخصت شاهزاده باین خدمت و بیراهه رفتن آن سرو جویبار خلافت و بیحکم به الله‌آباد شتافتن رقمزدهٔ راستیگذار علامی شده است. درینولا خاقان جهان باز شاهزاده‌را بمهّم رانا فرمان داد. بیست و یکم مهر ماه الهی که جشن دسهره بود گرانبار اندرز گسیل فرمودند. شاهزادهٔ آسایش‌دوست که بی‌چین پیشانی این بار بر دوش همّت کشیده بود از دار الخلافه دو کروه پیش رفته عذرهای ناپذیرفتنی معروض داشت و کم لشکر و نابسامانی خودرا دستمایهٔ نرفتن ساخته در فتحپور توقّف گزید. خاقان والاخرد که عیار اخلاص شاهزاده میگرفت عذرنیوش گشته و بظاهر مهربانی نموده فرمان داد که برگشته آمدن او و اندوختن سعادت ملازمت درین هنگام که ستاره‌شناسان از زبونی آگهی میدهند مناسب نیست. چون در ساعت خجسته دستوری گرفته است آن بهتر که بصوبهٔ

gathered around him. First he attacked the mountainous region north of Kandahar, a vast region that is home to the Hazaras, and then, after imperial troops had taken Kandahar from the Uzbeks by force, he attacked there. Since he had many troublemakers with him, the protectors of the province found that it was beyond their ability to deal with him and so informed Shah Beg Khan. He set out from Kandahar to put down the unrest, and after only minor skirmishes the foolish wretch took flight. The imperial warriors went in pursuit and killed many of his murderous black-guards. He himself only barely managed to escape to safety and take refuge in Chaghcharan.

On the first of Mihr [September 23], Ziya'ulmulk was promoted to the rank of 700 *zat* and 300 *suwar*.

At Prince Sultan Salim's request the crimes of Raja Basav, the zamindar of Mau, were pardoned. Tatar Beg Sufrachi was promoted to the rank of 700.

Prince Sultan Salim is ordered
to deal with the Rana

277

In the forty-fifth year it was reported by the Allami that the prince was assigned this task,[69] but he went astray and proceeded without permission to Allahabad. Now the emperor again ordered the prince to deal with the Rana. On the twenty-first of Mihr [October 13], which was the festival of Dasehra, he was dismissed, heavy laden with good advice. The luxury-loving prince, who had accepted the commission this time without a furrow in his brow, had not gone two stages from the capital when he sent back unacceptable excuses for not going, claiming to have too few men and not enough supplies, and stopped in Fatehpur. The all-wise emperor, who had assessed

الله‌آباد رفته کام دل برگیرد. ازین آگهی شاهزاده با دل خرّم و خاطر کامیاب باده‌کشان و عشرت‌کنان از گذر نزدیک متهرا آب جون گذشته گام فراخ برداشت. کارآگهان نیکو دانند این دستوری و تجویز دوری‌را عنایت میتوان گفت و کردار شاهزاده اگرچه بحسب ظاهر بیگانگی تمام بملکداری و دارائی داشت اما ایزد توانارا باو نظرهای خاص بود که با چنین حال بسریرآرائی برگزید. آری در جناب کبریای دادار کردگار نظر بر کردار نیست.

آنجا که عنایتِ تو باشد باشد   ناکرده چو کرده کرده چون ناکرده[۹۲]

دهم آبان میرزا مظفر صفوی‌را سپهر گردش بسر آمد. بمحمد بیگ خوبانی حکم شده نعش اورا بدهلی رساند.

۲۷۸

چون مدّت بودن میر جمال الدین حسین انجو نزد عادل خان بیجاپوری بدیر کشید باطن غیبدان قهرمان جهان بر حیله‌سازی عادل خان آگاه گشت. از موقف جلال بشاهزاده دانیال و خانخانان فرامین قضاآئین شرف نفاذ یافت: «چون بنیروی تأییدات آسمانی از تدبیر ممالک محروسه خاطر گیتی‌پیرای‌را فراغ کلی حاصل است اگر دولتخواهان صلاح دانند عرضه دارند تا با بخت بیدار و طالع قوی بصوب دکن چالش اقبال فرمائیم و ناسپاسان برگشته‌روزگار خاصه عادل خان‌را از غنودگی غفلت بگوشمال بیدار سازیم.» مناشیر اقبال حوالۀ عنایت الله کتابدار شد. چون او نزد شاهزاده رسیده فرامین رسانید شاهزاده اورا پیش عادل خان فرستاد و نشانی مشتمل بر کلمات اندرز و نصیحت باو برنگاشت.

the prince's loyalty, accepted his excuses and, with an outward show of kindness, told him that it would not be appropriate for him to turn around and come back to court at this time because the astrologers had warned of inauspiciousness. Since he had been given leave to depart at an auspicious hour, it would be better for him to go to Allahabad and enjoy himself. When he was informed of this, the prince proceeded merrily and happily, drinking wine and enjoying himself, and crossed the Jumna near Mathura. Those who are aware well know that such a dismissal and permission to stay away may be called favors, and although on the surface the prince's conduct was utterly opposed to rule and governance, still the omnipotent deity had a special regard for him, for despite such a demeanor he had chosen him to grace the throne. Yes, at the divine court of omnipotence there is no regard for action.

In the place of favor you occupy, there is no difference between doing and not doing.

On the tenth of Aban [November 1], Mirza Muzaffar Safawi's life came to an end. Muhammad Beg Khunabi was ordered to take his body to Delhi.

Since Mir Jamaluddin Husain Inju had long been in Bijapur   278
with the Adil Khan, the omniscient emperor became aware of treachery on the part of the Adil Khan. Letters were sent to Prince Danyal and the Khankhanan, saying, "Inasmuch as with heavenly assistance our all-encompassing mind is totally at ease with regard to arrangements for the Protected Realm, if our well-wishers think it advisable, let them say so in order that, with good fortune and luck, we may undertake a campaign in the

۲۷۹ خاقان جهان دستاری که بر فرق فرقدسای بسته بودند بجهت سربلندی شاهزاده سلطان دانیال بدست محمد شریف کولابی فرستادند و اسپ خاصه هرپرشاد نام نیز ضمیمهٔ این عنایت شد.

خواجه عبدالله ملازم بزرگ شاهزاده از بدسلوکی کارگذاران آن نوباوهٔ اقبال ستوه آمده روی بعتبهٔ جلال آورد. خدیو بنده‌نواز اورا بمنصب هزار ذات و خطاب صفدرخانی سرافراز ساخت. او خواهرزادهٔ خواجه حسن نقشبندی است. نخست روزگار با شیر خواجه بسر بردی و در دکن گزین کارها از دستش برآمد. سپس بقلاوزی بخت بخدمت شاهزاده روی آورد و در زمرهٔ احدیان جای گرفت. رفته رفته بمنصب هزاری و خطاب خانی روشناس شد. درینولا دولت بآستانبوس اقبال رهنمونی کرد.

۲۸۰ و از سوانح فرو نشستن شورش علی رای مرزبان تبت. پیش ازین معروض مقدّس گردیده بود او از فیروزی یافتن بر زیمندار تبت کلان و بدست آوردن طلای فراوان آشفته‌دماغ گشته در حوالی کشمیر گرد فتنه بلند کرده است. از پیشگاه جلال بقلیچ خان صوبه‌دار لاهور فرمان شد که جمعی شایسته بمدد محمدقلی حاکم کشمیر فرستد تا ان پشّهٔ بدمست‌را که در آن خمکدهٔ طنین خودسری بلند کرده است بپاداش رسانند. درینولا بعرض رسید قلیچ خان سه هزار سوار و پانصد برق‌انداز بسرکردگی سیف الله پور خود بیاوری محمدقلی بیگ تعیین کرد. علی رای چون بر رسیدن فوج نصرت‌اعتصام آگهی اندوخت دل بای داده و جگر باخته بی‌آنکه آویزه رود ویران شده رهنورد بادیهٔ گریز گردید. مبارزان ظفرشعار تکامشی تا جائی که اسپ توانستی رفت کرده عنان باز کشیدند.

یازدهم آبان لاهری بندر در انعام بزرگ شاهزاده مرحمت شد و اسپ خاصه شاه عنایت نامی حوالهٔ دوست‌محمد گشت که بشاهزاده برساند

direction of the Deccan and awaken the misfortunates from their slumber of negligence with a box on the ears—especially the Adil Khan." The letters were entrusted to Inayatullah Kitabdar. When he reached the prince and delivered the message, the prince sent him to the Adil Khan with a letter of advice.

The emperor sent the turban he had on his head to Prince   279
Sultan Danyal with Muhammad Sharif Kölabi, together with a regal horse named Hari Prashad.

Khwaja Abdullah, one of the eldest prince's retainers who had grown weary of the prince's misconduct, set out for court. The emperor promoted him to the rank of 1,000 *zat* and gave him the title of Saffdar Khan. He was the sister's son of Khwaja Hasan Naqshbandi. First he had been with Sher Khwaja, and he had performed outstandingly in the Deccan. Guided by good fortune, he had entered the prince's service and become an *ahadi*. Gradually he had attained the rank of 1,000 and the title of khan. At this time fate led him to the threshold of fortune.

The unrest caused by Ali Rai, the ruler of Tibet, is put down   280
It had already been reported to the emperor that, after gaining victory over the zamindar of Greater Tibet and acquiring a great following, he had lost the balance of his mind and had begun stirring up trouble on the borders of Kashmir. Qilich Khan, the governor of the Punjab, was ordered to send an appropriate force to reinforce Muhammadquli, the governor of Kashmir, in order to take retribution on that "intoxicated mosquito who was loudly proclaiming from his vat that he could do as he pleased." Now it was reported that Qilich Khan had assigned three thousand horsemen and five hundred matchlockmen under the command of his son Saifullah to reinforce Muhammadquli Beg. When Ali

و مقرّر شد که شاهزاده دانیال یک لک روپیه هر سال از محصول بندر کنبایت بوجه انعام می‌یافته باشد. بخواهش بزرگ شاهزاده خواجگی فتح الله بخشی‌را بپایهٔ هزاری برآورده نزد شاهزاده رخصت دادند. محمدقلی دوازده راس اسپ بادپای از خانه‌زادان کشمیر ارسال داشته بود. از نظر مقدس گذشت.

۲۸۱ و از سوانح نصرت یافتن فیروزی جنود در بنگاله و فرو شدن کیدار زمیندار و برگشتن راجه مگهه.[۹۳] آگهی آمد کیدا[۹۴] که نامور بومیان سرحد بنگاله است با نوارهٔ بسیار یاور زمیندار مگهه شده بر تهانهٔ سری‌نگر (؟) زور آورد. راجه مانسنگه ازین آگهی لشکری آراسته با توپخانهٔ شکوهمند بر سر آن بخت‌برگشته فرستاد. در نواحی بکرمپور[۹۵] آن خون‌گرفته با فیروزی سپاه آویزه نمود و سترگ نبردی چهرهٔ عبرت برافروخت. پیکارپرستان داد رادمردی و دلیری داده غنیم‌را از جای برداشتند و فراوان کس‌را معرض تیغ خونخوار گردانیدند. کیدا زخم تیر و تفنگ برداشته در علامت سپردن نیم جان باقی مانده پای گریز تیز کرده میرفت. بهادران دشمن‌شکار از پی رسیده اورا دستگیر ساختند. چون نزد راجه آوردند رمقی داشت و پس از لحظهٔ فرو رفت و از بسر آمدن روزگار او شعلهٔ آشوب بنگاله فرو مرد. از آن پس راجه مانسنگه که در بهوال آمادهٔ پیکار عثمان افغان بود شورش زمیندار مگهه شنیده بدفع او روی آورد. او صرفه در مقابله ندیده بملک خود عنان تافت و راجه باز متوجه عثمان گردیده ببهوال آمد. درین وقت او نیز از دید نیرنگی اقبال رو بگریز نهاد و راجه خاطر از برهم‌خوردگیهای آن حدود فراهم آورده و تهانجات‌را بشناسایان سره و مردان کار سپرده بدهاکه بازگردید.

Rai learned of the approach of invincible imperial troops, he lost heart and fled without ever engaging in battle. The triumphant warriors pursued him until they reached a place their horses could not go, and they turned back.

On the eleventh of Aban [November 2], Lahori Bandar was enfeoffed to the eldest prince, and a regal horse named Shah Inayat was entrusted to Dost Muhammad to deliver to the prince. It was also established that Prince Danyal would receive as an annual emolument one lac of rupees from the income of the port of Cambay. At the eldest prince's request, the *bakhshi* Khwajagi Fathullah was promoted to the rank of 1,000 and given leave to go to the prince. Muhammadquli sent twelve Kashmiri-bred steeds, and they were shown to the emperor.

Victory is won by imperial troops in Bengal, Keda the zamindar is killed, and the raja of the Muggs turns back 281

It was learned that Keda, a well-known local ruler on the border of Bengal, assisted the Mugg zamindar with many warships and attacked the outpost of Srinagar (?).[70] When Raja Man Singh was apprised of this, he mustered his troops and sent them with splendid artillery against the ill-starred wretch, who did pitched battle with the imperial forces in the vicinity of Bikrampur. The warriors performed valiantly and swept the enemy away, and many were put to the sword. Keda received a bullet wound and only just managed to escape more dead than alive. Enemy-hunting champions went in pursuit and captured him. When he was brought before the raja he was only barely alive, and a moment later he was dead. With his death the flame of rebellion in Bengal went out. After that, Raja Man Singh, who was ready to do battle with Usman Afghan in Bhawal, heard about the Mugg

513

۲۸۲ خاقان مهربان نظر بر فراغت و آسودگی مرحله‌پیمایان و صحرانوردان کرده حکم فرمود که در سراها و رباطات که بر شاهراه واقع است لنگرها و مطبخها مقرّر سازند و رهنوردان تهیدست بی‌مایه‌را انواع خوردنی مهیّا دارند. چون مشقّت راه کشیده بمنزل پاتابه گشایند بی‌محنت لقمه بدهن گذارند.

میر گدائی پسر میر ابوتراب‌را بمنصب هفتصدی ذات و چهارصد سوار و میر مرتضی‌را بمنصب دوهزاری ذات و سوار پایهٔ عزّت برافراختند.

میرزا کیقباد پور میرزا محمد حکیم‌را حوالهٔ جگناته فرودند که در قلعهٔ رنتهنبور[۹۶] بزندانی دبستان نشاند. از بدهمنشینی بباده‌گساری افتاده بود و نکوهیده کردار فراوان ازو ظاهر میشد. بادافراه او این بود که خدیو عالم فرمود.

شادمان و عبدالله پسران خان اعظم هرکدام بمنصب هزار و پانصدی سرافرازی یافت. نخستین‌را بصوبه‌داری گجرات و دومین‌را بحکومت جونه‌گده رخصت شد.

۲۸۳ معروض اقدس گردید که میر معصوم بهکری که بیست و هفتم آذر ماه این سال بسفارت ایران از بنگاه خلافت دستوری یافته بود شاه عباس فرمانروای آن ملک‌را هنگامی که بمحاصرهٔ قلعهٔ ایروان توجه داشت ملازمت نمود. شاه در بزرگداشت او فراوان مبالغه فرموده نامهٔ حضرت شاهنشاهی‌را بدو دست ادب گرفته بر سر نهاد و پرسید «حضرت شاه بابام چونند و چه حال دارند؟» و اشیائی که از درگاه والا ارمغانی شده بود در بارگاه وسیع بترتیب و آئین شایسته چیده تمامی‌را بنظر خود ملاحظه نمود و تا دو سه روز ایلچیان گرجستان و سرداران ترکستان و سایر مردم بیگانه‌را بتماشای آن نادره اشیا میفرستاد و

zamindar's rebellion and set out to deal with him. Not thinking it wise to meet in confrontation, he retired to his home, and the raja returned to deal with Usman in Bhawal. He too, seeing the writing of imperial fortune on the wall, took flight, and the raja's mind was at ease with regard to the various disturbances in the area. Turning over the outposts to competent persons and warriors, he returned to Dacca.

With a view to facilitating the way for travelers, the emperor 282
kindly ordered that lodging and kitchens be established in caravansaries and rest stations located along highways and that various foodstuffs be prepared for poor travelers. Thus, when they stopped after enduring the hardship of the road, they would not be faced with the difficulty of putting a morsel in their mouths.

Mir Abuturab's son Mir Gada'i was promoted to the rank of 700 *zat* and 400 *suwar*. Mir Murtaza was promoted to the rank of 2,000 *zat* and *suwar*.

Mirza Muhammad Hakim's son Mirza Kay-Qubad was entrusted to Jagannath to be held in prison in Ranthambore. He had been led by bad companionship to take up drinking, and he had engaged in a great deal of misbehavior. His punishment was what the emperor ordered.

Shadman and Abdullah, the sons of Khan A'zam, were both promoted to the rank of 1,500. The former was assigned to the governorship of Gujarat, and the latter was given the governorship of Junagadh.

It was reported to the emperor that Mir Ma'sum Bhakkari, 283
who had been given leave to travel from the capital to Iran on the twenty-seventh of Azar of this year [December 18, 1603], paid homage to Shah Abbas as he was setting out to lay siege to the fortress at Erevan. The shah had been very effusive in honoring

بمشاهدهٔ آن اجناس والا که حیرت‌افزای همگنان میشد سرافرازی
می‌اندوخت.

him and taken the emperor's letter in both hands and placed it on his head, asking, "How is my father the king?" The items that had been sent from court as gifts were laid out and arranged in a vast courtyard, and the shah inspected them all. For two or three days he sent the Georgian ambassadors, the chieftains of Turkistan, and all other foreigners to look at the rare objects, and he considered himself honored by the sight of those exalted things, which amazed everyone.

آغاز سال چهل و نهم الهی از جلوس مقدّس شاهنشاهی، یعنی سال فروردین از دور پنجم

۲۸۴ روز دوشنبه هیژدهم شوال سنۀ هزار و دوازده هلالی بعد از سپری شدن هشت ساعت و بیست دقیقه سلطان روز بر چهارگوشۀ حمل برآمد و سال چهل و نهم از جلوس خاقان جمشیدفر بگوش جهانیان ترانۀ شادمانی رسانید.

نوروز شد و سروِ سهی‌قد برخاست　　سنبل بخمِ زلفِ مجعّد برخاست
باران بچکید و سبزۀ تر بدمید　　از دور نگر که چون زبرجد برخاست

ایوان سلطنت و شه‌نشین خلافت‌را از بستن آذین رشک نگارخانۀ چین گردانیدند. دست عطا بلند گردید و سر آرزو پست شد. گزین پیشکشهای بزرگان بارگاه از نظر خاقان عالم گذشت. تا رسیدن شاه خاوران بدرجۀ شرف آرایش جشن فریدونی افزونی داشت. سرآغاز این سال در مشکوی شاهزاده سلطان دانیال از دخت دلپت اجینیه فرزندی بوجود آمد. خدیو عالم فرهنگ هوشنگ نام نهاد. چون شاهزادۀ والاقدر سلطان سلیم‌را بآرزوی ایشان پوستین روباه سیاه که زین خان کوکه پیشکش کرده بود با پوستین دیگر از روباه سفید از روی عنایت مرحمت فرموده بودند درینولا عرضداشت شاهزاده مشتمل بر شکر مراحم پادشاهی و تهنیت جشن نوروزی از نظر گذشت. منصب حسین قلیچ برآورده سه صدی ذات و پانصد سوار مقرّر فرمودند. میرزا بهرام و میرزا انفاس و میرزا اسمعیل و میرزا حیدر اولاد میرزا مظفر صفوی‌را بمناصب مناسب سربلند فرمودند.

The Forty-Ninth Year after the Imperial Accession: Farwardin Year of the Fifth Duodecennial Cycle

On Monday, the eighteenth of Shawwal 1012 [March 20, 1604],[71] after the elapse of eight hours and twenty minutes, the sultan of day entered Aries, and the forty-ninth year from the emperor's accession sang a song of gladness to the people of the world. 284

Nauroz is here, and the elegant cypress has arisen; the
hyacinth has arisen with its tangled tresses.
Rain drizzled, and fresh greenery sprouted. Gaze from afar
and see how emeralds have sprouted.

The imperial palace became the object of jealousy of the portrait gallery of China. The hand of bounty was opened, and the head was nodded to grant wishes. Fine tribute from the nobles of court was passed before the emperor's gaze, and there were continual celebrations until the king of the Orient reached his degree of exaltation.

At the beginning of this year Dalpat Ujjainiya's daughter gave birth in Prince Sultan Danyal's harem. The emperor named the child Hoshang.

Because Prince Sultan Salim had requested a pelt of black fox that Zain Khan Koka had presented, he was granted it along with a white fox pelt. Around this time a letter came from the prince in gratitude for the emperor's bounty and in congratulation for Nauroz.

بعرض رسید چون تخته بیگ الوس علی‌زئی‌را مالشهای قوی داد و برخی‌را اسیر او دستگیر کرده مراجعت نمود افغانان در تنگنای کوهستان سر راه برو گرفتند و مبارزان نصرتمند آویزهٔ سترگ نموده بسیاری‌را بگو هلاک انداختند. چون از میگساری شاهزاده دانیال بار دیگر بعرض رسید مزاج اقدس بغایت برآشفت و حکیم فتح الله پور حکیم ابوالفتح دستوری یافت که رفته از زبان اقدس شاهزاده‌را سرزنش نماید و از آن کار جانگزا باز دارد. پس از چند روز ایاس نام بادپائی که از سوغات دارای ایران بود برای شاهزاده فرستادند.

۲۸۵ و از سوانح پدرود کردن مادر سلطان خسرو جهان گذران‌را. او دخت راجه بهگونت‌داس کچهواهه است. چون پیوسته از شاهزادهٔ بزرگ باو ناملایم می‌رسید روزی حوصلهٔ آن غیرتمند تنگی کرده بپارهٔ افیون چارهٔ کار خود ساخت و واپسین خواب پیش گرفت. خدیو روزگاررا که بسلطان خسرو مهربانی افزون بود ازین واقعه دل بهم برآمد. رای رایان بخطاب راجه بکرماجیت سرافراز گردید. او بشکرانهٔ این نوازش دو زنجیر فیل با برخی اجناس پیشکش گذرانید. قاضی عزّت الله و نادعلی بیگ میدانی از کابل آمده شرف آستانبوس اندوختند. خواجه رحمت الله بخدمت بخشیگری کابل و ملک احمد بمشرفی عمارات آن بلده مقرّر گشتند. زاهد پور صادق خان بخطاب پدر نامور گشت. راجه بکرماجیت‌را بگزین پایهٔ پنجهزاری برآوردند و شیخ عبد الرحمن‌را با او همراه ساختند و دیگر بار بسزا و تنبیه برسنگهدیو بندیله رخصت فرمودند. راجه راجسنگه راجهٔ پرهار و چندی دیگر از مرزبانان و منصبداران بیاوری راجه معیّن گردیدند. رحمت خان فوجدار بمنصب سه صدی سربلندی یافت. راجه راج سنگه‌را بمنصب سه هزار و پانصدی ذات و سه هزار سوار و عطای

Husain Qilich was promoted in rank to 300 *zat* and 500 *suwar*. Mirza Muzaffar Husain Safawi's sons Mirza Bahram, Mirza Alqas, Mirza Isma'il, and Mirza Haidar were also promoted to suitable ranks.

It was reported that when Tokhta Beg inflicted severe defeats on the Alizai tribe and was headed back with prisoners, the Afghans blocked his way through their mountain crannies. The invincible warriors had fought hard and killed many of them.

When Prince Danyal's drinking was reported once again, the emperor grew angry, and Hakim Abu'l-Fath's son Hakim Fathullah was sent to chastise the prince on behalf of the emperor and to prevent him from continuing in such destructive behavior. Several days later a fleet-footed steed named Ayas, which was one of the Iranian ruler's gifts, was sent to the prince.

Sultan Khusrau's mother bids farewell to the ephemeral world   285
She was the daughter of Raja Bhagwant Das Kachhwaha. Since she continually suffered inappropriate behavior from the eldest prince, one day her zealous patience came to an end, and, dosing herself with opium, she went to her final rest.[72] The emperor, whose love for Sultan Khusrau was great, was distraught by this event.

Miscellaneous Promotions

The Rairaian was given the title of Raja Bikramajit. In gratitude he presented two elephants and some goods. Qazi Izzatullah and Nad Ali Beg Maidani came from Kabul to pay homage. Khwaja Rahmatullah was assigned as *bakhshi* of Kabul, and Malik Ahmad was made overseer of projects there. Sadiq Khan's son Zahid was given his father's title. Raja Bikramajit was promoted to the rank

نقاره و انعام پرم ترم خاصه کامیاب آرزو گردانیدند. تردی بیگ خان که بواسطهٔ لغزشها از پایهٔ عزّت فرود آمده بود درینولا دست عنایت پادشاه بنده‌نواز نواختهٔ خودرا بمنصب دوهزاری ذات و پانصد سوار از خاک ناکامی بداشت.

۲۸۶ و از سوانح بیوگانی پیوند شاهزاده دانیال با صبیّهٔ عادل خان بیجاپوری. چون مرزبان مذکور آرزو کرد که دخت او بمشکوی اقبال شاهزاده درآید خواهش او پذیرفته بیست و نهم اسفندارمذ سال چهل و پنجم الهی میر جمال الدین حسین با ساز خواستگاری دستوری یافت و چون ببیجاپور رسید عادل خان مهمانپذیری و بزرگداشت‌را آئین تازه برنهاد. و پس از سه سال و چند ماه میرزارا با فراوان دلجوئی و عذرخواهی رخصت داد و فرزند خودرا بگزین روش روانه ساخته مصطفی خان وکیل‌را همراه کرد. خانخانان از نزدیک رسیدن آنها آگهی اندوخته ایرج پور خودرا با پنجهزار سوار بپیشواز فرستاد. او آیندگان‌را چند منزل پذیرا شد و باحمدنگر آورد. میر جمال الدین حسین از آنجا تیزتر شتافته در برهانپور ملازمت شاهزاده دریافت و بر قراردادی که با عادل خان کرده بود شاهزاده‌را باحمدنگر برد. خانخانان همراه بود. نهم تیرماه جشن طوی انتظام گرفت و بپسندیده آئین آن بانوی پرده‌سرای عفّت‌را بشبستان شاهزاده سپردند. در همان ایام مصطفی خان رخصت بازگشت یافت و شاهزاده بسگالش آستانبوس روانهٔ برهانپور گردید، لیکن افراط باده‌پیمائی اورا ازین دولت بازداشت. و چون بتازگی معلوم اقدس شد که آن تازه نهال سرابستان اقبال‌را از ادمان شراب تن‌نزاری در افزایش است و بغایت ناتوان و بدحال شده خدیو مهربان یکی از پردگیان حریم اقبال‌را که شاهزاده در کنار او بزاد و بزرگ گشت و در گذارش تند و تلخ گفتار بر خود نلرزیدی

of 5,000, and Shaikh Abdul-Rahman was sent with him to warn or chastise Bir Singh Deo Bundela. Raja Rajsingh, Raja Parhar, and some other wardens of the marches and officeholders were assigned to the raja. Rahmat Khan Faujdar was promoted to the rank of 300. Raja Rajsingh was promoted to the rank of 3,500 *zat* and 3,000 *suwar*, and he was awarded the privilege of drums and the gift of a royal shawl. Turdi Beg Khan, who had fallen from favor on account of some slips, was elevated by the emperor and given the rank of 2,000 *zat* and 500 *suwar*.

Prince Danyal is wed to the daughter of the Adil Khan of Bijapur   286
The above-mentioned ruler had desired that his daughter enter the prince's harem, and his request had been granted. On the twenty-ninth of Isfandarmudh of the forty-fifth year [March 19, 1601], Mir Jamaluddin Husain had been sent to conduct the betrothal,[73] and when he arrived in Bijapur the Adil Khan outdid himself in welcoming him as a guest and doing him honor. After three years and several months he reluctantly and apologetically gave the mirza permission to leave and sent his daughter off with great pomp, dispatching his agent Mustafa Khan as an escort. When the Khankhanan learned of their approach, he sent his son Iraj with five thousand horsemen to greet them. He went out several stages to meet the arrivals and escorted them into Ahmadnagar. From there Mir Jamaluddin Husain went forward more quickly and joined the prince's retinue in Burhanpur, from which, in accordance with the agreement with the Adil Khan, he escorted the prince to Ahmadnagar. The Khankhanan also went along. On the ninth of Tir [June 30], the wedding banquet was held, and the chaste bride was entrusted to the prince's harem. Around the same time Mustafa Khan obtained leave to return,

نزد شاهزاده رخصت فرمود و فراوان گوهر اندرز که آویزهٔ گوش فرو سزد بزبانی او حواله رفت. و حکم شد بهر نهجی که باشد شاهزاده‌را با خود بحضور بیارد.

از عرضداشت راجه مانسنگه بمسامع اجلال رسید «خاطر از بند و بست بنگاله فراهم آورده‌ام و موسم برشکال که مانع جنبش است در ناظرپور که در میان ملک بنگاله است بگزین جائی خواهم گذرانید.»

۲۸۷ و از سوانح مالش یافتن حسن پور شاهرخ میرزا و جنگ قزلباش با شاه بیگ خان. نگارش یافت آن بدسرانجام از پیش شاه بیگ خان گریخته بچقچران درآمد. درینولا آگهی آمد که شاه بیگ خان میخواست تعاقب آن بدسرشت کند. چون خبر یافت که زمینداران گرمسیر از کوتاه‌بینی و تبه‌رأیی با قزلباش پیوسته قلعهٔ بُست‌را گرفتند، دفع این فساد ناگزیر وقت دانسته از تکامشی چندی عنان باز کشیده بقندهار آمد. آن بدفرصت باتّفاق علی خان که از قبل والی ایران حاکم نگدر و هزارجات بود فراوان کس از مردم غور و آن نواحی فراهم اورده بر ولایت زمین‌داور[۹۷] زور آورد. شاه بیگ خان ازین آگهی با چندی خوش‌اسپه ایلغار کرده خودرا برسانید. آن بخت‌برگشته سترگ جنگی کرده راه گریز پیمود و از یاوران او فراوان کس‌را روزگار بسر آمد. شاه بیگ خان از ضبط حدود زمینداور دل جمع کرده عنان بسوی بُست تافت و دل بر آویزهٔ قزلباش نهاد. درین اثنا تبی بر مزاجش راه یافت. باین حال در سکهپال نشسته با اسمعیل‌قلی خان حاکم فرات که با پنج شش هزار سوار آمادهٔ پیکار شده بود نبردآرا شد و شگرف آویزه بروی کار آمد. برخی مردم شاه بیگ خان بکار آمدند و بیشتری دل بای داده خودرا بقندهار کشیدند و شاه بیگ خان با وجود ضعف و ناتوانی کوششها نموده پس از چندی بقندهار رسید.

and the prince set out for Burhanpur, thinking he would go to court, but his excessive drinking prevented him. Since it had recently been reported to the emperor that the prince was wasting away from drink again and that he had become very weak and listless, the emperor sent him one of the ladies of the harem, in whose arms the prince had been born and grown up, and who would not hesitate to convey the harshest message. To her he entrusted many verbal messages of good advice worthy of the prince's ear, and she was ordered to bring the prince back to court however she could.

From Raja Man Singh's letter the following reached the emperor's ears: "My mind is at ease concerning arrangements made in Bengal, and since the rainy season prevents any traveling, I will stay in Nazirpur, which is in the middle of Bengal."

Shahrukh Mirza's son Hasan is crushed, 287
and the Qizilbash do battle with Shah Beg Khan

It has been previously reported that the wretched Hasan fled from Shah Beg Khan and went to Chaghcharan.[74] Now it was learned that Shah Beg Khan wanted to pursue the malevolent wretch. However, when he received news that the zamindars of Garmser had shortsightedly and foolishly joined the Qizilbash and taken the fortress at Bust, he considered it imperative to deal with this trouble and, abandoning the pursuit, went to Kandahar. The wretched [Hasan], in connivance with Ali Khan, the governor of the Negüdär and Hazaras on behalf of the ruler of Iran, gathered many of the men of Ghor and that region and attacked the province of Zamin Dawar. When Shah Beg Khan learned of this, he galloped there with some cavalry. The wretch fought and then fled, and many of his men were killed. Once Shah Beg Khan

۲۸۸ چون معروض اقدس گشت شاهزاده دانیال از وفور باده‌پیمائی حال تباه دارد و قوای طبعی رو در نقصان نهاده روز بروز ضعف و ناتوانی چیرگی فرماید و هرچند عفّت‌مرتبت که بطلب او رفته بر عزیمت آستان اقبال کوشش دارد شاهزاده شرمساری و خجالت پیش آورده قدم بر راه نمینهد. شیخ ابوالخیر دستوری یافت که بسرعت شتافته بهر روش شاهزاده‌را بقدسی آستان بیارد.

چالش موکب اقبال بجانب الله‌آباد
و عنان تافتن از نخستین منزل

۲۸۹ چون شاهزاده سلطان سلیم به الله‌آباد رفت از بدهمنشینی و خوشآمددوستی و طبیعت‌پرستی و خودسری و درشتی نافرمانی پیش گرفت و بسا ناستوده کردار شیوهٔ خویش ساخت. هر بار که ناهنجاریهای او بعرض خاقان نیکسیرت میرسید مناشیر اندرزآئین برای رهنمونی نافذ میگشت. درینولا از راستگویان بی‌غرض بعرض رسید خاطر آن سرو جویبار اقبال بباده‌گساری بغایت مایل افتاده لحظهٔ لب از جام برنمیدارد. چون طبیعت بآن آمیزش گرفته است بیشتر میخورد و کمتر نشأ میبخشد. ازین جهت افیون برای اضافه میکند. درین مقام مطلعی بیاد آمد و نگارش آن مناسب نمود .

had consolidated the borders of Zamin Dawar, he turned his reins toward Bust, intent upon doing battle with the Qizilbash. At this point he developed a fever, and in this condition he was put in a litter and fought a pitched battle with Isma'ilquli Khan, the governor of Farah, who was ready for battle with five or six thousand cavalry. Some of Shah Beg Khan's men performed well, but most lost heart and departed for Kandahar, and Shah Beg Khan strove greatly despite his weakness and illness and got to Kandahar a little later.

It was reported to the emperor that Prince Danyal was in a bad 288
state from drinking. His bodily functions were on the decline, and day by day he was getting weaker and sicker. No matter how the chaste lady who had gone to bring him tried to get him to set out for court, the prince claimed to be too ashamed to go. Shaikh Abu'l-Khair was ordered to hasten there and bring the prince to court by any means possible.

THE IMPERIAL RETINUE SETS FORTH IN THE DIRECTION OF ALLAHABAD, BUT AT THE FIRST STATION REINS ARE TURNED BACK

When Prince Sultan Salim went to Allahabad, with his bad 289
companions, love of sycophancy, self-indulgence, headstrongness, and coarseness he became disobedient and engaged in many improper acts. Every time his excesses were reported to the emperor, letters of advice were sent to guide him. At this point it was reported by disinterested and honest people that the prince was inordinately fond of drinking and he scarcely ever took his lips from the goblet. Having habituated himself to drink,

ما لغزشـها دل انـدر اشکِ ناب انـداختیم
بی‌اثر بود این می. افیون در شراب انداختیم

و در هنگام غلبهٔ کیفِ آن دومغزی بس که روزبازار دماغ خشکی است و آشوب طبیعت، باندک لغزشی مردم‌را سیاستهای ناپسندیده میفرماید چنانچه واقعه‌نویس‌را بحضور خود پوست برکند و یکی از خواصان‌را خواجه‌سرا کرد و خدمتگاری‌را چندان زد که بمردن رسید. گویند آن واقعه‌نویس‌را بآن خواص شیفتگی بود و خواص‌را با خدمتگار پیوند دلی و هر سه یکدل شده راه گریز میسپرند و جمعی که بگرفتن از پی میشتابند بدست آورده هنگام زبانه زدن آتش خشم شاهزاده درمیآورند و این چنین ستمی بر آنها میرود. خاقان کم‌آزار مهرباندل‌را از شنیدن این مردم‌آزاری دل برنجید و بر زبان حقیقت‌بیان انصاف‌ترجمان گذشت «ما درین مدّت جهانداری در آزردن موری نکوشیده‌ایم و بر پوست کندن گوسپندی که بحسب ظاهر گناهی نیست رضامند نیستیم. گرامی فرزند ما چگونه برین قسم کارها جرأت مینماید؟ و در خرابی بنای ایزدی دلیری میورزد؟» از آنجا که جهانداری خودکامی و زیاده‌سری و ظلم‌پرستی و بی‌اعتدالی برنتابد ازین نوع کارها و دیگر نکوهیده اطوار ضمیر اقدس سخت برآشفت و سگالش رفت تا الله‌آباد شکارکنان و داددهان چالش رود. اگر شاهزاده نخوت از سر نهاده موکب اقبال‌را پذیرا شود از تقصیرات او درگذشته در رکاب همایون بمرکز دولت بیارند و اگر اندیشهٔ تباه در سر داشته باشد مالش بسزا داده از خواب بیدار سازند. بنابرین تدبیر درست حکم برآوردن پیشخانه شد و در سه کروهی فتحپور بر لب آب جون مخیّم دولت مقرّر گشت و سرادق اقبال سر بگنبذ زرنگار کشید. و شب

he drank more and was intoxicated less, so he added opium. In this regard a line of poetry was remembered, and it might be appropriate to quote it here:

We cast our innermost heart into limpid tears.
This wine was without effect, so we added opium to the wine.

While overwhelmed by the effects of this double dose his brain became so dry and his disposition so unsettled that with the least slip he would inflict terrible punishments on people. For instance, he had his reporter skinned in his presence, he had one of his pages castrated, and he beat one of his servants so mercilessly that the man died. They say that the reporter was smitten with the page, and the page was in love with the servant, and all three had conspired and fled. Those who were sent to catch them captured them and brought them in just as the prince's wrath was at a fever pitch, and consequently they suffered such injustice. The merciful and benign emperor was much offended when he heard of such cruelty and said, "During the time we have ruled the world we have not bestirred ourselves to harm an ant, and we are not pleased by the skinning of a sheep, which outwardly is no sin. How can our dear son dare to do such things? How can he presume to destroy a divine edifice?" Inasmuch as world rule cannot tolerate conceit, presumption, tyranny, or immoderation, the emperor was highly offended by such acts and other wicked ways, and he thought he would mount an expedition for hunting and dispensing justice to Allahabad. If the prince ceased his arrogance and greeted the imperial retinue, the emperor would pardon his shortcomings and take him back to the capital. If he continued to entertain evil thoughts, the emperor would

دوشنبه یازدهم شهریور ماه الهی آن دریای معارف الهی محیط دانای قلزم آگهی بطالع ممتاز و ساعت معیّن سوار کشتی شد و در سفینهٔ حفظ و تأیید ایزدی نشست. بادبان اقبال برکشیدند و لنگر عزیمت برداشتند. چون قدری مسافت نوردیده آمد ازینجهت که آب تنک بود کشتی بریگ نشست. نی نی جاریه از تحمّل بار خلافت طاقت دوش دزدیده یافت سر بر زمین نهاد. کشتی‌بانان هرچند سعی در برآوردن کردند بجائی نرسید و نتوانستند کشتی از آن جای بآب ژرف رسانید. ناگزیر شب در میان دریا بسرآمد. هنگام طلوع آفتاب امرا و بزرگان دولت کشتیها پیش آورده بسعادت کورنش مستسعد گشتند. هرچند باطن بیدار خدیو جهان بر حقیقت کار آگهی داشت و از برجای ماندن کشتی پی بناسزاکامی برد، لیکن از آنجا که بی‌بزرگ مانعی فرمانروای والاشکوه‌را از مهمّی عنان برتافتن طراز شایستگی ندارد، همان سگالش بنظر داشته بسرادق اقبال نزول همایون فرمودند. روز دیگر ابر بریزش درآمد و تا سه روز شگرف بارشی حیرت‌افزا شد. از فزونی باران و وزیدن تندباد جز سراپردهٔ دولت و پیشخانهٔ چندی ملتزمان بساط قرب هیچکس‌را خیمه بر پا نماند و گوناگون تشویش ریزه سپاهی و سایر مردم اردورا کالیوه ساخت. ناگاه از رنجوری ملکهٔ روزگار مریم‌مکانی آگهی رسید و چون بر اختیار این سفر آن مهین بانوی دهر رضامند نبود گیتی خداوندرا باور نمی‌افتاد و بیماری‌را تمارض فراگرفته دلهناد مراجعت نمیگشتند تا آنکه این خبر دلکوب پیهم رسید و معتمدان درستگذار سختی بیماری و دست بازکشیدن پزشکان آزمونکار از دوا بمبالغه برگذاردند. ناگزیر خدیو مهربان دل از سفر برگرفت و از آنجا بمستقرّ دولت شتافته دیده بدیدار گرامی مادر برگشودند. آن آمادهٔ سفر قدسی عالم دل بدادار جان‌آفرین داشته لب از

chastise him properly and wake him up. Accordingly, preparations were made to send out the *peshkhana*, and camp was made three leagues from Fatehpur on the banks of the Jumna, with the imperial tents lifting their heads toward the sky. On the eve of Monday, the eleventh of Shahrewar [September 1], at an auspicious hour, the emperor boarded a boat, sitting in the ship of divine protection and assistance. Sails of fortune were unfurled, and the anchor of determination was weighed. When a distance had been traveled, because the water was shallow, the ship struck the sand. Nay, the boat could not bear on its shoulders the weight of the caliphate and put its head on the ground. No matter how hard the sailors tried to get it off, they could not, and they were not able to get the ship from there into deeper water. There was nothing to be done but to stay on the river overnight. When the sun came up, the amirs and grandees of state brought their boats over so that they could pay homage. Although the omniscient emperor was well aware of the reality of the situation and attributed the boat's getting stuck to an unworthy desire, nonetheless, since it is not appropriate for a magnificent ruler to turn his reins without an important cause, he kept his determination in view and ordered a stop in the imperial tents. The next day it began to rain, and it rained heavily for three days. There was so much rain and such high winds that, except for the emperor's tent and those of several courtiers, no one's tent remained standing, and the ordinary soldiers and other men of the camp were driven to distraction with various fears. Suddenly news came that the queen mother, Maryam-Makani, had fallen ill, and since she had been opposed to this expedition, the emperor did not believe it. Thinking she was feigning illness, he refused to turn back until the dreadful news was confirmed and honest, reliable persons

گفتار فرو بسته بود. چندانکه پرسش رفت پاسخ نیافتند. کیهان‌خدیورا از دید دگرگونی حال و برهم‌خوردگی نظام کارگاه عنصری خون محبّت صلبی در جوش آمد و در بیطاقتی و زاری اختیاری و قراری نماند. ناچار آن قدسی ذات‌را بخداوند حقیقی واگذاشته و خلوتکده یکتائی گزیده بغمخواری و دلکاهی برنشستند.

محمل آراستن مریم‌مکانی بملک تقدّس

۲۹۰ دوشنبه نوزدهم شهریور ماه الهی ملکهٔ زمان رو در نقاب عدم کشید و در خلوت‌سرای قدس آرامش یافت. فغان از نهاد جهانیان برآمد و نوحه و زاری‌را روزبازار شد. آرام و قرار از خرد و بزرگ دوری جست. ناشکیبائی و بیطاقتی گرفت. دلفگاری و جانگزائی عام گشت. اشک از خلوتکدهٔ دیده مضطربانه بیرون دوید. آه از سراپردهٔ دلها بی‌اختیار برآمد. اهل حرم و خادمان قدسی محل موی‌کنان و مویه‌کنان ناله‌های دردآلود بگردون رسانیدند و چهره‌ها خراشیده گریبانها چاک برزدند. از غم‌اندوزی و سینه‌سوزی خاقان جهان که شرح تواند داد؟ آنحضرت تراش بر موی سر و محاسن و بروت و دستار زده کسوت عزا درپوشیدند و نعش آن ملکهٔ جهان عفّت‌را نخست بر دوش اقدس کشیدند. سپس بزرگان دولت نوبت بنوبت حصول این سعادت نمودند و محفّهٔ مقدّس روانهٔ دهلی شد. زبان حال روزگار مضمون این منظوم ادا میکرد:

reported that she was seriously ill and that skilled physicians had given up treatment. At that point the emperor abandoned all thought of the expedition and hastened back to the capital to see his mother. She, ready for her journey to the next world, had set her heart upon the creator and had ceased to speak. No matter how he addressed her he received no reply. Seeing her terrible condition and the dreadful state of her body, his innate love was stirred and he began to weep uncontrollably. Helplessly, he entrusted that regal personage to the true lord and retired to his private chambers to grieve in solitude.

MARYAM-MAKANI JOURNEYS TO THE HOLY WORLD

On Monday, the nineteenth of Shahrewar [September 9], the 290
queen of the age drew the veil of death over her countenance and rested in the private chamber of holiness. Laments arose from the people of the world, and wailing and weeping ruled the day. Peace and calm left everyone and were replaced by anxiety and distress. Agony and suffering became general, tears flowed uncontrollably from eyes, and sighs arose involuntarily from hearts. The inmates and servants of the harem tore their hair and lamented as they wailed in pain, and they scratched their faces and rent their clothing. How can the emperor's grief and pain be described? He shaved his head, eyebrows, and mustache, threw off his turban, and donned mourning clothes, and he was the first to lend his shoulder to the queen's bier. Then the grandees of state, one by one, obtained that honor. As the bier was sent to Delhi, the state of the world can be expressed by these lines of poetry:

نعشِ سلطانِ عفایف ز جهان میگذرد   قدسیان دیدهٔ خورشیدِ روان بربندند
چشمِ انجم نسزد باز برین مهدِ عفاف   عنبرین پرده کران تا بکران بربندند

خاقان جهان لختی همراهی کرده بدولتخانهٔ والا بازگشتند و آخر روز هنگام تسلیم اهل کشک بهمان وضع و لباس برآمده لحظهٔ ایستادند. بنده‌های درگاه‌را از دید آن حال آرام از دل برخاست و جهان در نظر تیره نمود. بشیخ فرید بخشی‌بیگی فرمان شد «چون فردا عید دسهره است بنده‌های درگاه‌را بگویند از لباس تعزیت بیرون آیند.» روز دیگر در جهروکهٔ خاص و عام نشسته کورنش منتظران دیدار گرفتند. نخست بخان اعظم شال طلادوز خاصه مرحمت شد و همچنین بدیگر بنده‌ها از پنجهزاری تا هزاری شال طلادوز و از نهصدی تا پانصدی دوپتهٔ گجراتی و از چهارصدی تا صدی شال گلابتون‌دوز و از آن پایان شال ساده عنایت فرمودند و از احدیان روشناس‌را مندیل بخشیدند.

نعش مقدّس حضرت مریم‌مکانی‌را در عرض پازده پهر بدهلی رسانیدند ۲۹۱
و در خوابگاه حضرت جنّت‌آشیانی جای دادند.

شاهزاده دانیال‌را از مادر طهمورث خجسته پوری بوجود آمد. از خدیو دوران التماس نام کردند. بر زبان غیب‌ترجمان بایسنغر گذشت.

از عرضداشت شیخ ابوالخیر معروض اقدس گردید شاهزاده دانیال بقصد آستانبوس پیشخانه بیرون کشیده. همانا پیشخانه بطرف اولکای عدم برآورده بود.

*The body of the queen of chastity is departing the world. The
    holy celestials are binding the eyes of the sun.*
*The eyes of the stars are unworthy to behold this cradle of
    chastity, so an ambergris curtain is being drawn from
    horizon to horizon.*

The emperor escorted the body for a way and then returned to the
palace. At the end of the day, when the guard was changing, he
came out in the same state and clothing and stood for a moment. At
such a sight the servants of court panicked, and the world turned
dark in their sight. To Shaikh Farid Bakhshibegi he said, "Since
tomorrow is the Dasehra festival, tell the court servants to take
off their mourning clothes." The next day he sat in the *jharoka* of
the hall of public audience and received the salutations of those
who were waiting for a glimpse of him. First, a regal gold-spun
shawl was given to Khan A'zam. To servants of rank from 5,000
to 1,000, similar gold-spun shawls were given; to those of ranks
between 900 and 500, Gujarati scarves were given; to those who
ranked between 400 and 100, embroidered shawls were given;
and to those who ranked below that, simple shawls were awarded.
The emperor bestowed handkerchiefs on soldiers of name.

Maryam-Makani's bier was taken to Delhi in fifteen watches 291
and was placed in H.M. Jannat-Ashyani [Humayun]'s tomb.

Prince Danyal had a son by the mother of Tahmuras. A name
was requested from the emperor, who said presciently, "Baysun-
ghur."

From Shaikh Abu'l-Khair's report it was learned that Prince
Danyal had sent out his *peshkhana* with an intention of coming
to court—as though he had sent out his vanguard to the kingdom
of death!

سیوم آبان جشن شمسی وزن شد و خاقان گران‌قدررا بدوازده چیز برسنجیدند. آزمندان تهیدست‌را دامن امید پر گردید.

چون پور میر صدر معمّائی روزگار بهرزه‌درائی میگذرانید حکم شد اورا از قلمرو بدر کنند. راجه سورج سنگه آن بدسرانجام‌را مقیّد بپتن گجرات رسانید و مرتضی‌قلی حاکم آنجا بیکی از بنادر شور دریا فرستاده کشتی اورا دریائی ساخت.

دوست‌محمد یکی از ملازمان معتمد بزرگ شاهزاده بقدسی آستان پناه آورد. ضامن خواجه عبدالله بود. چون او بدرگاه والا آمد آوردن اورا بهانه ساخته خودرا از آسیب خشم شاهزاده در حمایت لطف پادشاه عالم کشید.

۲۹۲ و از سوانح آمدن عابدی خواجه پور خواجه کلان جویباری از توران‌زمین. چون باقی خان نسبت بامرا و سران لشکر ناهنجاری پیش گرفت و در دل‌آزاری بزرگان دولت کوشید همگنان بر جانشکری او دل نهاده قرار دادند عابدی خواجه‌را بجای او بر سریر خانی بردارند. و باین سگالش بهبود نامی‌را بانجام کار باقی خان برگماشتند. آن بی‌جگر روزی فرصت یافته خواست که بیازش خان کارد از بغل برآرد. از غلبهٔ دهشت دست و پا گم کرده یکی از نزدیکان خان‌را برین حال آگهی داد. باشارهٔ خان اورا برگرفت و چون سختگیری رفت پاسخ برگذارد «باشارهٔ ایشم لیدر و پسران او برین کار میخواستم دلیری کنم. قضا با من یاوری نکرد» و اندیشهٔ امرا تمام باز نمود. باقی خان پسران ایشم لیدررا بیاسا رسانید و ایشم‌را با عابدی خواجه از ملک برآورد. خواجه زیارت کعبه‌را وسیلهٔ رستگاری ساخته بصوب درگاه غریبان پناه شتافت و روی نیاز بر آستان قدس که کعبهٔ مراد است مالید. خاقان غریب‌نواز بعطای خلعت و انعام بیست هزار روپیه سرمایهٔ بی‌نیازی بخشید.

On the third of Aban [October 24], the solar weighing ceremony was held, and the emperor was weighed against twelve items. The needy had their wants fulfilled.

Since Mir Sadr Mu'amma'i's son was spending his days in foolishness, an order was given for him to be expelled from the realm. Raja Suraj Singh took him in chains to Patan in Gujarat, where the governor, Murtazaquli, dispatched him by ship to one of the ports in the sea.

Dost Muhammad, one of the eldest prince's retainers, took refuge at the court. He had stood surety for Khwaja Abdullah, and when he went to court, Dost Muhammad used bringing him back as an excuse to get himself out of the clutches of the prince's wrath and under the emperor's protection.

Abidi Khwaja, the son of Khwaja Kalan Juybari, comes from Turan 292

When Baqi Khan acted severely toward the amirs and leaders of the army and harassed the grandees of state, everyone resolved to put him to death, and it was decided that Abidi Khwaja would be put on the throne in his stead. With this thought in mind, they chose one Bihbud to do Baqi Khan in. Finding an opportunity one day, he was about to draw his dagger from his breast to attack the khan, but he became so frightened that he lost control of himself, and one of the khan's men noticed what he was doing. At a sign from the khan he was seized, and when he was tortured he said, "I was going to do it on instruction from Isham Lidar and his sons. Fate did not favor me." And he disclosed the amirs' plot totally. Baqi Khan executed Isham Lidar's sons and expelled Isham and Abidi from the kingdom. Making a visit to the Kaaba his pretext, the

نیکوخدمتی تخته بیگ کابلی منظور داشته بخطاب خانی روشناس گردانیدند.

راجه سیام سنگه و راجه جگمن چوهان هرکدام بمنصب هزاری از امثال خود ممتاز گشت و پرگنهٔ بهنگانو بجایگیر راجه جگمن مقرّر گردید.

۲۹۳ و از سوانح رسیدن شاهزاده سلطان سلیم بملازمت خدیو جهان. از توجّه گیتی‌خدا بسوی الله‌آباد و در توقّف افتادن آن عزیمت از واقعهٔ ناگزیر مریم‌مکانی شاهزاده چون آگهی یافت غمگساری خاقان جهان‌را دستآویز ساخته بصوب والا درگاه گام سعادت برگرفت و روز پنجشنبه چهارم آذرماه الهی جبین بسجود اخلاص آراست و سر بر قدم مبارک خدای مجازی و قبلهٔ حقیقی نهاد. خاقان مهربان از روی عاطفت آن گلبن اقبال‌را در آغوش مهربانی کشیدند. شاهزاده یک قطعه الماس که یک لک روپیه ارج داشت و دویست و نه مهر صد تولگی و دویست پنجاه تولگی و چهار بیست و پنج تولگی و سه بیست تولگی نذر گذرانید و دو صد زنجیر فیل پیشکش کرد.

پاینده‌محمد خان و مخصوص خان و خواجگی فتح الله و برخی بندگان که همراه شاهزاده بودند سعادت ملازمت اندوختند و نذر هرکدام پذیرائی یافت. چون شهریار ستوده‌صفات از نادانی و کجگرائی و سرکشی و خودرأیی و اندیشه‌های تباه و دیگر نکوهیده کردار شاهزاده دلگرانی داشت، و با آنکه بارها از فراخ‌حوصلگی کرده‌را ناکرده و شنیده‌را ناشنیده انگاشته شاهزاده از بدهمنشینی و طبیعت‌پرستی جویای خشنودی آنحضرت نگشت. درینولا رای گیتی‌آرای بر آن قرار گرفت که یکچندی آن سرخوش نشأ پنداررا در دبستان زندان پندپذیر گردانند تا از گران خواب غرور بیدار گشته سررشتهٔ آگهی و هوشیاری بچنگ آرد، هم

khwaja took refuge at the imperial court and rubbed his fore-
head in supplication at the imperial threshold. The emperor
gave him a robe of honor and 20,000 rupees so that he should
not be in want.

In view of Tokhta Beg Kabuli's good service he was awarded
the khan title.

Raja Shyam Singh and Raja Jagman Chauhan were both
promoted to the rank of 1,000, and the district of Bhongaon
was enfeoffed to Raja Jagman.

Prince Sultan Salim comes to pay homage to the emperor　　293
When the prince learned that the emperor had set out to go to
Allahabad but that the expedition had fallen into abeyance on
account of the death of Maryam-Makani, he made consoling the
emperor a pretext to go to court. On Thursday, the fourth of Azar
[November 24], he prostrated himself and placed his head on the
foot of his metaphorical lord and true object of worship. The
emperor kindly took him in his embrace. The prince presented a
diamond worth a lac of rupees, two hundred 900-*tola* coins, two
hundred 50-*tola* coins, four 25-*tola* coins, three 20-*tola* coins, and
two hundred elephants.

Payanda Muhammad Khan, Makhsus Khan, Khwajagi Fathul-
lah, and others who were with the prince also paid homage, and
the offerings of each of them were accepted. Since the emperor
was disappointed in the prince because of his lack of restraint,
fractiousness, arrogance, and his depraved thoughts and nefar-
ious acts, and despite the fact that many times he had patiently
overlooked his deeds and disregarded what he had heard, the
prince had, from bad companionship and self-indulgence, never
sought to please the emperor. Now the emperor decided to teach

جوش بادهٔ خودکامی آن والاقدر فرو نشیند و هم کمبینان تیره‌درون‌را که شکوه شاهنشاهی نیک نبینند سرمه‌سا گردد و هم کارآگهان معامله‌دان‌را سرمایهٔ مزید شناسائی بدست افتد. باین انداز رسا و سگالش درست شاهزاده‌را گرفته بحرمسرای مقدّس بردند. نخست بزبان طنز و سرزنش اظهار گله‌مندی فرمودند و لغزشها برشمرده بسا گفتار خشونت‌آمیز بیان رفت. شاهزاده چشم بر زمین نهاده غرق عرق شده و پاسخ بآب دیده برگذارده عجز و زاری در میان نهاد. سپس بخادمان محل اشارهٔ والا شد شاهزاده‌را در حجرهٔ جای دهند و شراب‌را که طبیعت بآن خو گرفته است برگیرند. دشوارترین سیاستها دور داشتن شراب بود. شاهزاده‌را درازاندوهی سراپای خاطر فرو گرفت و بسخت دلشکنی افتاد. همشیره‌های گرامی‌نژاد آمد و رفت داشتند و دلدهی و غمخواری بجای میآوردند و لابه‌گذاری و پشیمانی شاهزاده بعرض خاقان پوزش‌پذیر میرسانیدند. بعد از ده روز عاطفت ذاتی و کرم طبیعی جوش برزد و فرمان باطلاق آن سرو آزاد بوستان خلافت شد و بحکم والا بمنزل خود رفت. خاقان جهان چنان میخواست که شاهزاده باین وضع تنها باشد، لیکن چون از جانب سلطان دانیال بیشتر نومیدی دست داده بود پاداش کردار باین روش سرانجام داده بآئین پیش منصب و جایگیر بحال داشتند.

۲۹۴ و از سوانح گریختن باسو بومی مؤ. سابق داستان سرتابی و سزا یافتن او نگارش یافت. درینولا خودرا نزد شاهزاده سلطان سلیم رسانیده خواهش پابوسی کرد و بوسیلهٔ درخواست شاهزاده از آب گذشته بسعادت ملازمت رسید و دوراندیشی بکار برده همان جا توقف گزید. و چون پادشاهزاده‌را در پیشگاه خلافت سلوک برنگ دیگر شد خدیو عالم مادهو سنگه برادرزادهٔ راجه مانسنگه‌را در خلوت طلب داشته بگرفتن باسو

his headstrong son a lesson by putting him in prison for a while so that he might wake from his slumber of arrogance and acquire some awareness and sobriety. In this way his fulminating arrogance would settle down, he would serve as an example to mean persons who lacked the vision to appreciate imperial splendor, and those who were aware and knew what was good for themselves would increase in their knowledge. With this considered and correct thought, he had the prince seized and taken to the harem. First the emperor manifested his complaints with the tongue of censure and reproach, enumerating his offenses in fairly harsh language. The prince cast his gaze down, breaking out in a sweat, and responded with tears as he pleaded his weakness and misery. Then the servants of the harem were ordered to install the prince in a chamber and to take away the wine upon which he had become dependent. (The denial of wine was the hardest punishment.) The prince was abject and heartbroken, but his sisters had access to him, and they gave him encouragement and commiseration and reported his contrition to the clement emperor. After ten days the emperor's innate compassion and generosity were moved, and an order was given to release the prince. By imperial order he went to his own quarters. The emperor had wanted the prince to be by himself, but since he was more despondent about Sultan Danyal, he let this much suffice for the prince's retribution and allowed him his rank and fiefs as before.

Basav, the ruler of Mau, takes flight 294

The story of Basav's rebellion and chastisement has already been reported. Now he betook himself to Prince Sultan Salim and requested that he be allowed to pay homage to the emperor and that at the prince's request he might cross the river and

فرمان داد. آن عیّار پخته‌کار پیش از رسیدن مادهو سنگه خطوط نیرنگی از پیشانی روزگار برخوانده راه گریز پیش گرفت.

درین ایّام امرا باضافه‌های مناصب سرافراز شدند و برخی بخدمات حضور و صوبجات سربلند گردیدند و چندی بانعامات اختصاص یافتند بدین تفصیل: آصف خان بمنصب چهارهزاری ذات و دوهزار سوار و عطای والا علم و نقاره و خدمت صوبه‌داری بهار. ‌شیخ فرید بخشی نیز بمنصب چهارهزاری ذات و دوهزار سوار و بخشش علم و نقاره، مشار الیه پنج دانه مروارید گران‌ارج و چهار قطعه لعل و یک زنجیر فیل پیشکش کرده شکرانهٔ مواهب خاقانی بجای آورد. شیخ عبد الرحمن بانعام شال خاصه و خدمت تنبیه بندیله، میر ابوتراب پور اشرف خان بمنصب هزاری ذات و پانصد سوار و خطاب پدر و خدمت فوجداری اوده، شیخ بایزید بمنصب هزاری ذات و پانصد سوار و بحال ماندن خدمت الله‌آباد که بزرگ شاهزاده باو داده بود. پاینده خان بمنصب سه هزار و پانصدی ذات و دوهزار سوار. امین الدین خان بآوردن شاهزاده دانیال. مقیم دیوان بیوتات بجای آصف خان ببلند مرتبهٔ دیوانی و خطاب وزیرخانی. معز بخدمت دیوان بیوتات. کلیان‌داس پور راجه تودرمل بمنصب هزاری ذات و پانصد سوار و خدمت قلعه‌داری کالنجر. افتخار بیگ هزاری، میرزا ولی پانصدی، شیخ کبیر پانصدی، صادق خان هزار و پانصدی ذات، خواجه عبدالله بخدمت کالپی، میر شریف آملی بخدمت سرکار بهرایچ، قاضی عزّت الله هفت صدی، میر شریف کولابی هزاری، حسن بیگ خاکی بدیوانی سرکار جونپور، عابدی خواجه هزاری ذات و پانصد سوار، راجه بکرماجیت بهدوریه و رای مکند عمّ او و میر شریف مخدومزاده هرکدام بمنصب درخور.

come to court. Foresightedly, he stopped where he was. When the prince's conduct changed at court, the emperor privately summoned Madhav Singh, Raja Man Singh's nephew, and ordered him to seize Basav. The crafty Basav suspected treachery before Madhav Singh arrived and took flight.

۲۹۵ درین هنگام چون بوالا عرض خدیو دادگر رسید باقی خان آئین ملکداری و پاسبانی که عبارت از رعیّت‌پروری است گذاشته دست ستم و تعدی بمال و ناموس زیردستان دراز میکند و بیدادگری در قلمرو رواج گرفته، مالش آن ستمگار جورپرست و یازش ولایت موروثی از باطن قدسی سر برزد. همگی سگالش آنکه سکنهٔ آن سرزمین از تاب آفتاب ظلم و جفا در سایهٔ معدلت درآیند و در لباس جهانگیری و ملکستانی عبادت ایزدی بجای آید. چون خانخانان و راجه ماانسنگه و قلیچ خان بزرگ نوئینان درگاه دولت حضور نداشتند فرمان طلب هرکدام رفت که زود بآستان والا رسیده در یساق توران‌زمین ژرف‌نگهی بکار برند و دوراندیشی و نیک‌بسیچی بعرض اقدس رسانند. خانخانان از آنجا که خمیرمایهٔ صدهزار مکر و فریب بود مهمّ دکن‌را بس گران وا نموده ماندن خود در آن دیار برگزید و ازین سعادت دوری جست، و راجه مانسنگه از بنگاله و قلیچ خان از لاهور یرلیغ والارا کاربند شده زمین‌پیمای راه فرمانپذیری گشتند، لیکن سگالش و تسخیر بکردار نگرائید و فلک نیرنگساز شعبدهٔ دیگر باخت.

Miscellaneous promotions 295

At this time some officers were promoted, some were assigned to service at court, others were assigned to the provinces, and some received special rewards as follows:

Asaf Khan was promoted to the rank of 4,000/2,000, awarded the privilege of a banner and drums, and assigned to the governorship of Bihar.

Shaikh Farid Bakhshi was also promoted to the rank of 4,000/2,000 and awarded the privilege of a banner and drums. He presented five valuable pearls, four rubies, and one elephant in thanks for imperial favor.

Shaikh Abdul-Rahman was given a regal shawl and assigned to chastise the Bundela.

Mir Abuturab, son of Ashraf Khan, was promoted to the rank of 1,000/500, awarded his father's title, and made garrison commander of Oudh.

Shaikh Bayazid was promoted to the rank of 1,000/500 and was retained in the post the eldest prince had given him at Allahabad.

Payanda Khan was promoted to the rank of 3,500/2,000.

Aminuddin Khan was sent to bring Prince Danyal.

Muqim, supervisor of the workshops, was made *divan* in Asaf Khan's place and given the title of Wazir Khan.

Mu'izz was assigned to service as supervisor of the workshops.

Kalyan Das, Raja Todar Mal's son, was promoted to the rank of 1,000/500 and made warden of the Kalinjar fort.

Iftikhar Beg was promoted to the rank of 1,000; Mirza Wali to 500; Shaikh Kabir, 500; Sadiq Khan, 1,500 *zat;* Khwaja Abdullah was assigned to Kalpi; Mir Sharif Amuli was assigned to Bahraich; Qazi Izzatullah, 700; Mir Sharif Kölabi, 1,000; Hasan Beg Khaki, *divan* of Jaunpur; Abidi Khwaja, 1,000/500; Raja

۲۹۶

و از سوانح تنبیه یافتن مرزبان کشمیر. چون چندی از گروه چک که
خودرا از نژاد فرماندهان کشمیر دانند و سر بایالت آنجا خارند بیشتر
در حوالی کشمیر غبار فتنه بلند میکردند محمدقلی دفع آن زمرهٔ کجگرا
پیشنهاد همّت ساخته بمالش مرزبان کشتوار که پناه آن شوریدگان میشد
روی آورد. چون بگریوهٔ کشتوار رسید علیقلی پور خودرا با برخی آزمونکار
پیشتر روانه ساخت. زمیندار کشتوار از روی دوربینی و عاقبت‌اندیشی
وکلا فرستاده دم از ایلی و فرمانبری برزد و پیمان گرفته علیقلی‌را دید
و جانوران شکاری باج‌گویان آورد و عهد کرد که مفسدان چک‌را در
ولایت خود راه ندهد و در هر وقت از دولتخواهان درگاه بوده در تنبیه
متمرّدان مبارزان اقبال‌را یاوری نماید. محمدقلی خاطر از مهم کشتوار
فراهم آورده مالش چکان که در کوه مرو بسر میبردند پیش گرفت و با
آنکه در آن موسم آفتاب در میزان جای داشت و گریوه‌ها برف‌آگین و
مسالک مسدود بود بکمال جرأت و جسارت دامن همّت برزده و آستین
کوشش مالیده با بسیاری مبارزان پیاده شده بر فراز پخی برآمد و با ایبا
چک و حسین چک نبرد مردآزما کرده نصرت اندوخت. و آن هر دو بومی
تباه شده بهزار دشواری جان بدر بردند. هنگام شب زیدا بومی باتّفاق
گریخته‌ها بر بهادران فیروزمند شبخون زد. تا طلوع نیّر اعظم مجاهدان‌را
با مخالفان زد و خورد در میان بود. چون روز شد بخت برگشتگان تیره‌رای
بدر رفتند. محمدقلی بر دور لشکر خندق زده بهشیاری و آگاهی نشست
و آن تبه‌سگالان‌را بداستان امید و بیم برخواند. برخی از یاوران آن
سیه‌مغزان پیمان بسته نزد محمدقلی آمدند و ایبا چک و حسین چک و
زیدا و جباری و دیگران پای ستیزه افشرده رده‌آرا شدند. محمدقلی دست
تهوّر گشاده بپیکار آنها روانه شد. شوریده‌مغزان در پناه سنگها جنگ

546

Bikramajit Bhadauriya, his uncle Rai Mukund, and Mir Sharif Makhdumzada each received appropriate ranks.

At this point it was reported to the emperor that Baqi Khan had broken the rules of governance and protection, which call for benign treatment of one's subjects, and had unleashed tyranny and aggression against his subjects' property and honor, and injustice was rife in his realm. An idea was formed in the emperor's mind to chastise the tyrant by launching a campaign to his ancestral territory, his only thought being that the residents of that land should find relief from the burning sun of oppression in the shadow of justice, while the emperor himself could carry out his divine worship in the garb of world conquest and territorial expansion. Since the great officers of state, the Khankhanan, Raja Man Singh, and Qilich Khan, were not in attendance, a summons was issued to each of them to come quickly to court to deliberate a Turan campaign and give the emperor the benefit of their farsighted considerations. The Khankhanan, a man of infinite deceptiveness and wiles, represented that the Deccan campaign was much more important and chose to remain there, excusing himself from this task. Raja Man Singh and Qilich Khan came obediently from Bengal and Lahore respectively, but the emperor's idea for conquest was not carried out, for insidious fate had another game in mind.

The ruler of Kashmir receives a warning   296

Several members of the Chak clan, who considered themselves descendants of the kings of Kashmir and harbored a desire to rule, were stirring up trouble in various regions of Kashmir. Muhammadquli determined to get rid of them and set out to crush the ruler of Kishtwar, who was giving the rebels refuge.

سخت کرده شکست یافتند و مبارزان تا بنگاه تیره‌روزان رفته همه‌را
سوختند و درهم شکسته برگشتند. روز دیگر پاینده بیگ برادرزادهٔ
محمدقلی با مردم تازه‌زور بر سر آنها رفته کار بر بخت‌برگشته‌ها تنگ
کرد. زیدا بومی بیچاره شده پاینده‌را دید و اظهار بندگی کرد و پسر خودرا
با چند دست جانور شکاری نزد محمدقلی فرستاد و عهد کرد که باز
فتنه‌انگیری نکند و مفسدان‌را یاور نشود. و بهمین دستور اکثر زمینداران
اطاعت اختیار کردند و پسران خودرا بیرغمال سپردند و محمدقلی بیگ
باقبال شاهنشاهی فیروزی اندوخته بشهر بازگردید.

When he reached the Kishtwar pass, he sent forward his son Aliquli with a group of experienced warriors. The zamindar of Kishtwar farsightedly sent his representatives to open negotiations with offers of fealty and obedience. Receiving a safe pass, the zamindar waited upon Aliquli and brought falcons as tribute, promising that he would no longer allow the Chak miscreants in his territory and that he would always be loyal and would assist the imperial soldiers in chastising the rebels. His mind at ease regarding Kishtwar, Muhammadquli set out to crush the Chaks, who were living in Mount Maru. Since the sun was then in Libra, the hills were covered with snow and the passes were blocked, but he pressed forward courageously and boldly and mounted, many of his men on foot, to the top of the pass. There he fought a pitched battle with Aiba Chak and Husain Chak and won. The two were so defeated that they only managed to escape with their lives. That night Zaida, a local ruler, and those who had fled made a surprise attack on the imperial warriors, and the combat lasted until dawn. When it was daylight the ill-starred wretches ran away. Muhammadquli had a trench dug around his camp and waited on alert while he sent messages of hope and intimidation to the rebels. Some of the rebels' henchmen asked for amnesty and came to Muhammadquli, but Aiba Chak, Husain Chak, Zaida, Jabbari, and others vengefully formed their ranks for battle. Muhammadquli set out valiantly to meet them. The wretches fought hard from their rocky refuges but were defeated, and the imperial warriors proceeded to the rebels' base, where they burned and broke everything and then returned. The next day Muhammadquli's nephew Payanda Beg led a fresh troop against them, and things really became difficult for the wretches. Zaida surrendered and went to Payanda to pledge fealty, and he

میر جمال الدین حسین انجو از دکن رسیده جبین بسجود قدسی آستان
نورانی ساخت. میر محمد معصوم بهکری که بسفارت ایران نزد شاه
عباس رفته بود آمده بدولت ملازمت رسید و نامهٔ والی ایران و مکتوبی
که عمّهٔ شاه بحضرت مریم‌مکانی نگاشته بود از نظر اقدس گذرانید.

sent his son with several falcons to Muhammadquli to pledge that he would neither make any new disturbance nor assist the rebels. In the same manner most of the zamindars chose to promise to be obedient, turning over their sons as pledges. Triumphing in imperial good fortune, Muhammadquli returned to the city.

Mir Jamaluddin Husain Inju came from the Deccan to pay homage.

Mir Muhammad Ma'sum Bhakkari, who had gone on an embassy to Shah Abbas in Iran, came to pay homage. He presented for the emperor's inspection a letter from the ruler of Iran and one the shah's aunt had written to H.H. Maryam-Makani.

آغاز سال پنجاهم الهی از جلوس مقدّس حضرت شاهنشاهی، یعنی سال اردی‌بهشت از دور پنجم

۲۹۷ شب شنبه بیست و هشتم شوال سنهٔ هزار و سیزده هلالی پس از سپری شدن چهار ساعت و چهل دقیقه خورشید جهانتاب شعبده‌خانهٔ بهرام‌را روشن ساخت و سال پنجاهم از جلوس خاقان جهان روی بآغاز نهاد. دولتخانهٔ والارا بدستور هر سال آذین بستند و تا آفتاب جهانتاب بدرجهٔ شرف رسید ابواب عیش و عشرت گشاده و اسباب جشن و خرّمی آماده بود. نوئینان والامرتبه و امرای عالی‌شکوه پیشکشها از نظر مقدّس گذرانیدند و از داد و دهش پادشاه دریانوال جهانی بکام دل رسید.

تردی خان بمنصب دوهزاری ذات و پانصد سوار و انعام پنج لک دام سربلندی شد. رحمت خان فوجدار بمنصب هزار و پانصدی ذات و ششصد سوار و پرتاب سنگه هزاری ذات و پانصد سوار و حکیم علی سه‌هزاری ذات و دویست سوار و سکت سنگه هزاری ذات و سه‌صد سوار و کشک بهادر پانصدی ذات و پنجاه سوار نوازش یافتند.

درین جشن شاهزادهٔ والاگوهر سلطان سلیم یک زنجیر فیل پیشکش کرد و شاهزاده دانیال فیل گجپتی با دو فیل دیگر ارسال داشته بود. رتبهٔ پذیرائی یافت.

۲۹۸ از عرضداشت شیخ عبد الرحمن و خواجه عبدالله معروض اقدس گشت که اوندچه باقبال شاهنشاهی گشایش یافت و برسنگه‌دیو سترگ شکستی خورده بهزار دشواری با چندی جان از نبردگاه بیرون برد.

The Fiftieth Year after the Imperial Accession: Urdibihisht Year of the Fifth Duodecennial Cycle

On the eve of Saturday, the twenty-eighth of Shawwal 1013 [March 19, 1605],[75] after the elapse of four hours and forty minutes, the world-illuminating sun lit Mars's magic house, and the fiftieth year of the emperor's reign began. Like every year, the imperial palace was decorated, and there was much enjoyment and celebration until the exaltation. The grandees and exalted officers placed their gifts before the emperor's gaze, and everyone received a share of the emperor's bounty. 297

Turdi Khan was promoted to the rank of 2,000/500 and received a gift of five lacs of *dams.* The following promotions in rank were awarded:

Rahmat Khan Faujdar	1,500/600
Pratap Singh	1,000/500
Hakim Ali	1,000/200
Sakat Singh	1,000/300
Kishik Bahadur	500/50

At the festival Prince Sultan Salim presented an elephant, and Prince Danyal had sent the elephant named Gajpati and two others. They were accepted.

The emperor learned from Shaikh Abdul-Rahman's and Khwaja 298
Abdullah's report that Orchha had been taken by imperial fortune and Bir Singh Deo had suffered a tremendous defeat and had only managed with great difficulty to escape the fray alive with several others.

و از عرضداشت امین الدین خان بعرض خاقان جهان رسید شاهزاده توهّمی بخود راه داده بودن بزرگ شاهزاه‌را در رکاب معلی موجب نیامدن خود میسازد.

۲۹۹ منصب راجه راجسنگه سه‌هزاری شد و حمزه بیگ بنصب هزاری و میر عبدالله بمنصب سه‌صدی سرافرازی یافت. راجه راجسنگه عرضداشت «بر سر برسنگه‌دیو ناگهانی رسیده بسیاری از همراهان اورا بفرامشخانهٔ نیستی رساندم و او هم زخمی گشته جان بسلامت برد. بهاو سنگه[۹۸] پسر راجه مانسنگه‌را بمنصب هفت‌هزاری ذات (؟) و پانصد سوار کامیاب آرزو گردانیدند. میر جمال الدین حسین لختی جواهر و دیگر کالای دکن پیشکش کرد و همگی پذیرفته آمد. بیست راس اسپ پیشکش حسین قلیچ از نظر اقدس گذشت. رامداس کچهواهه‌را منصب دوهزاری ذات و دویست سوار مقرّر گشت. سلهدی بمنصب هفتصدی ذات و چهارصد سوار و سیّد احمد قادری چهارصدی پنجاه سوار و امین الدین پانصدی و یکصد و پنجاه سوار و حکیم مظفر هزاری دویست سوار سربلند و کامیاب شدند.

لبریز شدن ساغر زندگی شاهزاده دانیال

۳۰۰ آن باده‌پیمای میگسار شاهنشاهی اندرز گوش نکرد و چندانکه از آن کار جانشکر باز داشتند از بسکه خو کرده خودرا فدای شراب نموده بود پند نیوش نگشت. چون پاسبانان بی‌روی گماشتند و در ندادن شراب اهتمام رفت بنزدیکان خود ساخته بتقریب شکار سواری کردی و آن دوستان نادان برخی شراب در نال تفنگ انداخته و چندی در رودهٔ گاو پر کرده آن‌را

From Aminuddin Khan's report it was learned that Prince [Danyal] was in great trepidation and refused to come to court as long as the eldest prince was in attendance.

Raja Rajsingh's rank was increased to 3,000. Hamza Beg was 299
promoted to 1,000. Mir Abdullah received the rank of 300. Raja Rajsingh reported that he had come upon Bir Singh Deo and killed many of his companions, but Bir Singh Deo had escaped wounded. Raja Man Singh's son Bhao Singh was promoted to the rank of 7,000/500.[76] Mir Jamaluddin Husain presented a few jewels and other goods from the Deccan, all of which were found acceptable. Husain Qilich's presentation of twenty horses was shown to the emperor. Ram Das Kachhwaha was given the rank of 2,000/200. Silhadi was promoted to the rank of 700/400, and Sayyid Ahmad Qadiri was given the rank of 400/50. Aminuddin was promoted to the rank of 500/150, and Hakim Muzaffar was given the rank of 1,000/200.

THE CUP OF PRINCE DANYAL'S LIFE RUNS OVER

Addicted to wine, he did not heed the emperor's advice, and no 300
matter how people tried to keep him from such a self-destructive act, he was so habituated that he sacrificed himself to wine and refused to listen to any advice. When the emperor assigned dauntless guardians and great precaution was taken that he not be given wine, he made an arrangement with his intimates and rode out on the pretext of going hunting. His ignorant friends had put some wine in the barrel of a rifle and in a cow's entrails and secreted them under their clothing and wrapped them

زیر جامه بکمر پیچیده در صحرا بآن آشفته میرسانیدند، و آن پا بر جان نهاده و دست از زندگی شسته بخوردن دلیری میکرد و چنانچه اندیشه از خسران ابدی نداشت بر برنائی و تباهی خود نظر نمی‌انداخت. آری،

حریصِ باده کجا فکرِ دردِ سر دارد؟

رفته رفته اعضای رئیسه خاصه دماغ‌را آزردگی تمام بهم رسانید و بسخت رنجوری و ناتوانی افتاد و قوای طبیعی روی بانحطاط آورد و در رگ و اعضا فتور حواس افزونی گرفت و از خوردنی روی برتافت. بجز نام شراب هیچ بر زبان نراندی. تا چهل روز پهلو بر بستر نهاده بود. روز شنبه بیست و هشتم شوال پیمانهٔ عمرش در آرزوی شراب پر گشت. سی و سه سال و شش ماه درین دیر فنا بادهٔ زندگانی خورده بخمار مرگ افتاد. سه پسر (نخستین طهمورث، دومین هوشنگ، سیومین بایسنغر) و چهار دختر (یکی سعادت بانو، دوم بولاقی بیگم از دختر قلیچ خان، سیوم ماهی بیگم همشیرهٔ هوشنگ، چهارم برهانی بیگم خواهر طهمورث) از آن سفرگزین ملک تقدّس باز ماند. شاهزاده‌را بجانان[٩٩] بیگم دخت خانخانان غریب شیفتگی بود. آن بانوی نیکسیرت وفادار درین مصیبت جانفرسا بیطاقتیها کرد و میخواست که با شاهزاده رفیق آن جهان گردد. توفیق نیافت و منع پندگویان و اندرزسرایان‌را دستآویز درین منزلگاه پر حوادث فروکش نمود، لیکن در جدائی شاهزاده سراپای خودرا بداغها سوخت و فراوان سال بعد از آن زیست و تا آخرین نفس هر روز در فراق جانان برای او روز اوّل بود.

٣٠١ چندی تبه کاران طبیعت‌پرست که بشاهزاده پنهانی شراب میرسانیدند و در سود خود بزیان او پی برده دیده و دانسته در جانشکری آن شیفتهٔ

around their waists, and in the countryside they gave it to the frenzied prince. Determined to end his life, he drank, and, with no thought of eternal perdition, he did not even give a passing glance to his youth or his own destruction. Truly,

When does a person who is craving wine think of a headache?

Little by little his principal organs, particularly his brain, were totally adversely affected, and he became seriously ill and weakened as his natural facilities went into a decline, a numbness spread through his veins and organs, and he turned his face away from food. Other than the word "wine" nothing crossed his lips. He was bedridden for forty days, and on Saturday, the twenty-eighth of Shawwal [March 19, 1605], he passed away, pining for wine. He had been in this ephemeral world for thirty-nine years and six months when he died. He left three sons, Tahmuras, Hoshang, and Baysunghur, and four daughters, Sa'adat Banu, Bulaqi Begim by Qilich Khan's daughter, Hoshang's sister Mahi Begim, and Tahmuras's sister Burhani Begim. The prince was strangely infatuated with Janan Begim, the Khankhanan's daughter, and that good and faithful lady was so distraught by this heart-wrenching catastrophe that she wanted to accompany the prince into the next world. She was prevented from taking such a step by good advisers and forced to remain in this vale of tribulation, but in her longing for the prince she scarred herself from head to foot. She lived for many years, but until her final breath every day separated from her beloved was as bad as the first.[77]

The several self-indulgent miscreants who had smuggled wine 301
to the prince and, thinking of their own benefit rather than his detriment, contributed to his death were thrown into chains

باده میکوشیدند خانخانان بفرمود تا ایشان‌را در بند کردند. نخست شمسی برادرزادهٔ خواجگی فتح الله، دیگر مرشد توپچی، دیگر علی بیگ ندیم، دیگر مبارک کوکناری و شجاع پسر غیور بیگ کابلی و سه خواجه‌سرا و دو نفر حجّام. و این زمرهٔ ناعاقبت‌اندیش‌را بعد از سه روز هواداران شاهزاده که درونها خراشیده داشتند بضرب سنگ و چوب و خشت و لگد بیاسا رسانیدند. این خبر شکیب‌ربای جانکاه چون بسمع سالک شاهراه خداآگاهان رسید از کمال گردآوری ایزدی رضا دگرگونگی در حال اقدس راه نیافت. با این همه جگرپالودگی دل‌ریشی آن حضرت‌را که تواند اندازه گرفت؟

پیشکش قطب الملک مرزبان گلکنده سی زنجیر فیل با یراق طلا و نقره و قری ۱ مرصّع آلات و برخی نفایس آن دیار از نظر اشرف گذشت.

قلیچ خان بیست راس اسپ از لاهور ارسال داشته بود. بنظر مقدس درآمد.

هاشم خان چهار زنجیر فیل پیشکش کرد.

بعابدی خواجه از روی عنایت فیلی مرحمت شد.

۳۰۲ از عرضداشت خواجه عبدالله صفدر خان معروض اقدس گردید، چون برسنگه‌دیو واژون‌بخت آب کولها و چاهها نزدیک قلعهٔ اندچه بانداختِ زهرگیا و دیگر سمّیّات جانگزا ساخته است در چند روز فراوان کس‌را تب جانکاه گرفته ناگزیر در آنجا بودن نیارست و آن دژرا با عماراتِ ترتیب داده گذاشته جای دیگر گزید.

نوئین[۱۰۰] بزرگ راجه مانسنگه از بنگاله آمده پیشانی بخت بسجدهٔ بندگی نورآگین ساخت و هزار مهر و دوازده هزار روپیه نذر گذرانید. نورم قلیچ و برخی که همراه راجه بودند شرف ملازمت اندوختند. یوسف پور حسین خان بگزیده منصب دوهزاری ذات و سه‌صد سوار فرق عزّت برافراخت.

by the Khankhanan. First was Khwajagi Fathullah's nephew Shamsi, then there were Murshid the artilleryman, Ali Beg the companion, Mubarak Koknari, Ghayur Beg Kabuli's son Shuja', three eunuchs, and two barbers. Three days later these unthinking wretches were stoned and beaten to death by the prince's bereaved supporters. When the terrible news was communicated to the emperor, he, in his perfect acceptance of the divine will, allowed no change to show in his demeanor. Who can estimate the extent of his grief in the face of such agony?

The gifts of Qutbulmulk, the ruler of Golconda, consisting of thirty elephants with gold and silver trappings, bejeweled vessels, and other valuable items from that region, were shown to the emperor.

Qilich Khan had sent twenty horses from Lahore, and they were brought for the emperor's inspection. Hashim Khan presented four elephants. An elephant was awarded to Abidi Khwaja as a show of favor.

From Khwaja Abdullah Saffdar Khan's report it was learned 302
that Bir Singh Deo had poisoned the lakes and wells near the Orchha fortress with toxic plants. As a result, several persons had come down with mortal fevers and it was no longer possible to remain there. He had abandoned the fort and the buildings he had erected and gone elsewhere.

عاطفت خاقانی خواست که بزرگ شاهزاده‌را نوازش بی‌اندازه فرماید. باین قصد بی‌آگهی کسی سوار کشتی شده منزل شاهزاده‌را بنور طلعت همایون منوّر ساختند. شاهزاده بقدم اخلاص پذیرا شده خاک پای اقدس‌را توتیای چشم کرده بسپاسگذاری لب بگشاد و بعد از یک پهر شاهزاده‌را سرمایهٔ جاوید سعادت بخشیده بدولتخانهٔ والا تشریف فرمودند.

۳۰۳ راجه مانسنگه از ره‌آورد بنگاله فراوان فیل پیشکش کرد. شریف خان کولابی بمنصب هزاری ذات و پانصد سوار نوازش یافت. نورم قلیچ نوزده زنجیر فیل پیشکش گذرانید. قلیچ خان از لاهور رسیده از دولت ملازمت اقدس سرمایهٔ نیکبختی اندوخت و یتاقداری سرکار جونپور باو مرحمت شد. راجه راجسنگه چون در مهمّ برسنگهدیو بندیله فراوان کوشش بجای آورد و آن مخذول‌را آوارهٔ دشت ناکامی ساخت عنایت خاقانی نظر بر نیکوخدمتی او کرده بمنصب چهارهزاری کامیاب آرزو گردانید. فریدون برلاس بمنصب هزاری و پانصد سوار سربلند گردید.

پنجم شهریور ماه الهی سکینه بانو بیگم خواهر میرزا حکیم چهره در نقاب عدم کشید.

۳۰۴ شانزدهم صوبهٔ بهار در جایگیر خان اعظم میرزا کوکه مقرّر گشت و در همین تاریخ شاهزاده سلطان خسرو بمنصب دوهزاری و عطای نقاره و تُمن توغ سربلندی یافت. و راجه مانسنگه تسلیم منصب هفت‌هزاری ذات و شش‌هزار سوار و خدمت اتالیقی شاهزاده سلطان خسرو بجای آورد. منصب مهاسنگه نبیرهٔ راجه مانسنگه دوهزاری ذات و سه‌صد سوار مقرّر گشت.

حکم شد دیوانیان مهمّات سلطنت‌را بصوابدید شاهزاده سلطان سلیم سرانجام دهند و تصدیقات مناصب امرا بمهر ایشان میرسیده باشد.

Raja Man Singh came from Bengal to pay homage and pres-   303
ent a thousand *muhrs* and twelve thousand rupees as an ex-voto.
Nurum Qilich and some others who were with the raja also paid
homage. Husain Khan's son Yusuf was promoted to the rank of
2,000/300.

In his kindness the emperor wanted to do an incalculable honor
to the eldest prince. Without anyone's knowledge he got into a
boat and went to the prince's quarters. The prince went out devot-
edly and welcomed him, expressing his gratitude. After honoring
the prince for one watch, the emperor returned to the palace.

Raja Man Singh brought gifts of many elephants from Bengal.
Sharif Khan Kölabi was promoted to the rank of 1,000/500.
Nurum Qilich presented nineteen elephants. Qilich Khan came
from Lahore to pay homage, and he was assigned to Jaunpur.
Since Raja Rajsingh had exerted himself in the Bir Singh Deo
Bundela affair and had driven the wretch into the desert of fail-
ure, he received a regal reward and was promoted to the rank of
4,000. Faridun Barlas was promoted to the rank of 1,000/500.

On the fifth of Shahrewar [August 25], Sakina Banu Begim,
Mirza Hakim's sister, passed away.

On the sixteenth [September 5], the province of Bihar was   304
enfeoffed to Khan A'zam Mirza Koka, and on the same day Prince
Sultan Khusrau was given the rank of 2,000 and awarded the
privilege of drums and a *tümän tugh*. Raja Man Singh received
the rank of 7,000/6,000 and was made *ataliq* to Prince Sultan
Khusrau. Raja Man Singh's grandson Maha Singh was promoted
to the rank of 2,000/300.

It was ordered that the administrators of the realm should
conduct their affairs with the approval of Sultan Salim and that
confirmations of assignments should receive his seal.

چهاردهم مهر ماه الهی سعید خان با پور خود [و] ابوالقاسم خان نمکین ملازمت نمود و میرزا غازی پور میرزا جانی ترخان از تتهه آمده جبین بسجود آستان اقبال نورانی ساخت و گزیده پیشکش بنظر انور گذرانید.
هیژدهم بمیرزا غازی و ابوالبقا اوزبک گوهر مرصّع و بعابدی خواجه جمدهر مرحمت شد.

و از آخرین سوانح و واپسین وقایع سانحهٔ جان گزای هوش‌ربا و دل‌فرسای جگرپالا چالش خاقان مملکت‌طراز و خرامش آن قافله‌سالار راه حقیقت ازین فانی سرای کاروانی بعالم قدس و ملک جاودانی

در عنفوان زمستان که هوا سردی پیش گرفت و طبیعت خشک‌مغزی بنیاد نهاد ۳۰۵

از سردیِ بادِ مهرگانی — شد باغ فسرده زندگانی
از مرغ فغانِ سرد برخاست — وز چشمهٔ غنچه گرد برخاست
هم عادیه ناقه در وحل ماند — هم نامیه‌را سرِ عمل ماند
گل شد ز حریرِ عمر عریان — بربست دلِ فسرده شریان
گلزار شد از گلِ فسرده — غمخانهٔ صد چراغِ مرده
در باغ شکسته از سمن آب — چون کرد خسوف روی مهتاب
بازارِ گل و بهار بشکست — هنگامهٔ روزگار بشکست
هم افسرِ لاله واژگون شد — هم رایتِ سرو سرنگون شد

On the fourteenth of Mihr [October 4], Sa'id Khan, his son, and Abu'l-Qasim Khan Namakin paid homage. Mirza Jani Tarkhan's son Mirza Ghazi came from Thatta to prostrate himself at the imperial threshold and present his tribute to the emperor.

On the eighteenth [October 8], Mirza Ghazi and Abu'l-Baqa Uzbek were given jewels, and Abidi Khwaja was given a dagger.

OF THE LAST EVENTS AND FINAL INCIDENTS, THE EXCRUCIATING, MIND-ROBBING, DISTRESSING, ANGUISHING EVENT OF THE EMPEROR'S DEPARTURE FROM THIS EPHEMERAL ABODE TO THE WORLD OF ETERNAL BLESSEDNESS

In the midst of winter, when the weather was at its coldest and 305
the mind of nature began to desiccate,

From the cold of the autumnal wind the garden withered.
From the birds arose a cold lament, and from the fountainhead of the bud arose dust.
Like swift camels stuck in the mud, growth stopped functioning.
The rose was stripped of the silken fabric of life, and her frozen heart ceased to beat.
With its dried clay the garden became a house of grief with a hundred extinguished lamps.
In the garden the freshness of the jasmine withered like the face of the moon in eclipse.
The market of flowers and spring crashed; the heyday of the world came to an end.
The tulip's crown and the cypress's banner were overthrown.

باد خزانی بر سرابستان جهانبانی وزید و صرصر مهرگانی در گلستان کامرانی گذاره کرد. گل همشیه‌بهار چمنستان سلطنت‌را پژمردگی دست داد و نخل سرسبز بوستان خلافت‌را برگریز دریافت. چرا صریح نگویم؟ اورنگ‌آرای کشور اقبال از ملک و اقلیم دامن کشید و مسندنشین بارگاه جلال بر تخت و دیهیم آستین فشاند. نیّر گیتی‌افروز جهانداری که بر خلاف مهر و ماه روز و شب نورافشان بودی دفعةً مظلم گردی و کوکبِ اقبال پرتوِ عالم‌مدار که بر عکس ثوابت و سیّار لیل و نهار لمعهٔ ظهور بخشیدی بغتةً مختفی گشت. آوازهٔ کوس دولت که فلک سالها بر صدای آن چرخ نشاط میزد بیکبار فرو نشست و آوای نای عشرت که زهره شبها باستماع آن رقص طرب میکرد بیکدم گرفته شد.

۳۰۶ بیان این سانحهٔ جگرسوز و دل‌گداز که سوگواری زمین و زمان و دل‌افگاری انس و جان کنایت از آنست اینکه دوازدهم مهرماه الهی در مزاج اقدس که هزار ربیع و بهاررا سرمایهٔ اعتدال بخشیدی تغییری بهم رسید. از حکیم علی با فراوان دعوی پزشکی دانش سهوی عظیم رفت و بیدانشی او بر فراز پیدائی برآمد. تا هشت روز تدبیری نکرد تا آنکه ضعف قوّت گرفت و رنجوری تنومندی یافت. مرض باسهال دموی کشید و شگرف بیماری روی نمود. درین وقت پزشک بی‌خرد در فکر دوا افتاد و از نارسائی دانش هر دوائی که در دفع عارضه بکار برد یاور مرض شد. چنین لغزش آن حکیم‌را در علاج علاّمة الزمان شاه فتح الله شیرازی نیز روی داده بود. درین ایّام روزی خاقان زمان از روی عتاب باو فرمودند «ما ترا از پایهٔ درویشی بی‌شایبهٔ خدمت بوالا امارت برآوردیم باین آرزو که وقتی بکار ما بیائی. آخر بر خلاف آن ظاهر شد.» آنگاه یاد دانای روزگار حکیم ابوالفتح گیلانی و جالینوس زمان حکیم مصری فرموده بر فوت

An autumnal wind blew over the garden of world rule, and the cold draft of fall worked its way into the orchard of fortune. The ever-vernal flower of the meadow of the sultanate was afflicted with withering, and the verdant palm of the orchard of the caliphate shed its fronds. Why not say it openly? The monarch of the realm of fortune drew his skirt from realm and clime; he who graced the dais of magnificence divested himself of throne and crown. The world-illuminating sun of world rule, who had shed his light over the succession of sun and moon both day and night, suddenly turned dark, and the star of fortune whose rays of felicity were centered upon the world and who, unlike the stars and planets, shone day and night, suddenly went out. The drum of fortune, at the beat of which the celestial sphere had rejoiced for years, suddenly ceased, and the piping of the flute of joy, to the tune of which Venus danced by night, was suddenly silenced.

An account of this grievous and tragic event, of which the 306
mourning of time and space and the agony of men and djinn are but a metaphor, is as follows. On the twelfth of Mihr [October 3],[78] there occurred a change in the imperial temperament, which could have given equilibrium to a thousand equinoxes. On the part of Hakim Ali, with all his claims to knowledge of medicine, a grave misdiagnosis was made, and his ignorance was exposed. For eight days he gave no treatment until the weakness increased and the illness became severe. The illness turned to bloody diarrhea, and a terrible disease became apparent. At this point the stupid physician thought about medicine, but with his lack of knowledge every medicine he used to ward off the symptoms only increased the illness. Such a lapse had also occurred when the same physician treated the learned man of

آن دو حکیم نامور تأسفها کردند. این چند بیت درینوقت حسب حال آنحضرت تواند بود (ابیات)

عطّار گو ببند دکان کز اثر گذشت   کردم هزار بار عقاقیرش امتحان
سبّابهٔ طبیب ببُر تا مریض‌را   ماند ز سرزنش برخی نبض در امان
تریاق کارِ زهرِ هلاهل همیکند   پنداشتم که افعیِ او باز یافت جان
گر قرصِ کوکب است بریز بتیره گل   ور مرهمِ رسل فکن آن‌را بخاکدان

مداوای آن حکیم‌را اثری مطلقاً پیدائی نداشت. رفته رفته ناتوانی افزایش گرفت و کار بدشواری کشید. با چنین حال آن اسپهبد ملک معنی و صوری در کمال استقلال هر روز بدرشن برآمده کورنش بنده‌های درگاه میگرفت و منتظران بارگاه خلافت از لمعهٔ آفتاب دیدار همایون نور میچیدند. چون شدّت ضعف قوای ظاهری و باطنی‌را فرو گرفت چند روز پهلو بر بستر گذاشتند. روز نوزدهم حکیم در کار مداوا مبهوت شده دست از علاج باز کشید و از سطوت قهر پادشاهی اندیشناک گشته یا از مردم حرمسرا که کمال ناشکیبائی ظاهر میساختند ترسیده از آنحضرت که در غایت ضعف بودند خودرا بکنار انداخت و در پناه شیخ فرید میربخشی گریخت. زهی سنگدلی آن امیر که بر حمایت او دل نهاد!

the age, Shah Fathullah Shirazi. Now, one day the emperor chastised him, saying, "We raised you from the level of a poor man without hope of employment to the rank of amir, hoping that you would be of use to us at some time. Now the opposite has come about." And remembering the learned Hakim Abu'l-Fath Gilani and the Galen of the age, Hakim Misri, he rued the days those two renowned physicians had died. The following lines of poetry may be appropriately quoted for his condition:

> *Tell the druggist to close his shop. I've tried his drugs a*
> *thousand times, and things are beyond their remedy.*
> *Cut the doctor's finger off so that the patient may rest from his*
> *chiding and have a few heartbeats in peace.*
> *Your antidote does the work of poison. I think his adder-like*
> *lancet has come to life.*
> *Even if that pill is a star, throw it into the dark mud, and even*
> *if it is the prophets' balm, throw it into the trash.*

The physician's treatment had absolutely no effect. Little by little the weakness increased, and things became desperate. Despite such a condition the emperor went every day to the *darshan* with perfect composure to receive the salutations of his court servants and so that those who were waiting for court might receive a ray of sunlight by beholding him. When the weakness overwhelmed his external and internal faculties, he remained in bed for a few days. On the nineteenth day the physician became utterly confounded and gave up treatment. Fearful of the emperor's wrath or afraid of the people of the harem, who were exhibiting signs of great impatience, he withdrew from the emperor, who was extremely weak, and took refuge with Shaikh

۳۰۷ از آنجا که دوام بقا ممکنات‌را امریست محال، و زندگی جاویدرا جز خدای بی‌همتا درخور نه، شب چهارشنبه چهارم آبان آنحضرت سایهٔ فلک‌پایهٔ خودرا از سر زمینیان برگرفت و بر فرق آسمانیان ظلّ مکرمت گسترد. اهل این جهان بتیره روز ناکامی نشستند و ساکنان آن جهان کامیاب دیرین آرزو گشتند. سنوح این سانحهٔ پرآشوب ولوله در زمین و آسمان انداخت و روزبازار اضطراب و وحشت و هنگامهٔ کابت و کربت گرم گردید. عالم‌را ظلمت اندوه فرو گرفت و عالمیان‌را در نیم روزِ خرسندی شامِ غم افتاد. صاعقهٔ محنت و بلا بر خرمن خرّمی خلایق ریخت. سنگ ستم و جفا بر شیشهٔ دلهای ارباب اخلاص خورد.

۳۰۸ سبحان الله چه ذاتی بود، مقدّس از همه آلایش و متّصف بکل کمالات! و چه جوهری، مبرّا از تمام خسایس و پاک از جمیع کدورت! اقبال بلند، طالع خجسته، بخت بیدار، سعادت تمام، دولت روزافزون، نصرت رفعت‌افزا، لطیف دوست، دوست لطیفی، دوست‌نوازی، دشمن گدازی، همّت ملکبخش، صولت خصم‌افکن، شکوه عالمگیر، عزم جهانگشا، تمکین و شوکت با کرامات ظاهره و مقالات عالیه، اشراق ضمیر، عقل خداداد، باطن نورسرشت، علم لدنّی، کشف اسرار، حلّ عوامض، فتح مضائق، دوام توجّه بمبدأ فیّاض، کمال آگهی، محاسبهٔ اعمال و صلح باصناف عالم در آن گرامی ذات قدسی جوهر فراهم آمده حیرت‌افزای ارباب نظر میشد.

Farid Mir Bakhshi. Bravo for the hardheartedness of that amir, on whose protection he set his heart!

Inasmuch as eternal existence is impossible for possible beings 307
and life eternal is inappropriate for anything other than God, on the eve of Wednesday, the fourth of Aban [October 26],[79] His Majesty removed his celestial shadow from the heads of the people of the world and spread his ennobling shade over the inhabitants of heaven. The people of this world sat in the dark day of sadness, and those who dwell in the next world finally got the wish they had harbored for so long. The occurrence of this tragic event cast lamentation across the earth, fear and trembling rose to the ascent, and sorrow and affliction enjoyed a field day. The world was eclipsed by the darkness of grief, and at the noon of happiness the evening of tragedy enveloped the people of the world. A lightning bolt of affliction and calamity struck the people's harvest of joy. A stone of tyranny and cruelty smashed into the goblet of the hearts of the devoted.

Praise God! What a personage he was, free of all blemish 308
and possessed of every perfection! What a gem he was, devoid of any mean characteristic and free of any imperfection! He possessed great good fortune, auspicious ascendant, good luck, perfect felicity, daily increasing prosperity, and ever-ascending victory; he was a kind friend, a lover of the subtle, a cherisher of his friends, implacable to his enemies; he had kingdom-bestowing high-mindedness, foe-overthrowing might, world-seizing splendor, world-conquering determination, gravity and majesty coupled with obvious miracles and lofty dicta, illumination of mind, God-given intelligence, an inner being kneaded with light, possession of divine knowledge, revelation of mysteries, solution of enigmas, resolution of difficulties, constant attentiveness to the

محقّقان که کمالاتِ کل حساب کنند   امامِ اهلِ زمان جمله‌اش خطاب کنند
خدیوِ صورت و معنی یگانه اکبر شاه   که فقررا ز دلش مالکِ نصاب کنند
گذشت کالبدِ عنصری که پاکدلان   حقائقِ ازل از روحش اکتساب کنند

صباح روز چهارشنبه که ازو شام نکبت و تیره شب محنت تفسیر توان کرد جسد مطهّر که بزلال رحمت ایزدی شست‌وشو یافته بود بآئین اهل زمان نیز غسل داده در محفّهٔ محفوف مغفرت خداوند رءوف گذاشته از قلعهٔ دار الخلافه آگره بیرون کشیدند. خلایق‌را از دیدن آن وضع نامرغوب دود از نهاد برآمد و طوفانهای گریه جوش برزد. زخمهای کاری در دلهای آغوش برگشاد و آههای سینه‌سوز از هر سو قد کشید. شیونهای دل‌شکاف از هر کرانه برخاست و آوای ناله‌های آرام‌ربا در گوش سماویان جا کرد و صداها و نعره‌های طاقت‌فرسا در خم طاق نیلگون پیچید. از استماع نوحه و ندبهٔ خاکیان معتکفان صوامع قدس سر از گریبان استغراق برآورده سراسیمه‌وار مضمون این ابیات بر زبان راندند (ابیات)

emanating source, perfect awareness, calculation of deeds, and peaceableness with all peoples of the world. All these qualities met in his blessed being to the astonishment of those of insight.

> *Scholars who reckon all perfections label him as the imam of*
> *the people of the age.*
> *Lord of the spiritual and the temporal, the unique Akbar*
> *Shah, from whose heart they make poverty the lord of all*
> *ranks.*
> *His physical body has passed away so that those of pure heart*
> *may acquire eternal truths from his spirit.*

On Wednesday morning, which can be called an evening of catastrophe and a dark night of affliction, his blessed body, which had been washed in the limpid waters of divine mercy, was bathed in accordance with the custom of the people of the age, placed on a bier enveloped by the merciful lord's pardon, and taken out of the fortress at Agra. At the sight of such an unwanted state, cries of lamentation arose from the people, and torrents of tears flowed. Mortal wounds rent breasts, and chest-burning cries arose from every side. Heart-rending wails arose from every quarter, disquieting cries of lamentation reached the ears of the celestials, and agonized shouts reverberated beneath the dome of heaven. Hearing the laments and lamentations of the earthlings, those in retreat in the chambers of heaven poked their heads out of their cowls of introspection and in a frenzy recited the gist of these lines:

دگر بمرحلهٔ کـون شـور و غـلغله چیسـت
که بست محملِ رحلت؟ زمین بزلزله چیست
اجل گسسته‌مهار است و غـم دریده‌نقاب
چه فتنه خاست معلّم خبر ز مرحله چیست
جـــنازهٔ که بــدوش ملایک اسـت روان
ز گــریه بار بچشمِ سـتاره آبله چیسـت
فتــاد روزِ سـیه بـــر سرِ جـهان ورنــه
مسـافرانِ ابدرا سبیلِ قافله چـــیست
اگــر جـنازهٔ آن رهـنمایِ کل بگـذشـت
بدان که عـمرِ ابد یافتست ولوله چیست

روز رستاخیز بود. در هوا طرفه تغییر بهم رسید که گرد و غبار غریب که ۳۰۹
کهن‌سالان مثل آن یاد نداشتند برخاست. همانا دست تقدیر بر فرق اهل
روزگار خاک میریخت. اسپهبدی که فلک بفراوان تکوپو ترکیب وجود
او ساخته نظامبخش سلسلهٔ ظاهر و باطن گردانیده بود رخ از عالمیان
برتافت و یگانهٔ که روزگار پس از هزاران سال بتصریف لیل و نهار در
عرصهٔ وجود آورده پیشوای جهان ساخته بود روی از جهانیان پوشید.

بربست رخت آنکه بحملِ دوصد قِران   آمـد پـدید از شکمِ مادرِ زمان

*What is this new tumult and chaos that has come into the
    world? Who has packed the baggage of departure? Why
    is the earth quaking?*
*The reins of death are loosed, and grief has rent its veil. What
    sedition has arisen? O master, what news is there of the
    road?*
*A funeral bier set forth borne on the shoulders of angels. Why
    should there not be blisters on the eyes of the stars from
    weeping?*
*A dark day has not befallen the world. Why else would
    travelers to eternity be following a caravan?*
*If the funeral procession of that universal guide has passed
    by, know that he has acquired eternal life. What is this
    lamentation?*

It was like the day of resurrection. Such a change occurred in 309
the weather that a strange dust storm arose, the likes of which
the oldest could not remember. It was as though the hand of
fate was pouring dust on the heads of the people of the age.
A commander-in-chief, whose body the celestial sphere had
endeavored much to put together and which it had made the
thing that gave order to the external and internal continuum,
turned his face away from the people of the world. The unique
one whom time had brought into existence after thousands of
years of successive days and nights and made the leader of the
world veiled his face from the people.

*He whom it took mother time two hundred generations to
    produce has packed his baggage.*

573

در صدهزار سال نگردد چو او پدید · گیتی ستردن است ز آبستنِ چنان

روز ماتمیان تریه و تار بود. جمیع امرا و نوئینان خاک بر سر افکنان و نوحه و زاری کنان بهمراهی نعش معلی بودند. روضهٔ مقدّس که موسوم است ببهشت‌آباد خوابگاه مقرّر گشت و قالب خاکی‌را بخاک سپردند. اقامت درین سرای سپنجی‌را اهل عالم زندگانی گویند اما درگاه صمدیّت‌را که اندازه تواند گرفت؟ بر امثال این باطن‌بیداران اطلاق حرف مرگ خطاست.

هرگز نمرده‌اند و نمیرند اهلِ دل   حرفیست نامِ مرگ برین قوم ترجمان

این جمله از تاریخ رحلتش آگاهی میبخشد: «وفات اکبر شد.» و این بدیع نیز آگهی‌افزاست (ابیات)

در جهان مشتهر چو مهر و مه است   اعدلِ خسروان جلال شه است
از وجودش بنهصد و چل و نه   روزِ اقبالِ دهررا پگه است
در سنه شصت و نهصد اندر دهر   تختِ شاهنشاهیش جلوه‌گه است
عزمِ تسخیرِ آن جهان چون کرد   رحلتش در هزار و چارده است
نامِ والایِ او بنیکی بر   بجنابش گمانِ بد گنه است

In a hundred thousand years no one like him appears; the
world will run its course before another is pregnant with
one like him.

Everyone mourned deeply, and the officers and grandees, pouring dust on their heads and lamenting and weeping, accompanied his exalted bier. The blessed garden called Bihishtabad was his resting place, and there his earthly body was entrusted to the ground. Residence in this elemental abode is what the people of the world call life, but who can measure the court of eternity? For the likes of these people whose inner selves are awake it is a mistake to use the word "death."

The people of heart have not died and will not die: death is but
a word for these people.

The following words give a chronogram for his departure: "Akbar's death occurred."[80] The following remarkable lines also announce it:

The most just of princes, Jalal Shah, is as renowned in the
world as the sun and the moon.
His birth in nine hundred forty-nine was the dawning of the
day of fortune.
In the year sixty and nine hundred he graced the imperial
throne.
When he decided to conquer the next world, his departure was
in one thousand and fourteen.
His exalted renown is beyond good; it is a sin to harbor any
evil suspicions of him.

هـرکه راهِ عــــداوتش بسـپرد   بیقین دان که منحــرف ز ره است

وانکه نقصی بوی کند نســوب   عــــقلِ او رفته مغـز سیـه است

آن شـهِ راسـتان و بــدگویش   کجرو و کج‌نهاد و کج‌نگه است

ایزد تعالی دانشمنشان حقیقت‌بین‌را از طعنهای کاذب که ظاهرنگاهان کورباطن در حق آن شهریار هوشیارخرامان، رهنمای حق‌طلبان، خدیو خداآگاهان گمان فاسد برده بخسران جاوید افتاده‌اند نگاه دارد.

باتمام رسید

Know for certain that everyone who trod the path of enmity to
him deviated from the true path.
Anyone who attributes any deficiency to him has lost his mind.
He is the king of the true, and any detractor is wayward,
mistaken, and cannot see straight.

May God preserve true-seeing scholars from the lying taunts that those of superficial sight who are inwardly blind have attributed in their corrupt notions—and thus fallen into eternal perdition—with regard to that prince of sober gait, leader of those who search for the truth, lord of those who are aware of God.

NOTES TO THE TEXT

Emendations made to the Bibliotheca Indica text. "MSS" indicates one or more viable variants in the manuscripts used by the editions of the Bibliotheca Indica text.

۱ روملو] شاملو. رجوع شود به اسکندر بیگ، تاریخ عالم‌آرای عباسی، ج ۱، ص ۴۳۰ و ص ۵۲۸.

۲ نگزیده] گزیده؛ اکثر نسخ: نگزیده.

۳ رومستان] اردستان؛ اکثر نسخ: رومستان.

۴ اماسیه] عباسیه؛ B اماسیه.

۵ شش] سه.

۶ بشنه] بسنه.

۷ چنول] بعضی نسخ: خبول، جیول.

۸ بادهگساری] بادساری؛ بعضی نسخ: بادهگساری.

۹ گووه] کوده.

۱۰ تیری] هری.

۱۱ درغور] بعضی نسخ: ورغور، درغو.

۱۲ موتی] موسی.

۱۳ بحسین] نخستین.

۱۴ جلال الدین رومی، دیوان شمس، غزل شماره ۲۵۶، ص ۲:۱۰۲.

۱۵ امیر خسرو دهلوی، مطلع الأنوار، بخش ۱.

۱۶ مرچه] هرچه؛ B مرچه.

۱۷ نادلآسائی] نامدارائی؛ A نادلآسائی.

۱۸ چاندور] چاند؛ L چاندرور.

۱۹ پیتن] بتن.

۲۰ نظامی گنجوی، کلیات خمسه، شرفنامه، ص ۱۰۱۳.

۲۱ مهکر] بهکر؛ نسخهبدل مهکر.

۲۲ ایلم] A یلم؛ G بلم.

۲۳ حسین] حسینی.

۲۴ روملو] شاملو.

۲۵ دهمتور] دمتور.

۲۶ بسنه] بسینه.

۲۷ زنان] رمان.

۲۸ پتهان] بتهان.

۲۹ بر ساحل گنگ] بان گنگ؛ بعضی نسخ: بر ساهل گنگ.

۳۰ جالپیس] جالیس.

۳۱ بیسا] بشنا؛ اکثر نسخ: بیسا.

۳۲ پشیانه] بسانه.

۳۳ بیجبراره] پنچ براره.

۳۴ پنپور] بن پور.

۳۵ امریسر] امرتسر.

۳۶ رتنپور] رنتهپور.

۳۷ وزغی] ورق.

۳۸ سارنگ پنوار] سانگ بنوار؛ B سارنگ پنوار.

۳۹ کوه و کشتی] کوه کشتی و.

۴۰ کتراپره] کرابوه؛ A کترابوه.

۴۱ بناگرنگر] بناک نگر.

۴۲ پشیانه] بشانه.

۴۳ توکل] نوکل.

۴۴ سر بیانبازی] سرانبازی؛ اکثر نسخ: سر بیانبازی.

۴۵ عبید الله] عبد الله.

۴۶ عبدالله] عبید.

۴۷ آهوبره] A راهوتره.

۴۸ سعدی، کلیات، ص ۴۲۹.

۴۹ کلیار] G کلباد.

۵۰ بایریان] بابریان.

۵۱ تلوک] ملوک؛ بعضی نسخ: تلوک.

۵۲ توکل] نوکل؛ بعضی نسخ: توکل.

۵۳ پیتن] پتن.
۵۴ پوتار] پونا.
۵۵ میلگده] سیلگده.
۵۶ نرناله] پرناله.
۵۷ حافظ شیرازی، دیوان، ص ۵۸.
۵۸ نرناله] پرناله.
۵۹ شعر از اوحد الدین کرمانی.
۶۰ نظامی گنجوی، کلیات خمسه، اقبالنامه، ص ۱۱۷۸.
۶۱ تلتوم] A بلنوم.
۶۲ نرناله] پرناله؛ B شاله؛ G پتیاله.
۶۳ عطار، مختارنامه.
۶۴ آهوبره] A راهوره؛ G واهوبره.
۶۵ بللنگ] بالنگ.
۶۶ للنگ] النگ.
۶۷ پیپلدول] G پلپل دول.
۶۸ جامود] جامو.
۶۹ ناملایم] ناملاییم.
۷۰ ایبا] ابیا.
۷۱ نرناله] پرناله.
۷۲ سنائی، دیوان اشعار، قصیده شماره ۱۷۵.
۷۳ شیرپور] G شیرپور عطائی.
۷۴ رانو] B راونیر.
۷۵ ترنبک] تربنک.
۷۶ هرسول] هرسوی؛ I.O. ۲۳۶ هرسول.
۷۷ رنتهنبور] رنتهپور.
۷۸ بناس] پناس.
۷۹ درآورد] درآوردن.
۸۰ رنتهنبورسو] رنتهپورسو.
۸۱ چتواره] بعضی نسخ: جیواره، چهتوه.
۸۲ جوینی] چولی.

581

۸۳ اوسه] بعضی نسخ: ادیسه.

۸۴ پال] مال؛ I.O. ۲۳۶ پال.

۸۵ بیدر] برار.

۸۶ بنوبلاس] نسخهبدل: بنویلاس.

۸۷ کل] کال.

۸۸ فرّ] قر.

۸۹ ایچهامتی] انجهامتی.

۹۰ یتیم] تتم.

۹۱ مگه] مکنه؛ بعضی نسخ: منکه.

۹۲ ابوسعید ابوالخیر، رباعی شماره ۶۱۰.

۹۳ مگهه] مکهیر.

۹۴ کیدا] کیدار.

۹۵ بکرمپور] نکرسور.

۹۶ رنتهنبور] رنتهپور.

۹۷ زمینداور] زمیندار مرو.

۹۸ بهاو سنگه] بهار سنگه.

۹۹ بجانان] بخانخانان.

۱۰۰ نوئین] نو آئین.

NOTES TO THE TRANSLATION

1   The 1594 vernal equinox occurred at 21:54 GMT on Sunday, March 20.

2   The figure for Qazi Ali's settlement given in the *Ain-i Akbari* is 74,670,411 *dams*. At 24 *dams* to the *kharwar*, that would be 3,111,267 *kharwars*. The 24-*dam* figure is an aggregate, since there were actually two rates, 29 *dams* on *kharwars* paid in kind and 136/25 *dams* on *kharwar* equivalents paid in cash.

3   The classic quintet of Persian poetry is the set of five long poems by Nizami of Ganja. Many poets attempted imitations of Nizami.

4   Of this daughter nothing is known.

5   Murad III, Ottoman sultan, r. 1574–1595.

6   Mehmed III, r. 1595–1603.

7   This Malikshah is the Great Seljuq Jalaluddaula Malikshah, r. 1072–1092.

8   The others are the Seljuqs of Anatolia: Qilich Arslan, r. 1092–1107; Malikshah, r. 1107–1116; Ruknuddin Mas'ud, r. 1116–1156; Ghiyasuddin Kay-Khusrau, r. 1192–1196, 1204–1210; Izzuddin Kay-Kaus, r. 1210–1219; Ala'uddin Kay-Qubad, r. 1219–1237. The rule of the Seljuqs of Anatolia effectively came to an end with the Mongol invasion in the middle of the thirteenth century.

9   Murad I's reign is generally given as 1360–1389.

10   This is Börklüce Mustafa of the Shaikh Badruddin Revolt.

11   Murad II's reign is generally counted as 1421–1444 and then 1446–1451.

12   The dates generally given for the reign of Sultan Mehmed the Conqueror are 1444–1446 for the first reign and 1451–1481 for the second.

13   Bayezid II, r. 1481–1512.

14   The Battle of Chaldiran was in 1514. It put an end to Safavid expansion westward.

15   Sultan Qansau al-Ghori was killed in the Battle of Marj Dabiq near Aleppo in 1516, and the Ottomans occupied Syria and Egypt.

16   There is much confusion about how to count the last of the Ayyubids. Al-Malik al-Salih Najmuddin, the one spoken of here, ruled from 1240 until 1249. There were two puppets after him,

but effectively power was seized in 1250 by Shajaratu'd-Durr, the wife of al-Malik al-Salih, upon the death of her son, al-Malik al-Mu'azzam Ghiyasuddin. See Khwāndamīr 1333/1954: 3:251, from whom Abu'l-Fazl undoubtedly derived this information.

17 The mother is the infamous Shajaratu'd-Durr. Izzuddin Aybak ruled from 1250 to 1257 and was the first of the Bahri (Circassian) line of Mamluks in Egypt.

18 Selim I the Grim, r. 1512–1520.

19 The wording here (*bēniyāzāna pāsukh nigāshta*) is ambiguous: either he wrote a reply indicating he was not in need of the sultan's condolences and congratulations, or he wrote the word "not in need" as a reply. However it is to be read, the sense is that he made an ungracious reply to the shah.

20 Süleyman the Magnificent, r. 926–974 (A.D. 1520–1566).

21 Sultan Selim II, r. 1566–1574.

22 Sultan Murad III, r. 1574–1595.

23 Khan Ahmad Khan of the Karkiya dynasty in Gilan, ruled from 1538 until the Safavids invaded in 1591. Khan Ahmad escaped to Ottoman territory, where he spent the rest of his life and died in 1596.

24 This daughter of Danyal is Bulaqi Begam, who was married to Mirza Wali, the son of Khwaja Hasan Naqshbandi and Mirza Muh'd Hakim's sister Bakhtunnisa Begam (see Jahangir 1999: 218a).

25 The 1595 vernal equinox occurred at 3:45 GMT on Tuesday, March 21.

26 Burhan II Nizamulmulk (r. 1591–1595) died in 1595 and was succeeded by his son Ibrahim, who was killed in battle with Ibrahim Adil Khan of Bijapur that same year. After Ibrahim's death some supported Ibrahim's infant son Bahadur and others supported Ahmad (Ahmad II, r. 1596). A child called Moti Shah, allegedly the son of Qasim, was also proclaimed king, but eventually Bahadur was accepted under the regency of Chand Bibi, Burhan II's sister.

27 Confusingly, this sentence has to do with Burhan I Nizamulmulk (r. 1509–1554), who was succeeded by his son Husain I (r. 1554–1565), who was succeeded by his son Murtaza I (r. 1565–1589). Burhan II was another son of Husain I.

28 This daughter died before she was eight months old, according to the "garbled" memoirs (Jahangir 1829: 20).

29 Here follow twenty pages of excerpts from Faizi's poetry. They can safely be omitted.

30 For Ahmad and Moti see note at §25.

31 The 1596 vernal equinox occurred at 9:43 GMT on Wednesday, March 20.

32 This is the daughter of Raja Ali Khan of Khandesh, whom Prince Salim had married in 1593 (see *Akbarnama* 7 §317).

33 This is Lakshmi Narayan (r. 1587–1621), son of Nara Narayan (r. 1554–1587), the son and successor of Biswa Singha (the "Bisa" of the text), who founded the Koch kingdom with Cooch Behar as his capital around 1515 and died in 1554.

34 Apparently "Mal Gosain" is for Bal Gosain, an epithet of Nara Narayan, who was Biswa Singha's son, not grandson, and was known for his erudition and patronage of the arts.

35 Pat Kunwar is Raghudev Narayan, the son of Shukl Gosain, the younger half-brother of Nara Narayan. Raghudev had been appointed successor to Nar Narayan but was superseded by the birth of Lakshmi Narayan and was compensated by being made ruler of the Koch Hajo kingdom.

36 The 1597 vernal equinox occurred at 15:20 GMT on Thursday, March 20.

37 The Amareśvara Temple at Amarnath is a cave in which "there is a large block of transparent ice formed by the freezing of the water which oozes from the rock. It is worshipped as a self-created (*svayaṁbhū*) Liṅga and is considered the embodiment of Śiva Amareśvara" (Kalhana 1900: 2:409).

38 The dates for the Shaibanids and the Janids are as follows: Abu'l-Khair Khan (r. 1429–1468); Muhammad Shaibani "Shaibak Khan" (1501–1510); Küchkünji (1512–1530); Abusaʻid (1530–1533); Ubaidullah (1533–1540); Abdullah I (1540); Abdul-Latif (1540–1552), who was succeeded by Nauroz Ahmad (1552–1556), here unnamed; Pir-Muhammad (1556–1561); Sikandar (1561–1583); Abdullah II (1583–1598); Abdul-Mu'min (1598), who was succeeded briefly by Pir-Muhammad II (1598–1599).

39 The 1598 vernal equinox occurred at 21:09 GMT on Friday, March 20.

40 Philony is an addictive sedative attributed to the first/second-century physician Philon of Tarsus.

41 The 1599 vernal equinox occurred at 3:02 GMT on Sunday, March 21.

42 This Baharji may be Raja Pratap (see below §175), the new ruler

of Baglana and successor to the Baharji who was killed in 1588 (see *Akbarnama* 7 §149). Jahangir encountered him several times (Jahangir 1999: fol. 87a, 156b).

43 This lady, Princess Khanim's mother, was Bibi Salima Sultana, of whom nothing is known. She is not to be confused with another of Akbar's wives, his cousin Salima Sultan Begim.

44 Parvez's mother was Sahib-Jamal Begam, daughter of Khwaja Hasan, Prince Salim's sixth wife.

45 The 1600 vernal equinox occurred at 8:41 GMT on Monday, March 20.

46 There is an irreproducible pun in the line of poetry. It could also be translated as, "A heart that shines with the light of longing for Akbar. . . ."

47 No such Saffdar Khan is known. He would have been the offspring of Raja Ali Khan's son and Abu'l-Fazl's sister, which sounds like a highly unlikely match.

48 Thus in the text. The name surely refers to the Shivneri fort at Junnar.

49 Mubarak II of Khandesh, ruled 1537–1566.

50 Miran Muhammad II, ruler of Khandesh, 1566–1576.

51 Bahadur, son of Raja Ali Khan, ruler of Khandesh, 1597–1601.

52 See *Akbarnama* 7 §271.

53 This name may be a garbled version of Parnur, which comes up later at §229.

54 The 1601 vernal equinox occurred at 14:33 GMT on Tuesday, March 20.

55 See §140 above.

56 The new name of Khandesh. See §201 above.

57 According to the original plan of the *Akbarnama*, i.e., that each volume would contain thirty years of Akbar's life, Abu'l-Fazl wrote this conclusion for the third volume at the end of Akbar's sixtieth lunar year in 1009 C.E., which fell during the forty-sixth regnal year. The conclusion has been moved to its proper place from p. 843f. of the Persian edition. Abu'l-Fazl was killed during the forty-seventh year, and the history of the forty-seventh through fiftieth regnal years was subsequently written by another author, whose identity is not known.

58 The 1602 vernal equinox occurred at 20:19 GMT on Wednesday, March 20.

59 See §267 below.

60 The Rairaian (the "*rai* of *rais*," a title formed on the pattern of "khankhanan"), as he is referred to henceforth, is Rai Pitar Das.

61 There are difficulties with all the place names here. An Akra, or Agra, is given in Lakhnauti sarkar in the *A'in*, and it may be the modern Agradigun in Rajshahi in Bangladesh. The "Malera" of the text is most likely a mistake for Malda, which was also in Lakhnauti sarkar and is now in West Bengal. Nothing has been found to answer to the text's "Khakra." The "Mandari" River is surely a scribal error for the Mahananda, which flows through Malda.

62 Both *wazīr-i shahanshāh-i haqjōy* and *Abū'l-Fazl-i āgāhdil* yield the numerical value of 1011, the year of Abu'l-Fazl's death.

63 See §217 above.

64 Based on gem weights given by Abu'l-Fazl in the *Ain-i Akbari* (2:60), the *surkh* is equivalent to 0.875 carat. Twenty-seven *surkhs* would be over 23½ carats. One mithkal is equivalent to 26½ *surkhs;* a four-mithkal ruby would be 92¾ carats.

65 Yatim Khan is a nickname of Din Muhammad Khan.

66 The 1603 vernal equinox occurred at 2:08 GMT on Friday, March 21.

67 See §247 above.

68 See §200 above.

69 See §181 above.

70 The text has "Srinagar" quite clearly, but there is no Srinagar known anywhere in the vicinity. It may be a mistake for Sonargaon.

71 The 1604 vernal equinox occurred at 8:02 GMT on Saturday, March 20. The "Monday" of the text is probably in error.

72 In his memoirs Jahangir writes: "She constantly wrote advice to Khusrau and tried to reason with him to be loyal and loving to me. When she saw that it was of no use and there was no telling where it would end, she decided to take her own life out of the zeal that is an integral part of Rajput nature. Several times she went berserk—it must have been a hereditary trait since her father and brothers all used suddenly to appear quite mad, but after a while they would calm down" (Jahangir 1999: 51).

73 See §202 above.

74 See §276 above.

75 The 1605 vernal equinox occurred at 13:41 GMT on Sunday, March 20.

76 The text has 7,000/500, clearly erroneous since there was no such rank. According to Shahnawaz Khan Aurangabadi (1888–1892: 3/360) he held the rank of 1,000 during Akbar's reign, and in Jahangir's first regnal year he was promoted to 1,500 (Jahangir 1999: 32).

77 She was still alive in 1624, when there is a mention of her in Muhammad Salih Kambo's *Amal-i salih*.

78 In his memoirs (Jahangir 1999: 17) Jahangir gives the date of the beginning of Akbar's illness as 20 Jumada I 1014, which is October 3, 1605.

79 Jahangir gives the date as 13 Jumada II 1014, which is October 26, 1605. See Jahangir 1999: 18.

80 The words *wafāt-i Akbar shud* yield the numerical value of 1014, the Hegira year of Akbar's death.

GLOSSARY

Terms of Indic origin are given in both Arabic and Devanagari scripts.

ahadī (احدی) a "warranted officer," one who offered his services singly, i.e., not by attachment to a chieftain; in Anglo-Indian the term became "haddy" (Yule & Burnell, *Hobson-Jobson,* 408)

amīr (امیر) see *beg*

bakhshī (بخشی) a word with a complex history, originating with the Chinese *bókshì* "scholar" and adopted by the Mongols as *baghši* for Buddhist teachers (see Doerfer 2:271 §724); under the Timurids in India it developed into a title for a high military position, something like paymaster and chief of staff; in Anglo-Indian it became "buxee" (Yule & Burnell, *Hobson-Jobson,* 134–136)

beg (بیگ) commander, a military title inferior to *khan,* equivalent to *amīr*

begim (بیگم) princess, the hereditary title of all Timurid females

bhādon (بهادون, भादों) Indian month, mid-August to mid-September

cubit (ذرع) under Akbar the Imperial cubit, *zar'-i ilāhī,* was 41 fingers, which is 32 inches, or 83 centimeters; the "legal" cubit, *zar'-i shar'ī* = 24 fingers = 19 inches, or 49.875 centimeters

darshan (درشن) for the *jharoka-i darshan,* the window at which the emperor appeared at dawn

dārūgha (داروغه) from the Mongolian *darugha,* military governor; department head, supervisor

dasehra (دسهره, दसहरा) an autumn festival celebrating the triumph of good over evil

farrāsh (فراش) a servant in charge of carpets and other furnishings

faujdār (فوجدار) garrison commander

ghari (گهری, घड़ी) equivalent to 24 minutes

hawāladār (حواله دار) the holder of an intermediate land tenure between those of zamindar and *ryot* (رعیت *ra'iyyat,* a tenant farmer)

hūn (هون, हून) a Deccani coin

hundī (هوندی, हुंडी) a bill of exchange or money draft

'īdgāh (عیدگاه) a place, normally just outside of town, where the entire citizenry of a locality could gather for holidays

jāgīr (جاگیر) a type of land holding, generally an assignment of the income from land in return for military service

jāgīrdār (جاگیردار) holder of a *jagir*

jharoka (جهروکه, झरोका) window. See *darshan*
kārākyaraqkhāna (کرکیراقخانه) the imperial department of clothing
khān (خان) lord, title of nobility; chieftain; a hereditary title for males of Genghisid lineage
khānaqāh (خانقاه) a dervish hostel
khānkhānān (خانخانان) khan of khans, commander-in-chief
khutba (خطبه) address in a Friday mosque service in which the ruler's name is mentioned; conventionally conferred recognition of de facto rule
khwāja (خواجه) a title of religious dignity, chiefly for Naqshbandi shaikhs and their descendants
khwāstadār (خواسته دار) "money holder," agent for monetary transfer by letter of credit
kitābdār (کتابدار) librarian
kotwāl (کوتوال, कोटवाल) warden of a fortress, chief of police
marghuz (مرغز) the long-haired goat from which angora wool is derived
maulānā (مولانا) a title of learning
mīr (میر) normally a title for sayyids
mīrzā (میرزا) prince, title accorded all males of Timurid descent
muhr (مهر) a gold coin
mullā (ملا) a title of learning
mustaufī (مستوفی) auditor general
nazr (نذر) money given in fulfillment of a vow
pādrē (پادری) Portuguese, *padre,* "father, priest"
pāranj (پارنج) the ruler's share of agricultural produce
pēshkhāna (پیشخانه) the forward camp: when the emperor traveled there were two duplicate camps; camp A went out one day's journey and camp B, the *peshkhāna,* went out two days' journey; when the emperor left camp A for camp B, camp A was dismantled and proceeded, "leapfrogging" over camp B to become the new *peshkhāna*
rāi (رای, राय) a Hindu ruler
rāja (راجه, राजा) a Hindu ruler
rishī (رشی, Sanskrit ऋषि) a sage saint, anchorite
sayyid (سیّد) a lineal descendant of the Prophet Muhammad
seer (سیر *sēr*) a weight equal to just over two pounds, or 0.9 kilogram
shaikh (شیخ) a title of religious dignity, particularly for Sufi masters; a hereditary title given to descendants of Sufi masters
shīrbahā (شیربها) "milk price," a ritual offering given by the groom to the bride's family prior to a marriage
shukla pachh (شکل پچه, शुक्लपक्ष) the period of the waxing moon
surkh (سرخ) a weight equal to 177 mg; for gem weight it is 0.875 carat
suwār (سوار) the "horse" number of an officer's rank; theoretically indicates the number of horsemen an officer was expected to field

tahwīldār (تحویلدار) cashier of a provincial treasury

tarkhan (ترخان) a title of nobility derived from the Mongolian *darqan;* the holder of the title is exempted from nine offenses against the ruler

tōla (تولہ, तोला) a weight equal to 12.05 grams, or 0.425 ounce

toman (تومان) an Iranian unit of currency

töshäkkhāna (توشکخانه) department of carpets and textiles

trakh (ترک) a Kashmiri grain measure equal to eight imperial seers

tufāwa (Arabic طُفاوة) a solar ring

tuyūl (تیول) type of fief

yäznä (یزنه) brother-in-law or son-in-law, i.e., the husband either of one's sister or of one's daughter

zamīndār (زمیندار) "landholder," who holds land on which he pays revenue directly to the state*zāt* (ذات) the "personal" rank of an officer

BIBLIOGRAPHY

When two different publication years are given for works listed below, the first is the Islamic (Hegira) calendar year and the second is the year according to the Christian (Gregorian) calendar.

Editions and Translations

Abū'l-Fażl, ʻAllāmī. 1372/1993. *Akbarnāma*. Edited by Ghulām-Riżā Ṭabāṭabā'ī-Majd. Vol. 1. Tehran: Mu'assassa-i Muṭālaʻāt va Taḥqīqāt-i Farhangī.

———.1873–1887. *Akbarnāma*. Edited by Agha Ahmad Ali. Bibliotheca Indica 79. 3 vols. Calcutta: Asiatic Society.

———. 1897–1921. *The Akbar Nama*. Translated by Henry Beveridge. Bibliotheca Indica 138. 3 vols. Calcutta: Asiatic Society. Reprint, Delhi: Rare Books, 1972–1973.

Other Sources

Doerfer, Gerhard. 1963–1975. *Türkische und mongolische Elemente im Neupersischen*. 4 vols. Akademie der Wissenschaften und der Literatur, Veröffentlichungen der Orientalischen Kommission, 16, 19–21. Wiesbaden.

Eaton, Richard M. "Akbar-nāma." In *Encyclopaedia Iranica, vol. 1*. Edited by Ehsan Yarshater. London: Routledge & Kegan Paul, 1984.

Jahāngīr Pādishāh, Nūruddīn Muhammad. *Memoirs of the Emperor Jahangueir, Written by Himself*. Translated by David Price. London: J. Murray, 1829. Reprint ed., *Autobiographical Memoirs of the Emperor Jahangir*. Calcutta: Editions Indian, 1972.

———. *The Jahangirnama: Memoirs of Jahangir, Emperor of India*. Translated, edited, and annotated by W. M. Thackston. New York: Oxford University Press, 1999.

Kalhana. *Kalhana's Rajatarangini: A Chronicle of the Kings of Kashmir*. Translated by M. A. Stein. Westminster: A. Constable, 1900; reprint ed., Delhi: Motilal Banarsidass, 1979–1988.

Khwāndamīr, Mīr Ghiyāsuddīn Muḥammad Ḥusain. *Ḥabību's-siyar*. Translated by W. M. Thackston. *Classical Writings of the Medieval*

Islamic World: Persian Histories of the Mongol Dynasties, vol. 2. London: I. B. Tauris, 2012.

Shāhnawāz Khān Aurangābādī. *Ma'āthiru'l-umarā.* Edited by Mawlawī 'Abdul-Raḥīm. 3 vols. Calcutta: Asiatic Society of Bengal, 1888–92.

Yule, Henry, and A. C. Burnell. 1994. *Hobson-Jobson.* Edited by William Crooke. 1886; reprint, New Delhi: Rupa & Co.

INDEX

Persons with court titles are found under the latest title. Abbreviations: br/ = brother of; d/ = daughter of; gov/ = governor of; gs/ = grandson of; m/ = mother of; n/ = nephew of; s/ = son of; w/ = wife of; *MU* = *Ma'athir al-umara,* with reference to the Persian edition

'Abbās, Shāh (r. 1587–1629), 57, 253, 505, 515, 551; Khurasan invaded by, 269, 451, 461

Abbasids, 53

Abdāl Siyāhgosh, 21

'Abdul-Fattāḥ, 147

'Abdul-Ḥayy, Mīr, Mīr 'Adl, 317, 337

'Abdul-Karīm Kashmīrī, 207

'Abdul-Karīm Khān, 207

'Abdul-Laṭīf Khān, 227, 585n38

'Abdul-Malik, Mīr, 405, 409

'Abdul-Mu'min Khān s/ 'Abdullāh Khān II Uzbek (d. 1598), 229, 243, 451, 585n38

'Abdul-Qādir Badāunī, Maulānā, xii

'Abdul-Qādir s/ Burhān Nizamulmulk, 69

'Abdul-Quddūs, 157

'Abdul-Raḥīm Lakhnawī, Shaikh (fl. 1573–85, *MU* 2:564), 275

'Abdul-Raḥīm s/ Bayram Khān, "Mīrzā Khān," Khānkhānān (1556–1627, *MU* 1:693), 111, 233, 249, 385, 387, 453, 461, 471, 487, 523; Abū'l-Fażl and, 385, 395, 427, 431; at Ahmadnagar, 353, 383, 401, 419; Berar, Pathri, etc. consolidation by, 457, 459; at court, 251, 367; daughter of, 441, 557; on Deccan campaign, 91, 97, 99, 157, 167, 547; deceptiveness of, 547; elephant-fighting horse of, 315; near Parnur, 431, 439; Prince Dānyāl and, 91, 313, 497, 509, 559; son and wife die, 261, 263

'Abdul-Raḥmān, Shaikh s/ Abu'l-Fazl (d. 1613), 309, 335, 371, 471, 523, 553; in Daulatabad, 297, 305; fief given to, 487; gifts given to, 501, 545; by Godavari, 307; horse given to, 439; in Telingana, 399, 405, 423

'Abdul-Raḥmān Beg s/ Mir Tülāk, 107

'Abdul-Raḥmān Beg s/ Muayyad Beg Dulday, 297

'Abdul-Razzāq Ma'mūrī (fl. 1605–28, *MU* 3:376), 9, 109, 383

'Abdul-Ṣamad n/ Abū'l-Fażl, viii

'Abdul-Wahhāb Bukhārī, Mīr, gov/ Delhi, 263, 419

'Abdullāh, Mīr, 15, 555

'Abdullāh Baluch, 45

'Abdullāh Khān, Khwāja (d. 1644, *MU* 2:777), 511, 537, 545, 553, 559

'Abdullāh Khān, Shaikh s/ Shaikh